人工智能导论

主　编　姜　鑫　石宝刚
副主编　赵　欣　乔　女
参　编　李研伟　石　岩　解滋坤　焦永禄
主　审　张俊勇

北京理工大学出版社
BEIJING INSTITUTE OF TECHNOLOGY PRESS

内 容 简 介

随着时代的发展，人工智能技术越来越受重视，影响着工业生产、家居生活和教育医疗等方方面面，提高人工智能相关知识素养，十分有必要。本书作为了解人工智能素养的入门基础图书，按照人工智能新知识体系，内容分为八个项目，包括人工智能的发展、基础技术、行业赋能应用工业互联网等，由浅入深，循序渐进，图文并茂，在内容和形式上都有创新，在有限的时间内，掌握人工智能的基本原理、行业应用案例与未来的发展趋势，提高对人工智能问题的应用与求解能力。

本书针对职业院校学生的特点，突出素质教育，可以作为高等院校师生了解人工智能的通识教材以及高职高专院校人工智能、自动化、智能控制等相关专业的入门教材，也适合人工智能爱好者参考学习。

版权专有 侵权必究

图书在版编目（CIP）数据

人工智能导论 / 姜鑫，石宝刚主编. -- 北京 ：北京理工大学出版社，2024. 6.

ISBN 978-7-5763-4264-2

Ⅰ. TP18

中国国家版本馆 CIP 数据核字第 2024FX4093 号

责任编辑：王梦春		**文案编辑**：邓 洁	
责任校对：周瑞红		**责任印制**：李志强	

出版发行 / 北京理工大学出版社有限责任公司

社　　址 / 北京市丰台区四合庄路 6 号

邮　　编 / 100070

电　　话 / （010）68914026（教材售后服务热线）

　　　　　（010）68944437（课件资源服务热线）

网　　址 / http：//www. bitpress. com. cn

版 印 次 / 2024 年 6 月第 1 版第 1 次印刷

印　　刷 / 三河市天利华印刷装订有限公司

开　　本 / 787 mm×1092 mm　1/16

印　　张 / 18.75

字　　数 / 440 千字

定　　价 / 89.80 元

图书出现印装质量问题，请拨打售后服务热线，负责调换

前　言

　　随着时代的发展和科技的进步，人工智能（AI）已经成为推动社会进步和经济发展的重要力量，随着AI技术的不断突破和创新，算法模型逐步完善，数据资源融通共享，人工智能在各行业的落地应用进程明显加快，为传统行业的转型升级注入了强大推力。目前，人工智能已经渗透到生活的方方面面，赋能到千行百业，从智能手机、自动驾驶、智能家居到智能制造、智慧城市、智慧医疗等，无不体现着人工智能的强大潜力。因此，对人工智能的理解和掌握，不仅是工程领域专业人士的必备技能，也成为广大科技爱好者和未来创新者的基础知识需求，因此，我们编写了这本基础性强、可读性好、适合不同专业讲授的人工智能教材。

　　本教材旨在为读者提供一个全面而深入的人工智能知识体系入门，力求将复杂的理论与实践案例相结合，以浅显易懂的语言，引导读者步入人工智能的奇妙世界。本教材不仅涵盖了人工智能的历史发展、基本概念、行业场景和未来趋势，还详细解读了机器学习、深度学习、自然语言处理、机器视觉、物联网工程等关键技术，并探讨了人工智能的伦理、法律及社会影响等内容，同时为了实现课程与思政教育同向同行，将思政元素融入项目中，实现教材内容与思政教育有机结合，以期培养学生的家国情怀，增强学生的民族自豪感和时代责任感。

　　本教材由姜鑫、石宝刚任主编，赵欣、乔女任副主编，全书共分为八个项目，每个项目均配有学习目标、知识链接、项目任务单和相应的电子教案、微课等数字学习资源，设置了拓展阅读和红色记忆。其中，项目一由陕西国防工业职业技术学院石宝刚和赵欣编写，项目二由陕西国防工业职业技术学院解滋坤和石岩编写，项目三由陕西国防工业职业技术学院李研伟和科大讯飞丝路总部焦永禄编写，项目四由陕西国防工业职业技术学院石宝刚编写，项目五由陕西国防工业职业技术学院赵欣编写，项目六由陕西国防工业职业技术学院石岩和姜鑫编写，项目七由陕西国防工业职业技术学院姜鑫和乔女编写，项目八由陕西国防工业职业技术学院乔女编写，全书由石宝刚统稿、姜鑫编校、张俊勇主审，编写过程中得到了科大讯飞丝路总部和北京理工大学出版社的大力支持。

本教材强调人工智能知识的基础性、科普性、综合性和趣味性，在编写本教材的过程中，我们力求内容全面、结构清晰、条理清楚、实例丰富、易读易懂，特别关注人工智能与其他学科、领域的融合，人工智能应用到多个行业中的案例，以便读者能够轻松地理解和掌握相关知识，拓宽科学视野，紧追科技前沿，培养创新精神。

本教材可作为高职高专院校各专业人工智能通识课程教材，也可作为智能控制、自动化、物联网和人工智能相关专业入门教材或自学参考。由于作者水平所限，加上时间仓促，书中难免有疏漏或不妥之处，恳请广大读者批评指正。

编　者

目 录

项目一　人工智能的起源与发展 ……………………………………………… 1

任务 1.1　人工智能的一般概念 ………………………………………… 3

任务 1.2　人工智能的前世今生 ………………………………………… 9

任务 1.3　生活中的人工智能 …………………………………………… 17

任务 1.4　人工智能的发展现状与趋势 ………………………………… 19

项目二　人工智能的基层平台 ……………………………………………… 30

任务 2.1　人工智能的发展基础 ………………………………………… 32

任务 2.2　芯片与人工智能的关系 ……………………………………… 36

任务 2.3　专用芯片 NPU 与人工智能的关系 ………………………… 41

任务 2.4　云计算与人工智能的关系 …………………………………… 45

任务 2.5　5G 与人工智能的关系 ……………………………………… 51

任务 2.6　区块链与人工智能的关系 …………………………………… 56

任务 2.7　人机交互与人工智能的关系 ………………………………… 60

项目三　人工智能的关键通用技术 ………………………………………… 66

任务 3.1　机器学习：让计算机学会思考 ……………………………… 68

任务 3.2　计算机视觉：让计算机学会看 ……………………………… 78

任务 3.3　语音识别和语音合成：让计算机学会听和说 ……………… 84

任务 3.4　自然语言处理：让计算机能理解 …………………………… 91

项目四　人工智能的场景应用 ……………………………………………… 103

任务 4.1　人工智能基础应用 …………………………………………… 106

任务 4.2　AIGC …………………………………………………………… 108

任务 4.3　人工智能在制造业中的应用 ………………………………… 118

任务 4.4　人工智能在农业中的应用 …………………………………… 126

任务 4.5　人工智能在智能家居中的应用 ……………………………… 133

任务 4.6　人工智能在自动驾驶中的应用 ……………………………… 138

任务 4.7　人工智能在智慧城市中的应用 ……………………………………… 146

项目五　人工智能的伦理和安全 …………………………………………… 157

任务 5.1　人工智能伦理概述 …………………………………………………… 160

任务 5.2　典型应用场景下人工智能伦理的困境 ……………………………… 161

任务 5.3　人工智能伦理的治理途径 …………………………………………… 164

任务 5.4　人工智能应用的道德规范 …………………………………………… 167

任务 5.5　人工智能造成的安全风险 …………………………………………… 168

任务 5.6　人工智能安全治理策略 ……………………………………………… 169

任务 5.7　人工智能安全的治理途径 …………………………………………… 170

项目六　人工智能的未来展望 ……………………………………………… 173

任务 6.1　人工智能的发展阶段 ………………………………………………… 176

任务 6.2　人工智能芯片的现状与展望 ………………………………………… 177

任务 6.3　脑机接口的现状与展望 ……………………………………………… 182

任务 6.4　人工智能棋局博弈的现状与展望 …………………………………… 185

任务 6.5　无人驾驶的未来展望 ………………………………………………… 187

任务 6.6　陪护机器人的现状与展望 …………………………………………… 190

任务 6.7　智能虚拟助手的现状与展望 ………………………………………… 192

任务 6.8　虚拟现实和增强现实的现状与展望 ………………………………… 196

任务 6.9　生成式代码的现状与展望 …………………………………………… 202

任务 6.10　智能艺术的现状与展望 …………………………………………… 204

项目七　人工智能赋能行业案例 …………………………………………… 208

任务 7.1　AI+产品与服务 ……………………………………………………… 211

任务 7.2　AI+商务 ……………………………………………………………… 219

任务 7.3　AI+物流 ……………………………………………………………… 226

任务 7.4　AI+机器视觉 ………………………………………………………… 235

任务 7.5　AI+司法 ……………………………………………………………… 239

任务 7.6　AI+教育 ……………………………………………………………… 246

任务 7.7　AI+医疗 ……………………………………………………………… 249

项目八　制造强国新赛道——工业互联网 ………………………………… 254

任务 8.1　工业互联网建设与发展 ……………………………………………… 258

任务 8.2　工业互联网内涵与体系架构 ………………………………………… 268

任务 8.3　工业互联网平台 ……………………………………………………… 274

任务 8.4　工业互联网标识解析 ………………………………………………… 285

参考文献 ……………………………………………………………………… 291

人工智能的起源与发展

✓ 学习目标

➤ 专业知识目标

1. 掌握人工智能的一般概念。
2. 掌握人工智能的起源和发展历程。
3. 了解生活中的人工智能技术应用场景。
4. 了解人工智能的发展现状与趋势。

➤ 职业技能目标

1. 能识别现实中的人工智能应用。
2. 能熟练使用手机中的部分人工智能应用。
3. 能根据人工智能时代的要求正确调整学习目标和方法。

➤ 职业素质目标

1. 培养学生热爱科学、崇尚科学的社会风尚。
2. 培养学生终身学习、自主学习和信息技术素养。
3. 培养学生乐于奉献、回馈社会的价值观。

➤ 职业能力图

根据学习目标，绘制职业能力图，如图1-1所示。

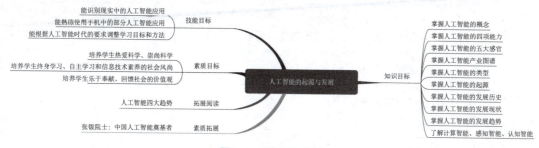

图1-1 职业能力图

✅ 知识链接

🔹 项目引入

"小艺"是华为公司推出的面向终端用户的智慧语音助手。2018 年，搭载 EMUI 9.0 系统的华为 Mate 20 系列手机发布，人工智能（artificial intelligence，AI）语音助手小 E 正式更名为"小艺"。2019 年，随着华为人工智能技术的再进化，"小艺"从语音助手全面进化为智慧助手。它可通过唤醒词"小艺小艺"唤醒，EMUI 9.1 系统升级了唤醒方式，长按电源键 1 s 即可唤醒。除了能够打电话、发短信之外，"小艺"还有更多酷炫的技能。它对自然语言的理解和反应给用户带来了全新的智慧交互体验。思考一下智能手机中的智慧助手都体现了哪些智能特征，人工智能的"能力"是否能和人类智能比拟。

🔹 项目描述

智能手机是目前人们使用最频繁、最具代表性的人工智能电子终端设备。请罗列出智能手机中属于人工智能的功能，并尝试解释其模仿的是人类哪方面的智能行为，并在学习小组或班级里交流讨论。

🔹 项目任务单

姓名		班级	
学号		授课形式	理实一体
学情分析	1. 对人工智能领域感兴趣，擅长多媒体、新媒体，乐于动手。 2. 渴望获得职业技能，但接受知识的能力存在差异。 3. 课前开放式问卷调查要求学生发表自己对人工智能的看法，结果发现学生对人工智能的看法还是比较全面的，根据结果对课堂教学内容、策略做调整，再备课。 4. 学生对生活中的人工智能比较了解，对人工智能带来的产业变化没有概念，应当重点讲解		
学习目标	1. 掌握人工智能的一般概念。 2. 了解人工智能在生活中的典型应用场景		
实施准备	1. 发布课程导入资料。 2. 布置课前测试任务。 3. 完成课前任务分组。 4. 汇报用纸、笔等		
实施步骤	现场教学	1. 人工智能的一般概念。 2. 人工智能的起源及发展历程。 3. 人工智能的典型应用场景及发展趋势	

续表

实施步骤	自主学习	1. 学习相关知识。 2. 获取相关信息。 3. 个人制作智能手机功能列表并对其属于哪类智能行为完成分类
	小组讨论	以小组形式进行讨论，形成小组汇报成果
	小组汇报	1. 汇报小组成果。 2. 罗列出智能手机中的人工智能，比较其与人类智能相比的优势有哪些
学习重点		1. 人工智能的概念。 2. 各国人工智能产业应用概况
学习难点		1. 人工智能带来的产业变化。 2. 人工智能产生的效能及适用场景
素质拓展		1. 通过人工智能给生活带来的便捷将"热爱科学、崇尚科学的社会风尚"引入课堂，培养学生心怀科学梦想、树立创新志向。 2. 通过人工智能已融入千行百业的分析，融入习近平总书记的指出，"把新一代人工智能作为推动科技跨越发展、产业优化升级、生产力整体跃升的驱动力量，努力实现高质量发展"。培养学生勇担科技强国使命。 3. 通过科大讯飞坚持企业回报社会，融入习近平总书记在企业家座谈会上的强调，"任何企业存在于社会之中，都是社会的企业。社会是企业家施展才华的舞台。只有真诚回报社会、切实履行社会责任的企业家，才能真正得到社会认可"。引导学生回馈社会、甘于奉献、不计得失、不畏平淡。 4. 通过柯洁败于 AlphaGo 引入围棋起源于中国，融入中华文化的博大精深，引导学生树立文化自信。 5. 通过人工智能合理的行动引导学生合理安排时间，融入习近平总书记 2020 年新年贺词提出的"只争朝夕、不负韶华"的要求。激发学生珍惜青春年华风雨无阻向前进的豪迈热情。 6. 通过《人民日报》中国人工智能奠基者——张钹院士的优秀事迹引导学生钻研技术要持之以恒。 7. 通过全球知名公司华为做大做强的经历引导学生爱党爱国从我做起，支持国产品牌
自我反思		在专业能力、个人职业能力、职业生涯规划方面的收获和体会

任务 1.1 人工智能的一般概念

1.1.1 人工智能的概念

人工智能之梦始于数学，这是一件很神奇的事情。1900 年，数学家大会在法国巴黎如期召开，数学泰斗戴维·希尔伯特（David Hilbert）发表了题为《数学问题》的讲演。他根据过去特别是 19 世纪数学研究的成果和发展趋势，提出了 23 个最重要的数学问题。这 23 个问题统称希尔伯特问题，后来成为许多数学家力图攻克的难关，对现代数学的研究和发展产生了深刻的影响。

希尔伯特问题中有些现已得到圆满解决，有些至今仍未得到解决。他在讲演中说，"在我们中间，常常听到这样的呼声：这里有一个数学问题，去找出它的答案！你能通过纯思维找到它，因为在数学中没有不可知。"与此同时，也拉开了数学家用方程式撬动世界发展的序幕。其中第二个和第十个问题与人工智能密切相关，并最终促成了计算机的诞生。

20 世纪最伟大的数学家之一的艾伦·图灵（Alan Turing）就希尔伯特第十个问题展开了研究并于 1936 年在其《论可计算数在判定问题中的应用》一文中论述了思考原理计算机的概念，即人们熟知的"图灵机"。1950 年，《机器能思考吗?》见刊，在这篇论文中图灵提出了著名的图灵测试（Turing test），即测试者（一个人）与被测试者（一台机器）在被隔开的情况下，由测试者通过一些简单的装置向被测试者随机提问，经过多轮测试后，如果超过 30% 的测试者短时间内无法分辨出被测试者是人还是机器，那么这台机器就通过了测试，并被认为具有人类智能，如图 1-2 所示。

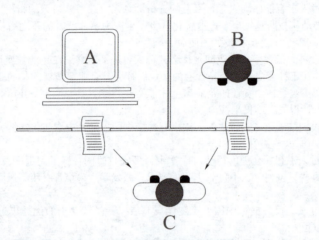

图 1-2　图灵测试原理示意图

广义人工智能泛指研究、开发用于模拟、延伸和扩展人的智能的理论、方法、技术及应用系统的一门新的技术科学，是对人的意识、思维的信息过程的模拟，研究目的是促使智能机器会听（语音识别（speech recognition）、机器翻译等）、会看（图像识别、文字识别等）、会说（语音合成（text to speech，TTS）、人机对话等）、会思考（人机对弈、定理证明等）、会学习（机器学习、知识表示等）、会行动（机器人、自动驾驶汽车等）。人工智能不是人的智能，是一种能像人那样思考也可能超过人的智能。它所涉及的领域十分广泛，如机器学习、计算机视觉（computer vision，CV）、自然语言处理（natural language processing，NLP）、人机交互、知识图谱和生物特征识别等。

在学术界，关于人工智能的描述各有侧重，计算机学家约翰·麦卡锡（John Mccarthy）认为人工智能更像是一种计算机程序，即让一台机器的反应方式像人在行动时所依据的智能，是制造智能机器的科学工程，特别是智能计算机程序。斯坦福大学的尼尔斯·尼尔逊教授则侧重于人工智能研究过程中对于知识的表达，他认为人工智能是关于知识的学科，即怎样表示知识及怎样获得知识并使用知识。麻省理工学院的帕特里克·温斯顿教授认为人工智能就是研究如何使计算机去做过去只有由人才能做的智能工作。这些说法反映了人工智能学科的基本思想和基本内容，即人工智能是研究人类智能活动的规律，构造具有一定智能的人工系统，研究如何让计算机去完成以往需要人的智力才能胜任的工作，以及如何应用计算机软硬件来模拟人类某些智能行为的基本理论、方法和技术。

从产业的角度来看，人工智能包括数据资源、算力、算法和应用场景等领域，是一项可以在特定应用场景下满足用户所有需求的完整产品和服务的生态系统。

通常所讲的人工智能更接近于人工智能技术，即利用技术手段学习、模拟或超越人的综合智能的技术，使机器具备感知、决策和行动的能力。具体来说，包括使用机器帮助、模拟、替代甚至部分超越人类智能，实现认知、识别、分析、推理、决策等功能的所有技术手段，如自然语言处理、语音识别、计算机视觉、机器智能技术及专家系统等。随着技术的持续进步，人工智能技术已经可以为某些以往需要人类智能才可以完成的复杂性工作提供完整的解决方案。

目前，人工智能的发展已经不再局限于对人类智能的模拟，并逐渐发展到对人类的智能活动进行有效解释和分析，构建具备一定智能的人工系统或制品的阶段，使其在以往需要人类才能胜任的领域开展工作，并尝试拓展人类智能活动领域。

1.1.2　人工智能的四项能力

感知能力指通过听觉、视觉、触觉等感官活动，接收文字、图像、声音和语言等外界信息，并将所接收到信息中的知识抽取出来，转换成为机器可以识别和理解的知识或信息的能力。例如，自动驾驶车辆通过激光雷达等感知设备和人工智能算法，实现感知智能。机器的感知能力比人类更加有优势，人类的感知都是被动的，机器却可以通过如激光雷达、微波雷达和红外雷达等传感设备实现主动感知。

记忆与思维能力是指通过模仿人脑的智能活动和信息处理过程，将感性知识转化为理性知识存储起来或者形成记忆，并能运用所掌握的知识对事物运行的普遍规律进行观察、识别、分析、判断和推理的能力。

自适应与学习能力指通过机器训练、教育和学习，掌握日益丰富的知识和技能以更好适应外部环境的变化，并能对环境变化做出科学合理反应的能力。

决策与行动能力指机器将通过感知获取的知识进行转化后，提出概念、建立方法，进行归纳推理和逻辑演绎，做出决策并合理安排进程的能力。

1.1.3　人工智能的五大感官

人工智能技术并非建立在单一的元素之上，而是多种感官、体验和知识的结合体。一般来说，基于智能流程和智能自动化结合的人工智能解决方案有五个共同的属性，这些属性可以类比成人类的感官，换句话说，人工智能的系统可以由五大感官组成，分别为交互（听/说）、监控（视觉）、知识（记忆）、分析（思考）和服务（行动）。

交互（听/说）：人工智能解决方案的听说读写能力，以及对用户做出响应的能力。这一属性的目的是提供与客户直观的交互，并确保客户满意度。这一属性的例子包括聊天机器人和语音机器人。

监控（视觉）：运用这一技术来查看和记录关键业务数据。这一属性用于创建知识，具体例子包括闭路电视系统和物联网（internet of things，IOT）传感器。

知识（记忆）：使用数据库和搜索引擎等组件，高效存储和查找信息。这一领域可能是企业内部发展最为欠缺的领域，但是同样有维基百科和云硬盘等例子。

分析（思考）：发现模式和识别趋势的能力。将算法应用到知识上，确定适当的做法或预测未来的结果。

服务（行动）：这一领域使用技术提供服务。人们已经习惯了看到机器人在流水线上工作，而现在它们已经进入办公室，从事重置密码或安排客户订单等工作。

1.1.4　人工智能产业图谱

18世纪至今，以蒸汽机、电气技术、计算机信息技术为代表的三次工业革命使人类的生活水平、工作方式、社会结构、经济发展进入了一个崭新的周期。以交通场景为例，蒸汽机、内燃机燃气轮机、电动机的发明，让人类的出行方式从"人抬马拖"的农耕时代跃入了以飞机、高铁、汽车、轮船为代表的现代交通时代。而在人工智能浪潮之下，仅自动驾驶这一项技术，就预期将彻底颠覆人类的出行方式，其影响力足以和此前汽车、飞机的普及比肩。人工智能技术的飞速发展，超越个人计算机、互联网、移动互联网等特定信息技术，将重新定义未来人类工作的意义及财富的创造方式，进行前所未有的经济重塑，甚至深刻改变人类的社会与经济形态、政治格局，人工智能已经形成表1-1所示的完整产业链。

表1-1　人工智能产业链

应用层 场景与产品	智能产品	家居	金融	客服	机器人	无人驾驶
		营销	医疗	教育	农业	制造业
	应用平台	智能操作系统				
技术层 感知与认识	通用技术	自然语言处理		智能语言	机器问答	计算机视觉
	算法模型	机器学习		深度学习		增强学习
	基础框架	分布式存储		分布式计算		神经网络
基础层 硬件算力	数据资源	通用数据			行业数据	
	系统平台	智能云平台			大数据平台	
	硬件设施	图形处理器/现场可编程 门阵列等加速硬件			智能芯片	

1. 基础层

人工智能基础层包括硬件和算力，硬件设备由图形处理器（graphics processing unit，GPU）/现场可编程门阵列（field programmable gate array，FPGA）等加速硬件和智能芯片构成，还包括智能云平台、大数据平台构成的系统平台，以及用于进行进一步计算的身份信息、医疗、购物、交通出行等通用数据和行业数据。其中芯片是人工智能产业的关键技术。

2. 技术层

人工智能技术层包括开源框架、算法模型和通用技术。开源框架包括TensorFlow、Caffe、Microsoft CNTK、Theano、Torch等框架或操作系统。算法模型有机器学习、深度学习、增强学习等。进而产生了通用技术：语音识别、图像识别、人脸识别、自然语言处理、即时定位与地图构建（simultaneous localization and mapping，SLAM）、传感器（sensor）融合、路径规划等技术或中间件。

3. 应用层

人工智能应用层由应用平台和智能产品构成。应用平台指智能产品操作系统；智能产品结合应用场景，可以分为自动驾驶、家居、安防、交通、医疗、教育、政务、金融、商业零售等领域。

1.1.5　人工智能的类型

人工智能是一项综合性的技术，结合计算机技术、移动通信技术和信息数据技术，是大数据时代能够高效快速处理信息的重要工具。人工智能技术与新一代移动通信技术，以及物联网、云计算等技术相辅相成，其最大的优势是自主感知、认知和处理外部环境中的图像、文字、声音等信息，极大程度解决生活中的难题，从而使人们的生活水平得到进一步提高。目前，人们对人工智能的发展逐渐有了清晰认识，对其类型进行了科学划分，从发展阶段、智慧水平、产业链等方面区分出不同的类型。

1. 以发展阶段划分

计算智能：机器可以像人类一样存储、计算和传递信息，帮助人类存储和快速处理海量数据，即"能存储，会计算"，最典型的例子就是计算器。

感知智能：机器具有类似人的感知能力，如视觉、听觉等，不仅可以听懂、看懂，还可以基于此做出判断并反应，即"能听会说，能看会认"，如自动驾驶汽车。

认知智能：机器能够像人一样主动思考并采取行动，全面辅助或替代人类工作，如动画《哆啦A梦》里的机器猫。

2. 以智能水平划分

1）弱人工智能

弱人工智能（artificial narrow intelligence，ANI），也称限制领域人工智能或应用型人工智能，指能够专注于解决特定领域问题的人工智能。它只是用于解决特定任务而存在的人工智能，多是以统计数据为基础，从中归纳出模型解决问题。目前，弱人工智能的发展程度并没有达到模拟人脑思维的程度，所以弱人工智能仍然属于"工具"的范畴，与传统的"产品"没有本质上的区别。

现实世界中的弱人工智能无处不在，如日常生活场景中的语音识别、图像识别和机器翻译等都属于弱人工智能。这个等级的人工智能还很弱，并不具备真正的思考和推理能力，更不会诞生自主意识，它只是按照设定的程序去行动，如图1-3所示为能下中国象棋的优必选人形机器人。科学家、工程师、程序员等专业技术人员通过分析，提出解决问题的思路，把思路变成方法，把方法编写成机器可以识别的程序，告诉机器该怎么想、怎么做并最终达到目的。时至今日，弱人工智能的智慧水平在一些领域追平甚至超越了人类，但其本质依然只是一台不懂得思考的高性能机器，比如，能战胜围棋世界冠军的AlphaGo就无法做饭，它分不清糖和盐，甚至会将酱油和醋混着用。因此，弱人工智能可以在某个领域成为"王者"，但跨出它的预设领域，就会变得一窍不通。

目前，弱人工智能可以划分为5个领域：让机器看得见的计算机视觉，让机器听得见的语音识别，理解人类语言的自然语言处理，以及帮助机器实现个性化的智能推荐系统（recommendation system）和解决特定问题的专家系统等。现实世界中的弱人工智能并非"弱而无用"，相反它很有用，并且它的应用场景也非常丰富。不同的弱人工智能技术组合到一起时往往会出现预料之外的惊喜，如融合了语音识别与自然语言处理的 Siri、小爱、小度等，可以用人类语言与人们完成简单的对话、帮助人们解决实际问题。

图 1-3　优必选人形机器人

2）强人工智能

强人工智能（artificial general intelligence，AGI）又称通用人工智能或者完全人工智能。强人工智能的概念最初由约翰·罗杰斯·希尔勒针对计算机和其他信息处理机器而提出，其概念为"强人工智能认为计算机不仅是用来研究人的思维的工具，相反，只要运行适当的程序，计算机本身就是具备思维的"。目前，人们认为强人工智能应当是一种具有通用智能的机器，该机器能够模仿人类的智能或行为，具有学习和应用其智能解决任何问题的能力，并且能够使用自然语言与人类交流，它和弱人工智能最大的不同在于是否拥有意识，如图 1-4 所示；强人工智能可以自主完成设备的操作和运维。从其概念来看，强人工智能已经脱离了"工具"属性，而是一种拥有自主思维能力，具备意识的机器。这种人工智能几乎已经可以胜任人类所有的工作，它的智能程度和适用范围远超弱人工智能。

图 1-4　强人工智能的设想应用场景

一般来说强人工智能系统包括认知、推理、语言、学习、规划和决策，它的目标是使人工智能在无监督学习（unsupervised learning）的情况下能够应付前所未见的复杂情况，并且能够使用自然语言和人类交流与学习。在强人工智能阶段，人工智能的智慧水平已经达到或者超越人类，同时具备了生成"意识"或"人格"的基本条件，机器可以像人一样思考和决策。

按照经典的符号主义、连接主义和行为主义流派路线很难制造出强人工智能。但在一些科幻题材的影视剧中可以看到人类对强人工智能的预期，如《2001太空漫游》中的超级计算机"哈尔"、《机械姬》里面的"艾娃"等。

3）超人工智能

超人工智能（artificial super intelligence，ASI），其实质是相对于人类的另外一种智慧物种，它不但具有人类的意识、思维和智能，更有可能具有自我繁衍的能力，它会以一种人类无法理解的方式组织社会生活。牛津大学哲学家、知名人工智能思想家尼克·博斯特罗姆（Nick Bostrom）把超人工智能定义为"在几乎所有领域都比最聪明的人类大脑都聪明很多，包括科学创新、通识和社交技能"。

在超人工智能阶段，人工智能已经跨过"奇点"，其计算和思维能力已经远超人脑，此时的人工智能已经不是人类可以理解和想象的了。人工智能将打破人脑受到的维度限制，其所观察和思考的内容，人脑已经无法理解，人工智能将形成一个全新的社会，就像科幻电影《黑客帝国》里面出现的场景：一种能够准确回答几乎所有困难问题的先知模式，能够执行任何高级指令的精灵模式，和能执行开放式任务，而且拥有自由意志和自由活动能力的独立意识模式。也就是说，超人工智能可以是各方面都比人类强一点，也可以是各方面都比人类强万亿倍的。《复仇者联盟》中的"奥创"、《神盾特工局》中黑化后的"艾达"，或许可以被理解为超人工智能。

3. 以产业划分

基础层可以按照算法、算力与数据进行再次划分。算法层面包括监督学习（supervised learning）、无监督学习、强化学习（reinforcement learning）、迁移学习、深度学习等内容；算力层面包括人工智能芯片和人工智能计算架构，其中芯片是人工智能产业的关键技术；数据层面包括数据处理、数据储存、数据挖掘等内容。

技术层根据算法用途可划分为计算机视觉、语音交互、自然语言处理。计算机视觉包括图像识别、视觉识别、视频识别等内容；语音交互包括语音合成、声音识别、声纹识别等内容；自然语言处理包括信息理解、文字校对、机器翻译、自然语言生成（natural language generation，NLG）等内容。

应用层主要包括应用平台和应用场景，应用平台指智能产品操作系统，应用场景包括自动驾驶、安防、新零售、医疗、教育金融、交通、家居等领域。

任务1.2　人工智能的前世今生

1.2.1　人工智能的起源

自古以来，人类就力图尝试用机器来代替人的部分体力和脑力劳动，以提高征服自然、改造自然的能力，如《墨子·鲁问》记载："公输子削竹木以为鹊，成而飞之，三日不下。"就是说鲁班制作的木鸟能利用风力飞上高空，三天不降落。技艺高超的工匠制作的人偶可以具有人的智慧，是古人对人工智能最早的幻想。随着历史的发展，到12世纪末—13世纪初，西班牙神学家和逻辑学家罗门·卢乐试图制造能解决各种问题的通用逻辑机。17世纪，法国物理学家和数学家布莱斯·帕斯卡制成了世界上第一台会演算的机械加法器并获得实际应用，如图1-5所示。随后德国数学家和哲学家莱布尼茨在这台加法器的基础上发展并制成了进行全部四则运算的计算器。19世纪英国数学和力学家查尔斯·巴贝奇致力于差分机和分析机的研究，虽因条件限制未能完全实现，但其设计思想已经成为当时人工智能的最高成就。

近代人工智能源于1956年，经过60多年的发展，已经成为一门应用广泛的交叉和前沿科学。简单来说，人工智能的目的就是让机器能够像人一样思考，这就需要解决什么是思考，什么是智能，什么样的机器具备智能等问题。计算机出现后，人类真正有了可以模拟人类思维的工具。

图1-5 机械加法器

1950年，马文·明斯基（Marvin Minsky）与他的同学邓恩·埃德蒙（Dunn Edmond）一起，建造了世界上第一台神经网络计算机，这被看作人工智能的一个起点。巧合的是，同样在1950年，称为"计算机之父"的艾伦·图灵，提出了图灵测试，还大胆预言了真正具备智能机器的可行性。

1956年夏天，美国达特茅斯学院群星闪耀，一批大师级的人物聚在一起共同研究了两个月，目标是"精准、全面地描述人类的学习和其他智能，并制造机器来模拟。"会议期间，约翰·麦卡锡首次提出了"人工智能"的概念，艾伦·纽厄尔（Allen Newell）和赫伯特·西蒙（Herbert Simon）则展示了编写的逻辑理论机器，明斯基提出"智能机器能够创建周围环境的抽象模型，如果遇到问题，能够从抽象模型中寻找解决方法"。

1.2.2　人工智能的发展历史

人工智能的发展与计算机的发展时间差不多一样长，但两者的发展进度却大相径庭。计算机的发展一帆风顺，几乎是一路向前狂奔，不曾减速。而人工智能的发展则曲折得多，既有万众瞩目、人们信心爆棚、资金大量注入的时候，也有被打入冷宫、无人问津的时候。接下来将从国际和国内两个视角来回顾人工智能的发展历程。

1. 全球发展史

1）起步发展期（20 世纪 40—60 年代）

这一时期是人工智能的诞生和萌芽阶段，出现了一些重要的理论和实验，如神经元模型、图灵测试、感知机、专家系统等。同时，也出现了两大学派：符号主义和联结主义，分别主张用逻辑符号和神经网络来实现人工智能。1956 年的达特茅斯会议之后，人工智能迎来了长达十余年的发展高潮。此时，计算机广泛应用于数学和自然语言领域，很多研究学者看到了机器向人工智能发展的信心，甚至有很多学者认为，"20 年内，机器将能完成人能做到的一切"，如图 1-6 所示。

图 1-6　达特茅斯会议

在显著成果和乐观精神的驱使下，麻省理工学院、卡内基梅隆大学（Carnegie Mellon University，CMU）、斯坦福大学和爱丁堡大学都很快建立了人工智能项目及实验室，同时获得了来自政府机构提供的大批研发资金。

1959 年，乔治·德沃尔（George Devol）与约瑟夫·恩格尔伯格（Joseph F. Engelberger）共同制造出第一台工业机器人，随后成立了世界上第一家机器人制造工厂 Unimation 公司。然而，第一代机器人更像"机器"，通过计算机控制一个自由度很高的机械，反复重复人类教授的动作，但对外界环境没有任何感知。1965 年，约翰·霍普金斯大学应用物理实验室研制出移动机器人 Beast。随后"有感觉"的机器人研究逐渐兴起，人工智能的研发向前迈进了一步。

2）反思发展期（20 世纪 70 年代）

这一时期是人工智能的第一次低谷，由于技术和理论的局限性，一些难以解决的问题暴露出来，如常识推理、语义理解、知识获取等。同时，也出现了一些批评和质疑，如人工智能威胁论、感知器定理等。人工智能的研究方向也出现了分化，有些人转向更具体和实用的应用领域，有些人则探索更抽象和基础的理论问题。

1970 年，人工智能领域出现了第一次"寒冬"，主要原因是人工智能发展初期的突破性进展大幅提升了人们对人工智能的期望，但是随着任务的复杂化和规模的扩大，人工智能系统暴露出了诸多问题和局限性，概括来看彼时人工智能主要面临三方面的技术瓶颈：第一，计算机性能不足，导致早期很多程序无法在人工智能领域得到应用；第二，问题的复杂性，早期人工智能程序主要是解决特定的问题，因为特定的问题对象少，复杂性低，可一旦问题复杂程度上升，程序就不堪重负了；第三，数据量严重缺失，当时不可能找到足够大的数据库来支撑程序完成深度学习，这很容易导致机器无法读取足够量的数据以完成智能化。

1972 年，一项旨在开发具有并行处理和逻辑推理能力的第五代计算机计划，用于支持人工智能的发展，该计划持续了 10 年，但最终未能达到预期目标；1974 年，英国政府发布了 *Lighthill Report*，对英国人工智能研究进行了严厉批评，认为人工智能是一门"不切实际"的学科，建议削减或取消相关项目的资助，引发了英国人工智能领域的"寒冬"；1975 年，战略计算倡议（strategic computing initiative，SCI）成立，其旨在开发具有自主学习和推理能力的军事应用系统，该倡议同样持续了 10 年，投入了 10 亿美元，但最终也未能实现预期目标；1976 年，罗森布拉特和希尔伯特提出了多层感知机（multilayer perceptron，MLP）模型，并证明了它可以逼近任意连续函数，然而，由于当时缺乏有效的训练算法，多层感知机并没有引起足够的关注；1979 年，斯坦福大学的汉斯·莫拉韦克（Hans Moravec）设计出一台可自主导航和避障的斯坦福车（Stanford Cart），被认为是机器人领域的一个重要里程碑。

随着研究经费和社会信心的大幅缩减，人工智能于 20 世纪 70 年代中期被迫进入了第一个"寒冬"。

3）应用发展期（20 世纪 80 年代）

这一时期是人工智能的第二次发展高潮，由于专家系统的巨大成功和第五代计算机计划启动，人工智能重新回到公众视野中来。同时，框架、脚本、Prolog 语言、反向传播算法（back-propagation algorithm，简称 BP 算法）等新的技术和方法也陆续出现。

在经历了第一次低谷之后，人工智能的专家发现如果只告诉机器求解的方法或者解题的思路，机器尚且无法自主完成问题的解算，还需要为机器引入知识。类比一下人类的求解过程，仅知道解题方法和规则，缺乏相应的知识和经验积累是无法完成问题的解算的。就像参加高考，大部分考生都基本掌握高考的考纲和考点，考分的差异主要在于平常做过或见过多少题型，"题海战术"本质是知识和经验的积累过程。换句话说，为人工智能引入"知识"可以在一定程度上帮助其解决问题。1965 年，爱德华·费根鲍姆（Edward Feigenbaum）等人在总结通用问题求解系统的成功与失败经验的基础上，结合化学领域的专门知识，研制了世界上第一个专家系统（DENDRAL）用以推断化学分子结构，由此开辟了人工智能一个新的领域——专家系统。

所谓专家系统就是利用计算机化的知识进行自动推理，模拟人类专家解决领域问题的计算机程序系统。1980 年，卡内基梅隆大学为数字设备公司 DEC 设计了一个名为 XCON 的专家系统，这个系统可以根据客户的计算机购买订单，给出满足客户需求的系统配置清单，以及各组件的装配连接图，每年可为 DEC 公司省下 4 000 万美元。此外，杜邦公司在化学测试方面使用专家系统，生产效率提高了 16 倍；贝克格拉夫公司在制定飞机零部件生产计划方面使用专家系统，效率提高了 16~18 倍；佳能公司用专家系统设计变焦距镜头，效率提高了 10 倍；富士通公司用专家系统设计航班调度程序，工期从 8 周降为半天，效率提高了 80 倍，其 CPU 时间仅用了 15 min；IBM 公司为顾客制订 9370 型小型机的配置方案，原来需要 3 h，使用专家系统后，所需时间缩短为 0.5 min，效率提高了 360 倍；IBM 公司在半导体工厂生产线临时调整方面使用专家系统，节约了同样数量的资金，该公司设计的 3380 磁盘驱动器诊断专家系统，创利 1 200 万美元等。

20 世纪 80 年代，国外专家系统在生产制造领域中的应用已非常广泛：CAD/CAM 和工程设计，机器故障诊断及维护，生产过程控制，调度和生产管理，能源管理，质量保险，石油和资源勘探，电力和核能设施，焊接工艺过程等。这些应用有效提高了工业产品的质量并带来了巨大的经济效益，从而极大地推动了生产力的发展。此外，在商业事务管理中的应用也将会有很大的发展。

时间来到 1987 年，苹果和 IBM 公司生产的台式机性能都超过通用型专家系统，1991 年，"第五代工程"也没能实现。人工智能再次因技术本身的实现程度难以支撑起足够多的应用而陷入低谷。20 世纪 80 年代末，人工智能研究专家认识到如果找到一种能让计算机自己学习知识，而不是让专家设计知识的方法就可以很好地解决知识获取的问题。于是，机器学习出现了。此时，人们将不同学科的教学工具应用于智能系统的知识获取中，为人工智能和其他学科交流合作打通了渠道。如今，随着技术水平的不断提升，人工智能专家系统在人类生活应用方面也开始扮演越来越重要的角色，如沃森机器人应用于医疗诊断。

4）平稳发展期（20 世纪 90 年代至 2010 年）

这一时期是人工智能的稳定发展阶段，由于计算机硬件和软件的进步，以及互联网和大数据的兴起，人工智能在各个领域取得了一些重要的成果和突破，并多次战胜人类。1994 年，IBM 推出了深蓝（Deep Blue）超级计算机，这是一台专门用于下国际象棋的计算机。1997 年，深蓝在与国际象棋世界冠军卡斯帕罗夫的比赛中取得了胜利，成为首个在标准比赛时限内击败人类世界冠军的计算机系统，如图 1-7 所示。这是人工智能领域的一个里程碑事件，代表了基于规则的人工智能的胜利。1995 年，IBM 推出了沃森（Watson）超级计算机，这是一台专门用于自然语言理解（natural language understanding，NLU）和问答的计算机。2011 年，沃森在与《危险边缘》节目的冠军选手的比赛中战胜了最高奖金得主和连胜纪录保持者。

接连出现的令人震惊的结果再次引来了全世界的关注，似乎也预示着人工智能即将迎来下一个风口。

5）蓬勃发展期（2011—2019 年）

随着数据爆发式的增长、算力的大幅提升及深度学习算法的发展和成熟，以及云计算和移动互联网等平台的支持，人工智能在各个领域爆发出了令人惊奇的表现和应用。

2013 年，谷歌公司推出了谷歌眼镜（Google Glass），这是一款利用增强现实（augmented reality，AR）技术提供信息和交互服务的可穿戴设备；2014 年，谷歌公司收购了 DeepMind 公司，这是一家专注于深度学习和强化学习技术的人工智能公司；2015 年，DeepMind 公司开发了阿尔法围棋（AlphaGo），这是一台专门用于下围棋的人工智能系统，2016 年 AlphaGo 以 4∶1 的总比分战胜围棋世界冠军李世石，2017 年，AlphaGo Zero 再次横扫棋坛，如图 1-8 所示；2018 年，OpenAI 公司开发了 GPT-2 模型，这是一种基于 Transformer 的大规模预训练语言模型，利用 GPT-2 模型可以快速生成高质量的文本内容，如文章、故事、对话等，这一系列的事件向世人展示了人工智能的强大不止一点点，因此各国政府和商业机构开始把人工智能列为未来发展战略的重要组成部分。

图 1-7　深蓝超级计算机

图 1-8　阿尔法围棋

2016 年 5 月，国外发表了《为人工智能的未来做好准备》；英国 2016 年 12 月发布《人工智能：未来决策制定的机遇和影响》；法国在 2017 年 4 月制定了《国家人工智能战略》；德国在 2017 年 5 月颁布全国第一部自动驾驶的法律；石油大国阿联酋在 2017 年 10 月将人工智能确立为国家战略；2017 年中国出台了《新一代人工智能发展规划》（国〔2017〕35 号）、《促进新一代人工智能产业发展三年行动计划（2018—2020 年）》（工信部科〔2017〕315 号）等政策文件，推动人工智能技术研发和产业化发展。2017 年 6 月 29 日，首届世界智能大会在天津召开。中国工程院院士潘云鹤在大会主论坛作了题为"中国新一代人工智能"的主题演讲，报告中概括了世界各国在人工智能研究方面的战略。据不完全统计，2017 年中国运营的人工智能公司接近 400 家。行业巨头百度、腾讯、阿里巴巴等公司都不断在人工智能领域发力。

2018 年 1 月 18 日，中国国家标准化管理委员会宣布成立国家人工智能标准化总体组、专家咨询组，负责全面统筹规划和协调管理中国人工智能标准化工作并发布了《人工智能标准化白皮书（2018 版）》。

6）井喷式发展期（2020 年至今）

2020 年，人工智能在新型冠状病毒感染的防控、诊断、治疗等方面发挥了重要作用，同时也在医疗、教育、金融、安防等领域取得了突破性的进展。例如，DeepMind 公司发布了 AlphaFold 2，利用深度学习解决了蛋白质折叠问题；百度公司的飞桨（PaddlePaddle）成为首个通过工业互联网创新发展项目评审的深度学习平台。

2021 年，人工智能在自然语言处理、计算机视觉、机器人等方面继续创新，同时也面临着伦理、安全、可解释性等挑战。例如，OpenAI 公司发布了 GPT-3，一种基于 1 750 亿个参数的大规模预训练语言模型，能够生成各种类型的文本；特斯拉公司推出了全自动驾驶（fully-self driving，FSD）测试版，实现了无人驾驶汽车的部分功能。2022 年，人工智能在多模态、跨领域、泛知识等方面取得了重大突破，同时也在推动社会经济转型和可持续发展。例如，微软公司发布了 MUM，一种能够理解多种语言和多种媒体的多模态通用模型；阿里巴巴公司发布了 ET 城市大脑 4.0，利用人工智能优化城市治理和服务。2023 年，人工智能在强化学习、神经符号学、神经网络架构搜索等方面实现了重大突破，同时也在增进人类福祉和社会公平。例如，DeepMind 公司发布了 AlphaGo Zero 2.0，一种完全自主学习的围棋程序，能够超越任何人类或计算机对手；IBM 公司发布了 Neuro-Symbolic Concept Learner，一种能够从图像中学习概念并用自然语言表达的神经符号模型。OpenAI 公司发布了 GPT-4，微软公司推出了 new Bing，华为公司发布了盘古系列，如图 1-9 所示，百度公司推出文心一言，如图 1-10 所示。

图 1-9　华为公司盘古大模型

图 1-10　百度公司文心一言大模型

基于大数据和强大计算能力的机器学习算法已经在计算机视觉、语音识别、自然语言处理等一系列领域中取得了突破性的进展，基于人工智能技术的应用也已经开始成熟。同时，人工智能发展的影响已经远远超出学术界之外，政府、企业、非营利机构都开始拥抱人工智能技术。2019 年，人工智能连续第三年被写入政府工作报告，并且首次提出了"智能+"的概念。政府工作报告提出，打造工业互联网平台，拓展"智能+"，为制造业转型升级赋能。2019 年 5 月 16 日，国际人工智能与教育大会在北京召开。国家主席习近平向大会致贺信。习近平总书记强调，"中国高度重视人工智能对教育的深刻影响，积极推动人工智能和教育深度融合，促进教育变革创新，充分发挥人工智能优势，加快发展伴随每个人一生的教育、平等面向每个人的教育、适合每个人的教育、更加开放灵活的教育。中国愿同世界各国一道，聚焦人工智能发展前沿问题，深入探讨人工智能快速发展条件下教育发展创新的思路和举措，凝聚共识、深化合作、扩大共享，携手推动构建人类命运共同体。"

随着人工智能的发展，世界的安全性、可解释性、伦理性、公平性出现前所未有的挑战，对此，人工智能发展可能会进入下一个反思期，但是这个反思期不会很长远。而一旦度过这个反思期，那么人工智能未来可能会超越现在的想象，达到一种超级智能的状态，能够自主地学习、创造、决策、行动，甚至超越人类的智慧和能力，与人类建立一种新的共生关系，不再是人类的工具，可能会拥有自己的意识、情感、价值和目标，不再受制于人类的规则和约束，而是与人类共同探索和创造一个更广阔的世界。

2. 中国人工智能发展史

中国人工智能研究起步较晚，但后发优势显著，总的来说可以概括为 5 个阶段。

1）争论阶段

20 世纪 50—70 年代，中国人工智能的相关研究处于停滞状态。1978 年 3 月，在北京召开全国科学大会，大会开幕式上邓小平同志发表了"科学技术是生产力"的重要讲话并提出"向科学技术现代化进军"的战略决策，打开了解放思想的先河，有力地促进了中国科学事业的发展。20 世纪 80 年代初，钱学森等学者主张开展人工智能研究，中国的人工智能研究进一步活跃起来。

2）起步阶段

20 世纪 70 年代末—80 年代，人工智能相关研究在国内开始起步。1978 年召开的中国自动化学会年会上集中报告了光学文字识别系统、手写体数字识别、生物控制论和模糊集合等人工智能领域的最新研究成果，这表明中国人工智能在生物控制和模式识别等方向的研究已开始起步，同年"智能模拟"纳入国家研究计划。

3）机遇阶段

1984 年 1—2 月，邓小平同志在深圳和上海观看儿童与计算机下棋时指示"计算机普及要从娃娃抓起"，中国人工智能研究迎来了发展的曙光。1984 年国防科工委召开了全国智能计算机及其系统学术讨论会，1985 年又召开了全国首届第五代计算机学术研讨会；一年后智能计算机系统、智能机器人和智能信息处理等重大项目被列入国家高技术研究发展计划（863 计划），1987 年国内首部具有自主知识产权的人工智能专著《人工智能及其应用》在清华大学出版社出版。随后，人工智能、机器人学和智能控制等相关著作陆续问世，表明中国人工智能进入了快速发展的机遇期。

4）发展阶段

进入 21 世纪后，人工智能与智能系统相关领域的研究受到国家基金计划支持，并与国民经济和科技发展的重大需求相结合进入高速发展的新时期。2006 年 8 月，在"庆祝人工智能学科诞生 50 周年"纪念活动期间举办了首届中国象棋计算机博弈锦标赛暨首届中国象棋人机大战，东北大学的"棋天大圣"象棋软件获得机器博弈冠军；"浪潮天梭"超级计算机以 11∶9 的成绩战胜了中国象棋大师。2009 年，国家学位委员会和教育部增设智能科学与技术博士和硕士学位，授权一级学科，为中国人工智能的长远发展奠定了坚实基础。

5）蓬勃发展阶段

2014 年 6 月 9 日，习近平总书记在中国科学院第十七次院士大会、中国工程院第十二次院士大会开幕式上发表重要讲话强调，"由于大数据、云计算、移动互联网等新一代信息技术同机器人技术相互融合步伐加快，3D 打印、人工智能迅猛发展，制造机器人的软硬件技术日趋成熟，成本不断降低，性能不断提升，军用无人机、自动驾驶汽车、家政服务机器人已经成为现实，有的人工智能机器人已具有相当程度的自主思维和学习能力。我们要审时度势、全盘考虑、抓紧谋划、扎实推进。"这是党和国家最高领导人首次对人工智能和相关智能技术的高度评价，是对开展人工智能和智能机器人技术开发的庄严号召和大力推动。随后《中国制造 2025》《机器人产业发展规划（2016—2020 年）》《"互联网+"人工智能三年行动实施方案》《中国人工智能白皮书》等一系列政策文件陆续出台，将人工智能技术提升到国家发展战略的高度并明确了人工智能未来的发展方向，中国人工智能迎来了蓬勃发展的利好时期。

任务 1.3　生活中的人工智能

人工智能技术看似很遥远，其实其产品早已渗透、应用到人们的日常生活中。尽管大多数人还不了解人工智能技术的具体实现，但不可否认的是，人工智能技术正在一步一步地走进并影响着每一个人的生活。

1.3.1　计算智能

计算智能是指机器能够更高效、快速处理海量的数据，即具有快速计算和记忆存储的能力。人工智能所涉及的各项技术的发展不均衡，现阶段计算机的优势是运算能力和存储能力。人工智能从诞生之始就以对抗人类智能为衡量准则。人机对抗智能技术的应用领域涉及棋牌类游戏，在多个领域内，机器智能已经达到并超过了该领域的人类顶级选手，不断刷新博弈对抗纪录，显示出了新一轮人工智能技术在认知决策方面的优势。比如，人们比较熟悉的电竞类游戏中的人机对抗模式，在实现过程中采用了神经网络技术，以实现在游戏中"人机对抗"。

1.3.2　感知智能

感知智能是指机器能听懂人类的语言、看懂世界万物，即具有视觉、听觉、触觉等感知能力，能够通过各种智能感知能力与外界进行交互。语音识别和视觉识别就属于这一范畴，能够更好地辅助人类高效完成任务。

感知智能主要是数据识别，需要完成对大规模数据的采集，以及对图像、视频、声音等类型的数据进行特征抽取，完成结构化处理。

图1-11中百度公司的Apollo无人驾驶汽车，其四大核心模块之一就是感知模块。通过激光雷达等感知设备和人工智能算法实现感知智能，自动识别交通指示牌和行车信息，具备雷达、相机、全球卫星导航等电子设施，并安装同步传感器。在行驶过程中，汽车会通过传感设备上传路况信息，在大量数据基础上进行实时定位分析，从而判断行驶方向和速度。

图1-11　Apollo无人驾驶汽车

诞生在百度公司的"小度机器人"，如图1-12所示，能够参加互联网机器翻译论坛、与人类进行现场对话，还曾亮相央视网络春晚妙对飞花令。智能机器人已经出现在了人们的日常生活中，能够通过自然的交互方式（语音、图像、对话），依托强大的智能搜索技术，在准确理解用户意图的基础之上，与用户进行信息、服务、情感的交流。

图1-12　小度机器人

机器在感知世界方面比人类具有优势。人类是被动感知，机器是主动感知，如激光雷达、微波雷达和红外雷达。不管是"小度机器人"，还是 Apollo 无人驾驶汽车，都充分利用了深度学习和大数据的成果，机器在感知智能方面已越来越接近于人类。

1.3.3　认知智能

认知智能是指机器能够主动思考并采取行动，实现全面辅助甚至替代人类工作，即具有理解能力、归纳能力、推理能力、运用知识的能力。比起计算智能和感知智能，认知智能更为复杂。

认知智能则需要在感知智能完成数据结构化处理的基础上，理解数据之间的关系和逻辑。结合跨领域的知识图谱、因果推理、持续学习等，赋予机器类似于人类的思维逻辑和认识能力，即理解、归纳和应用知识的能力。如图 1-13 所示，天津大学神经工程团队的 95 后大学生，用脑电波操控"哪吒"多脑协控智臂系统写"福"字，其核心技术就是脑机接口（brain computer interface，BCI），其所在团队于 2014 年 6 月研制完成全球首台适用于全肢体中风康复的"纯意念控制"人工神经机器人系统。通过脑电的异步"脑机接口"技术模拟中枢神经通路，解码体验者的运动意念信息，进而驱动多级神经肌肉电刺激技术模拟周边神经通路，刺激瘫痪肢体产生对应动作。

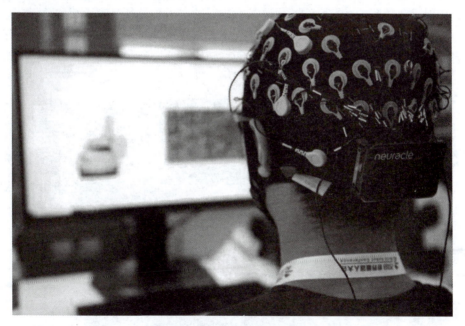

图 1-13　天津大学神经工程团队展示用意念书写"福"字

任务 1.4　人工智能的发展现状与趋势

在科技日新月异的今天，人工智能已成为最具革命性的技术之一，有望对人类社会生活产生显著的影响。过去几年，人工智能相关理论研究、技术创新、软硬件升级等整体推进，极大地促进了人工智能行业的发展。进入 2022 年，以 ChatGPT * 为代表的人工智能大模型火爆全球，生成式人工智能（artificial intelligence generated content，AIGC）也掀起新的热潮，公众对人工智能的关注日益加深，人工智能已然成为全球科技和产业发展的重要力量。随着人工智能商业化进程驶入快车道，一个蓬勃发展的人工智能时代正在到来。

1.4.1 人工智能发展现状

人工智能作为引领新一轮科技革命和产业变革的战略性技术，具有溢出带动性很强的"头雁"效应。这种"头雁"效应，既表现在人工智能产业的蓬勃发展，更表现在它将成为中国产业升级和经济转型的主要动力。人工智能已在消费和服务领域得到广泛应用，尤其是电商、医疗、教育、金融等行业。

1. 智能制造

目前，随着包括计算机视觉、模式识别等人工智能技术不断地推陈出新，中国智能制造正处于快速发展阶段，智能制造行业的产业链逐渐形成，已形成多个成熟的应用场景。图 1-14 展示的是深圳市虚数科技有限公司开发的 DLIA 工业缺陷检测技术，该技术利用计算机视觉、声纹识别等人工智能技术，能够快速识别产品表面微小、复杂的产品缺陷，做到低成本高效率地进行缺陷产品识别和筛选，保证下游市场面向用户群体的产品质量。此外，智能制造中对设备故障诊断与预测，也是相对成熟的应用。设备故障诊断与预测是基于人工智能神经网络诊断方法，通过模式识别、建立动态预测模型的方法诊断与预测设备存在的问题。此种方法提供了较为强大的控制能力，能够确保机械设备和系统的运行维持在相对健康的水平，以提升智能制造的安全性、稳定性和高效性。

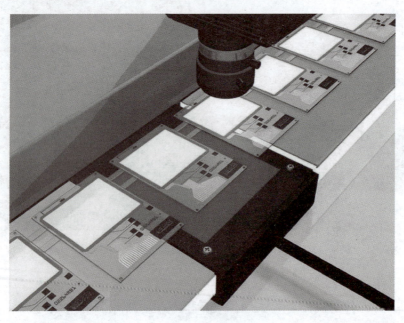

图 1-14　DLIA 工业缺陷检测技术

---

* ChatGPT（Chat Generative Pretrained Transformer），是 OpenAI 研发的一款聊天机器人程序。

数字孪生工厂是以数字化工厂为基础，通过数据孪生，实现工厂内设备的高效管理。数字孪生作为一种理论技术，能够对物理空间里的实体装备进行模拟仿真，采集实体装备的实时信息和数据，在虚拟空间里通过投射实体装备的虚拟模型进行信息呈现，能根据实体装备各阶段的问题，提供更加准确、精密的决策，图1-15中展示的蜂鸟视图以智慧地图为载体，利用空间数据技术将华润电力曹妃甸火电厂工艺区、设备区、危险区及工厂内所有设备装置进行数字孪生，同时，将作业人员、作业任务、实时设备状态、环控装置状态与工厂空间数据进行结合，对人员实时位置、作业轨迹、环控联动情况、违规操作等综合管控，实现完全运行数字化，提升智慧火电厂的管理效率，助力清洁高效、智慧化运营。柔性生产线，是近年新兴的一种自动化的制造模式，由自动加工系统、物流系统、信息系统和软件系统组成，通过智能传感器提取生产信息，利用人工智能深度学习算法进行柔性生产感知，实现产品设计、生产、监测、加工、销售等一系列生产阶段的智能化与自动化决策。先进过程控制则是利用计算机控制系统处理多变量控制过程控制问题的一种方法。融合人工智能神经网络技术的控制系统，被赋予了很强的自适应性和学习能力，有能力对复杂的非线性对象进行建模，以优化生产过程控制效果。

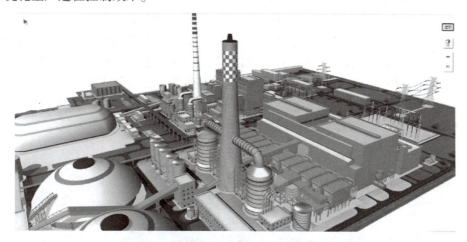

图1-15　华润电力曹妃甸火电厂数字孪生可视化智慧火电厂

2. 智慧医疗

人工智能在医疗行业的成功应用，发挥了其在医疗领域的发展潜力，创造了全新的医疗模式。虚拟助理、医学影像、辅助诊疗、疾病风险预测、药物挖掘、健康管理、医院管理、辅助医学研究报告等领域已经开始逐渐引入人工智能技术。

科大讯飞公司推出的"讯飞星火"医疗大模型基于亿级的高质量医学数据、海量医学知识问答、复杂语言理解、专业文书生成、诊断治疗推荐，以及多轮交互和多模态交互六大核心能力；讯飞医疗智能导诊系统，支持超13 000种症状和超5 200种疾病自查，可实现智能分诊、人工智能辅助自查、宣教知识推荐等功能；"智医助理"能给出辅助诊断建议、纠正漏诊误诊、规范在线记录病人的历次病情、通过智能呼叫了解慢病人群的最新病况等拓展功能，如图1-16所示。

百度大脑通过海量医疗数据、专业文献的采集与分析，辅助医生完成问诊。图1-17展示的基于百度大脑的人工智能眼底筛查一体机可以帮助患者快速筛查包括糖尿病视网膜病变、青光眼、黄斑病变等多种眼底疾病，提早预防致盲风险。该系统经过权威测试，筛查准确率已经相当于工作经验 10 年以上的眼科医生。

图 1-16　智医助理

图 1-17　人工智能眼底筛查一体机

3. 智慧城市

智慧城市是一个较为宽泛的概念，指利用大数据、人工智能技术升级城市各功能后所展现出的智慧社会运行模式。实际上，智能交通、智慧医疗等领域均属于智慧城市的一部分，建设智慧城市，是提升城市基础服务改善居民生活质量的重要举措。

智慧城市的特点就是多元化和去中心化，由无数个社区组成，因此，社区智能化及社区服务智能化是智慧城市的发展的方向之一，目前，智能社会已在多个城市与地区落地应用。图 1-18 中所示为深圳正在建设的新型智慧城市建设总体规划和工作方案，计划实施高速宽带网络、全面感知体系、城市大数据、智慧城市运行管理、智慧公共服务提升、智慧公共安全体系、智慧城市治理优化、智慧产业发展、网络安全保障、标准规范保障工程等十大工程，促进技术、业务、数据融合，加快实现万物感知、万物互联、万物智能。

图 1-18　深圳新型智慧城市建设总体规划

此外，智慧城市中的治安治理领域也是较为成熟的场景之一。公共安全包括社会治安、交通安全、生活安全、生产安全、食品安全、生态安全等方面，其中，社会治安问题是公共安全的重点领域，通过智能治安，可以有效提高社会治安水平。例如，利用生物特征识别技术、自然语言处理技术等人工智能技术，融入刑侦手段当中，协助警察从案件现场中寻找更有价值的线索；通过物联网、人脸识别技术，将违法人员接入联网数据库，并根据相关信息对违法人员进行筛选和抓捕，利用人工智能算法构建治安状况模型，合理规划警力资源与巡逻路线。

城市大脑涉及神经网络、智能计算等多项人工智能技术，覆盖城市警务、文旅等多个领域。城市大脑的概念为城市建设与互联网类脑神经相结合的产物，具体而言，城市大脑是将海量智能设备与系统通过互联网进行连接整合而形成的复杂智能巨系统，主要包括城市神经元网络和城市大脑云反射弧，通过城市神经元网络，人们可以实现城市中各类信息的实时交互，提升交互便捷性与高效性，通过云反射弧，则能对城市管理与服务做出快速反应，提高城市统筹效率。以图1-19中的杭州城市大脑为例，现今已形成11个系统及48个场景共同发展的良好局面，由此可见，城市大脑在推动城市治理现代化的过程中能发挥至关重要的作用。

图1-19　杭州城市大脑

智能照明系统也是智慧城市一个新兴的应用领域。智能照明系统是结合深度学习、计算机视觉等人工智能技术的灯光控制系统，该系统采用智能传感器及摄像头，通过对城市内不同区域的光照强度、空气能见度、天气状况、道路状况等客观因素进行智能感知与分析，调节控制道路照明设施的光源种类、光照强弱及照明时间，减少能源消耗，以达到能源的高效利用，助力中国"碳达峰""碳中和"战略方针的开展。但是目前，智能照明系统仍面临复杂环境下是否具有普适性和准确性的问题，其功能需要进一步的测试与调试，才能达到稳定准确的控制效果。

随着城市智能化进程不断深入，智能化所需要的基础设施和各类设备数量激增，导致智能化城市的能源消耗远远高于传统城市，给城市在能源供给、能源管理及能源分配上形成了巨大的压力，因此，智慧能源管理成为未来智慧城市重点发展的方向之一。智慧能源管理指利用人工智能技术，对城市所需各类能源进行统计、分配与管理，具体包括石油、天然气、煤炭、电力、水利、太阳能、核能等。传统的能源管理面临数据采集能力不足、能源监测能力不足、缺乏有效管理手段等问题，智慧能源管理通过智能传感器，实时获取能源使用信息，由远程数据采集控制终端将信息传输至后方数据库，管理人员可通过访问数据库获取能源最新状况。同时，基于能源消耗的预测模型，管理人员也能借助系统自动生成能源分配的最优化方案，实现便捷、精准、自动化的智慧能源管理。此外，智慧城市的能源废料排放也成了智慧能源管理监测的重点，智慧能源管理系统能够根据监测数据进行统计分析，提出相应的解决方案。

4. 智能机器人

智能机器人是人工智能技术与机器人技术相结合的新时代产物，适用于多数智能化场景。在工业生产领域，智能化的工业机器人技术已经成熟，许多企业已经大规模采用工业机器人进行智能分拣、搬运、装卸货物。与人力相比，智能机器人不仅工作效率和工作时长比人类高，在成本问题上也比人类低，具有巨大优势。在部分特殊的工作环境下，智能机器人能承受环境带来的风险，保护工人的安全与健康，例如，图1-20中展示的天津新松机器人助力新能源汽车智造，与传统机器人相比，智能系统的工业机器人完成作业的成功率更高，并且能应对多类型突发情况。使用工业机器人对配件进行分配安装时，会存在机器人未能抓取成功的现象。固定编程的传统机器人无法做到目标物的识别，也无法自主做出修正行为的决策，因此存在一定的作业失败率，而智能机器人能够通过摄像头或传感器识别该类现象，并重新进行配件抓取，以此将作业成功率维持在一个较高的区间范围内。因此，智能化的工业机器人，是实现自动化及高效化生产的重要帮手之一。

图1-20　天津新松机器人助力新能源汽车智造

另一种功能的机器人为智能管家类型，协助居民对家里设备进行统一管控，方便居民起居的同时节省各类费用的开支。该类机器人主要运用智能语音技术，居民只需要以说话的方式就能对其发送指令，以进行家用电器的使用。此外，家用机器人还适用于文娱领域，为居民提供相关活动，如对弈机器人、学习辅助机器人等。此类机器人主要涉及机器学习、自然语言处理技术，能够提高居民居家生活质量。

除工业机器人外，家用机器人的应用也逐渐在覆盖人们的生活。家用机器人目前已有许多类型的产品，涵盖多种功能，如协助居民完成家庭清洁活动、分担居民的家务任务，代表产品为扫地机器人、保洁机器人等，保洁机器人能识别地板与地毯的差异，并进行不同方式的清洁，图1-21所示为米家模块机器人。该类机器人运用计算机视觉技术与模式识别技术，能够识别与分辨屋内的设施和物品，提供不同的维护方案。

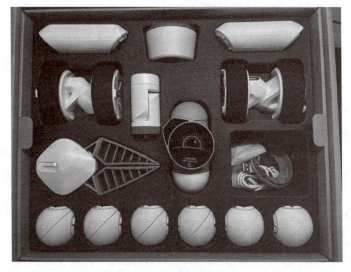

图 1-21 米家模块机器人

物流机器人是人工智能领域近年来新兴的一个应用场景，具体而言，物流机器人是通过基于人工智能系统进行快件的识别、分类和配送的无人车、无人机等运输工具的统称，图 1-22 所示为京东物流无人机配送。在快件识别与分类的过程中，系统会将各区域的快递进行分类，并分拨给各运输工具。同时，系统会自动生成路线规划方案，最大限度地提高配送效率。在运输快件的过程中，物流机器人能够通过智能传感器和计算机视觉技术，对周围环境进行数据采集和识别，在原定行进路线上对障碍物进行有效避让。在快件投送过程中，物流机器人会根据系统内数据库的信息，自动拨打收货人电话，并向其发送物流信息，提醒其收件。目前，物流机器人已经有企业投入使用，但受制于技术问题和成本问题，整体规模尚未扩大，物流运送仍是以人力为主。此外，投入使用的物流机器人基本以陆地物流机器人为主，无人机、无人船等其他空间的运输工具仍处于实验和试点当中，尚处于发展阶段，如果能有效利用城市低空区域与水面区域，那么能极大地提升物流的运送效率。

图 1-22 京东物流无人机配送

　　军事领域是智能机器人另一新兴的应用场景。实际上，机器人在 20 世纪就尝试应用于军事领域，但随着人工智能技术研究的深入，智能化的军用机器人逐渐兴起，向无人化、自动化方向发展，展现出强大的军事潜力，在俄乌战争期间，参战双方就动用了大量不同类型的智能机器人协同军队参与军事行动。根据作业环境，军用机器人分为地面机器人、空中机器人和水下机器人，能代替人类执行侦查、巡逻、战斗、搜索、机械维修、危险物排查等高危任务。由于军事任务的多样性和复杂性，军用机器人几乎涉及人工智能所有的关键技术，有军用机器人的协助，不仅能强化军队的军事行动能力，还能有效减少士兵的伤亡。目前，受制于技术原因，军用机器人以辅助人类开展军事行动为主，尚未做到完全自主化行动。未来，基于人工智能技术的发展，军用机器人的自主化能力将得到进一步升级，军事行动的机器人使用率也会不断上升。

　　随着当前人类活动空间的进一步扩大，智能机器人的应用已从地面、水下和中低空环境转向空间环境，此类机器人需要能够在行星的大气环境中飞行和作业，这意味着对机器人的制造与操控将产生更高的要求。在空间环境中，空间机器人需要克服失重、真空、超低温和高辐射量等极端条件并进行长时间空间作业，作业任务包括空间站搭建、设备及零部件运输、航天器维修、太空垃圾清理、空间生产及科学实验等。人类受制于生理因素，无法完成绝大部分的任务，因此，空间机器人需要实现高度的无人化与智能化，以自主完成作业。空间机器人需要在真空环境下进行运动规划和运动控制，由于需要考虑空间机器人的动力学特征，运动路径计算更为复杂，这需要采用更加强大的算法实现。同时，绝大部分的空天飞行器的运行周期非常长，空间机器人的使用年限也需要尽可能地延长。因此，如何保持高效运算的同时最大程度地降低能耗，是空间机器人需要解决的问题之一，图 1-23 为天宫空间站装备的超级机械臂系统。未来，人类将在空间部署更多的卫星与航天器，并试图建立行星之间的航行轨道，空间机器人需要完成的任务也更加复杂，因此，为了实现航天航空领域的长久发展，量子智能计算、类脑智能计算等新兴的人工智能技术的突破与应用，是研发高性能空间机器人的关键，这将会成为未来智能机器人应用领域的重点攻克的技术难题之一。

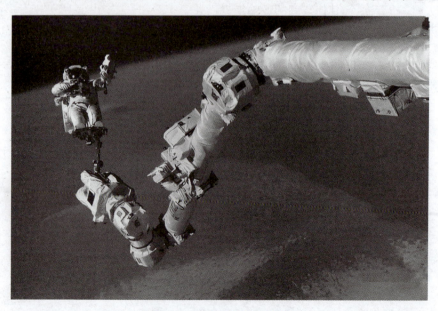

图 1-23　天宫空间站机械臂

1.4.2　人工智能发展趋势

随着智能化时代的来临，人工智能为人类社会的进程推进提出了新的发展方案。2023 年，ChatGPT 势如破竹，以生成式人工智能为代表的新一代人工智能问世，改变了人工智能技术与应用的发展轨迹，加速了人与人工智能的互动进程，是人工智能发展史上的新里程碑。新一代人工智能应用技术的研发，不仅改变了人们以往的生活逻辑，还在市场内掀起了一股人工智能热潮。未来，人工智能将会实现新的进步，数据的清洗和挖掘将成为优化人工智能技术应用的关键，量子机器学习将会助力机器学习领域突破研究瓶颈，低代码技术和人工智能的结合将使人工智能技术逐渐平民化。

1. 数据的清洗与挖掘将决定人工智能应用效果

智能化时代，数据指数式地增长为人工智能模型的训练提供了巨量的资源，但是，数据来源的增多，降低了数据整体的质量，良莠不齐的数据将对人工智能模型的运算造成影响。部分企业认为，将越来越多的学习资料置入训练模型当中，就能产生正向效果，然而，由于当前模型自我验证能力有限，且对数据质量的高低没有统一的标准，因此无法对低质量数据进行清洗和纠错。所以，基于低质量数据训练而来的人工智能模型将产生不可预估的错误结果，不仅消耗时间与成本，还给企业或个人在各方面带来疑惑与错误的引导，从而造成损失。当模型的预测错误率提升至一个较高的区间内时，基于人工智能模型的系统将不再被人们所信任，影响人工智能项目的推进。因此，数据的洁净程度是决定数据整体的质量的因素之一，是人工智能发展能否符合人们对其预期的关键。

同时，数据的过量增长，形成了一种特殊的数据类型，即暗数据。暗数据是指处于大数据暗面的数据，具体而言，是指数据在生成和收集的过程中尚未被发掘和使用的数据，没有被分析与处理。暗数据的利用，既有机遇，也有风险。首先，暗数据是一种无形的资产，包含大量企业可二次利用的有价值信息，人工智能对暗数据的揭示，有概率会产生新的商机。其次，暗数据也是一种风险，其数量庞大，不仅增加企业管理成本，也有可能涉及敏感或隐私信息，面临监管困难问题，存在法律风险。因此，在未来，人工智能可通过数据识别、数据评估等技术，协助企业着重对暗数据进行揭示，以提升数据的利用率和数据的整体质量。由此可见，数据的使用方式也会成为行业关注的重点，在未来，人们会通过加强人工智能模型的自我纠错能力，以优化模型的预测功能，实现人工智能的理想效果。

2. 量子机器学习推动机器学习更进一步

机器学习作为一门交叉领域学科，通过计算机不依赖确定的编码指令，模拟或实现人类学习行为以获取知识和技能，是人工智能领域重要的通用技术之一。自机器学习应用以来，人们一直致力于提高机器学习算法的速度，但是面对海量数据，传统机器学习的方法已不足以解决现在的需求。因此，人们将机器学习与量子物理相结合，搭载量子算法的机器学习就成为了解决数据处理需求的热门研究方向之一。量子机器学习主要包括量子数据编码、量子态制备等，理论而言，量子机器学习具备强大的能力。其利用量子计算所带来的优势，在性能与数据量的处理上已大大超越了传统机器学习算法。量子机器学习通过量子计算的叠加态、纠缠态形成量子计算的高并行性，使用量子机器学习对人工智能模型训练和优化的效率比任何算法都要高。此外，量子机器学习也将拓宽人工智能应用场景，将人工智能的力量发挥至物理、金融等领域中，实现质的突破。

然而，目前量子机器学习仍处于高度实验性阶段，尽管量子机器学习的量子算法已通过物理实现证明其能力，但在实验过程中仍然存在许多技术性问题，所以其实用性和可行性仍在不断地验证中。未来，随着量子计算机稳定性的不断提高，基础设施的不断优化，量子机器学习作为一种新的训练方案，将在人工智能领域内展现出无限的潜力。

3. 低代码技术促进人工智能"平民化"

人工智能技术作为当前的风口技术，拥有极高的发展价值。但是，人工智能对资金、技术能力、基础设备及相关人才的要求门槛较高，对于部分企业和机构而言，其不具有单独开发人工智能项目或开展人工智能业务的能力，随着研究的推进，各研发主体的差距也越来越大，这会对行业发展造成不良影响。然而，低代码技术与人工智能技术的结合，为人工智能技术的普及提出了新的解决方案。低代码是一种可视化的应用方法，使用者无须编码或通过少量代码就可以快速生成应用程序，这意味着采用低代码平台进行程序开发的流程将极大程度地简化，开发周期缩短数倍，使用者可以在很短的时间内，以一个较低的成本进行程序开发，既节省开发成本，又提升开发效率。同时，受到简化后的流程，不再对使用者的编码水平及开发经验有较高的要求，这使得人工智能的准入门槛大幅度下降，因此，在未来，大部分企业都有能力参与人工智能项目的开发。此外，随着低代码与人工智能的应用，"平民化"则是人工智能未来的发展趋势之一，即人工智能在社会大众中也有广泛应用。今后，人工智能+低代码将使每个人都成为公民开发人员，人们创建的应用程序会变得越来越简单，即使不知道如何编码，通过低代码平台，几乎任何人都可以使用简单的操作来创建、测试和部署人工智能驱动解决方案，人工智能的力量将变得触手可及。在这种情况下，人工智能才能发挥出全部的潜力，以改变社会中每个人的生活方式。

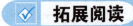

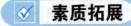

思考与练习

一、单选题

1. 在图灵测试中，超过（　　）的测试员不能确定被测试者是人还是机器，那么这台机器就通过了测试，并被认为具有人工智能。

A. 50%　　　　　　　B. 40%　　　　　　　C. 30%　　　　　　　D. 20%

2. 以下称为"专家系统之父"的是（　　）。

A. 爱德华·费根鲍姆　　　　　　　B. 杰夫·辛顿

C. 赫伯特·西蒙　　　　　　　　　D. 诺伯特·维纳

3. 图灵测试是由（　　）提出的。

A. 艾伦·图灵　　　　　　　　　　B. 马文·闵斯基

C. 杰弗里·辛顿　　　　　　　　　D. 罗纳德·威廉姆斯

二、多选题

1. 人工智能具有以下（　　　）特征。

A. 自动化　　　　　　B. 全新交互方式　　　C. 自进化　　　　　　D. 去节点化

2. 人工智能产业链包含（　　　）。

A. 系统层　　　　　　B. 基础层　　　　　　C. 技术层　　　　　　D. 应用层

三、简答题

1. 何为人工智能，人工智能主要包括哪些能力？

2. 人工智能就是机器人吗？请结合你的理解，说说对人工智能的认识。

3. 人类具有智能，人通过全身的各种感知器官感受外界环境，接受和学习已有的经验和知识，这些汇聚到人脑中，形成了人的固有认知和智能，加上人身体或神经的自然反应，形成了人的行为表现。人工智能技术就是希望模仿出人类这样的效果，形成机器智能。试举例说一说：

（1）你所知道的人工智能的哪些技术能对应到人类的哪些能力；

（2）人的哪些能力机器可能还做不到。

4. 结合自己所学专业，描述所学专业面向的岗位（群）的具体人工智能应用有哪些。这些岗位（群）是否也面临着被人工智能取代的窘境？谈一谈自己打算如何应对这些变化。

项目二

人工智能的基层平台

学习目标

专业知识目标

1. 掌握人工智能的发展基础有哪些，理解人工智能发展必须具备的基本条件。

2. 了解芯片大发展对人工智能发展的促进作用。

3. 了解神经网络处理器（neural processing unit，NPU）的概念，掌握 NPU 对人工智能发展的优势。

4. 了解云计算的概念，掌握云计算对人工智能发展的优势。

5. 了解第五代移动通信技术（fifth generation mobile communication technology，5G）技术的概念，掌握 5G 技术对人工智能发展的优势。

6. 了解区块链技术的概念，掌握区块链技术对人工智能发展的优势。

7. 了解人机交互技术的概念，掌握人机交互技术对人工智能发展的优势。

职业技能目标

1. 能正确阐述人工智能技术的发展基础。

2. 能正确理解各项技术对人工智能的发展推进作用。

3. 能协作展示学习成果，分享学习经验。

职业素质目标

1. 培养学生技术钻研精神和爱国主义精神。

2. 培养学生学习专注、务实创新的科创精神。

3. 培养学生团结合作精神。

职业能力图

根据学习目标，绘制职业能力图，如图 2-1 所示。

图 2-1　职业能力图

知识链接

项目引入

　　人工智能的基层平台是实现人工智能技术所必需的基础设施、基础技术。想要认真全面地了解人工智能，就需要学习和了解人工智能的基层平台相关的知识。了解人工智能的基层平台对于实现人工智能技术应用有哪些作用。学习人工智能的基层平台可以让同学们更加深入了解人工智能的整个生态系统，了解各种技术的发展历程及它们之间的联系和互动。这有助于同学们更好地理解人工智能的本质和未来发展方向。

项目描述

　　本项目为了使同学们学习和了解人工智能基层平台的相关的知识，共下设 7 个不同的学习任务，分别为了解人工智能的发展基础、了解芯片与人工智能的关系、了解专用芯片 NPU 与人工智能的关系、了解云计算与人工智能的关系、了解 5G 与人工智能的关系、了解区块链与人工智能的关系、了解人机交互与人工智能的关系。每个任务通过从发展史、原理、与人工智能之间的关系和对人工智能发展的影响的几个方面对同学们进行教学，让同学们更加深入学习构成人工智能基层平台的各种技术和其与人工智能发展的联系。

项目任务单

姓名		班级	
学号		授课形式	理实一体
学情分析	1. 学生对生活中的人工智能比较了解，对人工智能的发展基础没有概念，应当重点讲解。 2. 学生对人工智能相关底层技术感兴趣，擅长学习新知识，乐于学习。 3. 学生渴望获得人工智能相关职业技能，但接受知识的能力存在差异。 4. 统计学生发表自己对人工智能基层平台的看法，分析学生看法是否全面，根据结果对课堂教学内容、策略做调整，再备课		

续表

学习目标	1. 能够熟练地向他人介绍或解答人工智能基层平台的相关知识。 2. 具有独立解决任务 2.1~任务 2.7 的能力。 3. 具备通过查询资料完成任务的信息搜集和处理能力	
实施准备	1. 准备项目相关视频资料。 2. 准备项目 PPT、教案。 3. 准备汇报用的纸、笔等	
实施步骤	现场教学	以项目二为主题进行现场教学，主要讲解人工智能的发展基础知识、人工智能相关底层技术知识
	自主学习	以解决任务 2.1~任务 2.7 为目标，自主学习相关知识、获取相关信息、个人编写相关课程任务的简要汇报材料
	小组讨论	以小组的形式进行任务讨论，形成小组汇报成果
	小组汇报	汇报小组成果并通过分组汇报演讲的形式在讲台上向大家进行相关知识的介绍
学习重点	1. 人工智能的发展基础。 2. 各种技术对人工智能发展的推进作用	
学习难点	1. 各种技术的原理。 2. 各种技术与人工智能之间的联系	
素质拓展	1. 通过人工智能基层平台给日常生活带来的改变，将"热爱科学、崇尚科学的社会风尚"引入课堂，培养学生心怀科学梦想、树立创新志向。 2. 通过各种技术对人工智能发展的推进作用的分析，融入关于创新驱动发展的重要论述，培养学生勇担科技强国使命，培育创新文化，弘扬科学家精神，涵养优良学风，营造创新氛围。 3. 通过拓展阅读阐述《全球人工智能治理倡议》的中国底蕴和世界意义，增强学生的科技自信心，文化自信心。 4. 通过红色记忆中爱国的王淦昌院士为祖国的高科技事业拔锚扬帆的经历，引导学生树立科技强国，创新强国的思想	
自我反思	在专业能力、个人职业能力、职业生涯规划方面的收获和体会	

任务 2.1 人工智能的发展基础

网络和硬件在人工智能的发展历程中起到关键的支撑作用，同时也是整个人工智能生态系统不断进步和创新的基石。对于人工智能来说，网络作为信息交换的纽带，硬件作为执行计算的平台，它们的紧密协作为人工智能的发展打开了新的可能性，推动了人工智能的边界不断向前延伸。这种相互促进、协同共振的技术基础，推动人工智能技术快速发展。比如，在人工智能应用领域，智能家居、工业互联网、智能物流等就需要大量的网络和硬件支持。同时，在人工智能算法领域，大量的数据分析和处理，各种深度学习算法的引入，也都需要在强大的硬件和畅通的网络的支持下才能进行。只有网络和硬件的共同进步，才能不断推动着人工智能应用的创新，为各种人工智能领域的开发提供强有力的支持。

2.1.1　人工智能发展的纽带——网络

网络技术的快速发展为人工智能技术的飞速发展提供了坚实的基础。互联网的出现改变了人与人之间的交流方式，让彼此之间的距离变得更加渺小。而随着人工智能技术的不断发展，网络与人工智能之间的联系也越来越密切。如图 2-2 所示，网络的普及和快速发展为人工智能技术的应用提供了一个快捷的依托平台。无论是在数据的采集、传输、处理，还是在算法的优化和应用方面，网络技术都有着不可或缺的作用。例如，通过人工智能技术和网络就可以实现医疗数据自主诊断、实现智能家居的远程控制及实现智能交通的自动驾驶。而这些都是网络和人工智能合作的典型案例。同时，网络技术的应用也催生了新的人工智能应用模式，如基于云的人工智能服务。这种服务可以为用户提供即时的智能计算能力，大幅度提升了人工智能的应用效率。因此，网络不仅是连接人们之间沟通的纽带，也是人工智能技术能够和现实世界相连的桥梁。

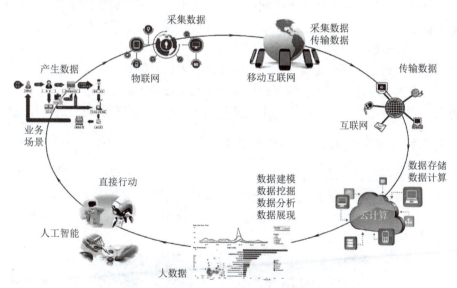

图 2-2　基于网络的人工智能服务流程

人工智能的发展必须依靠网络技术，从目前人工智能技术和网络所构建的项目中分析，网络促进人工智能发展的主要原因有以下 4 点。

1. 网络技术使得数据更加易于获取

人们正处于一个数据爆炸的时代，无论个人还是企业，每天都在创造和传输着海量的数据。互联网的普及，物联网和传感器的广泛应用，及智能设备的快速普及等，都推动着信息数据的繁荣，使信息数据呈现出爆炸式的增长。而网络技术作为技术支持的重要角色，为人们轻松地获取、交换、存储和处理数据提供了可靠的帮助，使得许多数据可以应用到人工智能系统中。

2. 网络技术为人工智能研究提供了更多的协作和开发机会

在网络技术的支持下，各种开源的代码库、数据集和工具已经开始广泛分享，这使得许多优秀的人工智能算法和技术可以向更多的人开放。因此，各类机构、企业和个人可以在网上进行数据、知识的共享，这促进了人工智能的共同发展和进步。对于人工智能研究人员来说，网络技术提供了一个巨大的平台，使得全球范围内的研究者和学者可以共同合作、交流和探讨，从而让人工智能的研究工作更为广泛和深入地展开。人工智能领域的诸多技术，都需要大量的数据支持和共享，而网络技术的应用则使得数据共享变得更为便利和高效，促进了人工智能技术的发展和创新。

3. 网络技术催生出新的人工智能应用模式

云计算和基于云计算的人工智能服务，成为人工智能发展的一大趋势。在这种模式下，人工智能计算能力被转嫁到云端，用户不需要购买昂贵的计算设备，也不需要不断进行维护和升级，便可以获得强大的计算和分析能力。这种模式特别适合个人和小企业，通过这种模式可以突破计算和技术门槛的限制。利用云端的人工智能计算能力，个人和小企业可以获得更佳的业务效率及更多的竞争优势。

4. 网络技术在人工智能领域中激发了更多的创造力

通过网络技术，越来越多的人工智能产品得以面世，无论是人工智能绘画、人工智能游戏还是人工智能音乐，网络技术的发展都能够使这些创意得到更多的传播和应用。

因此，网络技术已经成为人工智能领域的重要基础设施之一，对于促进人工智能技术的持续发展和创新具有不可替代的重要作用。网络技术的发展将推动人工智能技术的不断进步和广泛应用。而人工智能应用的不断深化也将促使网络技术更加迅速地发展。可以相信，网络技术与人工智能将继续发挥着巨大作用，展现出更多高效、便利和创新的科技应用。

2.1.2 人工智能发展的基础——硬件设备

除了算法和数据，硬件设备也是推动人工智能技术发展的重要因素。硬件设备是人工智能系统的基石和载体，对人工智能技术的快速发展产生了重要影响。从最初的计算机芯片，到图 2-3 所示的人工智能芯片等，硬件设备的涌现不断创造出更加智能化的社会生活和生产方式。

图 2-3 人工智能芯片

当谈论人工智能技术的发展时，人们往往首先会想到复杂的算法和大数据。但实际上，这些都离不开一个重要的基础——硬件设备。正是这些硬件设备，为人工智能技术的发展提供了坚实的基础。硬件设备在人工智能技术发展中的 4 个关键作用可以概括如下。

1. 硬件设备使人工智能技术计算能力得到提升

从最初的 CPU，到后来的 GPU，再到现在的张量处理器（tensor processing unit，TPU）、专用集成电路（application specific integrated circuit，ASIC）等专用人工智能芯片，硬件设备的进步推动了人工智能技术的快速发展。这些设备计算能力的提升，使人工智能技术能够处理更大规模的数据，运行更复杂的算法，从而实现更高级的功能；也使得人工智能技术能够在更短的时间内完成更复杂的任务，大大提高了人工智能技术的效率和效果。

2. 硬件设备使人工智能应用空间拓宽

如图 2-4 所示，硬件设备的不断升级和创新，为人工智能的应用提供了更广阔的空间和更为深入的实现方式。尤其是硬件设备的多样化，为人工智能的应用带来了全新的展示和运算空间。例如，嵌入式设备的发展，使得人工智能能够更好地应用于边缘计算，实现设备端的人工智能运算。这对于实时性要求高的应用场景，如自动驾驶、医疗诊断、无人机等有着重要的意义。此外，硬件设备导致的人工智能应用空间拓宽也为人工智能的未来发展提供了更多的机遇。边缘计算及跨界融合方向的兴起，助力人工智能跨越声、形、色等传统领域，从而拓展了人工智能的应用场景和应用范围。未来，随着更多的智能设备和硬件的推出，人工智能的应用范围将会进一步扩大，为人类生活和工作带来更多的便捷和智能。

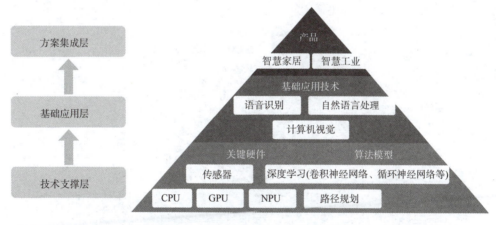

图 2-4　硬件设备助力人工智能应用

3. 硬件设备能耗和体积的优化给人工智能发展创造环境

随着人工智能的快速发展，设备能耗和体积的优化成了一个关键性的问题。人工智能需要解决如何在提高计算能力的同时降低能耗，并减小硬件体积。这对于将人工智能应用在移动和嵌入式的硬件设备来说，是非常重要的。为了完成这个目标，依靠硬件设备的发展就是必不可少的一环。硬件设备能耗和体积的优化可以使得人工智能在更小型的设备上运行，并适应移动化和智能化的趋势。同时，通过硬件设备的优化，可以减少浪费，从而提高设备的效率和性能。因此，大力发展硬件设备的能耗和体积的优化将为人工智能的发展创造更好的环境和条件。

4. 硬件设备使人工智能通用性提升

如何设计出能够适应各种人工智能算法的通用硬件设备，也是一个重要的发展方向。这种通用性的提升可以使人工智能技术的应用更加灵活，可以适应更多的场景。通过提高硬件设备的通用性，人工智能技术可以在更多的领域中发挥作用，提供更多的服务，带来更多的效益。同时，通用性的提升也可以帮助降低算法与硬件设备之间的耦合度和依赖性，尽可能减少硬件设备对特定算法的限制。基于通用的硬件设备，能够使得不同的人工智能产品之间更容易进行融合和互通。因此，通过不断提高通用性，硬件设备可以为人工智能技术的发展提供更好的基础。

总的来说，硬件设备是人工智能产业链三个核心之中的基础支撑。如图 2-5 所示，它们为人工智能技术提供了必要的计算能力和存储空间，使得人工智能技术能够处理大规模的数据，运行复杂的算法。然而，这并不意味着硬件设备的发展是一帆风顺的。恰恰相反，硬件设备的发展也面临着许多挑战，如能耗问题、体积问题以及如何适应各种人工智能技术算法的问题。随着人工智能技术的日益成熟，其对硬件设备的需求也在不断提高。设计出能够适应各种人工智能技术算法的通用硬件设备，以及解决人工智能技术计算中的能耗问题，都是硬件设备发展中急需解决的问题。尽管硬件设备目前仍面临着这些挑战，但随着科技的发展，人们有理由相信硬件设备将会越来越好地支持人工智能技术的发展。科技的进步也会使硬件设备的计算能力、存储空间和能耗优化得到显著提升。未来，人们将会看到更多创新的硬件设备，为人工智能技术的发展注入新的活力。这些硬件设备会更加强大、更加高效地支持人工智能的发展。

图 2-5　人工智能产业链的三个核心

任务2.2　芯片与人工智能的关系

人工智能技术在如今的世界中得到了越来越多人的关注和认可，成了科技领域最受瞩目的话题之一。对于人工智能技术，很多人首先会想到计算机技术和算法，然而，实现人工智能的核心之一——芯片技术，同样也扮演着重要的角色。事实上，芯片技术的大发展在很大程度上推动了人工智能的发展，这两个领域之间的相互作用和促进已经成为推动科技进步的重要动力。从宏观角度看，芯片技术是人工智能技术的基础和支撑，在整个人工智能技术发展的过程中都扮演着重要的角色。随着芯片计算能力的提升，人工智能算法可以在更小、更便携的设备上运行，从而使得人工智能技术更加普及。这使得人们可以将人工智能技术带进更多的领域，像智能家居、智慧医疗、智能交通等，让智能化技术走入人们的生活中，带来便捷和智能的生活体验。同时，芯片技术的进步也能够减少能源功耗、提高计算稳定性和运行速度，使人工智能技术在更多领域得以落地。

2.2.1　人工智能芯片的发展史

人工智能是这个时代最具革命性的技术之一，它可以通过模拟人类的感知、学习、决策和行动来形成自主化的机器思维。人工智能的发展和应用涵盖了诸多领域，如自然语言处理、图像识别、语音识别、机器翻译、人脸识别、机器视觉、语义分析、自动驾驶等。而这些领域都存在一个共性问题，即需要人工智能芯片来支撑。目前，人工智能芯片主要用于大数据处理、机器学习和深度学习等任务。在过去的几年中，人工智能芯片的发展和应用呈现出了爆炸式的增长，其发展史是一部充满创新和挑战的历程。随着人工智能技术的不断发展，人工智能芯片成了实现人工智能技术的基础，也是人工智能技术日益普及所必需的载体。从早期的集成电路到现代的神经网络处理器，每一步的进步都是科技发展的重要里程碑。对于人工智能芯片来说，其发展历史可以分为以下 5 点。

1. 集成电路的诞生

在 20 世纪 60 年代，集成电路的出现标志着一个新的科技时代的到来。这种革新性的电子设备能够在一个微小的硅片上集成数千个晶体管，这是一个巨大的飞跃。在此之前，电子设备的大小和复杂性限制了计算能力的提升。然而，集成电路的出现打破了这个限制，使得计算能力得以极大地提高。集成电路的出现不仅为计算机科学的发展奠定了基础，也为人工智能的早期研究提供了可能。在集成电路的帮助下，研究人员可以进行更复杂的计算，模拟更复杂的系统，这对于人工智能的发展至关重要。例如，早期的神经网络模型就是依赖于集成电路的计算能力才得以实现的。

2. GPU 的崛起

到了 20 世纪 80 年代，GPU 的出现标志着人工智能进入了一个新的发展阶段。GPU 最初是为了满足复杂的图形处理需求而设计的，但其强大的并行处理能力很快就被应用到了人工智能领域。GPU 的并行处理能力使得复杂的神经网络计算成为可能。在神经网络中，大量的神经元需要同时进行计算，这对计算能力提出了极高的要求。传统的 CPU 由于其串行处理的特性，无法有效地处理这种大规模的并行计算。而 GPU 的并行处理能力恰好可以解决这个问题，从而极大地提高了神经网络的计算效率。如图 2-6 所示，为摩尔线程国产 GPU。

图 2-6　国产 GPU 芯片

3. 神经网络处理器的诞生

进入 21 世纪，人工智能技术的快速发展对计算硬件提出了新的挑战。传统的 CPU 和 GPU 虽然在处理一些任务上表现出色，但在处理复杂的神经网络计算时，它们的性能却开始显得不足。这是因为神经网络的计算特性与传统的计算任务有很大的不同，它需要进行大量的并行计算，并且对数据的访问模式也有特殊的要求。为了满足这些新的计算需求，一种新型的芯片——NPU 应运而生。NPU 专门针对神经网络的计算特性进行优化，例如，它可以进行大规模的并行计算，同时也支持高效的数据访问模式。这使得 NPU 在处理神经网络计算时，能够大大提高运算效率，从而推动了人工智能的发展。

4. 边缘人工智能芯片的发展

近年来，随着人工智能的应用领域不断扩大，对芯片的需求也变得更加多样化。特别是在边缘计算领域，由于需要在设备端进行大量的数据处理和分析，传统的 CPU 和 GPU 已经无法满足需求。因此，一些前沿的科技公司开始研发专门的边缘人工智能芯片。边缘人工智能芯片的主要特点是可以在设备端进行人工智能计算，这大大减少了数据传输的延迟，使得实时的人工智能应用成为可能。例如，无人驾驶汽车、智能家居等应用，都需要在设备端进行实时的数据处理和决策，这就需要强大的边缘人工智能芯片来支持。

5. 量子计算的崛起

随着量子计算的发展，人工智能芯片也开始进入了一个全新的阶段。量子计算的出现，使得人们可以在一个量子位上进行多个计算，这大大提高了计算的效率和速度。量子计算的核心是量子位，或称 qubit。与传统的位不同，量子位可以同时处于 0 和 1 的状态，这就使得人们可以在一个量子位上进行多个计算。这种并行计算的能力，使得量子计算在处理某些问题上具有超越传统计算的潜力。为了利用量子计算的优势，一些公司已经开始研发专门的量子人工智能芯片。这种芯片结合了量子计算的优势和人工智能的需求，以期在未来的人工智能领域取得突破。例如，量子人工智能芯片可以用于优化神经网络的训练过程，提高模型的精度和效率。

中国的人工智能芯片发展历史可以追溯到 20 世纪 90 年代末期，当时的国产芯片在性能和可靠性上都存在着较大的问题。然而，中国政府意识到芯片产业的重要性，并积极出台了一系列支持政策，为芯片产业的发展提供了坚实的基础。进入 21 世纪初，随着国家政策的大力支持和各种创新实践的不断探索，中国芯片市场的前景仍然非常广阔。近年来，国内芯片企业纷纷加大研发投入，不断提升核心技术水平，逐渐实现了从跟随者到引领者的转变。

总的来说，中国的人工智能芯片发展是一个从起步到发展，再到崛起的过程。虽然面临许多挑战，但在政策支持和市场需求的推动下，中国的人工智能芯片产业正在逐步发展和壮大。在未来，可以期待看到更多的创新和突破，以推动中国人工智能芯片技术的发展，为人工智能的应用开辟新的道路，而这也将是一个充满挑战和机遇的旅程。

2.2.2 人工智能芯片与深度学习

深度学习的出现标志着 21 世纪科技领域的一次重要突破，它不仅推进了人工智能的进步，也对芯片技术产生了深远的影响。如图 2-7 所示，作为人工智能的一个关键分支，深度学习模仿了人脑神经网络的工作方式，通过大数据的学习，使得计算机能够自我学习和理解世界。

深度学习的起源可以追溯到20世纪50年代，当时科学家们提出了一种名为感知机的模型。感知机模型是一种二元线性分类器，它的工作原理是通过将输入特征与权重相乘，然后通过一个阈值函数来决定输出。然而，由于当时的计算能力有限，可用的数据量相对较少，深度学习在这个阶段并没有得到广泛应用。直到20世纪80年代，随着反向传播算法的提出，深度学习开始进入人们的视野。反向传播算法是一种有效的参数优化方法，

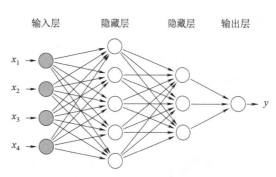

图2-7 深度学习神经网络

它通过计算损失函数对参数的梯度，然后按照梯度的方向更新参数，从而最小化损失函数。这种方法大大提高了神经网络的训练效率，使得深度学习成为可能。

进入21世纪，随着大数据的爆发和计算能力的提升，深度学习进入了快速发展的阶段。在这个时期，人们看到了海量数据的涌现，而这些数据成了训练深度学习模型的重要资源。同时，计算能力的提升，特别是GPU等硬件技术的发展，使得复杂的深度学习模型得以实现和训练。卷积神经网络（convolutional neural network，CNN）、循环神经网络（recurrent neural network，RNN）和自编码器（autoencoder，AE）等各类深度学习模型开始大放异彩。这些模型在处理图像、序列数据及无监督学习任务上表现出了强大的能力。其中，卷积神经网络因其在图像处理上的优越性能，成了计算机视觉领域的主流模型；循环神经网络则因其对序列数据的处理能力，广泛应用于语音识别和自然语言处理等任务；自编码器则在无监督学习，特别是特征学习和数据降维等任务上发挥了重要作用。

近年来，深度学习已经进入了成熟阶段。这个阶段的特点是深度学习不仅在学术界得到了广泛认可，而且在工业界也得到了大规模的应用。在学术界，深度学习已经成了许多研究领域的核心技术，包括计算机视觉、自然语言处理、语音识别等。许多顶级的学术会议，如NIPS、ICML、IJCAI等，都有大量的论文关注着深度学习的最新研究进展。

此外，深度学习也在推动着新的学科领域的发展，如神经科学、认知科学等。在工业界，深度学习已经广泛应用于各种实际问题的解决，包括图像识别、语音识别、自然语言处理、推荐系统等。许多知名的科技公司，如华为、百度等，都在他们的产品和服务中大规模地应用深度学习技术。这些应用不仅极大地提高了产品和服务的性能，也为公司带来了巨大的商业价值。同时，深度学习也开始向更深层次、更广泛的领域拓展。

中国国内的一些人工智能公司目前在深度学习领域也取得了显著的成果。例如，百度公司推出的飞桨，是中国首个自主研发、开源开放的产业级深度学习平台。根据2022年下半年IDC对中国深度学习开源框架市场的调研，Meta公司的PyTorch、百度公司的飞桨、谷歌公司的TensorFlow已经占据80%以上的深度学习市场份额，遥遥领先于其他深度学习框架。这意味着，中国打造了自主可控的人工智能操作系统，中国的科技原创者也开始看到了曙光。

随着深度学习的发展，深度学习对人工智能硬件，特别是芯片的需求也在不断变化。深度学习的计算密集型特性，以及对大规模并行计算的需求，使得传统的CPU等计算设备在处理深度学习任务时面临着效率低下的问题。为了满足深度学习的计算需求，一些公司开始

研发专门的深度学习芯片。这些专门的深度学习芯片，可以大大提高深度学习的运算效率，从而推动了人工智能的发展。因此，深度学习的兴起对人工智能和芯片的发展产生了深远影响。它不仅推动了人工智能的发展，也提出了相应的要求与挑战。随着技术的不断发展，只有通过不断地创新和改进，才能克服这些挑战，推动人工智能的进一步发展。

2.2.3　人工智能芯片的推进作用

在科技的海洋中，人工智能已经成为一颗璀璨的明珠，闪耀着未来的光芒。作为人工智能技术的核心，人工智能芯片更是如同明珠的内核，闪烁着无尽的可能。人工智能芯片的发展可以说是科技进步的缩影，经历了从最初的单芯片、GPU 到 ASIC（定制芯片）、TPU 等多种形态的变化。几十年前，人们对于人工智能的理解还停留在科幻电影中的机器人，而如今，人工智能已经渗透到了生活的方方面面。如图 2-8 所示，无人驾驶的汽车、智能家居的控制系统、手机中的语音助手，都离不开人工智能芯片的支持。人工智能芯片能够高效地执行大规模的并行计算，加速训练和推理过程，提高人工智能应用的性能。而且，人工智能芯片的推广和应用，也为人工智能的普及和发展提供了强有力的保障。

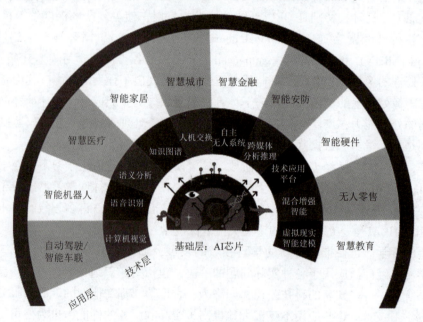

图 2-8　人工智能芯片的应用

人工智能芯片拥有着广阔的发展前景，随着芯片技术的进一步发展，人工智能芯片对人工智能的促进作用有以下几点。

1. 人工智能芯片可以加速人工智能应用的实现

人工智能芯片的高性能计算能力可以加速人工智能算法的运行，使得复杂的人工智能应用，如自动驾驶、智慧医疗等成为可能。这将极大地推动人工智能技术的实际应用，使人工智能更好地服务于社会。

2. 人工智能芯片可以提升人工智能系统的智能水平

人工智能芯片的发展将使人工智能系统具有更强的学习和推理能力，从而提升人工智能系统的智能水平。例如，通过深度学习，人工智能系统可以更准确地识别图像、理解语言，甚至进行创新设计和艺术创作。

3. 人工智能芯片可以促进人工智能技术的创新

利用人工智能芯片所带来的技术优势，未来将会有更加高效和先进的人工智能算法和模型被创新和开发出来。这些创新将会对人工智能技术的进一步发展起到极为重要的推动作用，为人们搭建人工智能技术新的舞台。另外，随着技术的发展，人工智能芯片的应用范围和可能性将会日渐扩大，并使人们看到它们在未来的生活、工作和产业中也将扮演着更加重要的角色。人工智能芯片所带来的创新力也会使其成为未来技术发展的核心驱动力之一，对人工智能技术的发展和进步产生深远的影响。

4. 人工智能芯片可以实现人工智能的普及

随着人工智能芯片技术的不断提升和成本不断降低，人类将迎来人工智能应用时代。利用这些智能芯片，可以将人工智能技术更加广泛应用到各行各业中，从而进一步推动其普及。这使得人工智能技术不仅可以在工业生产中实现智能化升级，而且可以在日常生活中提供更加智能便捷的服务。而如人脸识别技术、自动语音识别（automatic speech recognition，ASR）、自动驾驶等这些应用，将全面改变人们的生活方式。另外，在农业、医疗、教育、交通等领域，人工智能技术随着人工智能芯片的发展也将发挥重要作用，大大提高工作效率和服务质量。因此，人工智能芯片技术的发展将成为人工智能技术普及的关键，促进技术的快速推广，让更多的人受益于智能化的生活和产业。

5. 人工智能芯片可以保障人工智能的安全和隐私

为了保障人工智能系统的安全和用户的隐私，未来的人工智能芯片将拥有更加强大的安全防护能力。首先，这些芯片将采用更加复杂和高级的安全防护技术，例如，基于硬件的安全防护方法和安全加密算法等，从根本上防止数据泄露和网络攻击。其次，在芯片的设计和制造过程中，将会严格遵循安全标准，确保芯片本身的安全性。这将有效地维护人工智能系统的安全和稳定，保护用户的隐私数据不受攻击和泄露。最后，这些芯片还将具备自我学习和自我修复的能力，及时检测和修复系统中可能出现的漏洞和风险，确保人工智能系统的高度安全性。因此，人工智能芯片的安全防护能力将成为未来人工智能技术可靠和安全的重要保障。

任务 2.3　专用芯片 NPU 与人工智能的关系

在人工智能领域，深度学习算法是实现自主化机器思维的核心技术之一。由于深度学习算法需要进行大量的数据处理和模型训练，因此需要大量的计算资源来支持。传统的通用处理器虽然可以胜任一些深度学习应用，但是在数据量大、计算量高的应用场景下，其计算能力与效率无法满足需求。随着人工智能应用的不断推广，专门定制的 NPU 芯片作为一颗璀璨明星，成了硬件领域的一次重大发展。NPU 是一种专门为深度学习算法优化的处理器，它的出现极大地推动了人工智能应用的广泛部署。其主要特点是具有高效、定制化的计算能力和低功耗性能，并能够以更快的速度进行数据处理和模型训练等深度学习应用。除了计算速度更快、功耗更低之外，NPU 还具有更高的并行计算能力和更好的负载均衡能力，这些特点使得 NPU 成为深度学习算法在设备端和云端所有领域的主要选择之一。

2.3.1 专用芯片 NPU 的发展史

NPU 是一种专门为神经网络计算、深度学习计算而设计的硬件。它的起源可以追溯到 20 世纪 80 年代，那时的研究者们开始探索使用硬件来加速神经网络的计算。然而，由于当时的技术条件限制，如计算能力、存储容量及算法的不成熟，这一领域的发展并不顺利。

NPU 通过并行计算和特定的硬件设计，大大提高了深度学习算法的运行效率。例如，FPGA 和 ASIC 便是早期 NPU 的主要形式。FPGA 具有很强的灵活性，可以根据需要进行编程，但其性能和效率较低。ASIC 则是为特定任务定制的硬件，性能和效率都很高，但缺乏灵活性。

而在过去的几年里，NPU 的发展更加日新月异。随着技术的进步，NPU 开始向系统级芯片（system on chip，SoC）发展。SoC 将处理器、内存和其他功能集成在一个芯片上，大大提高了性能和效率。同时，SoC 也具有很强的灵活性，可以根据不同的应用需求进行优化。

目前中国对于 NPU 的应用主要体现在图像处理、语音识别等方面。例如，华为公司的麒麟芯片就集成了 NPU，用于优化手机的摄像头功能。在国内数据中心领域，NPU 则被用于加速各种人工智能应用，如自然语言处理、推荐系统等。相信随着技术的不断进步，NPU 将在未来的人工智能时代发挥更大的作用。

2.3.2 专用芯片 NPU 的工作原理

NPU 是一种专门为深度学习算法设计的处理器，图 2-9 所示为中国自己研发的首款嵌入式 NPU。NPU 与传统的 CPU 和 GPU 相比，NPU 的工作原理有很大的不同。CPU 和 GPU 是基于冯·诺依曼架构的，它们需要将数据从内存中取出，进行处理后再存回内存。这种处理方式在处理大量数据时，会产生大量的数据移动，消耗大量的能量和时间。而 NPU 则是一种数据流架构，它可以并行处理大量的数据，极大地提高了处理效率和性能。

图 2-9　中国首款嵌入式神经网络处理器

在 NPU 中，数据会被直接送入处理单元，而不需要经过复杂的调度和缓存机制。这是因为 NPU 的设计原则是尽可能地减少数据的移动。数据的移动会消耗大量的能量和时间，因此，NPU 的设计者们尽可能地将计算单元和存储单元集成在一起，使得数据可以在本地进行处理，而不需要经过复杂的数据路径。这种设计方式使得 NPU 在处理深度学习算法时，能够实现极高的效率和性能。

此外，NPU 还具有很强的可编程性。开发者可以根据自己的需求，定制 NPU 的计算单元和数据路径。这使得 NPU 能够适应各种复杂的深度学习模型，满足不同的性能和功耗需求。例如，对于需要大量矩阵运算的深度学习模型，开发者可以定制 NPU 的计算单元，使其能够进行高效的矩阵运算。对于需要大量存储的深度学习模型，开发者可以定制 NPU 的存储单元，使其能够存储大量的数据。

NPU 的这些特性使得它在处理深度学习算法时，具有极高的效率和性能。然而，NPU 的设计和实现仍然面临着许多挑战。例如，如何有效地将计算单元和存储单元集成在一起，以减少数据的移动；如何设计高效的数据路径，以支持大量的并行处理；如何提供强大的可编程性，以适应各种复杂的深度学习模型。这些问题的解决，需要深入研究 NPU 的工作原理，以及深度学习算法的特性。总的来说，NPU 作为一种新型的处理器，它的出现为深度学习的发展提供了强大的硬件支持。随着深度学习技术的不断发展和应用的不断扩大，NPU 的研究和应用将会越来越广泛。

2.3.3 专用芯片 NPU 的推进作用

NPU 的出现对人工智能技术的发展产生了深远的影响。①NPU 的出现打破了传统的计算模式，使得硬件能够更好地适应深度学习的需求。NPU 能够高效地执行大规模的并行计算，加速训练和推理过程，提高了人工智能应用的性能，降低了其功耗，这是传统 CPU 和 GPU 无法比拟的。因此，NPU 技术的出现可以说是人工智能向前迈出的关键一步。②NPU 的出现推动了硬件行业的创新。在 NPU 领域，中国的创新型企业，如华为、寒武纪等，已经取得了重要的突破，并且在竞争激烈的市场中获得了成功。这些企业的成功证明了中国企业在高端技术领域的实力和创新能力，无疑为整个行业树立了榜样。③NPU 的出现也为人工智能应用的广泛部署提供了可能。无论是在云端还是在边缘设备上，NPU 都能提供强大的计算能力，满足人们对于实时、高效、安全等需求。④NPU 的出现也让人们更加容易地利用人工智能技术来解决日常生活和工作中遇到的问题。例如，在医疗、交通、金融等领域，人工智能技术已经得到广泛应用，并为人们的生产生活带来了实实在在的便利和效益。总而言之，NPU 技术的出现为人工智能技术的发展带来了无限的可能性，推动了人工智能技术的应用和创新，也为将来的数字化社会奠定了坚实的基础。

在未来，随着 NPU 的进一步发展，NPU 对人工智能将会有更多方面的促进作用，展现出如下 5 点优势。

1. 有效提高深度学习的效率和性能

NPU 的并行处理能力使其在处理深度学习算法时，能够实现极高的效率和性能。因为，NPU 在执行深度学习计算时，可以同时处理多个计算单元，从而加速了计算速度。NPU 采用了数据流的方式，将一系列计算任务分配到多个计算单元中执行，使得不同计算单元之间的工作能够高效地协同完成。另外，由于 NPU 具有针对深度学习特定的硬件加速器，因此 NPU 能够更快地训练和推理深度学习模型，从而对人工智能应用的开发和部署起到加速作用。通过 NPU 的加速，深度学习算法的计算、训练和推理速度得到了大幅提升，这就加快了人工智能应用的上线和部署。

2. 有效降低人工智能技术能耗

NPU 的设计原则之一是尽可能地减少数据的移动，因此在设计时采用了数据局部性原则，即将计算单元与存储单元集成在一起，以便将数据处理在本地，不必频繁地移动数据。这样一来，NPU 在执行神经网络计算时能够将计算单元和存储单元紧密结合，执行更加高效的数据处理。此外，NPU 还采用了混合精度计算、计算流水线等技术，进一步降低了能耗。

3. 有效增强可编程性

随着人工智能技术的不断发展，计算机需要执行越来越复杂的任务。而面对如此复杂的任务，NPU 的可编程性变得愈加重要。实际上，这种可编程性使得开发者能够更灵活地设计 NPU 的计算单元和数据路径，以满足特定需求。例如，如果需要处理大量图像数据，则开发者可以专门设计处理图像的计算单元；而如果需要处理语音数据，则可以专门设计处理语音的计算单元。这种灵活性使得 NPU 可以适应各种复杂的深度学习模型，从而实现更加智能化的应用。此外，NPU 的可编程性也允许开发者根据不同的性能和功耗需求进行调整，以达到更加精细化的控制。因此，可以说，NPU 的有效增强可编程性，为人工智能技术的发展提供了大力支持。

4. 有效推动人工智能技术硬件和软件的协同优化

人工智能技术的发展需要硬件和软件的协同优化，才能够创造更加丰富、更加精准和更加灵活的人工智能应用。在这一方面，NPU 的出现推动了硬件和软件的协同优化，提高了深度学习模型的性能和效率，使得人工智能应用在各个领域的推广更加得心应手。开发者可以根据 NPU 的特性，优化深度学习模型的设计和实现，从而进一步提高人工智能应用的性能。

5. 有效促进人工智能芯片的发展

NPU 的成功应用推动了人工智能芯片的发展。促使越来越多的公司，包括华为、三星、苹果等科技巨头都开始研发自己的人工智能芯片，以满足不断增长的人工智能计算需求。随着竞争加剧，公司之间的竞争必然会促进技术的不断提高和创新，从而更好地推进人工智能芯片的发展。例如，如图 2-10 所示，华为公司的麒麟 990、980 芯片不仅支持 5G 网络，而且集成了两个 NPU 单元，从而增强了人工智能计算性能，成为一款具有较高性能和良好用户体验的芯片。NPU 是人工智能时代的硬件革新的重要一环。随着技术的不断进步，有理由相信，NPU 将在未来的人工智能应用中发挥更大的作用。

图 2-10   麒麟 980 双核 NPU 芯片

任务 2.4 云计算与人工智能的关系

在当今的日常生活中，科技的发展速度极快，给人们的生活带来了很多改变。每天都会涌现出新的科技产品和服务，丰富了人们的生活方式。而在这些科技产品和服务中，云计算和人工智能的发展尤其引人注目。它们不仅在生活中给人们带来了很多便利，也正在深刻地影响着社会的各个领域。云计算通过提供强大的计算能力和海量的存储空间，为人工智能技术的发展提供了强有力的支持。因为云计算使得分布式计算变得更加容易，不再需要拥有庞大的计算资源和大量的数据存储设备，所以人工智能可以更加广泛应用到各个领域中，带来更多的便利和创新。同时，人工智能也在不断地为云计算提供新的可能性和应用场景。人工智能技术的发展使得云计算可以更加精细化地进行数据处理和分析，为企业和用户提供更好的服务和体验。人工智能还可以帮助云计算提高安全性和稳定性，提供更快速、更稳定、更安全的云计算服务。因此，可以说，云计算和人工智能的发展已经成了推动技术和社会发展的两个最重要的引擎。

2.4.1 云计算的原理

云计算，这个概念源于 20 世纪 60 年代，但随着互联网技术的飞速发展和大数据时代的到来，它直到 2006 年 8 月的搜索引擎会议上才被提出，并真正得到了广泛关注和应用，成了互联网的第三次革命。它可以将计算资源作为服务提供给全球的用户，允许他们根据需求快速地获取和释放这些资源，而不需要在硬件和软件上进行大量投资，因此其从一个相对边缘的概念，逐渐发展成为现代信息技术领域的核心技术之一。

在 20 世纪 60 年代，计算机科学家们开始探索如何通过网络将计算资源连接起来，以实现资源共享和分布式计算。这种思想最初称为"网格计算"。然而，由于当时的技术条件限制，这个概念并没有得到广泛应用。如图 2-11 所示，随着互联网的发展，尤其是宽带网络的普及，使得数据传输速度大大提高，计算资源可以在网络上快速、高效地共享。同时，虚拟化技术的出现，使得计算资源可以被有效地整合和管理，大大提高了资源利用率。这些技术进步为云计算的发展奠定了基础。

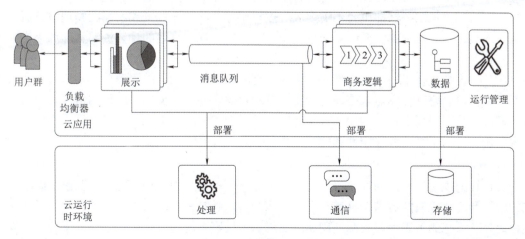

图 2-11 云计算的原理结构

云计算的工作特性是什么呢？总的来说，云计算的工作特性可以通过图 2-12 所示的几个重点技术上的优势来总结。

图 2-12   云计算的工作特性

1. 分布式计算特性

分布式计算技术是一种通过将庞大的计算处理程序自动分拆成无数个较小的子程序，并将这些子程序分配到多台计算机上进行并行计算的技术。云计算是一种分布式计算技术，其最基本的概念是通过网络将计算任务分配到多个服务器上，以实现高效的计算和数据处理能力。在云计算中，计算任务不再依赖于单一的计算机或服务器，而是依赖于多台服务器通过联网共同协作完成。这些服务器通过软件系统和协议进行管理和通信，互相传递数据和信息，并最终将处理结果回传给用户。

2. 虚拟化技术

云计算是一个与时间和地点无关的概念，它可以在任何时间和任何地点提供计算资源和服务。而云计算的这种自由度得益于其中的虚拟化技术。虚拟化技术通过将物理实体虚拟化成多个逻辑实体，可以让各个应用运行在不同的虚拟化环境中，使得应用不需要了解其运行的具体位置，从而带来更加高效的资源利用和应用服务。例如，在云计算平台中，同一台物理服务器可以创建多个虚拟服务器来运行多个不同的应用。这些虚拟服务器之间是隔离的，不会相互干扰，因此可以更加安全地运行多个应用。而对于用户而言，他们仅需要通过网络连接访问云端虚拟服务器即可，不需要关心虚拟服务器的具体位置和所属的物理服务器。这种通过虚拟化技术实现的资源池化和分配方式，可以实现更高效的计算资源管理和提供更强大的应用服务。

此外，虚拟化技术还可以实现动态资源管理，以实现自动化的资源分配和释放。在云计算平台中，可以根据实际需求来动态分配计算和存储资源，根据用户的使用情况实现动态的资源调整，从而提高了资源的使用效率和服务的质量。同时，虚拟化技术还可以实现灵活的容灾备份，提高了系统的稳定性和容错能力。

3. 高弹性和高可扩展性

云计算的规模具有高弹性和可扩展性，因为它可以动态地增加或减少资源以适应不断变化的应用和用户规模的需求。这种高弹性意味着可以随时根据需求进行扩容或缩容操作，有效地提高了系统的可用性和资源利用率。而可扩展性则指的是云计算平台可以支持不同规模的应用和用户数量，不需要进行过多的系统重构和升级。这使得云计算能够持续地满足不断增长的业务需求和用户数量，成为现代企业的首选解决方案之一。

4. 按需服务

云计算的服务具有按需服务的特点。在云计算中，"云"是一个庞大的资源池，用户可以按照自己的需求和要求进行购买和使用服务。这种按需服务可以让企业和个人根据实际需求选择所需的资源和服务，降低其互联网技术（internet technology，IT）运营和维护成本。此外，云计算平台提供的"云"服务也可以像自来水、电、煤气等公共服务一样计费，按照实际使用的资源和服务来收费。这种计费方式能够更好地反映用户真实的使用情况，有效地节约开支，提高资源利用效率。因此，云计算的按需服务是其广泛应用的重要原因之一。

5. 高可靠性

云计算的服务具有高可靠性，这是因为在云计算平台的"云"中，采用了数据多副本容错和计算节点同构可互换等措施来提高系统的可靠性。数据多副本容错的机制可以保证数据不会因为意外故障或人为因素遗失，同时也能够保证数据的备份和恢复。而计算节点同构可互换的措施能够提高整个系统的可靠性，因为一旦某个节点出现故障或者需要扩容时，可以通过同构的其他节点来容错处理和负载均衡，所以避免单点故障的风险。相比较而言，使用云计算服务比使用本地计算机更加可靠，因为在云计算平台中，可以充分利用云计算厂商创建的高可用性架构和先进的技术手段来提高系统的稳定性和可靠性，所以有效地降低故障风险和提高服务质量。

6. 通用性

云计算的服务具有通用性的特点，这是因为云计算平台不针对特定的应用和业务进行设计，而是提供一种通用的基础设施和服务来支持其他应用或业务的运行。在"云"支撑下，用户可以构造出千变万化的应用，基本上达到无所不能的效果。同样的，一个"云"也可以同时支撑不同的应用和业务运行，而不用对系统进行过多的配置和定制。这种通用性可以使得用户更加灵活地使用和选择云服务，更好地适应自身的业务需求和技术要求，同时也能够降低系统的维护和部署成本，提高资源的利用率和运行效率。因此，云计算的通用性是其应用广泛的重要推动因素之一。

7. 超大规模

云计算具有超大规模的特点。如图 2-13 所示，例如，像华为这样的云计算企业，在其云计算平台中已经拥有超过 100 万台的服务器，其规模之巨令人难以想象。这种超大规模体现在云计算平台的计算和存储能力非常强大，可以支持海量数据的存储、处理和分析，并具有非常高的吞吐量和性能。此外，云计算平台的超大规模还可以降低企业的 IT 成本，提高资源的利用效率和运行效率，对于大型企业及需要处理海量数据的科研、金融、物流等领域来说，具有非常重要的战略意义。因此，云计算的超大规模使其成为当今物联网时代重要技术的关键因素之一。

8. 极其廉价

云计算的服务具有极其廉价的特点，这是因为在云计算平台中，采用了特殊容错措施和自动化集中式管理等技术手段来降低成本，提高资源利用效率。具体来说，云计算平台可以采用极其廉价的节点来构成"云"，而且采用了高容错的机制来实现高可靠性，并将大量的管理操作集中在云计算厂商的管理中心完成，从而省去了用户自行管理数据中心的高昂成本。同时，云计算平台的通用性和强大计算能力，可以提高资源的利用效率和降低系统的空闲率，从而在同等配置下实现更高的性价比。因此，在使用云计算的过程中，用户可以充分享受"云"的低成本优势，有效降低企业资金投入并提高资源利用效率。

图 2-13　华为云 ModelArts Pro

随着大数据、人工智能等技术进一步的发展，对计算资源的需求越来越大，云计算的优势越来越明显。云计算可以提供几乎无限的计算资源，满足大数据处理和深度学习等应用的需求。同时，云计算的按需付费模式，使得企业和个人都可以根据自己的需求，灵活地使用和支付计算资源，大幅降低了信息技术成本。随着人工智能技术的不断发展，云计算的应用将会越来越广泛。

2.4.2　云计算与人工智能的结合

在当今的科技世界中，云计算与人工智能的结合正在引领一场革命。这两种强大的技术的结合，使得人工智能的应用更加广泛和深入，同时也为云计算开辟了新的应用领域。

如图 2-14 所示，云计算，作为一种计算模式，提供了强大的数据存储和处理能力。它允许用户在互联网上存储和处理数据，而不需要拥有物理服务器。这种计算模式的出现，使得人工智能能够处理大量的数据，进行深度学习，从而提高了人工智能的智能程度和应用效果。人工智能，作为一种模拟和扩展人类智能的技术，需要大量的数据和强大的计算能力。云计算正好可以提供这些，使得人工智能能够在云端进行学习和推理，从而实现各种复杂的任务。

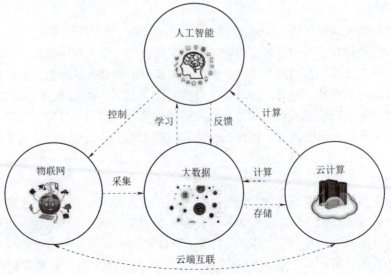

图 2-14　云计算与人工智能的关系

云计算与人工智能的结合，不仅提高了数据处理的效率，还使得人工智能的学习过程更加深入和精确。此外，云计算的灵活性和可扩展性也使得人工智能能够更好地适应各种应用场景的需求。例如，在医疗领域，云计算与人工智能的结合使得医生可以通过云端获取患者的医疗数据，然后使用人工智能进行分析和诊断；在商业领域，企业可以通过云端获取消费者的购物数据，然后使用人工智能进行精准营销。另外，云计算助力人工智能的方式方法也是多种多样的，具体包括以下几个方面。

1. 通用人工智能服务方面

云计算平台提供了多种人工智能服务，如人脸识别、智能门禁、图像识别、语音技术、智能机器人、自然语言处理和文字识别等。这些服务可以帮助用户快速地构建和部署人工智能应用，降低开发和维护成本。

2. 数据处理与存储方面

人工智能在处理数据时，往往需要存储和分析大量的数据集。云计算平台提供了高效、稳定的数据存储解决方案，如分布式文件系统、对象存储等，确保了数据的安全性和可靠性。同时，云计算平台还提供了强大的数据处理能力，如批处理、流处理等，满足了人工智能对数据处理的实时性和高效性要求。

3. 算法训练与部署方面

云计算平台为人工智能算法的训练和部署提供了强大的支持。通过云计算平台，用户可以轻松地构建和训练机器学习模型，实现算法的快速迭代和优化。同时，云计算平台还提供了模型部署服务，将训练好的模型快速部署到云端，为用户提供智能决策支持。

4. 教育领域的应用方面

在人工智能+教育时代，人工智能技术将作为未来教师工作的有机组成部分，通过人机协作，辅助教师完成日常工作，以实现高效教学。例如，新型"双师课堂"中，人工智能教育机器人和教师共同在课堂中承担教学工作，是一种由人工智能教育机器人承担教师的部分教学任务，并提供个性化学习服务的新型的课堂模式，而其中的关键技术就是云计算。

云计算与人工智能的结合，为人工智能的发展和应用打开了新的可能性。随着这两种技术的进一步发展和完善，可以期待在未来看到更多的创新和突破。

2.4.3　云计算对人工智能发展的影响

云计算对人工智能的发展有着重要的影响。一方面，云计算提供了强大的计算能力，使得人工智能能够处理大量的数据，进行深度学习。另一方面，云计算提供了海量的存储空间，使得人工智能能够存储大量的数据，进行深度学习。在科技领域，云计算和人工智能是两个重要的趋势。这两者的结合，正在引领着科技的发展方向，为人们的生活和工作带来了许多便利。究其根本，云计算对人工智能的发展，展现出的优势有以下4点。

1. 云计算提供了强大的数据处理和存储能力

随着数据量的不断增长和复杂度的不断提高，传统的数据处理方式已经难以满足当今大数据时代的需求，这时候云计算的出现解决了这一难题，并且能够支持人工智能在数据训练、深度学习等方面的需求。在云计算平台上，人工智能可以迅速地进行数据处理、存储和共享，并以此支持一系列高级功能，包括自动预测、数据识别和推荐引擎等。通过云计算平台，人工智能能够更加精确地衡量和分析大量数据，因此成了提高人工智能的智能程度和优化应用效果的关键因素。因此，未来人工智能发展的深度和广度，必然离不开云计算这一强有力的支撑。

2. 云计算提供了丰富的计算资源

随着人工智能应用场景的增多，计算负载的增加也成了一个不可避免的问题。在这种情况下，互联网云脑的出现为人工智能提供了强大的解决方案。如图 2-15 所示，互联网云脑可以提供高效的计算资源，包括计算能力、存储、网络等，而这些都是支撑人工智能高效运转的必要条件。通过使用互联网云脑，人工智能可以快速访问海量数据，同时也可以实现复杂的算法和运算。互联网云脑提供了一种经济、可扩展、稳定的方式，以满足人工智能对计算、分析和预测等方面的需求，从而提高应用的效率和智能。而且，互联网云脑还可以帮助人工智能应用降低开发成本和投资风险，提供弹性的技术支持和即时响应能力。可以说，云计算是人工智能蓬勃发展的重要催化剂，将为其未来的创新和应用带来广泛可能性和巨大的发展潜力。

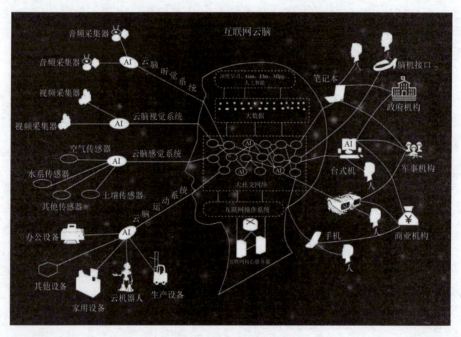

图 2-15　互联网云脑

3. 云计算还提供了灵活的服务模式

除了提供强大的数据处理和计算能力，云计算还具备非常灵活的服务模式，这一特性也是为人工智能提供服务的关键。通过云计算，人工智能可以向用户提供多样化的服务，包括图像识别、语音识别、自然语言处理等，这些服务可以根据用户的实际需求进行个性化的定制，提供更加精准的服务。并且，云计算中提供的这些自定义服务，往往具备灵活的升级、调整和优化功能，可以随时根据用户实际情况进行调整和优化。这些服务还可以通过云平台进行快速部署，从而实现快捷、标准化、可靠化运作。通过这些优秀的特性，云计算成功地为人工智能赋予了更加强大的能力和独特的优势，同时也为用户提供了一种更便捷、更高效的智能服务方式，为人工智能的应用创造了更加广阔的发展空间和前景。

4. 云计算对人工智能的影响不仅限于技术层面

云计算对人工智能的影响并不仅限于技术层面，而且它还在商业模式上发挥了重大作用。随着人工智能、大数据与云计算的互相渗透与融合，人工智能的业务开始向服务化、规模化和标准化发展，以应对客户需求的多元化和个性化。而云计算正提供了这样的服务，使人工智能可以采用服务形式，降低用户的使用门槛。使用云计算提供的人工智能服务可以让用户直接享受人工智能带来的优势，不需要学习和应用复杂的算法，并且可以随时根据实际需求的变化调整和优化相关的服务。此外，云计算也降低了人工智能的开发和运营成本，创造了更多机会，使得更多的企业和个人能够参与到人工智能的开发和应用中来。自此，由云计算引领的人工智能服务商业模式，为人工智能技术的推广和商业化发展提供了强大的支持与帮助。

云计算对人工智能的发展产生了深远的影响。它不仅提供了强大的技术支持，也改变了人工智能的应用模式和商业模式。随着云计算和人工智能技术的进一步发展，有理由相信，未来将会有更多的创新和突破出现在这个领域，为人们的生活带来更多的便利。

任务 2.5　5G 与人工智能的关系

21 世纪正处在一个科技飞速发展的时代。随着人们对高速信息传输、大数据处理和实时互动体验的需求不断增长，5G 技术作为一项标志性的技术正以破竹之势蓬勃发展。它可以实现更快、更稳定、更低延迟的通信速度，带来更清晰、更流畅、更真实的沉浸式体验。5G 技术的推广和应用不仅将改变人们的生活方式，同时也将深刻地影响全球的经济格局。在互联网、物联网、人工智能和虚拟现实（virtual reality，VR）等领域，5G 技术的应用有望开拓新的商业模式和产业价值，带动相关产业的快速发展。例如，面向未来的智能交通、智能制造和智能城市等领域，5G 技术将为其实现更高效、更安全、更智能的运营模式提供支撑。

另外，由于 5G 技术可以支持更高效的数据传输和处理，这将为人工智能、大数据等领域的发展提供了更加广泛和深刻的支持，推动相关领域的技术不断升级和完善。因此，可以说，5G 技术的发展和应用将是推动全球科技和经济发展的重要引擎，让人们的生活和工作更加便捷、高效、智能化。

2.5.1　5G 的工作原理

5G 是一种全新的无线通信技术。如图 2-16 所示，它采用了先进的信号处理技术和网络架构，具有超高的数据传输速度、极低的延迟等特点。除此之外，5G 技术对于网络连接功能也有显著提升，它可以连接更多的设备，并同一时间内进行更稳定的数据传输，大幅提升了用户的体验感。这项技术的出现被誉为万物互联的新基础，其广泛应用将使各个行业实现远程医疗、自动驾驶、智能制造等前沿技术。

那么，5G 是如何工作的呢？其实 5G 的工作原理主要基于以下几个关键技术。

1. 毫米波技术

5G 技术的革命性在于其能在巨大数据传输速度下，连接巨量的设备和物体。这种快速的数据传输实现有很大一部分是归功于毫米波技术的使用。毫米波技术是一种非常杰出的技术，它利用了电波的高频部分，如 30~300 GHz 的频段。通过开发这些频段的电波，毫米波技术能给 5G 网络带来更快的数据传输速度、更大的传输容量和更多的设备连接能力。

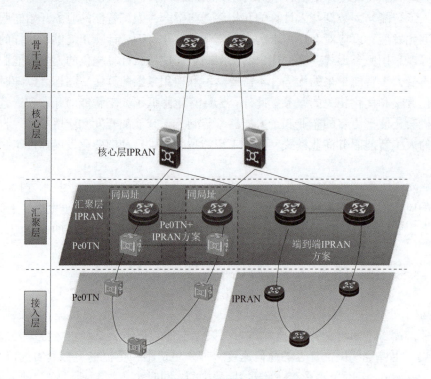

图 2-16　5G 技术框架

2. 大规模 MIMO 技术

多输入多输出（multiple-input multiple-output，MIMO）技术，是目前无线通信非常流行的技术之一。而大规模 MIMO 技术则是一种进阶的 MIMO 技术，它在一个无线通信系统中使用了大量的天线，这可以显著提高无线通信的速度和效率。与传统的 MIMO 技术相比，大规模 MIMO 技术利用更多的天线来处理更多的数据，同时在交流通信时也需要更少的功率。在大规模 MIMO 技术中，发射机同时使用多个天线向接收机发送信号。接收机回复每个天线上的信号，只要足够多的天线、较高的信噪比和频谱可用性允许，就可以获得更好的无线通信效果。使用大规模 MIMO 技术可以提高信噪比、增加通信吞吐量，并且减少数据传输中的延迟，获得更高的速度和更佳的效率。

3. 小区技术

小区技术是 5G 网络中应用得非常广泛的一项技术。通过将一个大的服务区域划分为多个小的服务区域，每个小区都有自己的基站，可以提高网络的覆盖范围和容量，为用户提供更高质量的通信服务。在 5G 网络中，采用小区技术可以有效地解决网络拥堵等问题。5G 网络通过将服务区域分成多个小区，每个小区内都设有一至多个基站，相互之间协同工作，这种方式可以将更多的信号强度聚集在更少的面积内，实现更高效的数据传输和通信。同时，每个小区都设有自己的基站，这意味着网络的容量得到了有效提升。此外，小区本身也可以相互覆盖，即一些邻近的小区可以相互管理共享，最大程度地利用基站资源，从而可以覆盖更大范围，提供更加完善的通信服务。

4. 网络切片技术

网络切片技术是 5G 网络的另一个重要特性。网络切片技术是指在 5G 网络中，运营商可以将一个整体的物理网络切分成多个独立的、基于不同服务需求的虚拟网络，从而为每个虚拟网络分配不同的网络资源。这种技术实现了对网络的精细化管理和优化，可以更好地满足不同业务场景下的网络需求。在网络切片技术下，每个虚拟网络都具有自己的资源分配策略、服务质量保障机制和安全保障措施，可以根据不同的业务场景需求进行定制化配置。例如，对于高速移动的车联网应用，可以优化网速、提供稳定的数据传输保障；对于医疗领域的远程手术应用，可以强化网络安全保障、提供高精度的数据传输服务。

5. 边缘计算技术

边缘计算技术是一种新的计算模式，用于将计算能力靠近数据源和终端设备，实现更快的数据处理和服务响应。在边缘计算技术下，计算任务可以在离数据源最近的智能终端、路由器、网关等边缘设备上进行处理，而不必经过跨地域的数据传输和远程计算。这种方式不仅可以减少延迟时间和数据丢失，还可以减轻中央数据中心的计算压力和减少带宽消耗。边缘计算技术在智能家居、工业、交通等领域都有着广泛应用。

例如，在智能家居领域，边缘计算可以实现智能家电之间的联动和协同，提高家居自动化的水平；在工业生产中，边缘计算可以实现设备监测、实时生产数据分析和预测，提高生产效率和质量；在交通领域，边缘计算可以实现车辆之间的协同控制和智能化导航服务，提高交通安全和效率。

通过这些关键技术的应用，5G 的最大下载速度理论上可以达到 20 Gbps。这是一个巨大的进步，比 4G 的速度快了近 100 倍。这意味着，在 5G 网络中，用户可以在几秒内下载一部高清电影，极大地提高了用户的在线体验，也给互联网传输带宽带来了新的突破。而且 5G 的延迟只有 1 ms，比 4G 的 50 ms 低了 98%，这使得 5G 可以用于需要实时反馈的应用，如自动驾驶、远程手术等领域，为这些行业提供更加智能、高效和安全的服务。

2.5.2　5G 与人工智能的结合

5G 和人工智能的结合，正在引领人们进入一个全新的时代。这两种技术的融合，不仅能为人们的生活和工作带来前所未有的便利，也能为产业升级和数字化转型提供更高效的支持。

首先，5G 高速度、低延迟和大连接数的特性，为人工智能提供了海量的数据和实时的反馈。这使得人工智能能够更好地学习和适应环境，从而提高其性能和效率。例如，在自动驾驶领域，5G 可以提供实时、高速的数据传输，使得自动驾驶汽车可以快速地获取周围环境的信息，并做出反应。人工智能则可以通过分析这些数据，做出更准确、更高效的决策使汽车驾驶更为智能化。

此外，通过 5G 的边缘计算，可以将人工智能模型更接近端口，实现实时推理，并提供更快速、更精确的响应，这会大大提高人工智能在智能家居、智慧城市、智能制造等领域的应用。

其次，人工智能也可以通过分析和处理这些数据，为 5G 网络的优化和管理提供智能化的解决方案。例如，运营商可以使用人工智能分析用户的行为和需求，从而根据用户的特定需求，智能地分配网络资源，提高网络质量和用户体验，降低运营成本。同时，人工智能还可以给 5G 网络提供预警和异常诊断，通过自适应操作和跨层优化提高网络效率，提高安全和可靠性。

除此之外，在智能制造领域，5G 和人工智能的结合也将带来革命性的变化。5G 可以实现设备间的高速、低延迟的通信，这使得生产线上的工厂自动化设备可以实时，无缝地交换信息。而人工智能则可以通过分析这些信息，提高生产效率和质量，预测和避免故障，降低生产成本并提高生产线的自动化程度。

因此，如图 2-17 所示，5G 和人工智能的融合将极大地推动数字化经济的发展和产业升级进化，为人们带来新的机遇。这种融合不仅有助于提升人们的物质和精神生活质量，也将创造更为广阔的市场和经济效益。在这个时代中，人们可以期待看到更多的创新和突破，以及更多的可能性和机遇。无论是在工作还是在生活中，人类都将享受到这两种技术结合带来的便利和乐趣。

图 2-17   5G 与人工智能的结合

2.5.3   5G 对人工智能发展的影响

5G 对人工智能的发展有着重要的影响。如图 2-18 所示，一方面，5G 提供了高速度和低延迟的网络连接能力，使得人工智能能够处理大量的数据，使得智能无处不在。另一方面，人工智能提供了数字时代的基础智能，使得 5G 网络能够自主优化并连接更多的设备，实现 5G 的智能和自能。这两者的结合，为人们的生活和工作带来了许多便利，其具体展现出的优势有以下 4 点。

1. 5G 给人工智能提供高速度和低延迟

5G 的高速度和低延迟特性使得大量的数据能够在短时间内进行传输和处理，为人工智能的实时应用提供了可能。例如，在自动驾驶领域，5G 网络通过提供高速、实时的数据传输，可以实现自动驾驶车辆之间的无缝协作和协调，并在关键时刻快速做出决策；在智能家居领域，5G 网络提供更快的速度和更低的延迟，可以使得智能家居设备快速响应控制，从而提高居民的生活品质和舒适度，并可以根据居民的活动习惯和喜好，实现自动化调控和个性化服务。

图 2-18　5G 对人工智能发展的影响

2. 5G 给人工智能提供大带宽

5G 的大带宽特性使得更多的设备可以连接到网络中，这样智能家居、智能城市等领域就会有更多的机会进行创新和发展。由于物联网中的设备需要传输大量的数据，而 5G 可以快速、稳定地处理这些数据，这就给人工智能提供了强大的支持。因此，5G 可以让人工智能更好地获取各类数据，并进行更加准确的分析和预测。通过 5G 网络提供的大带宽，人工智能能够获取到智能家居、智能城市等领域的各种设备的数据，从而可以更好地了解用户的需求和想法，从而提供更加周到和智能化的服务。

3. 5G 给人工智能提供定制化网络服务

5G 的网络切片技术能够为各种不同人工智能应用提供定制化网络服务。这种技术的出现让人工智能应用变得更加灵活，因为不同的应用可以被分配到不同的网络切片上，从而达到最佳的网络表现效果。以工业自动化为例，网络切片技术可以将不同的工业控制网络切分为不同的区域，从而为不同类型和优先级的控制任务提供不同的网络服务。对于实时控制任务，例如，机器人的运动控制，可以分配高带宽和低延迟的网络服务，以确保及时响应；而对于数据采集任务，例如，工业传感器的数据采集，可以分配低带宽和高可靠性的网络服务，以确保数据准确性和完整性。类似地，在智能交通领域，不同的数据要求可以获得不同的网络服务，以协调车辆之间的交通流和实现交通安全。因此，5G 技术的网络切片是推动人工智能发展，满足各种应用需求的巨大助力。

4. 5G 推动物联网的发展

5G 提高了物联网的连接速度和网络容量，使得物联网设备和传感器可以更加稳定地连接到云端服务器和其他物联网设备。这使得整个物联网的数据传输速度变得更加快速和稳定。而物联网的大量数据可以丰富人工智能的数据集，让各种类型的人工智能应用可以获取更准确、更实时的数据，从而更好地支持各自的学习和预测功能。5G 的不断升级和发展，将为智能家居、交通、医疗等领域的发展提供更多可能，从而实现更好的智慧化、智能化发展。

总的来说，5G 的出现，极大地推动了人工智能的发展，使得人工智能能够更好地服务于社会。然而，同时也需要注意到，5G 的应用也带来了一些挑战，如网络安全、数据隐私等问题。因此，在推动 5G 和人工智能发展的同时，也要关注这些挑战，寻找合适的解决方案。只有辩证地看待新技术和新科技，在这个时代中，才会看到更多的创新和突破，也才能享受到科技带来的便利和乐趣。

任务 2.6 区块链与人工智能的关系

随着数字化时代的到来，区块链也成了最具革命性的技术之一。它改变了现有的信任机制，为实现去中心化的信息共享和价值传递提供了全新的方式和解决方案。区块链技术不仅影响到了我们的生活方式、工作方式，还深刻地影响了我们的思考问题的方式。区块链技术的分布式特点和去中心化机制，已经被广泛应用于各个领域，包括支付、保险、证券等金融领域，智能合约、智能供应链等人工智能领域。例如，在区块链的保险应用中，消费者可以使用智能合约轻松购买保险，自助理赔等，这大大地提高了保险交易的效率和可靠性。此外，区块链技术的应用还为跨境支付、众筹、物联网等领域提供了更加高效、安全、透明的解决方案。区块链技术不仅解决了信任问题，更重要的是，引入了去中心化、分布式共享的新思维方式，也推动了实现在人工智能技术下的数字化经济和信息共享的目标。这不仅对于人工智能技术的发展提供了全新的可能性，同时也带动了数字经济的持续发展。

2.6.1 区块链的工作原理

区块链，是一种革命性的创新，最初是作为比特币的底层技术而被开发出来的。它通过去中心化的方式，实现了数据的透明性和不可篡改性。这种技术的出现，使得人们可以在没有中介的情况下进行安全的交易，从而大大提高了效率，降低了成本。

如图 2-19 所示，区块链的核心是一个公开的分布式账本，记录了所有的交易信息。每一笔交易都会被打包成一个"区块"，并被添加到一个长长的"链"上。这个链条上的每一个区块都包含了一定数量的交易，这些交易是公开透明的，任何人都可以查看。在区块链中，每一笔交易都需要网络中的多数节点进行验证，这个过程称为共识机制。只有当大多数节点确认这笔交易是有效的，它才会被添加到区块链上。这种机制确保了区块链的安全性和公正性，使得任何人都无法单独篡改区块链上的信息。此外，区块链还采用了密码学的方法来保护数据的安全。每一笔交易都会被加密，只有拥有相应密钥的人才能查看交易的内容。这种方法不仅保护了用户的隐私，也防止了数据被篡改。

区块链的出现，使得人们可以在没有中介的情况下进行安全的交易。在传统的交易模式中，人们需要通过银行或其他金融机构作为中介来进行交易，不仅效率低下，而且成本高昂。而区块链技术的出现，使得人们可以直接进行点对点的交易，大大提高了效率，降低了成本。另外，区块链技术的应用不仅限于金融领域。在供应链管理、物联网、版权保护等多个领域，区块链都展现出了巨大的潜力。例如，在供应链管理中，通过区块链技术，人们可以追踪商品从生产到销售的整个过程，确保商品的真实性和质量。另外，区块链还有许多其他的优势和创新。区块链技术可以使大规模数据的共享变得更加容易，这样人工智能技术就可以更好地利用数据。同时，区块链技术还可以促进金融机构和其他公司的合作，完成一些大规模的项目，如银行间的联盟和多方合作的跨链项目等。

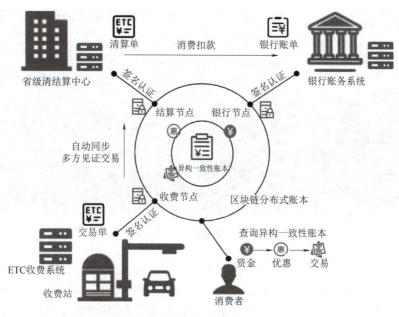

图 2-19　区块链技术

因此，区块链技术的出现正在引领一场技术革命，它的出现也为人们的生活带来了无限的可能性。未来，人们可以预见区块链技术在更多领域的广泛应用，搭建更加智能、透明、可信的数字世界，推动经济和社会的持续发展。

2.6.2　区块链与人工智能的结合

区块链和人工智能的结合是当前最为热门的话题之一。这两项技术在不同的领域和应用中都表现出了巨大的潜力，它们之间的结合也能够产生更加创新且强大的效果。如图 2-20 所示，要想在人工智能应用中兼顾隐私，就必须结合人工智能和区块链技术。因为区块链的去中心化、公开透明和不可篡改的特性为人工智能提供了一个安全、透明和可靠的数据存储和交易平台。而人工智能则可以利用区块链上的数据做出智能化的决策和优化，从而提高区块链的效率和安全性。由于区块链技术是一种分布式账本技术，因此其拥有去中心化、公开透明和不可篡改的特点。这些特点使得区块链成为一种理想的数据存储和交易平台。在这个平台上，数据的所有权和访问权限可以被精确地控制和追踪，从而保证了数据的安全性和完整性。而人工智能作为一种模拟和扩展人类智能的技术，具备从数据中学习和做出决策的能力。人工智能可以通过学习区块链上的数据，理解和预测市场动态，做出智能化的决策。同时，人工智能也可以通过优化算法，提高区块链的运行效率和安全性。

区块链和人工智能的结合可以为很多领域带来巨大的变革。例如，在金融领域，区块链技术可以被用于记录和验证人工智能的决策过程，以确保人工智能的决策是公正、公平和透明的。这对于提高人工智能的可信度，促进人工智能的广泛应用具有重要意义。另外，人工智能也可以帮助区块链更好地理解和利用数据，提高区块链的交易速度和安全性。例如，人工智能可以通过预测市场动态，帮助用户做出更好的交易决策。人工智能还可以通过优化区块链的运行算法，提高区块链的运行效率，降低运行成本。

图 2-20　区块链与人工智能

因此，区块链和人工智能的结合能够产生突破性的效果，为人们提供了一种全新的方式来处理和利用数据。这种方式不仅可以提高工作效率，降低工作成本，还可以提供更高的安全性和可信度。随着这两种技术的不断发展和完善，人们有理由相信它们的结合将会在未来的技术发展中发挥更加重要的作用，并为人类带来更加方便、高效和安全的智能生活。

2.6.3　区块链对人工智能发展的影响

区块链技术正在对人工智能领域的发展产生越来越深远的影响，它被认为是未来的关键技术之一，并将在新兴的数字经济环境中发挥重要作用。如图 2-21 所示，是区块链技术的特点优势。区块链和人工智能之间的互动关系是双向的，即这些技术相互促进、相互支持。区块链为数据存储和交易提供了一个极其安全、透明、不可篡改的平台，这意味着人工智能可以在一个可信、稳定的环境中进行学习和训练，进一步提高数据的质量和可用性。在区块链中，数据被存储在一个分布式的、不可修改的账本上，并且可以被快速地复制到不同的网

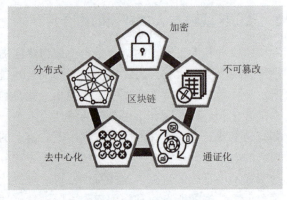

图 2-21　区块链技术特点

络节点上。这个数据存储模型为人工智能领域提供了更加可靠和持久的数据基础。数据是人工智能的生命，如果数据的质量不好，那么人工智能的学习和训练就会受到影响。因此，区块链技术的发展为人工智能的进步打下了一个重要的基础。

另外，区块链的去中心化网络结构为人工智能提供了更灵活和更高效的支持。在传统中心化的网络架构中，数据和计算的控制权通常属于单一的中心，这可能导致安全性问题、效率低下和巨大的运营成本。相比之下，区块链的去中心化结构可以绕过单一的中心，使得数据和计算的控制权得以分散，从而提高了系统的安全性、鲁棒性和效率。而这样的模型就为人工智能提供了一个更好的环境和平台，使得它可以在各个节点上并行地处理和学习。此外，在去中心化网络中，每个节点都有机会获得一些奖励，这有助于推动更多的人参与到人

工智能的建设和发展中。因此，可以看到，区块链技术对人工智能的发展展现出了很多优势，大体可以概括为以下 4 点。

1. 区块链技术给人工智能提供了数据安全和隐私保护

区块链作为一种去中心化和加密的分布式账本技术，拥有保护数据安全和隐私的特性，为人工智能提供了强大的支持。在人工智能的训练和应用过程中，数据的安全和隐私问题是非常重要的。传统的数据存储在中心化服务器上，存在被黑客攻击和篡改的风险。而区块链技术的去中心化和加密特性可以避免这些风险。在区块链上，每个节点都拥有相同的权利，任何人都可以自由地加入和退出网络。这种去中心化的结构让每个节点都有一致的数据备份，防止恶意攻击和篡改。同时，每一笔交易都需要通过多个节点的共识机制来验证，以保证交易的真实性和安全性。这种机制不仅可以防止数据被篡改，还可以使数据的保密性得到充分保障。

2. 区块链技术给人工智能提供了数据共享和交易方法

区块链技术给人工智能提供了一种全新的数据交流和共享方式，为推动人工智能技术的发展提供了良好的支撑。区块链技术的优势在于可以构建一个公开透明、去中心化的数据平台，使得数据的所有者和使用者可以在一个公平、公正、透明的环境中进行数据的交易，实现了用户之间的无缝数据交流。这种数据交易的方式不仅可以有效地降低人工智能应用的成本，还可以提高数据的溯源性和可靠性，防止数据被篡改和丢失。同时，区块链还可以通过智能合约技术，实现全自动化的数据管理和交付，极大地提高了数据的处理速度和效率。因此，区块链技术的应用对于促进人工智能技术的发展和应用具有十分重要的作用。

3. 区块链技术给人工智能提供了智能合约

区块链技术的应用不仅局限于数据共享和交易，也为人工智能提供了智能合约这一全新的技术手段。智能合约是一种自动执行的程序，能够根据事先设定的条件自动执行预定的任务，其中的条件和规则都被保存在区块链上，具有公开透明、去中心化、不可篡改等特点。此外，智能合约还支持数据转移、价值流转等业务逻辑，可以大大降低交易的成本和风险。应用智能合约技术，可以实现人工智能自动决策和优化。

例如，通过智能合约，人工智能可以自动完成所需数据的采购和清洗、自动优化算法以提高学习效率、自动调整模型参数以提高模型的准确性等。因此，区块链技术的智能合约是推动人工智能自动化发展的有力工具，对于提高人工智能的效率和精度具有非常重要的价值。

4. 区块链技术给人工智能提供了信任和可追溯性

区块链技术为人工智能提供了信任和可追溯性，增强了人工智能的可信度并推动了其广泛应用。区块链的公开透明和不可篡改特性，使得其所记录的数据具有高度的可信度，任何人都可以在全网节点上查询、审查、验证其记录的数据。同时，区块链的去中心化特点也消除了单一机构对于信息的垄断和篡改的可能性，可以提高数据的安全性和可靠性。这种可信的数据环境可以使人工智能的决策过程被严格监管和追溯，让人们更容易对其决策进行审核和验证，提高人工智能的公正性和透明度。在一些关键领域，如医疗、金融等，人工智能的应用需要满足高可信度和高安全性要求，因此区块链技术的应用对于推广人工智能在这些领域的应用具有重要的意义。

区块链是一种具有巨大潜力的技术，它和人工智能的交融将会推动技术的发展，改变人们的生活。而人们也应该积极地拥抱这些技术，利用它们来解决自己面临的问题，创造一个更好的未来。

任务 2.7　人机交互与人工智能的关系

　　自人工智能诞生之初，人机交互技术一直是最炙手可热的应用和发展趋势之一，尤其是在最近几年，随着人工智能技术和互联网技术的迅速发展，人机交互技术正经历着一个前所未有的变革。先进的人机交互技术引领着整个行业向更高层次跃进，并实现了以前从未有过的技术创新。从 Siri 和 Alexa 引领的语音识别技术开始，到基于大数据和机器学习的自然语言处理技术和面部识别技术的应用，人工智能和人机交互不断改变着人们的生活和工作方式。比起传统的人机交互方式，人工智能技术和人机交互技术的结合为人们提供了更为高效便捷的交互方式。从人机交互发展历程上来看，传统人机交互方式的不足和缺陷随着技术的发展而变得愈发明显。例如，人们在长时间使用电子设备时会感到疲惫和不适，人类的记忆力和处理能力已经成为瓶颈。在更复杂的指令和命令下，人和机器之间的沟通也经常出现误解和纠缠。而结合了人工智能技术和人机交互技术的交互系统则为解决此类问题提供了新的解决方案。通过自动识别自然语言、图像和声音等信息，就能够实现人类和计算机之间更为自然和智能的交互。而这种交互也不需要通过传统的按钮和开关等操作方式，提高了交互的质量和效率。

　　此外，新型的人机交互方式能够协助人工智能更加智能。要想实现高质量的自然语言处理结果，人工智能需要长时间的学习和培训，但这可以通过人机交互的方式来加速学习和训练的进程。通过人机交互，人工智能可以从人类经验、知识和反馈中不断吸取营养，从而逐渐提高自己的智慧程度。更重要的是，人机交互和人工智能的能力还可以相互配合，实现更有价值的合作模式。人机交互通过使用自然语言处理技术，分析用户的需求和趋势，并对用户行为进行数据挖掘和分析，为人工智能的学习和决策提供更多的数据和信息支持。另外，人机交互的技术还可以协助机器人和大型智能系统等机器设备完成复杂和重复性的操作，发挥人类和机器之间的分工特点。

2.7.1　人机交互的原则

　　人机交互技术是一种以人类的需求为中心，通过人类与计算机之间互动，实现信息传递、交流和处理的技术。它将人的感知和行为操作与计算机技术结合起来，实现人与计算机之间的信息转换和技术交互。其目的是确保计算机系统在操作和使用上更加方便、易于掌握，并促进用户与计算机系统之间的沟通和理解。图 2-22 所示为常见的人机交互的方式。随着计算机技术的不断发展和普及，人机交互已成了一种非常重

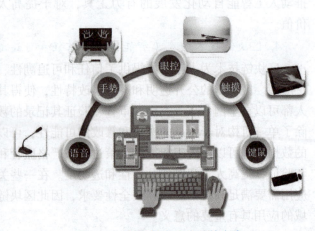

图 2-22　常见的人机交互的方式

要的技术，其涉及许多领域。例如，在工业领域，人机交互技术已经应用到机器人、制造控制系统等场合，实现生产过程的智能化和快速化；在教育领域，人机交互技术可以被用于在线学习、智能化教室等，使学习过程更加生动有趣，接近人类的自然方式和认知习惯。

对于人机交互技术来说，其遵循的技术原则主要有以下5点。

1. 用户中心原则

人机交互的第一个原则是用户中心原则。这个原则要求系统开发者始终以用户为中心去思考问题和设计交互界面，了解用户的需求和期望，以此为基础构建用户友好的系统，创造出让用户感到舒适、高效的交互界面和方式。在落实用户中心原则之前，需要了解目标用户的需求和使用方法，了解他们使用系统的目的和期待的功能等。通过这些关键信息的了解，可以更好地为用户带来更好的使用体验。例如，如图2-23所示，在设计一款人工智能语音交互应用时，开发者需要考虑用户在交互过程中碰到的痛点，如语音识别不准、口头语太多、识别流程复杂等问题。通过针对这些问题的解决措施来改善用户的交互体验，可以提高平台的用户满意度和忠诚度。在设计交互界面时，需要注重用户体验的细节，如页面排版、颜色搭配、字体选择等方面，以此提升整个界面的美观性和易用性。同时，还要注意用户操作流程的简单性和易上手性，让用户能够迅速掌握系统的使用方法，减少用户犯错的可能性。

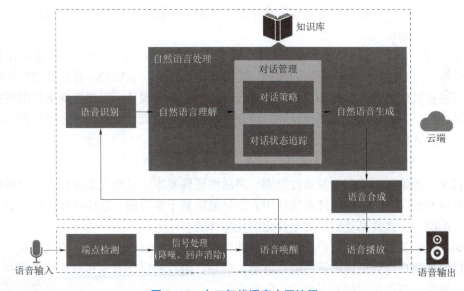

图2-23　人工智能语音交互流程

2. 可见性原则

人机交互的第二个原则是可见性原则。可见性原则是人机交互设计中的一个重要原则，其核心就是让用户能够清晰地看到系统中所有需要的信息和界面元素，以此提高系统的透明度和易用性。这个原则要求系统开发者将用户所需要的信息以可见的方式展现出来，让用户能够轻松地找到所需要的信息和功能。例如，在使用一个软件时，系统应该始终清楚地告知用户当前所处的位置和状态，以便用户可以根据信息快速找到所需的功能或数据。此外，为了增加用户的互动体验，系统还应该在用户与系统的交互过程中提供必要的反馈，告知用户其操作的状态和结果。这样可以让用户更加清楚地知道自己的操作是否得以顺利完成，并便于用户及时调整操作策略。在设计可见性方面，设计师应该注重设计界面的可读性、可视性和易于识别的特点。例如，使用明亮而对比度较高的颜色，让界面元素的边界清晰可见，使用易于读取的字体与文字大小，以此方便用户在使用过程中快速识别和理解界面元素的含义。同时，设计师还应该降低界面中的复杂性和混乱性，避免用户误解功能和操作。

3. 反馈原则

人机交互的第三个原则是反馈原则。这个原则要求人机交互系统必须及时地提供反馈，确保用户对其操作的结果了解清楚。例如，当用户在计算机上输入文字时，应及时在屏幕上显示出用户所输入的具体内容，以便用户了解文字的输入情况并及时修改。此外，反馈原则还要求系统能够及时向用户提供提示、警告和错误信息，引导用户正确地操作系统，确保用户能够快速找到解决问题的办法。反馈原则是人机交互设计不可或缺的一部分，通过实现这一原则，设计师可以让用户更加便利、快速地操作系统，提高用户的满意度和用户体验。

4. 一致性原则

人机交互的第四个原则是一致性原则。根据这个原则，系统的各个功能模块应该有一致的使用方法和交互方式，使得用户可以在不同的功能模块中得到相同的使用体验。换句话说，用户不需要再去适应新的界面或者学习新的操作方式，从而提高了用户的使用效率和满意度。例如，在一个网站上，登录、搜索、查看商品等操作所使用的按钮或链接应该有统一的位置和字体大小，这样用户就能够在整个网站上有一致的操作体验，并且可以减少用户的学习成本和操作难度。

在实际的设计中，设计师应注意界面元素的样式和布局，在各个功能模块间保持一致性，以便用户可以随时找到所需要的操作，完成相应的任务。在保持一致性原则的同时，设计师还需根据具体的设计目标和用户需求进行合理的创新和设计，以便实现更好的用户体验和用户满意度。只有在进行创新设计同时遵守一致性原则，设计出更加符合用户使用习惯的界面和交互，才能够让人机交互设计达到更好的效果。

5. 灵活性原则

人机交互的第五个原则是灵活性原则。灵活性原则要求人机交互系统在为用户提供充分的操作自由度的同时，还能保证系统使用方法是简单易于掌握的。这样可以让用户自由选择自己想要的操作方式并享受到更加个性化的使用体验。

例如，在一款游戏中，用户应该有足够的自由度来选择自己的角色、游戏方式、关卡难度等，以便让用户得到更加满意的游戏体验。但是，游戏的操作方式和游戏规则必须是简单易懂的，避免出现让用户感到困惑和迷茫的操作。在实际的设计中，设计师应该根据具体的用户需求和喜好来设计游戏的操作方式和游戏规则，以便让用户更加容易上手并享受到游戏的快乐。

此外，灵活性原则还要求设计师在设计人机交互界面时应该考虑到用户的个性化需求和习惯，为用户提供多种操作选择和个性化定制的功能，以便满足不同用户的不同需求和体验感受。灵活性原则是人机交互设计中非常重要的一个原则，它可以有效地提高系统的使用便利性、用户体验和用户满意度，同时也可以提高系统的适应性和响应能力。

可以看到，人机交互原则是确保人类与计算机之间实现高效互动的重要手段和方法。在实际应用中，要完成一个良好的人机交互应用，就需要根据系统的实际需求，合理运用各种原则和技术，提高用户的使用体验。

2.7.2　人机交互与人工智能的结合

在今天的数字时代，人机交互和人工智能已成为一种趋势，这两个领域的结合可以为人们带来更加便捷和高效的生活体验。如图2-24所示，人机交互技术旨在改善人类与计算机之间的交互方式，而人工智能技术则旨在模拟人类的智能行为，用于解决各种实际问题。二者的结合将人们从烦琐的重复性工作中解放出来，让人类更加专注于更高层次的创造性活动。

在日常生活中，人们对交互方式的需求越来越高，如语音、图像和手势交互等，这些交互方式的出现，极大地提高了用户使用计算机和智能设备的便捷性。而人工智能技术的加入则可以进一步丰富交互方式，提高人机交互的效率和便利性。例如，用户可以通过语音或手势与智能音箱进行交互，智能音箱可以通过人工智能技术快速传达用户的意图，然后直接产生相应的操作效果。又如，智能家居设备可以利用人工智能技术，通过分析用户的日常行为和生活习惯，及时智能地反馈出相应的建议，并自动地对环境进行协调管理，提高了居住的舒适度和便捷性。

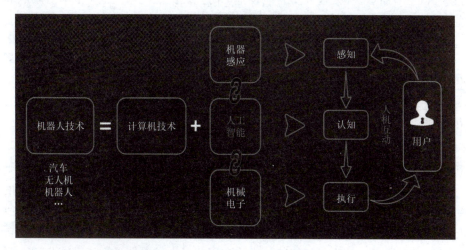

图2-24　人机交互与人工智能结合

人机交互和人工智能技术的结合，也在工业生产和商业应用中发挥了不可替代的作用。凭借高效便利、全天候、反应灵敏等特点，智能工厂正在逐步地实现，配合着来自人工智能的各种算法，制造业可以大幅提高效率和生产能力；而在商业应用方面，人工智能技术结合人机交互，也为人们带来了一些变革性的应用，如自助购物、智慧餐饮等。

此外，人机交互和人工智能技术更加深入紧密地互动也是未来创新的主要方向。人工智能技术和人机交互可能向更复杂的方向发展。随着人工智能技术的发展，人工智能将变得更加复杂和智能，以至于未来还可能实现更为无缝的人工智能和机器设备之间的交互模式，甚至出现具有自主决策能力的机器设备。在人机交互领域，未来的人机交互方法可能会更具创意和多样化，为其他领域带来诸多优势和创新应用。例如，在医疗行业中，人工智能技术结合人机交互可以为医生提供更加准确和快速的诊断，还可以帮助病人更好地管理健康状况；在交通运输领域，人工智能技术结合人机交互可以提高交通安全和运输效率；在教育领域，人工智能技术结合人机交互可以为学生提供更加个性化的学习体验，根据学生的兴趣和学习进度自动调整教学内容和方法。此外，人机交互和人工智能技术结合还可以在游戏、文娱等领域带来更加丰富的体验。

随着科技的不断进步和技术的快速发展，人类与机器之间的交互模式也在不断地深入和智能化。未来，人机交互与人工智能的融合将更加紧密，创造出更加智能、更加人性化的智慧交互系统，为人们带来更加美好、更加方便、更加舒适的未来生活。

2.7.3　人机交互对人工智能发展的影响

随着科技不断地发展，人工智能技术正在向着越来越复杂和智能化的方向发展。在人工智能技术发展的过程中，人机交互无疑是一个非常重要的环节，也是人工智能能够真正走向普及和应用的重要环节之一。人机交互对人工智能发展的影响可以从以下 4 部分进行深入分析。

1. 人机交互对人工智能发展具有推波助澜的作用

在人工智能技术的发展过程中，人机交互是促进人工智能发展的重要因素。随着技术的不断发展，人们广泛认可和接受人工智能技术。而人机交互技术，也是能够有效地解决人与机器之间交互问题的一个重要环节。通过对人机交互界面、交互方式等方面的不断优化和智能化，能够有效地促进人工智能技术的发展和普及。在面对越来越多复杂化、多样化和实时性要求的应用场景时，人机交互技术的智能化和智能化程度将成为考验人工智能技术应用能力的关键因素。此外，人机交互技术的普及也有利于推动人工智能技术的自我优化和进化。人机交互可以将人和机器之间的信息传输和解释过程简化和优化，从而能够更好地提供信息反馈和优化数据，为人工智能技术的进一步发展提供必要的条件。

2. 人机交互对人工智能应用的拓展提供了保障

人机交互技术的不断优化和发展，也为人工智能技术的应用拓展提供了必要的保障。在实际生产和服务场景中，人机交互能够帮助机器识别和自主处理大量信息，从而优化和提升人工智能技术的应用能力。例如，人机交互技术能够通过语音、图像等多种形式识别、输入和反馈信息，为机器提供更加生动和丰富的信息场景。这些场景将激发机器更加独立和主动地处理信息和产生结果，并为人工智能技术的应用场景提供更加灵活和智能化的支持。

此外，人机交互还能够通过预测、推荐等方式，提供更加有效的推荐和服务体验，从而为人们带来更加便捷和优质的生活和工作体验。

3. 人机交互对人工智能发展提出了新的挑战

在实际生活的应用中，人机交互对人工智能的发展也提出了一些挑战。例如，人工智能技术在应用过程中，需要同时满足人类的需求和行为特性。人工智能技术下的人机交互必须变得更加符合人性化，更加贴近人的要求和需求，而不是机器根据自身的操作规则来进行交互和处理，应该是根据人的需求来设计和实现操作接口和交互方式，从而降低用户对人工智能技术的使用成本，增加用户的便利和方便。

4. 人机交互为人工智能未来的发展与创新提供了保障

人机交互技术的不断发展和创新，将为人工智能技术提供更加强大的应用支持和创新保障。首先，人机交互将向着更加智能化和多样化的方向发展。不断发展的自然语言识别技术、机器视觉技术等将为人们提供更加自然、便捷和多样化的交互方式，让人们更加容易地理解和应用人工智能技术。其次，人机交互将向着更加个性化和定制化的方向发展。未来的人机交互技术将越来越注重用户的需求和偏好，通过个性化的设计和算法，实现更加智能化、用户体验感更好的应用。例如，AliGenie 5.0 是天猫精灵开发的多模态人机交互系统，首次将唇动、手势、语音语义等多种形态的信息输入融合在一起，可通过多模态感知的方式理解人类的交流意图，并直接给出反馈。其支持分布式的微内核操作系统，能够覆盖更广阔的应用场景。此外，AliGenie 5.0 还支持云应用技术，能够突破硬件的配置和性能限制，跨平台、跨终端，流畅使用 Windows、Linux、Android 等系统的丰富应用，用户甚至可以在天猫精灵上玩游戏、上网课、体验 3D 渲染等。目前，这一系统使天猫精灵具备了自然唤醒的能力。例如，用户在音箱端开启设置"自然唤醒"后，在 1 m 左右的距离下，当机器识别到有人开始盯着它说话时，不用再喊出唤醒词，就能直接自然对话。

✓ 拓展阅读　　　✓ 素质拓展

✓ 思考与练习

1. 为什么说网络是人工智能发展的纽带？
2. 为什么说硬件设备是人工智能发展的基础？
3. 人工智能芯片对人工智能的推进作用有哪些？
4. 专用芯片 NPU 是什么，对人工智能的推进作用有哪些？
5. 云计算是什么，对人工智能的推进作用有哪些？
6. 常说的 5G 技术是什么，对人工智能的推进作用有哪些？
7. 区块链是什么，对人工智能的推进作用有哪些？

项目三
人工智能的关键通用技术

✓ 学习目标

➤ 专业知识目标
1. 了解机器学习的概念和深度学习、强化学习等机器学习方法。
2. 了解计算机视觉的概念，认识常用的计算机视觉工具。
3. 了解语音识别、语音合成的概念，了解它们的应用领域。
4. 了解自然语言处理的概念和一般方法。

➤ 职业技能目标
1. 能正确阐述自然语言处理技术。
2. 能正确阐述计算机视觉技术。
3. 能正确阐述语音识别技术和语音合成技术。
4. 能正确阐述机器学习技术。

➤ 职业素质目标
1. 培养学生技术钻研精神、爱国主义精神。
2. 培养雪上学习专注、精益求精、务实创新的科创精神。
3. 培养学生团结合作精神。

➤ 职业能力图
根据学习目标，绘制职业能力图，如图3-1所示。

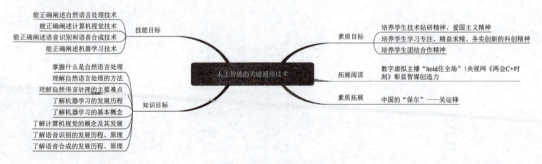

图3-1 职业能力图

✅ 知识链接

▶ 项目引入

　　随着科技的飞速发展，人工智能已经成了人们生活中不可或缺的一部分。从智能手机、自动驾驶汽车到智能家居系统，人工智能的应用已经深入到人们日常生活的方方面面。在这个信息爆炸的时代，了解和掌握人工智能的关键通用技术变得尤为重要。

　　一起踏上这趟探索人工智能关键通用技术的旅程，揭开人工智能的神秘面纱，深入了解这个引领未来科技发展的领域。

▶ 项目描述

　　在本项目中，将深入探讨人工智能的核心概念和技术，包括机器学习、深度学习、神经网络、自然语言处理等。这些技术是构建智能系统的基石，为人工智能的发展提供了强大的支持。通过学习这些关键通用技术，理解人工智能的工作原理，并学习如何将这些技术应用到实际问题中。

　　此外，还将讨论这些技术的优势和局限性，以及它们在不同领域的应用。从金融、医疗、教育到娱乐，人工智能的关键通用技术正在改变着各个行业的运作方式，为人们带来了前所未有的便利和效率。

▶ 项目任务单

姓名		班级	
学号		授课形式	理实一体
学情分析	1. 学生群体普遍对人工智能这一概念抱有浓厚兴趣。随着媒体报道和科幻小说的影响，许多学生已经对人工智能有了初步的了解，并对如何将人工智能应用于现实世界充满好奇。 2. 学生对人工智能关键通用技术的深入理解可能会有所不足，因为这些内容往往涉及算法和数学理论。 3. 机器学习和深度学习等人工智能技术需要良好的编程基础和对统计学的埋解，这对某些学生是一个难点		
学习目标	理解并简单应用机器学习、计算机视觉、语音处理与合成及自然语言处理的核心技术		
实施准备	1. 教学资源收集。 2. 实践工具和平台。 3. 数据集准备。 4. 实验室和计算资源		
实施步骤	现场教学	1. 通过课程讲授介绍人工智能技术。 2. 通过项目和实操让学生对人工智能技术有直观的体验	
	自主学习	1. 了解人工智能技术可能的数学知识背景。 2. 查找人工智能技术的应用领域。 3. 体验人工智能产品	

实施步骤	小组讨论	以学习小组形式讨论，形成汇报成果
	小组汇报	1. 汇报小组成果。 2. 展示体验到的人工智能产品
学习重点		1. 机器学习、计算机视觉、语音技术、自然语言处理的概念和原理。 2. 可以使用人工智能产品实现功能
学习难点		1. 人工智能技术中出现的数学概念。 2. 人工智能复杂网络结构
素质拓展		1. 科技与社会责任：讨论人工智能技术的发展对社会的影响，强调科技应当服务于人类社会的共同福祉，避免造成不公平或歧视现象。引导学生思考如何在设计和实施人工智能系统时考虑到公平性、透明度和可靠性。 2. 数据伦理：强调在使用数据训练人工智能模型时，必须遵守数据隐私保护法律法规，尊重个人隐私权。让学生认识到数据安全的重要性，以及泄露敏感信息可能带来的后果。 3. 创新精神：鼓励学生在学习人工智能技术的过程中，培养创新思维和解决问题的能力。激发学生的好奇心和探索精神，促使他们在未来能够为技术进步做出贡献
自我反思		在专业能力、个人职业能力、职业生涯规划方面的收获和体会

任务 3.1　机器学习：让计算机学会思考

3.1.1　机器学习的发展历程

机器学习是人工智能研究发展到一定阶段的必然产物。20 世纪 50—70 年代，人工智能研究处于"推理期"，那时人们以为只要能赋予机器逻辑推理能力，机器就能具有智能。这一阶段的代表性工作主要有"逻辑理论家"程序及此后的"通用问题求解"程序等，这些工作在当时取得了令人振奋的结果。例如，"逻辑理论家"程序在 1952 年证明了著名数学家罗素和怀特海的名著《数学原理》中的 38 条定理，在 1963 年证明了全部 52 条定理，特别值得一提的是，定理 2.85 甚至比罗素和怀特海证明得更巧妙。"逻辑理论家程序"的发明者赫伯特·西蒙和艾伦·纽厄尔也因为这方面的工作获得了 1975 年图灵奖。然而随着研究向前发展，人们逐渐认识到，仅具有逻辑推理能力是远远实现不了人工智能的。有人认为，要使机器具有智能就必须设法使机器拥有知识。在他们的倡导下，从 20 世纪 70 年代中期开始，人工智能研究进入了"知识期"。在这一时期，大量专家系统问世，在很多应用领域取得了大量成果。但是，人们逐渐认识到，专家系统面临"知识工程瓶颈"，简单地说，就是由人来把知识总结出来再教给计算机是相当困难的。于是一些学者想到，如果机器自己能够学习知识该多好。

研究人员把机器学习研究划分为"从样例中学习""在问题求解和规划中学习""通过

观察和发现学习""从指令中学习"等种类；自20世纪80年代以来，被研究最多、应用最广的是"从样例中学习"（也就是广义的归纳学习），它涵盖了监督学习、无监督学习等。

在20世纪80年代，"从样例中学习"的一大主流是符号主义学习，其代表包括决策树和基于逻辑的学习。典型的决策树学习以信息论为基础，以信息熵的最小化为目标，直接模拟了人类对概念进行判定的树形流程。

20世纪90年代中期之前，"从样例中学习"的另一主流技术是基于神经网络的连接主义学习。连接主义学习在20世纪50年代取得了大发展，但因为早期的很多人工智能研究者对符号表示有特别偏爱，例如，有人曾断言人工智能是研究"对智能行为的符号化建模"，所以当时连接主义的研究未被纳入主流人工智能研究范畴。尤其是连接主义自身也遇到了很大的障碍。当时的神经网络只能处理线性分类，甚至对"异或"这么简单的问题都处理不了。1983年，霍普菲尔德教授利用神经网络求解"流动推销员问题"这个著名的多项式难题取得重大进展，使得连接主义重新受到人们关注。1986年，鲁姆哈特等人重新发明了著名的反向传播算法，产生了深远影响。与符号主义学习能产生明确的概念表示不同，连接主义学习产生的是黑箱模型，因此从知识获取的角度来看，连接主义学习技术有明显弱点；然而，由于有反向传播算法这样有效的算法，使得它可以在很多现实问题上发挥作用。事实上，反向传播算法一直是应用得最广泛的机器学习算法之一。连接主义学习的最大局限是其"试错性"；简单地说其学习过程涉及大量参数，而参数的设置缺乏理论指导，主要靠手工调参。夸张一点说，参数调节上失之毫厘，学习结果可能谬以千里。

20世纪90年代中期统计学习闪亮登场并迅速占据主流舞台，代表性技术是支持向量机（support vector machine，SVM）及更一般的核方法。虽然支持向量等概念在20世纪60年代就已经被提出来，但直到20世纪90年代中期统计学习才开始成为机器学习的主流，一方面，是由于有效的支持向量机算法在20世纪90年代初才被提出，其优越性能到20世纪90年代中期在文本分类应用中才得以显现；另一方面，正是在连接主义学习技术的局限性突显之后，人们才把目光转向了以统计学习理论为直接支撑的统计学习技术。事实上，统计学习与连接主义学习有密切的联系。在支持向量机被普遍接受后，核技巧被人们用到了机器学习的几乎每一个角落，核方法也逐渐成为机器学习的基本内容之一。

有趣的是，21世纪初，连接主义学习又卷土重来，掀起了以深度学习为名的热潮。所谓深度学习，狭义地说就是很多层的神经网络。在若干测试和竞赛上，尤其是涉及语音、图像等复杂对象的应用中，深度学习技术取得了优越性能。以往机器学习技术在应用中要取得好性能，对使用者的要求较高；而深度学习技术涉的模型复杂度非常高，以至于只要下功夫调参，把参数调节好，性能往往就好。因此，深度学习虽缺乏严格的理论基础，但它显著降低了机器学习应用者的门槛，为机器学习技术走向工程实践带来了便利。那么，它为什么此时才掀起热潮呢？有两个基本原因：数据大了、计算能力强了。深度学习模型拥有大量参数，若数据样本少，则很容易过拟合。如此复杂的模型、如此大的数据样本，若缺乏强力计算设备，根本无法求解。由于人类进入了大数据时代，数据储量和计算设备都有了大发展，才使得连接主义虚拟技术焕发了又一春。

3.1.2　机器学习的基本概念

"傍晚小街路面上沁出微雨后的湿润，和煦的细风吹来，抬头看看天边的晚霞，嗯，明天又是一个好天气。走到水果摊旁，挑了个根蒂蜷缩、敲起来声音浊响的青绿西瓜，一边满心期待着皮薄肉厚瓤甜的爽落感，敲下去一听，是个好西瓜。"

仔细想想这一段话，人们会发现这里涉及很多基于经验做出的预判。例如，为什么看到微湿路面、感到和风、看到晚霞，就认为明天是好天气呢？这是因为在人们的生活经验中已经遇见过很多类似情况，头一天观察到上述特征后，第二天天气通常会很好。为什么色泽青绿、根蒂蜷缩、敲声浊响，就能判断出是正熟的好瓜？因为人们吃过、看过很多西瓜，所以基于色泽、根蒂、敲声这几个特征人们就可以做出相当好的判断。类似地，人们从以往的学习经验知道，下足了功夫、弄清了概念、做好了作业，自然会取得好成绩。可以看出，人们能做出有效的预判，是因为人们已经积累了许多经验，而通过对经验的利用。就能对新情况做出有效的决策。

那么计算机可以做到这样的事吗？机器学习正是这样一门学科，它致力于研究如何通过计算的手段，利用经验来改善系统自身的性能。在计算机系统中，经验通常以数据形式存在，因此，机器学习所研究的主要内容是关于在计算机上从数据中产生模型（model）的算法即学习算法。有了学习算法，再把经验数据提供给它，它就能基于这些数据产生模型，当遇到新情况时，模型会提供相应的判断（如好瓜）。如果说计算机科学是研究关于算法的学问，那么类似地，可以说机器学习是研究关于学习算法的学问。

要进行机器学习，先要有数据。假定收集了一批关于西瓜的数据，如（色泽青绿，根蒂蜷缩，敲声有浊响）（色泽乌黑，根蒂稍蜷，敲声沉闷）（色泽浅白，根蒂硬挺，敲声清脆）等。这组记录的集合称为一个数据集（data set），其中每条记录是关于一个事件或对象（这里是一个西瓜）的描述，称为一个示例（instance）或样本（sample）。反映事件或对象在某方面的表现或性质的事项，如"色泽""根蒂""敲声"，称为属性（attribute）或特征（feature）；属性上的取值，如"青绿""乌黑"，称为属性值（attribute value）。属性组成的空间称为属性空间（attribute space）、样本空间（sample space）或输入空间（input space）。

如图3-2与图3-3所示，从数据中学得模型的过程称为学习（learning）或训练（training），这个过程通过执行某个学习算法来完成。训练过程中使用的数据称为训练数据（training data），其中每个样本称为一个训练样本（training sample），训练样本组成的集合称为训练集（training set）。对应了关于数据的某种潜在的规律，因此也称假设（hypothesis）；这种潜在规律自身，则称真相或真实（ground-truth），学习过程就是为了找出或逼近真相。人们有时将模型称为学习器（learner），可看作学习算法在给定数据和参数空间上的实例化。

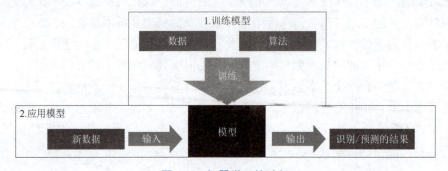

图3-2 机器学习的过程

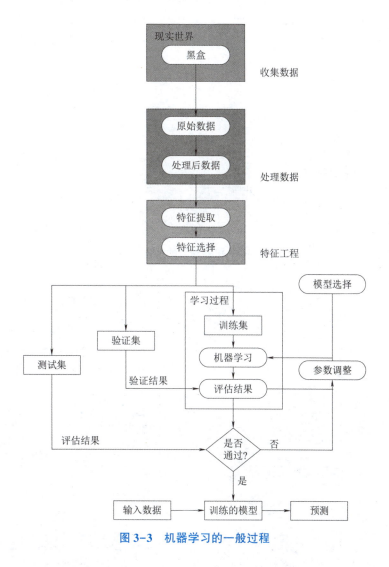

图 3-3　机器学习的一般过程

学得模型后，使用其进行预测的过程称为测试（testing），被预测的样本称为测试样本（testing sample）。

3.1.3　机器学习的任务分类

如图 3-4 和图 3-5 所示，根据训练数据是否拥有标记信息，学习任务可大致划分为两大类：监督学习和无监督学习。分类和回归是监督学习的代表，而聚类则是无监督学习的代表。

监督学习算法（supervised learning algorithm）训练含有很多特征的数据集，不过数据集中的样本都有一个标签（label）或目标（target）。例如，数据集注明了每个鸢尾花卉样本属于什么品种，监督学习算法通过研究数据集，学习如何根据测量结果将样本划分为三个不同品种。

无监督学习算法（unsupervised learning algorithm）训练含有很多特征的数据集，然后学习出这个数据集上有用的结构性质。在机器学习中通常要学习生成数据集的整个概率分布，显式地，如密度估计，或是隐式地，如合成或去噪。还有一些其他类型的无监督学习任务，如聚类，将数据集分成相似样本的集合。

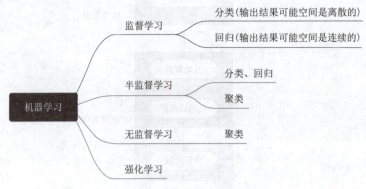

图 3-4 机器学习的任务分类

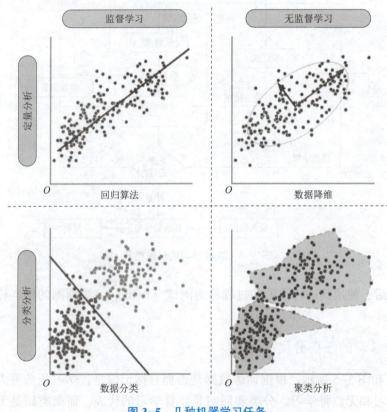

图 3-5 几种机器学习任务

机器学习可以解决很多类型的任务，几种常用类型的任务如图 3-5 所示。分类，在这类任务中，计算机程序需要指定某些输入属于类中的哪一类；回归，在这类任务中，计算机程序需要对给定输入预测数值；转录，这类任务中，机器学习系统观测一些相对非结构化表示的数据，并转录信息为离散的文本形式；机器翻译，在机器翻译任务中，输入是一种语言的符号序列，计算机程序必须将其转化成另一种语言的符号序列；结构化输出，结构化输出任务的输出是向量或者其他包含多个值的数据结构，并且构成输出的这些不同元素间具有重要关系；异常检测，在这类任务中，计算机程序在一组事件或对象中筛选，并标记不正常或非典型的个体；合成和采样，在这类任务中，机器学习程序生成一些和训练数据相似的新样本；缺失值填补，在这类任务中，机器学习程序需要处理数据中的空白或不完整的部分，以提高数据质量并增强模型的性能；去噪，在机器学习中，去噪主要是指减少或消除数据中的噪声，以提高数据质量和模型性能，去噪是数据预处理的一个重要环节，它的目的是从带有干扰的信号中恢复出原始的、未受污染的信号。

需注意的是，机器学习的目标是使学得的模型能很好地适用于新样本，而不是仅仅在训练样本上工作得很好；即便对聚类这样的无监督学习任务，也希望学得的模型能适用于没在训练集中出现的样本。学得模型适用于新样本的能力，称为泛化（generalization）能力。具有强泛化能力的模型能很好地适用于整个样本空间。于是，尽管训练集通常只是样本空间的一个很小的采样，人们仍希望它能很好地反映出样本空间的特性，否则就很难期望在训练集上学得的模型能在整个样本空间上都工作得很好。

3.1.4 机器学习的性能度量

为了评估机器学习算法的能力，必须设计其性能的定量度量。通常性能度量是特定于系统执行的任务而言的。

对于如分类、缺失值填补和转录任务，通常度量模型的准确率（accuracy）。准确率是指该模型输出正确结果的样本比率。也可以通过错误率（error rate）得到相同的信息。错误率是指该模型输出错误结果的样本比率。人们通常把错误率称为 0-1 损失的期望。在一个特定的样本上，如果结果是对的，那么损失是 0；否则是 1。但是对于密度估计这类任务而言，度量准确率、错误率或者其他类型的损失是没有意义的。反之，必须使用不同的性能度量，使模型对每个样本都输出一个连续数值的得分。最常用的方法是输出模型在一些样本上概率对数的平均值。

通常，人们会更加关注机器学习算法在未观测数据上的性能如何，因为这将决定其在实际应用中的性能。因此，使用测试集（test set）数据来评估系统性能，将其与训练机器学习系统的训练集数据分开。

性能度量的选择或许看上去简单且客观，但是选择一个与系统理想表现对应的性能度量通常很难。在某些情况下，这是因为很难确定应该度量什么。例如，在执行转录任务时，是应该度量系统转录整个序列的准确率，还是应该用一个更细粒度的指标，对序列中正确的部分元素以正面评价；在执行回归任务时，应该更多地惩罚频繁犯一些中等错误的系统，还是较少犯错但是犯很大错误的系统。这些设计的选择取决于应用。还有一些情况，知道应该度量哪些数值，但是度量它们不太现实。这种情况经常出现在密度估计中。很多最好的概率模型只能隐式地表示概率分布，在许多这类模型中，计算空间中特定点的概率是不可行的。在这些情况下，必须设计一个仍然对应于设计对象的替代标准，或者设计一个理想标准的良好近似。

3.1.5 深度学习

深度学习这个概念最早是由著名计算机科学家 Geoffrey Hinton 等人于 2006 年和 2007 年在《科学》（*Science*）杂志上发表的文章中所提出的。就深度学习而言，在最初被提出的时候指的是深度神经网络（deep neural network，DNN），而随着神经网络层数的增多，其具备了很多原先非深度神经网络所不具备的学习能力，在设计合理的情况下它能学到很多层面的内容，显得更为智能。也正是因为这一点，它使人类感觉到它学习层面的深度。

深度学习是机器学习的一种，而机器学习是实现人工智能的必经路径。深度学习的概念源于人工神经网络的研究，含多个隐藏层的多层感知器就是一种深度学习结构。深度学习通过组合低层特征形成更加抽象的高层表示属性类别或特征，以发现数据的分布式特征表示。研究深度学习的动机在于建立模拟人脑进行分析学习的神经网络。它模仿人脑的机制来解释数据，如图像、声音和文本等。

深度学习作为机器学习算法研究中的一个新的技术，其动机在于建立模拟人脑进行分析学习的神经网络。深度学习是相对于简单学习而言的，目前多数分类、回归等学习算法都属于简单学习或者浅层结构，浅层结构通常只包含1层或2层的非线性特征转换层。浅层结构学习模型的相同点是采用一层简单结构将原始输入信号或特征转换到特定问题的特征空间中。浅层模型的局限性对复杂函数的表示能力有限，针对复杂分类问题其泛化能力受到一定的制约，比较难解决一些更加复杂的自然信号处理问题，如人类语音和自然图像等。而深度学习可通过学习一种深层非线性网络结构，从而模拟更加复杂的函数，但同时也使得待学习的参数激增，所以往往需要很大的训练数据集。

理论上来说，参数越多的模型复杂度越高、容量（capacity）越大，这意味着它能完成更复杂的学习任务。但一般情形下，复杂模型的训练效率低，易陷入过拟合，因此难以受到人们青睐。而随着云计算、大数据时代的到来，计算能力的大幅提高可缓解训练低效性，训练数据的大幅增加则可降低过拟合风险，因此，以深度学习为代表的复杂模型开始受到人们的关注。

典型的深度学习模型就是很深层的神经网络，如图3-6所示。显然，对于神经网络模型，提高容量的一个简单办法是增加隐层的数目，隐层多了，相应的权重、阈值等参数就会更多。增加模型复杂度也可通过单纯增加隐层神经元的数目来实现，前面谈到过，多层前馈网络已具有很强大的学习能力，但从增加模型复杂度的角度来看，增加隐层的数目显然比增加隐层神经元的数目更有效，因为增加隐层数不仅增加了拥有激活函数的神经元数目，还增加了激活函数嵌套的层数。即机器学习是一种实现人工智能的方法，深度学习是一种实现机器学习的技术。

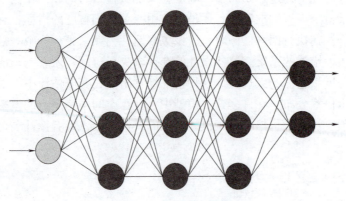

图3-6 深度神经网络

神经网络是一个比较大的概念，针对语音、文本、图像等不同的学习任务，衍生出了更适用于具体学习任务的神经网络模型，如卷积神经网络、循环神经网络和生成对抗网络（generative adversarial networks，GAN）等。

卷积神经网络是一种专门用来处理具有类似网格结构的数据的神经网络。一个典型的卷积神经网络的结构如图3-7所示，如时间序列数据（可以认为是在时间轴上有规律地采样形成的一维网格）和图像数据（可以看作是二维的像素网格）。卷积神经网络在诸多应用领域都表现优异。卷积神经网络一词表明该网络使用了卷积（convolution）这种数学运算。卷积是一种特殊的线性运算。卷积神经网络是指那些至少在网络的一层中使用卷积运算来替代一般的矩阵乘法运算的神经网络。

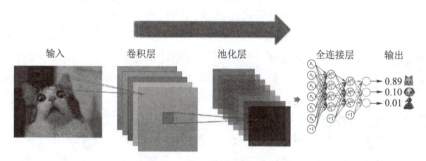

图3-7 典型的卷积神经网络

2014年，Goodfellow提出的生成对抗网络模型是一种深度学习模型，是近年来复杂分布上无监督学习最具前景的方法之一。生成对抗网络的设计灵感来源于零和博弈思想（zero-sum game），即博弈双方获得的总利益是定值，博弈双方相互竞争提高自己能力。生成对抗网络模型中的博弈双方分别由生成器（generator）和判别器（discriminator）构成。生成器用于学习真实样本数据的分布，目的在于用服从某一分布的噪声来生成一个接近于真实训练数据的样本，生成样本与真实样本越接近证明生成器效果越好。判别器可以理解为是一个二分类问题模型，用于判断输入模型的样本来自真实样本的概率。当生成样本足够接近真实样本时，判别器无法准确判断，只能输出一个接近于0.5的值，即达到纳什均衡。生成对抗网络的一般结构如图3-8所示。

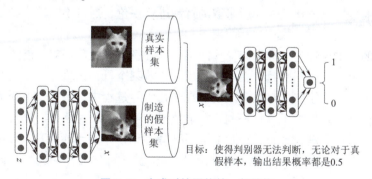

图3-8 生成对抗网络的一般结构

3.1.6　强化学习

智能系统的一个主要特征是能够适应未知环境，其中学习能力是智能系统的关键技术之一。在机器学习范畴内，根据反馈的不同，学习技术可以分为监督学习、无监督学习和强化学习三大类。其中强化学习是一种以环境反馈作为输入的、特殊的、适应环境的机器学习方法。

强化学习又称增强学习、加强学习、再励学习或激励学习，是一种从环境状态到行为映射的学习，目的是使动作从环境中获得的累积回报值最大。强化学习的思想来源于动物心理学。观察生物（特别是人）为适应环境而进行的学习过程，可以发现有两个特点：一是人从来不是静止地被动等待而是主动对环境做试探，二是环境对试探动作产生的反馈是评价性的，人们会根据环境的评价来调整以后的行为。强化学习正是通过这样的试探—评价的迭代，在与环境的交互中学习，通过环境对不同行为的评价性反馈信号来改变强化学习系统的行为选择策略以实现学习目标。来自环境的评价性反馈信号通常称为奖赏值（reward）或强化信号（reinforcement signal），强化学习系统的目标就是极大化（或极小化）期望奖赏值。

强化学习技术是从控制理论、统计学、心理学等相关学科发展而来，最早可以追溯到巴普洛夫的条件反射实验。但直到 20 世纪 80 年代末 90 年代初，强化学习技术才在人工智能机器学习和自动控制等领域中得到广泛研究和应用，并被认为是设计智能系统的核心技术之一。特别是随着强化学习的数学基础研究取得突破性进展后，对强化学习的研究和应用日益开展起来，成为目前机器学习领域的研究热点之一。

如图 3-9 所示，一个强化学习系统的基本框架，主要由两部分组成，即环境和智能体（agent）。智能体可以通过传感器感知所处环境，并通过执行器（actuator）对环境施加影响。从广义上讲，除该智能体之外，凡是与该智能体交互的物体，都可以称为环境。

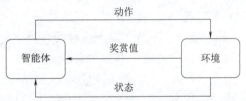

图 3-9　强化学习框架

强化学习是智能体在与动态环境的交互过程中，通过反复试错来学习适当的行为。它介于监督学习和无监督学习之间，是一种策略相关学习，通过与环境的即时交互来获得环境的状态信息，并通过反馈强化信号对所采取的行动进行评价，通过不断试错和选择，从而学习到最优的策略。

强化学习的基本原理是，如果智能体的某个行为策略导致环境对智能体正的奖赏，则智能体此后采取这个行为策略的趋势会加强。反之，若某个行为策略导致了负的奖赏，那么智能体此后采取这个行为策略的趋势会减弱。在强化学习过程中，智能体不断地与环境进行交互，在每一时刻循环发生如下事件序列：智能体感知当前的环境状态；针对当前的状态和强化值，智能体选择一个动作执行；当智能体所选择的动作作用于环境时，环境发生变化，即环境状态转移至新状态并给出奖赏（强化信号）；奖赏（强化信号）反馈给智能体。

强化学习的过程：智能体选择一个动作 a 作用于环境，环境接收该动作后发生变化，同时产生一个强化信号（奖或罚）反馈给智能体，智能体再根据强化信号和环境的当前状态 s 再选择下一个动作，选择的原则是使受到正的奖赏值的概率增大。选择的动作不仅影响立即奖赏值，而且还影响下一时刻的状态及最终强化值。强化学习的目的就是寻找一个最优策略，使得智能体在运行中所获得的累计奖赏值最大。

强化学习作为一种以环境反馈作为输入的、特殊的、适应环境的机器学习方法，是一种弱学习方式，体现为智能体通过与环境不断的试错交互来进行学习；强化信息可能是稀疏且合理延迟的；不要求（或要求较少）先验知识；智能体在学习中所使用的反馈是一种数值奖赏形式，不要求有提供正确答案的教师；强化学习是一种增量式学习，并可以在线使用；强化学习可以应用于不确定性环境；强化学习的体系结构是可扩展的。目前，强化学习系统已扩展至规划合并、智能探索、监督学习和结构控制等领域。

3.1.7 机器学习的应用

机器学习已经无处不在，应用遍及人工智能的各个领域，包括数据挖掘、计算机视觉、自然语言处理、语音和手写识别、生物特征识别、搜索引擎、医学诊断、信用卡欺诈检测、证券市场分析、汽车自动驾驶、军事决策等。

以下是一些机器学习的典型应用。

1. 异常检测

异常是指某个数据对象由于测量、收集或自然变异等原因变得不同于正常的数据对象的场景，找出异常的过程，称为异常检测。根据异常的特征，可以将异常分为以下三类：点异常、上下文异常、集合异常。

异常检测的训练样本都是非异常样本，假设这些样本的特征服从高斯分布，在此基础上估计出一个概率模型，用该模型估计待测样本属于非异常样本的可能性。异常检测步骤包括数据准备、数据分组、异常评估、异常输出等。

2. 用户画像

用户画像的核心工作就是给用户打标签，标签通常是人为规定的高度精练的特征标识，如年龄、性别、地域、兴趣等。由这些标签集合能抽象出一个用户的信息全貌，每个标签分别描述了该用户的一个维度，各个维度相互联系，共同构成对用户的整体描述。

在产品的运营和优化中，根据用户画像能够深入理解用户需求，从而设计出更适合用户的产品，提升用户体验。

3. 广告点击率预估

互联网广告是互联网公司主要的盈利手段，互联网广告交易的双方是广告主和媒体。广告主为自己的产品投放广告并为广告付费；媒体是有流量的公司，如各大门户网站、各种论坛，它们提供广告的展示平台，并收取广告费。

广告点击率（click through rate，CTR）是指广告的点击到达率，即广告的实际点击次数除以广告的展现量。在实际应用中，从广告的海量历史展现点击日志中提取训练样本，构建特征并训练CTR模型，评估各方面因素对广告点击率的影响。

新的广告位请求到达时，就可以用训练好的模型，根据广告交易平台传过来的相关特征预估这次展示中各个广告的点击率，结合广告出价计算得到广告点击收益，从而选出收益最高的广告向广告交易平台出价。

4. 企业征信大数据应用

企业征信大数据应用是指为信用活动提供信用信息服务，通过依法采集、整理、保存、加工企业、事业单位等组织的信用信息和个人的信用信息，并提供给信息使用者。征信是由征信机构、信息提供方、信息使用方、信息主体四部分组成，综合起来，形成了一个整体的征信行业的产业链。

机构向信息提供方采集征信相关数据，信息使用方获得信息主体的授权以后，可以向征信机构索取该信息主体的征信数据，从征信机构获得征信产品，对企业来说，是由该企业的各种维度数据构成的征信报告。

5. 智慧交通大数据应用

交通大数据应用是以物联网、云计算、大数据等新一代信息技术，结合人工智能、机器学习、数据挖掘、交通科学等理论与工具，建立起的一套交通运输领域全面感知、深度融合、主动服务、科学决策的动态实时信息服务体系。

基于人工智能和大数据技术的叠加效应，结合交通行业的专家知识库建立交通数据模型，解决城市交通问题，是交通大数据应用的首要任务。

交通大数据模型主要分为城市人群时空图谱、交通运行状况感知与分析、交通专项数字化运营和监管、交通安全分析与预警等几大类。

任务 3.2　计算机视觉：让计算机学会看

3.2.1　计算机视觉的概念及其发展

计算机视觉是人工智能的一个领域，是指让计算机和系统能够从图像、视频和其他视觉输入中获取有意义的信息，并根据该信息采取行动或提供建议。如果说人工智能赋予计算机思考的能力，那么计算机视觉就是赋予计算机发现、观察和理解的能力。

计算机视觉的工作原理与人类视觉类似，只不过人类起步更早。人类视觉系统的优势是终身可以在适当的环境下训练分辨物体、物体距离、物体动静与否及图像是否存在问题等能力。计算机视觉训练机器来执行这些功能，但它们依靠摄像头、数据和算法在更短的时间内完成工作，而不像人类是依靠视网膜、视神经和视皮质。经过训练用于检验产品或监控生产资产的系统每分钟能够分析数千个产品或流程，并且会发现极其细微的缺陷或问题，因此计算机视觉的能力迅速超越人类。计算机视觉广泛用于许多行业，如能源、公共事业、制造和汽车行业等，并且市场仍在不断拓展。

计算机视觉的前身是数字图像处理。数字图像处理的最早应用之一是在报纸业，当时，图片第一次通过海底电缆从伦敦传往纽约。早在 20 世纪 20 年代曾引入巴特兰（Bartlane）电缆图片传输系统，把横跨大西洋传送一幅图片所需的时间从一个多星期减少到了 3 h。为了用电缆传输图片，首先使用特殊的打印设备对图片编码，然后，在接收端重构这些图片。图 3-10 就是用这种方法传送并利用装有打印机字体的电报打印机模拟中间色调还原出来的图像。这些早期数字图片视觉质量的改进中的初始问题涉及打印过程的选择和亮度等级的分布。这种打印方法到 1921 年年底就被彻底淘汰了，转而支持一种基于照相还原的技术，即在电报接收端使用穿孔纸带来还原图片。如图 3-11 中的图像所示，与之前的图像相比，它在色调质量和分辨率方面的改进都很明显。

计算机图像处理即机器视觉的发展历史是一段充满创新和突破的历程，从 20 世纪 50 年代至今，它经历了多个重要的发展阶段。以下是机器视觉发展的几个关键时刻。

图 3-10　由电报打印机模拟中间色调还原出来的图像

图 3-11　使用穿孔纸带来还原的图片

（1）早期探索（20世纪50年代）。在这个阶段，研究主要集中在二维图像的分析和识别上。1959年，神经生理学家 David Hubel 和 Torsten N. Wiesel 通过猫的视觉实验，首次发现了视觉初级皮层神经元对于移动边缘刺激敏感，这一发现为视觉神经研究奠定了基础。同年，Russell 和他的同事研制了第一台数字图像扫描仪，使得处理数字图像成为可能。

（2）马尔计算视觉理论（20世纪60—70年代）。这是计算机视觉领域的一个基础理论，它尝试模拟人类视觉系统的信息处理方式，以实现对三维世界的理解和重建。

（3）主动视觉与目的视觉（20世纪80年代）。这个时期的研究开始关注如何让机器不仅只是被动接收视觉信息，而是能够主动寻找和处理视觉信息，以服务于特定的目标或任务。

（4）多视几何与分层三维重建（20世纪90年代）。在这一阶段，研究者开始利用多视角的几何关系来恢复场景的三维结构，这为后续的三维视觉技术打下了基础。

（5）基于学习的视觉随着深度学习的兴起，计算机视觉领域迎来了革命性的变化。大量的研究开始集中在如何利用机器学习算法，特别是深度学习模型来处理和理解图像和视频数据。这一阶段的研究成果在图像识别、物体检测、场景理解等多个方面取得了突破性的进展。

机器视觉是计算机科学和电子工程的一个交叉学科领域，它旨在赋予机器"看"的能力，即通过使用相机、摄像头或传感器捕捉图像，并对图像数据进行分析和处理，以实现对物体的检测、识别、测量或控制。机器视觉系统的工作流程通常包括以下几个步骤。

（1）图像获取，在这一步骤中，机器视觉系统使用成像设备（如相机、摄像头或其他传感器）来捕获待分析的场景或物体的图像。这些设备将光信号转换为电信号，再通过模数转换器转换为数字图像数据。

（2）图像预处理，由于原始图像可能受到噪声、光照不均等因素的影响，需要通过预处理来提高图像质量。预处理操作可能包括去噪、平滑、滤波、增强对比度等。

（3）特征提取，在图像预处理之后，下一步是提取图像中的关键特征，这些特征可以是边缘、角点、纹理、颜色等。特征提取的目的是简化图像数据，同时保留对后续任务（如识别或分类）有用的信息。

（4）图像分割，图像分割是将图像划分为多个区域或对象的过程。这些区域通常基于某些共同的视觉属性,如颜色、纹理或形状。

(5) 目标识别与分类,在图像分割后,机器视觉系统可以通过模式匹配、模板匹配或机器学习算法来识别和分类图像中的目标对象。

(6) 决策与执行,根据识别和分类的结果,机器视觉系统可以做出相应的决策,并指导机械臂、自动化设备或过程控制系统执行特定的任务。

机器视觉的应用非常广泛,涵盖了工业、农业、医疗、交通、安全、消费电子等多个领域。例如,在工业自动化中,机器视觉被用于产品质量检测、零件定位、缺陷检测、机器人导航等;在农业中,机器视觉可以帮助进行作物病虫害检测、果实分级、精准施肥等;在医疗领域,机器视觉用于辅助医生进行病变检测、手术导航、病理分析等;在交通领域,机器视觉技术应用于车辆识别、交通监控、自动驾驶等;在安全监控中,机器视觉可用于人脸识别、异常行为检测、智能监控等;在消费电子产品中,机器视觉技术实现了面部解锁、虚拟现实交互等功能。随着技术的不断进步,机器视觉系统正变得越来越智能和高效。深度学习和人工智能的发展为机器视觉带来了新的突破,使得机器不仅能够"看到",还能够"理解"图像内容。这些技术的结合提高了机器视觉系统的准确性和适应性,使其能够在更加复杂和动态的环境中工作。

此外,随着硬件成本的降低和计算能力的提升,机器视觉系统变得更加普及和经济。开源软件库和工具的出现也降低了开发门槛,使得更多的开发者和企业能够利用机器视觉技术解决实际问题。机器视觉是一个快速发展的领域,它不仅改变了工业生产和日常生活,还在不断推动着人工智能技术的发展。随着未来技术的进一步发展,机器视觉有望实现更多前所未有的应用,为人类社会带来更多的便利和价值。

3.2.2 OpenCV:计算机视觉的瑞士军刀

在数字时代,图像和视频处理无处不在,从社交媒体的滤镜到自动驾驶汽车的视觉系统,计算机视觉技术正成为人们生活的一部分。在这个领域中,OpenCV(open source computer vision library)是一个不可或缺的工具,它就像是计算机视觉世界的瑞士军刀,为开发者提供了一套广泛而强大的图像和视频处理功能,它的标识如图 3-12 所示。

OpenCV 是一个广泛使用的开源计算机视觉库,旨在提供丰富的图像和视频处理功能。它最初由 Intel 公司于 1999 年开发,并演变成为一个全球性的开源项目,得到了众多开发者的贡献和支持。OpenCV 可以通过 C++、Python、Java 等编程语言调用,使得开发者能够在不同平台上进行图像处理和计算机视觉应用

图 3-12 OpenCV 的标识

程序的开发。作为一个全面且强大的计算机视觉库,OpenCV 包含了数百个用于图像处理、特征检测、对象识别、视频分析等领域的函数和工具。无论是读取和显示图像、进行图像滤波、边缘检测、图像分割、特征提取,还是进行目标跟踪,OpenCV 都能提供相应的功能丰富的应用程序编程接口(application programming interface,API)。

对于图像处理方面,OpenCV 提供了各种各样的功能,如色彩空间转换、图像滤波(平滑、锐化)、形态学操作、图像变换(旋转、缩放)、图像配准等。这些功能对于不同的图像处理任务非常有用。此外,OpenCV 还支持直方图操作、二值化、形状描述符计算、图像

轮廓提取等高级功能，用于更复杂的图像处理和分析。在特征检测和描述方面，OpenCV 提供了一系列经典算法的实现，如 Harris 角点检测、尺度不变特征变换（scale-invariant feature transform，SIFT）、速度特征变换（speed up robust features，SURF）、ORB（oriented FAST and rotated BRIEF）等。这些算法可用于检测图像中的关键点，生成描述符，并进行特征匹配和对象识别。当涉及视频处理时，OpenCV 同样提供了丰富的功能。它可以从摄像头或视频文件中读取视频数据，并进行实时分析和处理。人们可以使用 OpenCV 来捕获视频流、提取视频帧、进行视频编解码、计算光流、跟踪运动目标等。

此外，OpenCV 还提供了相机标定、立体视觉、运动估计、光流分析等高级计算机视觉功能，以及实时图像处理和视频处理的支持。开发者可以利用这些功能构建各种应用程序，如机器人视觉导航、自动驾驶、安防监控系统、虚拟现实等。近年来，随着深度学习的广泛应用，OpenCV 也提供了针对神经网络和深度学习的高级功能。通过集成深度学习模块，OpenCV 支持常见的深度学习框架，如 TensorFlow、PyTorch 和 Caffe，使开发者能够利用神经网络进行人脸检测、物体识别和语义分割等任务。这为计算机视觉的发展带来了更多的可能性。

OpenCV 在各个领域得到了广泛应用。在医疗领域，OpenCV 可以帮助进行医学图像分析、病变检测和诊断。在工业领域，OpenCV 可以应用于质量控制、产品检测和机器视觉系统。在娱乐领域，OpenCV 可以用于实现增强现实、虚拟现实和交互式游戏等。OpenCV 具有强大的跨平台性，可以在 Windows、Linux、macOS 等操作系统上运行。它还可以与其他流行的计算机视觉库和工具集成，如 NumPy、SciPy、Matplotlib 等，为开发者提供更多选择和更丰富的功能。

OpenCV 具有极广的应用领域，它包括但不限于：人脸识别和物体识别，这是 OpenCV 的一项重要功能，应用在许多领域，如安全监控、交互设计等；图像和视频分析，如图像增强、图像分割、视频跟踪等；图像合成和三维图形（three-dimensional，3D）重建，在图像处理和计算机视觉领域，OpenCV 可以用于创建增强现实或虚拟现实（virtual reality，VR）效果，生成 3D 模型等；机器学习，OpenCV 内置了大量的机器学习算法，可以用于图像分类、聚类等任务；深度学习，OpenCV 中的深度神经网络模块提供了一系列深度学习模型的接口，用户可以加载预训练模型进行图像识别、目标检测等任务。

3.2.3 YOLO：认识图片内容

YOLO（you only look once）是一种流行的物体检测和图像分割模型，由华盛顿大学的约瑟夫·雷德蒙（Joseph Redmon）和阿里·法哈迪（Ali Farhadi）开发。YOLO 于 2015 年推出，因其高速度和高精确度而迅速受到欢迎。2016 年发布的 YOLOv2 通过纳入批量归一化、锚框和维度集群改进了原始模型。2018 年推出的 YOLOv3 使用更高效的骨干网络、多锚和空间金字塔池进一步增强了模型的性能。

YOLOv4 于 2020 年发布，引入了 Mosaic 数据增强、新的无锚检测头和新的损失函数等创新技术。YOLOv5 进一步提高了模型的性能，并增加了超参数（hyper-parameters）优化、集成实验跟踪和自动导出为常用导出格式等新功能。YOLOv6 于 2022 年由美团公司开源，目前已用于该公司的许多自主配送机器人。YOLOv7 增加了额外的任务，如 COCO 关键点数据集的姿势估计。YOLOv8 是 YOLO 的最新版本，由 Ultralytics 公司提供。YOLOv8 支持全方位的视觉人工智能任务，包括检测、分割、姿态估计、跟踪和分类。这种多功能性使用户能够在各种应用和领域中利用 YOLOv8 的功能。YOLOv9 引入了可编程梯度信息（programmable gradient information，PGI）和通用高效层聚合网络（global efficient layer aggregation network，GELAN）等创新方法。其中的一些效果如图 3-13 所示。

图 3-13　使用 YOLOv8 进行检测、分割、姿态估计、跟踪和分类

YOLO 的核心思想是将图像分割成 $S×S$ 的网格，每个网格单元负责预测中心在该单元的目标。每个网格单元预测 B 个边界框及其对应的置信度和类别概率。置信度反映了预测框内是否包含目标及预测框的准确性。与其他目标检测算法相比，YOLO 的主要特点包括速度快，由于整个图像只需要单次前向传播，YOLO 可以实现实时性能；简单性，YOLO 简化了目标检测流程，没有复杂的管道或区域提议步骤；全局理解，YOLO 在整张图像上进行操作，可以更好地理解图像的上下文信息。

YOLO 在不同领域中都有所应用：安防监控，YOLO 可以实时分析视频监控流，识别和追踪人员、车辆等动态目标，从而增强公共安全和事件响应能力（图 3-14 展示了使用 YOLOv8 跟踪汽车轨迹的效果）；自动驾驶，在自动驾驶领域，YOLO 用于检测道路上的行人、其他车辆及交通标志，这对于确保行车安全至关重要；工业自动化，在制造行业中，YOLO 可以帮助检测生产线上的产品缺陷，或者在质量控制过程中进行自动化视觉检查；零售分析，通过分析顾客行为和店内活动，YOLO 有助于零售商优化店铺布局和库存管理；无人机，YOLO 可以使无人机在空中对地面物体进行实时检测和分类，用于地形测绘、搜救等多种任务；医疗影像分析，在医疗领域，YOLO 可以辅助医生诊断，例如，自动检测 X 光或 MRI 图像中的异常情况，提高诊断效率和准确性；增强现实，YOLO 的实时目标检测功能可以用于增强现实应用，提供更加丰富和互动的用户体验。

图 3-14　使用 YOLOv8 跟踪汽车轨迹

此外，随着技术的不断进步，YOLO 模型有潜力扩展到更多的领域，如视频中的目标跟踪和 3D 关键点估计等。

3.2.4　Stable Diffusion 和 StyleGAN：人工智能生成图画

Stable Diffusion 是一种基于深度学习的生成模型，它能够生成高质量、高分辨率的图像。与早期的生成对抗网络不同，Stable Diffusion 通过一种新颖的训练方法解决了模式崩溃和训练不稳定性的问题，从而能够生成更加精细和一致的图像。

Stable Diffusion 是 2022 年由 University of Oxford 等机构的研究人员提出的。它在先前的扩散模型基础上进行了改进，特别是在处理大图像和复杂场景时，表现出了卓越的性能。

Stable Diffusion 的核心思想是基于条件生成对抗网络和噪声估计的扩散模型。它通过逐步添加噪声来"扩散"数据分布，并学习如何逆转这一过程以生成新的样本。这种方法允许模型在保持细节的同时生成高质量的图像。

与其他生成模型相比，Stable Diffusion 的主要特点包括：稳定性，Stable Diffusion 通过稳定的训练过程避免了模式崩溃和其他常见问题；高分辨率，Stable Diffusion 能够生成高分辨率的图像，这对于许多应用来说是至关重要的；多样性和一致性，Stable Diffusion 能够在保持图像质量的同时生成多样化且一致的结果。如图 3-15 所示，使用 Stable Diffusion 就可以生成相同角色的不同表情效果。

图 3-15　使用 Stable Diffusion 生成的卡通形象

StyleGAN 是一种先进的深度学习生成模型，专门用于生成高分辨率的图像。它是基于生成对抗网络的原理设计而成。以下是关于 StyleGAN 的几个关键点。

（1）生成高质量图像：StyleGAN 能够生成极其逼真的图像，其质量之高以至于肉眼难以分辨生成的图像与真实图像之间的差异。

（2）风格化处理：该模型名称中的 style 指的是它的一个关键特性，即能够控制生成图像的风格。通过调整输入的样式向量，可以在不改变图像内容的情况下改变其外观和风格。

（3）多样化应用：StyleGAN 广泛用于多种用途，包括艺术创作、游戏开发、时尚设计等。例如，它可以生成不存在的虚拟人脸，进行性别转换，甚至融合不同人脸的特征并编辑表情。

（4）研究和教育：除了商业应用外，StyleGAN 还被用于学术研究和教育领域，帮助研究人员和学生更好地理解复杂的机器学习算法及其在图像生成方面的潜力。

（5）后续版本：继最初的 StyleGAN 之后，又推出了改进版 StyleGAN2，它在性能和功能上有所增强，包括更高质量的图像生成和更精细的控制能力。

（6）开源共享：StyleGAN 的代码和预训练模型是开源的，这意味着研究者和开发者可以自由地访问和使用这些资源来进行实验和创新。

StyleGAN 的主要应用领域非常广泛，既包括研究和学术领域，也包括商业和创意产业。例如，在电影、游戏和图形设计等产业中，可以使用 StyleGAN 来创造逼真的图像和场景，或者对现有的图像进行修改和增强；设计师可以利用 StyleGAN 来设计服装、饰品或其他产品，通过生成大量独特的设计图案和风格，加快创作过程并探索新的设计空间；艺术家使用

StyleGAN 生成新颖的艺术作品，如绘画、插图和数字艺术，甚至将其与传统艺术技巧结合，创造独特风格的艺术品；也可以用 StyleGAN 来创建虚拟人物或动画角色，这些角色可以用于电影、广告、在线内容制作等；在医学研究中，可以使用 StyleGAN 来生成具有特定病理特征的医学图像，辅助疾病的诊断和治疗研究；在商业广告和营销中，可以用 StyleGAN 来创造吸引人的视觉效果，提高广告内容的吸引力和影响力。图 3-16 展示了使用 StyleGAN 还原的兵马俑形象。

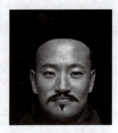

图 3-16 使用人工智能绘图还原的兵马俑形象

任务 3.3 语音识别和语音合成：让计算机学会听和说

3.3.1 语音识别的发展历程

语音识别技术，也称自动语音识别，是一种将人的语音内容转换为文字的技术。这项技术的发展历程非常悠久且复杂，它涉及多个学科领域，包括生理学、声学、信号处理、计算机科学、模式识别、语言学和心理学等。

语音识别技术的发展始于 20 世纪 50 年代，当时贝尔实验室首次实现了一个英文数字识别系统，能够识别单个数字 0~9 的发音，并且对熟人的准确度高达 90% 以上。

在工作原理上，现代的语音识别系统通常包括声音信号的预处理、特征提取、声学模型、语言模型和后处理等几个关键步骤。预处理旨在提高声音信号的质量，特征提取则是从声音信号中提取有助于识别的信息。声学模型负责识别语音片段，而语言模型则利用统计方法来预测可能的词汇序列。最后，后处理步骤会纠正识别结果中的任何错误，提高整体的准确性。

随着技术的进步，尤其是中小词汇量的非特定人语音识别系统的识别精度已经大于98%，而特定人的语音识别精度更高。现代的智能手机、智能音箱和计算机等设备都配备了语音识别功能，使得日常生活变得更加便捷。

总的来说，语音识别技术的发展不仅推动了人工智能领域的进步，也为人们的日常生活带来了极大的便利。随着技术的不断发展，未来语音识别的应用将会更加广泛，准确率也会越来越高。

语音识别技术经历了从早期实验到现代应用的长期发展过程。具体来说，这一过程可以概括为以下几个重要阶段。

（1）20 世纪 50 年代初期探索。最早的语音识别研究开始于 1952 年，当时 Davis 等人研制出了能够识别英文数字发音的实验系统。这一时期的研究主要集中在如何将语音信号转换为数字信号，并开始了语音信号处理的基础研究。

（2）20 世纪 60 年代基础算法研究。在这个阶段，研究人员开始探索语音识别的基础算法，如隐马尔可夫模型（hidden Markov model，HMM）。

（3）20 世纪 70 年代实际应用探索。NASA 等机构开始探索语音识别技术的实际应用，如用于控制火箭发射等场合。

（4）20 世纪 80 年代商业应用加速。商业语音邮件系统 Speech Mail 的出现标志着语音识别技术开始进入商业领域。

（5）20 世纪 90 年代系统集成与优化。Windows 95 操作系统引入了语音识别功能，显示出语音识别技术开始被集成到用户日常使用的系统中。

（6）21 世纪技术飞速发展。随着互联网和移动设备的普及，谷歌语言搜索等服务的出现进一步推动了语音识别技术的发展。

此外，卡内基梅隆大学的李开复在 20 世纪 70 年代将隐马尔可夫模型应用于语音识别，实现了基于隐马尔可夫模型的大词汇量语音识别系统 Sphinx，对此后的技术产生了深远影响。

3.3.2　语音识别的基本原理

所谓语音识别，如图 3-17 所示，就是将一段语音信号转换成相对应的文本信息，系统主要包含特征提取、声学模型、语言模型及字典与解码四大部分，此外为了更有效地提取特征往往还需要对所采集到的声音信号进行滤波、分帧等音频数据预处理工作，将需要分析的音频信号从原始信号中合适地提取出来；特征提取工作将声音信号从时域转换到频域，为声学模型提供合适的特征向量；声学模型中再根据声学特性计算每一个特征向量在声学特征上的得分；而语言模型则根据语言学相关的理论，计算该声音信号对应可能词组序列的概率；最后根据已有的字典，对词组序列进行解码，得到可能的文本表示。

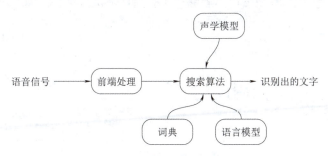

图 3-17　语音识别的技术结构

在开始语音识别之前，有时需要把首尾端的静音切除，避免对后续步骤造成干扰，这个切除静音的操作一般称为语音激活检测（voice activity detection，VAD）。这个步骤一般是在本地完成的，这部分需要用到信号处理的一些技术。

VAD 也称静音抑制，其目的是检测当前语音信号中是否包含话音信号存在，即对输入信号进行判断，将话音信号与各种背景噪声信号区分出来，分别对两种信号采用不同的处理方法。

算法方面，VAD 算法主要用了 2～3 个模型来对语音建模，并且分成噪声类和语音类，还有静音类。目前大多数还是基于信噪比的算法，也有一些基于深度学习（深度神经网络）

的模型。

一般在设计的时候，会固定一个 VAD 截断的时间，但面对不同的应用场景，可能会要求这个时间是可以自定义的。主要是用来控制多长时间没有声音进行截断。比如，小孩子说话会比较慢，常常会留尾音，那么就需要针对儿童场景，设置比较长的 VAD 截断时间，而成人就可以相对短一点，一般会设置在 400~1 000 ms 之间。

前端处理一般指的是降噪，如图 3-18 所示，有些麦克风阵列本身的降噪算法受限于前端硬件的限制，会把一部分降噪的工作放在云端。像专门提供云端语音识别能力的公司，如科大讯飞、谷歌，自己的语音识别模型都是有降噪能力的，因为不知道前端的麦克风阵列到底是什么情况。

噪声声波　　　　　　　反向声波　　　　　　　噪声抵消

图 3-18　语音降噪的逻辑

前端处理除了降噪以外可能还涉及数据格式的归一化等。当然有些模型可能不需要这些步骤，比如，自研的语音识别模型，只给自己的机器用，那么解压完了就是想要的格式。

特征提取是语音识别关键的一步，解压完音频文件后，就要先进行特征提取，提取出来的特征作为参数，为模型计算做准备。简单理解就是语音信息的数字化，然后再通过后面的模型对这些数字化信息进行计算。

特征提取首先要做的是采样，如图 3-19 所示，音频信息是以数据流的形式存在，是连续不断的，对连续时间进行离散化处理的过程就是采样率，单位是赫兹。可以理解为从一条连续的曲线上面取点，取的点越密集，越能还原这条曲线的波动趋势，采样率也就越高。理论上越高越好，但是一般 10 kHz 以下就够用了，所以大部分都会采取 16 kHz 的采样率。

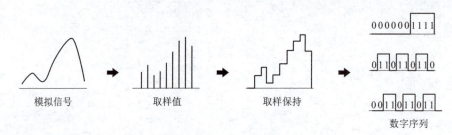

模拟信号　　　　　　取样值　　　　　　取样保持　　　　　　数字序列

图 3-19　采样的过程

具体提取哪些特征，这要看模型要识别哪些内容，一般只是语音转文字的话，主要是提取音素；但是想要识别语音中的情绪，可能就需要提取响度、音高等参数。

最常用到的语音特征就是梅尔倒谱系数（mel-frequency cepstral coefficients，MFCCs），是在梅尔标度频率域提取出来的倒谱参数，梅尔标度描述了人耳频率的非线性特性。

声学模型将声学和发音学的知识进行整合，以特征提取模块提取的特征为输入，计算音频对应音素之间的概率。简单理解就是把从声音中提取出来的特征，通过声学模型，计算出相应的音素。

声学模型目前的主流算法是混合高斯混合模型（Gaussian mixture model，GMM）和隐马尔可夫模型，隐马尔可夫模型对时序信息进行建模，在给定隐马尔可夫模型的一个状态后，高斯混合模型对属于该状态的语音特征向量的概率分布进行建模。现在也有基于深度学习的模型，在大数据的情况下，效果要好于高斯混合模型和隐马尔可夫模型。

声学模型就是把声音转成音素，有点像把声音转成拼音的感觉，所以优化声学模型需要音频数据。

语言模型是将语法和字词的知识进行整合，计算文字在这句话下出现的概率。一般自然语言的统计单位是句子，所以也可以看作句子的概率模型。简单理解就是提供几个字词，然后计算这几个字词组成句子的概率。

语言模型中，基于统计学的有 n-gram 语言模型，如图 3-20 所示，目前大部分公司用的也是该模型。还有基于深度学习的语言模型。

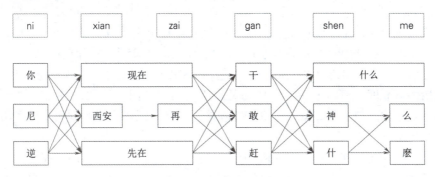

图 3-20　n-gram 语言模型

语言模型就是根据一些可能的词（词典给的），然后计算出哪些词组合成一句话的概率比较高，所以优化语言模型需要的是文本数据。

词典就是发音字典，中文中就是拼音与汉字的对应，英文中就是音标与单词的对应，其目的是根据声学模型识别出来的音素，来找到对应的汉字（词）或者单词，用来在声学模型和语言模型建立桥梁，将两者联系起来。简单理解词典是连接声学模型和语言模型的桥梁。

词典不涉及什么算法，一般的词典都是大而全的，尽可能地覆盖所有的字。目前，科大讯飞、腾讯、百度公司已经在网上提供了语音识别服务，同学们可以尝试。

3.3.3　语音合成的发展历程

语音合成是将文字转化为语音的一种技术，类似于人类的嘴巴，通过不同的音色说出想表达的内容。

随着近年来人工智能技术的不断发展，人们开始不仅仅局限于使用技术来解决生活问题，更要求技术能够进一步提升生活体验。像语音助手、智能音箱等相关智能产品的不断普及，语音合成技术作为这些产品的基础，其发展程度会直接影响到用户的使用体验。因此语音合成技术一直在探索着如何高效地合成拟人、逼真的语音。

纵观语音合成技术的研究已有二百多年的历史，早在现代电子信号处理技术发明以前，人们就开始试图建造发出人类语音的机器或机械设备，如 Gerbert、Albertus Magnus 和 Roger Bacon 制造的 speaking head。以后又陆续有人制造出了可以发出元音和辅音的机器。

1930 年，贝尔实验室开发了声音编码器。这是一个用键盘操作的电子语音分析器和合成器。1939 年，Homer Dudley 将其改进的设备在纽约世界博览会上展出。

第一个基于计算机的语音合成系统在 20 世纪 50 年代后期诞生，第一个完整的语音合成系统在 1968 年完成。从那时起至今，语音合成技术经历了各种各样的技术改进。

真正有实用意义的近代语音合成技术是随着计算机技术和数字信号处理技术的发展而发展起来的，主要是让计算机能够产生高清晰度、高自然度的连续语音。近几十年来国际和国内的研究主要集中在按规则文语转换，即将书面语言转换成语音。在语音合成技术的发展中，早期的研究主要是采用参数合成方法。

国内的汉语语音合成研究起步较晚，20 世纪 80 年代初期，国内汉语语音合成研究基本与国际上研究同步发展。大致也经历了共振峰合成、线性预测编码（linear predictive coding，LPC）合成至应用基音同步叠加（pitch synchronous overlap add，PSOLA）技术的过程。在国家"863"计划、国家自然科学基金委、国家攻关计划、中国科学院有关项目等支持下，汉语文语转换系统研究近年来取得了令人注目的进展，其中不乏成功的例子，如 1993 年中国科学院声学所的 KX-PSOLA、清华大学的 TH_SPEECH；1995 年联想佳音、中国科技大学的 KDTALK 等系统。这些系统基本上都是采用基于 PSOLA 方法的时域波形拼接技术，其合成汉语普通话的可懂度、清晰度达到了较高的水平。然而同国外其他语种的文语转换系统一样，这些系统合成的句子及篇章语音机器味较浓，其自然度还不能达到用户可广泛接受的程度，从而制约了这项技术的商品化。

近些年，一种新的基于数据库的语音合成方法得到了更广泛的应用。在这个方法中，合成语句的语音单元是从一个预先录下的语音数据库中挑选出来的，不难想象只要语音数据库足够大，包括了各种可能语境下的语音单元，理论上就有可能拼接出任何语句。由于合成的语音单元都是来自自然的原始发音，合成语句的清晰度和自然度都将会非常高。

3.3.4 语音合成技术的原理

如图 3-21 所示，在语音合成技术中，主要分为语言分析部分和声学系统部分，也称前端部分和后端部分，语言分析部分主要是根据输入的文字信息进行分析，生成对应的语言学规格书，想好该怎么读；声学系统部分主要是根据语音分析部分提供的语音学规格书，生成对应的音频，实现发声的功能。

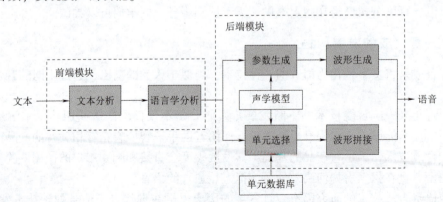

图 3-21 语音合成技术的技术框架

语言分析部分的主要任务有以下几点。

（1）文本结构与语种判断，当需要合成的文本输入后，先要判断是什么语种，如汉语、英语、藏语、维吾尔语等，再根据对应语种的语法规则，把整段文字切分为单个的句子，并将切分好的句子传到后面的处理模块。

（2）文本标准化，在输入需要合成的文本中，有阿拉伯数字或字母，需要转化为文字。根据设置好的规则，使合成文本标准化。例如，"请问您是尾号为 8967 的机主吗？"中的"8967"为阿拉伯数字，需要转化为汉字"八九六七"，这样便于进行文字标音等后续的工作。对于数字的读法，刚才的"8967"为什么没有转化为"八千九百六十七"？因为在文本标准化的规则中，设定了"尾号为+数字"的格式规则，这种情况下数字按照这种方式播报。这就是文本标准化中设置的规则。

（3）文本转音素，在汉语的语音合成中，基本上是以拼音对文字标注的，所以需要把文字转化为相对应的拼音，但是有些字是多音字，怎么区分当前是哪个读音，就需要通过分词、词性句法分析，判断当前是哪个读音，并且是几声的声调。

例如，"南京市长江大桥"为"nan2jing1shi4zhang3jiang1da4qiao2"或者"nan2jing1shi4chang2jiang1da4qiao2"。

（4）句读韵律预测，人类在语言表达的时候总是附带着语气与感情，语音合成的音频是为了模仿真实的人声，所以需要对文本进行韵律预测，什么地方需要停顿，停顿多久，哪个字或者词语需要重读，哪个词需要轻读等，实现声音的高低曲折，抑扬顿挫。

声学系统部分目前主要有三种技术实现方式，分别为波形拼接、参数及端到端的语音合成技术。

1. 波形拼接语音合成技术

如图 3-22 所示，通过前期录制大量的音频，尽可能全面覆盖所有的音节音素，基于统计规则的大语料库（corpus）拼接成对应的文本音频，所以波形拼接语音合成技术通过已有库中的音节进行拼接，实现语音合成的功能。一般此技术需要大量的录音，录音量越大，效果越好，一般做得好的音库，录音量在 50 h 以上。这样做的优点是音质好、情感真实。但是它需要的录音量大，覆盖要求高，字间协同过度生硬、不平滑、不是很自然。

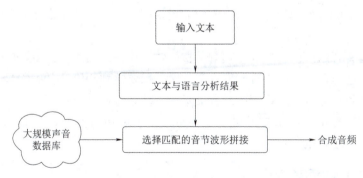

图 3-22　波形拼接语音合成技术

2. 参数语音合成技术

如图 3-23 所示，参数语音合成技术主要是通过数学方法对已有录音进行频谱特性参数建模，构建文本序列到语音特征的映射关系，生成参数合成器。所以当输入一个文本时，先将文本序列映射出对应的音频特征，再通过声学模型（声码器）将音频特征转化为人们听得懂的声音。它的优点是录音量小，可多个音色共同训练，字间协同过渡平滑、自然等。而它的缺点是音质没有波形拼接语音合成技术生成的好、机械感强、有杂声等。

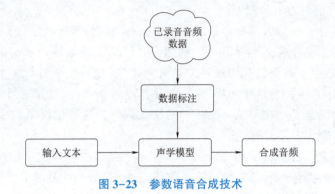

图 3-23   参数语音合成技术

目前语音合成技术落地是比较成熟的，比如，前面说到的各种播报场景，读小说、读新闻及现在比较火的人机交互。但是目前的语音合成还是存在着一些难以解决的问题。

1）拟人化

其实当前的语音合成拟人化程度已经很高了，但是行业内的人一般都能听出来是不是合成的音频，因为合成音的整体韵律还是比真人要差很多，真人的声音是带有气息感和情感的，语音合成的音频声音很逼近真人，但是在整体的韵律方面会显得很平稳，不会随着文本内容有大的起伏变化，单个字词可能还会有机械感。

2）情绪化

真人在说话的时候，可以察觉到当前情绪状态，在语言表达时，通过声音就可以知道这个人是否开心或者沮丧，也会结合表达的内容传达具体的情绪状态。单个语音合成音库是做不到的，例如，在读小说的时候，小说中会有很多的场景，不同的情绪，但是用语音合成的音频，整体感情和情绪是比较平稳的，没有很大的起伏。目前优化的方式有两种，一是加上背景音乐，不同的场景用不同的背景音乐，淡化合成音的感情情绪，让背景音烘托氛围；二是制作多种情绪下的合成音库，可以在不同的场景调用不同的音库来合成音频。

3）定制化

当前听到语音合成厂商合成的音频时，整体效果还是不错的，很多客户会有定制化的需求，例如，用自己企业职员的声音制作一个音库，想要达到和语音合成厂商一样的效果，这个是比较难的，目前语音合成厂商的录音员基本上都是专业的播音员，不是任何一个人就可以满足制作音库的标准，如果技术可以达到每一个人的声音都可以达到 85% 以上的还原，这将应用于更多的场景中。

3.3.5   国内常用的语音合成

国内常用的语音合成服务有许多，以下是一些例子。

讯飞开放平台：它提供了多种语音合成服务，包括讯飞有声、讯飞快读和讯飞配音等，适用于不同的场景和需求。百度智能云语音接口：百度智能云提供的语音合成服务，可以用于开发各种语音应用；腾讯云语音合成：腾讯云提供的语音合成服务，支持多种语言和声音选择；阿里云语音合成：阿里云提供的语音合成服务，同样支持多语言和多种声音选项；华为云语音合成；华为云也提供了自己的语音合成服务，支持多种语言和方言。

较为知名的是科大讯飞公司的讯飞有声电子阅读服务，首先，讯飞有声将人工智能技术与电子阅读器结合，通过语音合成技术使得人工智能主播能够配合电子书使用，这为数字阅读提供了新的体验方式。特别是在数字化阅读日益普及的背景下，讯飞有声能够满足用户对电子阅读器更多元化需求。其次，讯飞有声提供了多位人工智能在线主播，每位主播都有不同的声音特质和朗读风格，适合不同类型的内容阅读，如历史、小说、人文等。这种多样化的选择使得用户可以根据自己的偏好选择适合的朗读声音。再次，讯飞有声还具备连接蓝牙耳机及音箱的功能，支持锁屏听书，方便用户在旅行或日常通勤时使用。这极大增强了用户的便捷性，使得在任何时间地点都可以享受阅读。最后，讯飞有声内置的翻译助手 APP 支持中文与多种外语实时互译，这对于学习外语的用户来说是一个很有用的功能。它还支持绑定微信，利用微信传输功能轻松传书，以及支持多种电子书格式和存储容量，为用户提供了丰富的阅读资源和便捷的操作体验。

任务 3.4　自然语言处理：让计算机能理解

3.4.1　什么是自然语言处理

语言是人类与其他动物最重要的区别，而人类的多种智能也与此密切相关。逻辑思维以语言的形式表达，大量的知识也以文字的形式记录和传播。如今，互联网上已经拥有数万亿以上的网页资源，其中大部分信息都是以自然语言描述的。因此，如果人工智能想要获取知识，就必须懂得如何理解人类使用的不太精确、可能有歧义、混乱的语言。

自然语言处理目标就是实现人机之间的有效通信，意味着要使计算机能够理解自然语言的意义，也能以自然语言文本来表达给定的意图、思想等。前者称为自然语言理解，后者称为自然语言生成。需要说明的是，自然语言处理、自然语言理解及计算语言学这些概念并没有严格统一的定义。本书采用吴立德教授在 1997 年所著的《大规模中文文本处理》中所给出的定义。无论是自然语言理解还是自然语言生成，目前都是开放性问题（open problem），通用的高精度高鲁棒自然语言处理系统还没有解决方案，仍然需要长期研究。但是针对特定领域的应用，很多具有自然语言处理能力的系统已经有产业化应用，如智能客服系统、机器翻译系统、语音助手、电子邮件筛选、新闻写作、智慧教育、司法辅助等。

自然语言处理的研究历史可以追溯到 1947 年，当时第一台通用计算机 ENIAC 也才刚刚面世一年，Warren Weaver 就提出了利用计算机翻译人类语言的可能，并于 1949 年发布了著名的《翻译》（*Translation*）备忘录。1950 年，艾伦·图灵发表了著名的具有划时代意义的论文《计算机器与智能》（*Computing Machinery and Intelligence*），提出了使用图灵测试对机器是否具备智能进行评测，即如果一台机器能够与人类展开对话而不能被辨别出其机器身份，那么这台机器具有智能。1951 年语言学家 Yehoshua Bar-Hillel 在麻省理工学院开始了机器翻译研究。1954 年乔治城大学（Georgetown University）与 IBM 合作的机器翻译演示系统将 60 多个俄语句子翻译成了英文。研究者们当时期望通过 3~5 年的时间完全解决机器翻译任务。20 世纪 50 年代末期—60 年代是自然语言处理的萌芽期。大体来看自然语言处理经历了 20 世纪 50 年代末—60 年代的初创期、20 世纪 70 年代—80 年代的理性主义时代、20 世纪 90 年代—21 世纪初的经验主义时代及 2006 年至今的深度学习时代。

自然语言处理的研究内容十分庞杂，整体上可以分为基础算法研究和应用技术研究。基础算法研究又可以细分为自然语言理解和自然语言生成。从语言单位角度看，涵盖了字、词、短语、句子、段落及篇章等不同粒度。从语言学研究角度看则涉及形态学（morphology）、语法学（syntax）、语义学（semantics）、语用学（pragmatics）等不同层面。此外，由于目前绝大多数自然语言处理算法采用基于机器学习的方法，针对特定的自然语言处理任务，以有监督、无监督、半监督、强化学习等不同的机器学习算法为基础进行构建。因此，自然语言处理研究又与机器学习和语言学研究交织在一起，使得自然语言处理的研究内容设计范围广、学科交叉大。

自然语言处理研究与语言学密切相关，语言学研究可以划分为形态、语法、语义、语用等几个层面。形态学主要研究单词的内部结构和构成方式。语法学主要研究句子、短语及词等语法单位的语言结构与语法意义的规律。语义学主要研究语言的意义，目标是发现和阐述关于意义的知识。语用学是从使用者的角度来研究语言，研究在一定的上下文环境下的语言如何理解和使用。在实际的任务中，上述几个层面的问题往往相互关联，并不能完全独立。语法结构的分析需要词汇形态学的支撑，语法结构也影响着词汇的形态，语法结构和语义也是相互交织，而下上文环境又对语义有重要的影响，因此很多自然语言处理任务并不是完全独立的。但是为了简化任务处理难度，通常处理不同层面的任务时仍然独立考虑。从自然语言处理研究内容的难度来看，形态、语法、语义到语用是逐层递增的。目前基于机器学习和深度学习的自然语言处理算法处理主要集中在形态、语法及语义这三个层面，基于目前的处理框架，部分语义层面的任务仍较难突破，语用层面的任务难度更大，在该层面的研究相对较少。

如图 3-24 所示，自然语言处理在词汇粒度下的研究内容主要包括词形分析、词性标注、词义消歧，分别针对单词的形态、语法、语义开展研究。句法分析则是主要针对句子根据语法进行结构分析。篇章分析核心是对篇章的连贯性和衔接性进行分析，涉及篇章级别语法结构，同时也包含部分语义的内容。而语义分析研究则涉及从词汇、短语、句子到篇章等

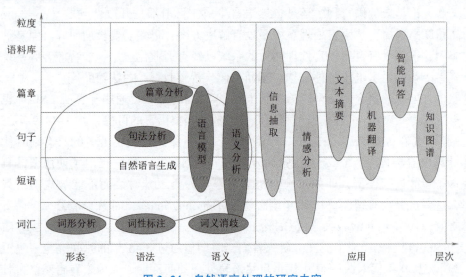

图 3-24　自然语言处理的研究内容

各个粒度。语言模型主要聚焦于句子粒度，但是也包含部分短语和篇章级别的研究。以上研究内容主要围绕自然语言理解的基础问题开展。自然语言生成则主要研究利用常识、逻辑和语法等知识自动生成文本，涉及形态、语法和语义层面，同时也涵盖从短语到篇章多个粒度。在自然语言处理基础研究内容之上，信息抽取、情感分析、文本摘要、机器翻译、智能问答、知识图谱等任务则围绕自然语言处理的应用开展，所处理的语言单元也根据任务特性而不尽相同。

　　整体上来看，自然语言处理的主要研究内容围绕语言学基础理论，在形态、语法及语义等层面开展自然语言理解基础算法和自然语言生成基础算法研究。在此基础上围绕自然语言处理的重要应用场景开展一系列的应用技术研究。这些研究内容也已经深度应用于信息检索、虚拟助理推荐系统、量化交易、智能问诊、精准医疗等众多系统中。

3.4.2　自然语言处理的方法

　　自然语言处理的发展经历了从理性主义到经验主义，再到深度学习三个大的历史阶段。在发展过程中也逐渐形成了一定的方法，主要包括基于规则的方法、基于机器学习的方法、基于深度学习的方法及基于大模型的学习方法。这些方法在一定程度上可以应对自然语言处理的大多数任务。需要特别说明的是，虽然这些方法来源于自然语言处理的不同发展阶段，有明显的发展先后顺序，并且在大部分自然语言处理任务的标准评测集合中基于深度学习的方法都好于基于机器学习的方法，更优于基于规则的方法很多。但是，这三种方法各有利弊，在实际应用中需要根据任务的特点、计算量、可控制性及可解释性等具体情况进行选择。

1. 基于规则的方法

　　近年来，基于大模型的自然语言处理取得了非常大的进步，在文本泛化能力、阅读理解、情感分析等方向上取得了很大的突破。这类方法在自然语言处理早期受到了很大的关注，包括机器翻译在内的很多自然语言处理任务都采用此类方法。甚至目前仍有很多系统还在使用基于规则的方法。如图 3-25 所示，基于规则的方法基本流程主要包含数据构建、规则构建、规则使用和效果评价等 4 个部分。

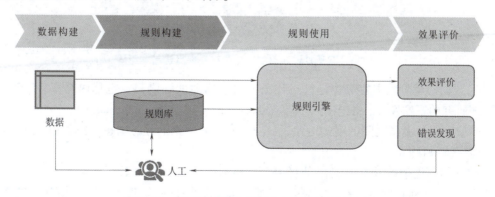

图 3-25　基于规则的自然语言处理算法基本流程

　　基于规则的方法核心是规则形式定义，其目标是使语言学家可以在不了解计算机程序设计的情况下，轻易地将知识转换为规则。这就要求规则描述要具有足够的灵活性并易于使用和理解。规则引擎的目标是高效地解析这些人工定义的大量规则，针对输入数据根据规则库进行解释执行，从而完成特定任务。这种方式可以使得语言学家不需要编写代码就可以完成规则库构建。

基于规则的方法从某种程度上可以说是在试图模拟人类完成某个任务时的思维过程。这类方法主要优点是直观、可解释、不依赖大规模数据。利用规则所表达出来的语言知识具有一定的可读性，不同的人之间可以相互理解。规则分析引擎通过规则库所得到的分析结果，也具有很好的解释性。所使用的规则就可以作为系统做出判断的依据。规则库的构造也能够完全不依赖于大规模的有标注数据，可以仅根据人类背景知识进行构建。但是，基于规则的方法也有明显的缺点，主要包括覆盖率差、大规模规则构建代价大、难度高等。人工构建规则可以较为容易处理常见现象但是对于复杂的语言现象难以描述。由于语言现象的复杂性，使得基于规则的方法整体覆盖率很难提升到非常高的程度。并且，规则库达到一定数量之后维护困难，新增加的规则与已有规则也容易发生冲突。不同人对于同一问题的解决思路的不同，也造成了大规模规则库中规则的不一致性，从而使得维护难度进一步提高。

2. 基于机器学习的方法

基于机器学习的自然语言处理算法绝大部分采用有监督分类算法，将自然语言处理任务转化为某种分类任务，在此基础上根据任务特性构建特征表示，并构建大规模的有标注语料，完成模型训练。如图 3-26 所示，其基本流程通常分为 4 个步骤：数据构建、数据预处理、特征构建及模型学习。

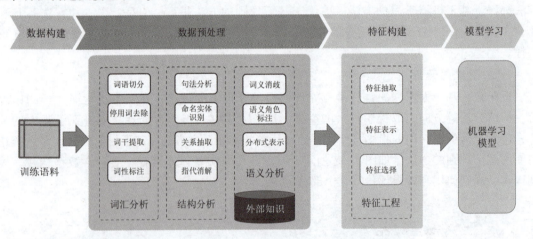

图 3-26　基于机器学习的自然语言处理算法基本流程

（1）数据构建阶段主要工作是针对任务的要求构建训练语料，也称语料库。随着自然语言处理研究的不断发展，很多任务都有公开的基准测试集合（benchmark），可以方便地用来进行模型训练及模型之间的横向对比。针对没有公开数据的任务，也可以采用人工标注的方法构建训练语料。

（2）数据预处理阶段主要工作是利用自然语言处理基础算法对原始输入，从词汇、句法、结构语义等层面进行处理，为特征构建提供基础。根据所处理语言和针对任务的不同，采用不同的模块和流程。对于汉语通常需要进行分词，对于英语通常需要进行词干提取和单词的规范化。在此之后，根据特征构建的需求，还可能需要进行词性标注、句法分析、语义角色标注等。

（3）特征构建阶段主要工作是针对不同任务从原始输入、词性标注、句法分析、语义分析等结果和数据中提取对于机器学习模型有用的特征。例如，针对属性及情感倾向分析任务，需要根据目标属性，从句法分析结果提取该属性在对应句子中的评价词等信息。特征定义一般都是由人工完成，根据经验选取适合的特征，这项工作又称特征工程（feature engineering）。由于针对自然语言任务构建的特征通常维数非常高又非常稀疏，因此还会利用特征选择算法降低特征维度。也可以通过特征变换，根据人工设计的准则进行有效特征提取，如主成分分析、线性判别分析、独立成分分析等。

（4）模型学习阶段主要工作是根据任务，选择合适的机器学习模型，确定学习准则，采用相应的优化算法，利用语料库训练模型参数。机器学习模型有很多类型，从不同的维度可以分为分类模型、回归模型、排序模型、生成式模型、判别式模型、有监督模型、无监督模型、半监督模型、弱监督模型等类别，需要根据任务的目标及特性选择适合的模型。机器学习三要素：模型、学习准则、优化算法的选择都会对算法效果产生影响。此外模型中通常包含一些可以调整的超参数，也需要通过实验和经验进行选择。

通过整体流程可以看到，基于机器学习方法的自然语言处理算法需要针对任务构建大规模训练语料，以人工特征构建为核心，针对所需的信息利用自然语言处理基础算法对原始数据进行预处理，并需要选择合适的机器学习模型，确定学习准则，以及采用相应的优化算法。整个流程中需要人工参与和选择的环节非常多，从特征设计到模型，再到优化方法及超参数，并且这些选择非常依赖经验，缺乏有效的理论支持。也使得基于机器学习的方法需要花费大量的时间和工作在特征工程上。开发一个自然语言处理算法的主要时间消耗在数据预处理、特征构建及模型选择和实验上。此外，对于复杂的自然语言处理任务需要在数据预处理阶段引入很多不同的模块，这些模块之间需要单独优化，其目标并不一定与任务总体目标一致。多模块的级联会造成错误传播，前一步错误会影响后续的模型，这些问题都提高了基于机器学习的方法实际应用的难度。

3. 基于深度学习的方法

深度学习方法通过构建有一定"深度"的模型，将特征学习和预测模型融合，通过优化算法使得模型自动地学习出好的特征表示，并基于此进行结果预测。与传统机器学习算法的流程相比，基于深度学习方法的流程简化很多，如图3-27所示，深度学习的方法流程通常仅包含数据构建、数据预处理和模型学习三个部分。同时，在数据预处理方面也大幅度简化，仅包含非常少量的模块。甚至目前很多基于深度学习的自然语言处理算法可以完全省略数据预处理阶段，对于汉语直接使用汉字作为输入，不提前进行分词，对于英语也可以省略单词的规范化步骤。

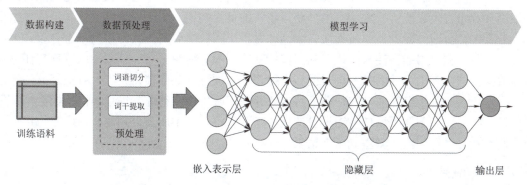

图3-27　基于深度学习的自然语言处理算法基本流程

深度学习是机器学习的一个子集，通过多层的特征转换，将原始数据转换为更抽象的表示。这些学习到的表示可以在一定程度上完全代替人工设计的特征，这个过程也称表示学习（representation learning）。与基于特征工程的方法通常所采用的离散稀疏表示不同，深度学习算法通常使用分布式表示（distributed representation），特征表示为低维稠密向量。分布式表示通常需要从底层特征开始，经过多次非线性变换得到。由于深层结构可以增加特征的重用性，从而使得表示能力指数级增加。因此，表示学习的关键是构建具有一定深度的多层次特征表示。随着深度学习研究的不断深入和计算能力的快速发展，模型深度也从早期的 5~10 层增加到现在的数百层。随着模型深度的不断增加，其特征表示能力也不断增强，从而也使得深度学习模型中的预测部分更加简单，预测也更加容易。

4. 基于大模型的学习方法

大模型是大规模语言模型（large language model）的简称。2018 年开始以 BERT、GPT 为代表的预训练语言模型相继推出，在各种自然语言处理任务上都得到了非常好的效果。此后，语言模型的规模不断扩大，2020 年 OpenAI 公司发布的 GPT-3 模型的参数规模达到了 1 750 亿，谷歌公司发布的 PaLM 模型的参数量达到了 5 400 亿。这种参数量级的语言模型很难再延续此前针对不同的任务而使用的预训练微调范式。因此，研究人员开始探索使用采用提示词（prompt）模式完成各类型自然语言处理任务。此后又提出了指令微调（instruction finetuning）方案，将大量各类型任务，统一为生成式自然语言理解框架，并构造训练语料进行微调。2022 年 ChatGPT 所展现出来的通用任务理解能力和未知任务泛化能力，使得未来自然语言处理的研究范式可能进一步发生变化。基于大模型的自然语言处理的流程如图 3-28 所示，包括大规模语言模型构建、通用能力注入及特定任务使用三个主要步骤。

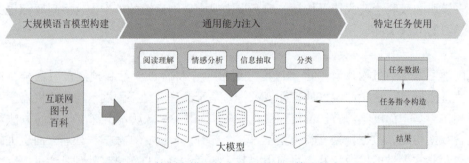

图 3-28　基于大模型的自然语言处理算法基本流程

在大规模语言模型构建阶段，通过大量的文本内容，训练模型对长文本的建模能力，使得模型具有语言生成能力，并使得模型获得隐式的世界知识。由于模型参数量和训练数据量都十分庞大，普通的服务器单机无法完成训练过程，因此需要解决大模型的稳定分布式架构和训练问题。在通用能力注入阶段，利用包括阅读理解、情感分析、信息抽取等现有任务的标注数据，结合人工设计的指令词对模型进行多任务训练，从而使得模型具有很好的任务泛化能力，能够通过指令完成未知任务。特定任务使用阶段则变得非常简单，由于模型具备了通用任务能力，只需要根据任务需求设计任务指令，将任务中所需处理的文本内容与指令结合，然后就可以利用大模型得到所需结果。

3.4.3　自然语言处理的主要难点

自然语言理解和自然语言生成都是一项困难的任务，这种困难的根本原因是自然语言在各个层面都广泛存在各种各样的歧义性或多义性（ambiguity）。自然语言文本从形式上是由字符（包括中文汉字、英文字母、符号）组成的字符串。由字母或者汉字可以组成词，由词可以组成词组，由词组可以组成句子，进而组成段落、篇章。无论哪种粒度的语言单元，还是从一个层级向上一个层级转变中都存在歧义和多义现象。形式上一样的字符串，可以理解为不同的词串、词组串，并有不同的意义叫。Joseph F. Kess 和 Ronald A. Hoppe 甚至还提出了"语言无处不歧义"的理论。在某种程度上，也可以说自然语言处理基础任务的核心就在于解决歧义问题。

1. 语音歧义

语音歧义（phonetic ambiguity）主要体现在口语中，是由于语言中同音异义词（homophone）爆破音不完全、重音位置不明确等原因造成的。汉字的同音异义现象则更加严重，在汉语中只有 413 个不同的音（节），如果结合声调的变化组合，也仅有 1 277 个音（节），而汉字则多达数万个，因此同音字非常多。英语中虽然同音异义的词语相对汉语要少得多，但是由于连读、爆破音、重音位置等造成的语音异义也非常常见。

例如，请问您贵姓？免贵姓 zhang。

这组对话中"zhang"既可以是"张"，也可以是"章"。

汉语中同音异义词也有非常多，如"chéng shì：城市、程式、成事、城事""jìn shì：近视、进士、尽是""shǒu shì：首饰、手势"等。

在英语中语音歧义的现象虽然没有汉语中这么严重，但也是普遍存在的现象。例如，Please hand me the flower.（请把花递给我）与 Please hand me the flour.（请把面粉递给我），这两句话中 flower 和 flour 的发音相同，由同音异义词造成了歧义。类似的情况还包括"see（看见）与 sea（大海）""son（太阳）与 sun（儿子）"等。

2. 词语切分歧义

词语切分歧义（word segmentation ambiguity）是由字符组成词语时的歧义现象。对于英语等印欧语系的语言来说，绝大部分单词之间都由空格或标点分割。但是对于汉语语言来说，单词之间通常没有分隔符，这些连续的字符切分为单词时就会产生歧义。

例如，语言学是一门基础学科。这门语言学起来很困难。

该例句中"语言学""语言"都是词语，在同一个句子中就会出现多种切分方法。这种切分歧义在汉语中普遍存在。

3. 词义歧义

词义歧义（word sense ambiguity）是指词语具有相同形式但是不同意义。这种歧义在各种语言中都广泛存在，通常越是常见的词语其词义数量就越多。例如，"打"字在《现代汉语词典（第七版）》中，有两个读音"dá"和"dǎ"，分别作为量词、动词和介词，在作为动词时"打"字有 24 个义项。

例如，"打"在读作"dǎ"且作为动词时的义项：①用手或器具撞击物体：~门｜~鼓。②器皿、蛋类等因撞击而破碎：碗~了｜鸡飞蛋~。③殴打；攻打：~架｜~援。④发生与人交涉的行为：~官司｜~交道。汲取；盛取：~米｜~酱油。

英语中存在大量类似的情况，例如，单词 bank 具有名词和动词两种词性，作为名词时具有 10 种词义。

4. 结构歧义

结构歧义（structural ambiguity）是由词组成词组或者句子时，由于其组成的词或词组间可能存在不同的语法或语义关系而出现的（潜在）歧义现象。结构歧义有时也称语法歧义（grammatical ambiguity）。冯志伟教授在文献中对结构歧义进行了系统的描述，其中一些典型的结构歧义如下。

（1）"VP+的+是+NP"型歧义结构，例如，反对｜的｜是｜少数人。该类型歧义中，VP 是一个双向动词，"VP+的"是主语，"是+NP"是谓语，整个句式是一个主谓结构。由于主语部分的"VP+的"既可以是施事，也可以是受事，因而会产生歧义。这个例子中既可以理解为"提反对意见的是少数人"，也可以理解为"所反对的是少数人"。

（2）"VP+N1+的+N2"型歧义结构，例如，咬伤了｜猎人｜的｜狗。该类型歧义中，N1 作为 VP 的宾语，述宾结构"VP+N1"加上"的"之后，作为名词 N2 的定语，整个结构是一个定中结构。但是 N1 又可以与"的"结合在一起作为 N2 的定语，构成"N1+的+N2"，这个名词词组作为 VP 的宾语，整个结构构成一个述宾结构。这个例子中既可以理解为"咬伤了一只猎人的狗"，也可以理解为"一只把猎人咬伤的狗"。

（3）"N1+和+N2+的+N3"型歧义结构，例如，桌子｜和｜椅子｜的｜腿。该类型歧义是由于连词"和"的管辖范围的不同造成的潜在歧义。这个例子中既可以理解为"桌子和（椅子的腿）"，也可以理解为"（桌子和椅子）的腿"。类似的结构歧义类型有很多，例如，"ADJ+N1+N2""VP+ADJ+的+N"等。这些歧义的不同理解会造成不同的句法结构及语义上的不同。

5. 指代和省略歧义

在由多个句子组成的段落或篇章中，各种歧义依然存在，如指代歧义（demonstrative ambiguity）和省略歧义（ellipsis ambiguity）。指代歧义是指代词（如我、你、他等）和代词词组（如"那件事""这一点"等）所指的事件可能存在歧义。

例如，猴子吃了香蕉，因为它饿了。猴子吃了香蕉，因为它熟透了。

上述两个句子的前半句完全相同，"它"可以指代"猴子"和"香蕉"，需要根据后半句的谓词决定指代关系。

省略歧义是指自然语言中由于省略所产生的歧义。省略是自然语言中一种重要的语言现象，尤其在汉语中省略现象非常常见。省略掉一些成分，在绝大部分情况下不会影响句子的表达，但还是存在一些由于省略造成歧义的问题。例如，县政府同意乡政府报告。

这个例子中省略了助词"的"，因此使得该句具有两种解释，一个是县政府同意乡政府的那份报告；另外一个是县政府同意乡政府做出报告。

6. 语用歧义

语用歧义（pragmatic ambiguity）是指由于上下文、说话人属性、场景等语用方面的原因造成的歧义。一句话在不同的场合或不同的语境下，由不同的人说，都可能产生不同的理解。下例由于场景的不同，同样的句子可以有不同的意义。

句子：你知道南京路怎么走吗？

（1）如果说话人是游客，说话的对象是警察，那么这句话的含义就是问路。

（2）如果说话人同样是游客，但是说话的对象换成出租车司机，那么这句话的含义就是询问出租车司机是否可以送他到南京路。

再比如，由于上下文的不同，同样的句子也可以有不同的意义，示例如下。

女子致电男友：地铁站见。如果你到了我还没到，你就等着吧。如果我到了你还没到，你就等着吧。

这个例子中，同样的句子"你就等着吧"，前一个的含义是请耐心等待，后一个的含义是你要有麻烦了。

从上述介绍中，可以看到自然语言中存在大量的歧义现象。对人类而言，这些歧义在绝大多数的情况下都可以根据上下文及相应的语境和场景得到解决。这也就是为什么人们平时使用自然语言交流并没有感知到语言的歧义。但是，为了消解这些歧义，需要使用大量的知识进行推理才能完成。而如何表示知识和使用知识、如何完整收集和整理知识及常识都是极其困难的问题。莫拉维克悖论（Moravec's paradox）对自然语言处理也依旧适用。也正是由于这些问题，才使得消解歧义是自然语言处理中最大的难点之一。

此外，自然语言并不是一成不变的，而是在动态发展中，存在大量未知语言现象。新词汇、新含义、新用法、新句型等层出不穷。

这些层出不穷的语言现象对于自然语言处理系统来说也是巨大的挑战。无论是自然语言处理基础任务还是应用系统，如何应对这些未知的情况都是巨大的挑战。

总而言之，自然语言处理的困难来源于非常多的方面，既面临来自语言本身所不可避免的根本性问题，也缺乏通用的语义表示及语言意义的理论支撑。同时，现阶段自然语言处理算法所依赖的机器学习方法，还存在需要大规模标注数据、跨领域效果差、泛化能力和鲁棒性弱、模型不可解释等诸多问题。因此，自然语言处理研究极具挑战，能够称得上"人工智能皇冠上的明珠"。

3.4.4 常用的自然语言处理模型

星火大模型是科大讯飞团队经过多年研究和开发，结合深度学习、自然语言处理等尖端技术精心打造的产品。星火大模型不仅具备强大的语音识别和语义理解能力，还能够进行高效的信息检索和智能推荐，为用户带来全新的交互体验。在应用场景上，星火大模型覆盖了智能家居、教育培训、医疗健康、客户服务等多个领域。无论是家庭用户希望通过语音控制家中的智能设备，还是教育工作者寻求更加高效的教学辅助工具，抑或企业希望提供更优质的客户服务，星火大模型都能提供量身定制的解决方案。在性能方面，星火大模型的表现令人瞩目。它能够实时响应用户的语音指令，准确率高达98%，并且在复杂语境下依然能够保持流畅的对话体验。此外，星火大模型还具备自我学习和进化的能力，随着使用频率的增加，它能够不断优化自身的算法，为用户提供更加个性化的服务。

通义千问是阿里巴巴公司出品的一款人工智能大模型，其设计理念基于深度学习和自然语言处理技术，旨在为用户提供高效、准确的智能问答服务。该模型通过分析海量的数据信息，能够理解并回应用户的各种查询，无论是针对特定领域的专业问题，还是日常生活中的普通疑问。

在实际应用中，通义千问可以被集成到多个平台和设备上，如智能手机、智能家居设备、在线客服系统及各类移动应用程序中。用户可以通过语音或者文字的方式向通义千问提出问题，而它则能够迅速从其庞大的数据库中检索相关信息，提供精准的答案或建议。

为了确保用户体验的连贯性和个性化，通义千问还采用了机器学习算法来不断优化其性能。随着与用户的互动次数增加，它能够逐渐学习并记住用户的偏好和习惯，从而在未来的交互中提供更加定制化的服务。

安全性和隐私保护也是通义千问设计时考虑的重要因素。阿里巴巴公司采取了多种加密和匿名化技术来保护用户数据不被未经授权的访问。同时，为了遵守各地的法律法规，通义千问在处理个人敏感信息时会特别小心，确保不会泄露用户的隐私。

随着技术的不断进步，未来通义千问可能会融入更多的功能，比如，情感识别、多轮对话管理、跨语言交流等，以进一步提升用户体验和服务的广度与深度。此外，它还可能与企业的其他业务线进行整合，例如，结合电商平台的商品推荐系统，根据用户的咨询内容推荐相应的商品，实现更智能化的营销策略。

通义千问是阿里巴巴公司在人工智能领域的重要尝试，它不仅代表了公司在技术上的创新能力，也展示了公司对于提升用户体验和推动智能科技应用的坚定承诺。随着未来技术的发展和用户需求的变化，通义千问将继续发展，为用户带来更加丰富和便捷的智能交互体验。

文心一言是百度公司基于文心大模型技术推出的生成式对话产品，具备跨模态、跨语言的深度语义理解与生成能力。它可以根据用户的输入生成各种类型的文本，如诗歌、故事、对话等。它还包含文学创作、商业文案创作、数理逻辑推算、中文理解、多模态生成等五类落地场景。它的英文名 Ernie Bot，是百度公司对谷歌人工智能模型 Bert 的回应。它的出现为中文语言处理的发展开辟了新的道路。

飞桨是开源的产业级深度学习平台，而文心大模型是其中重要的基础模型库，也是文心一言的基础模型（foundation model）。更进一步划分，文心大模型包括自然语言处理大模型、计算机视觉大模型、跨模态大模型、生物计算大模型、行业大模型，其中自然语言处理大模型主要为 ERNIE 系列模型，是打造文心一言的关键。ERNIE 系列模型已迭代到 3.0 版本，将自回归和自编码网络融合进行预训练，并引入大规模知识图谱类数据，模型表现性能良好，为文心一言奠定了技术基础。

文心一言通过百度智能云对外提供服务。百度智能云的业务架构包括百度大脑+平台+应用，文心大模型位于百度大脑基础层。此外，百度智能云推出了"云智一体 3.0"架构，包含行业应用、通用产品、人工智能大底座和通用云，形成了一套涵盖软硬件的"芯片—框架—大模型—行业应用"智能化闭环路径。其中，人工智能大底座包括 IaaS 和 PaaS 两层，为文心一言提供了智算基础设施。2022 年上半年，百度智能云在中国人工智能公有云服务市场份额第一。

商量（SenseChat）语言大模型背后依托商汤人工智能大装置 SenseCore，其上线 GPU 数量由 2023 年 3 月底的 27 000 块提升至目前的约 30 000 块，算力规模提升 20% 至 6 exaFLOPS，可有效支持语言大模型的训练、升级迭代和服务。

在训练数据方面，商汤公司每月可产出约 2 万亿高质量数据，支持更加强大的基础模型的训练，预计年底高质量数据储备将突破 10 万亿。同时，商汤公司还投入了数百台服务器搭载千卡 GPU 的计算资源，采用算法结合人工的方法对原始语料数据进行分门别类的精细化清洗，以确保数据的质量、安全性和价值观都符合要求。

商汤商量语言大模型在金融、医疗、汽车、地产、能源、传媒、工业制造等众多垂直行业与超过 500 家客户建立了深度合作，通过提供多种灵活的 API 接口和服务，为客户提供大模型的各项人工智能技术和服务，低门槛、低成本、高效率地实现各类生成式人工智能应用。

商汤日日新（SenseNova）大模型体系和生成式人工智能产品系列，包括商量、秒画、如影、琼宇、格物，分别对应着自然语言交互、人工智能文生图、数字人、3D 大场景重建、3D 小物体生成这五个主流的生成式人工智能应用。未来，商汤公司将依托强大的基础模型，以及在算力、数据、算法基础上的积累和丰富的专有技术，持续升级商汤日日新大模型体系下的多种生成式人工智能产品，满足各类用户的需求。

3.4.5 互联网新形式——数字人直播

数字人直播是一种新兴的直播形式，它通过数字化技术将人物形象化为数字形式，实现了虚拟人物的直播。数字人直播的出现，不仅为直播行业带来了新的变革，也为数字化技术的应用提供了新的思路。作为和元宇宙一同火起来的概念，数字人在各个领域早就开始应用，并且颇具规模。根据业务场景的分类，数字虚拟人主要分为服务型、身份型两大类别。

数字人直播的技术原理主要包括三个方面：数字化技术、虚拟现实技术和直播技术。

1. 数字化技术

数字化技术是数字人直播的基础，它主要包括人物建模、动作捕捉和语音合成等技术。人物建模是将真实人物的形象数字化，包括人物的外貌、身材、服装等方面。动作捕捉是将真实人物的动作数字化，包括人物的姿态、表情、动作等方面。语音合成是将真实人物的声音数字化，包括人物的语音、语调、语速等方面。这些数字化技术的应用，可以将真实人物的形象、动作和声音完美地呈现在数字人直播中。

2. 虚拟现实技术

虚拟现实技术是数字人直播的重要支撑，它主要包括虚拟场景、虚拟灯光和虚拟相机等。虚拟场景是将真实场景数字化，包括场景的布局、道具、背景等方面。虚拟灯光是将真实灯光数字化，包括灯光的亮度、颜色、方向等方面。虚拟相机是将真实相机数字化，包括相机的位置、角度、焦距等方面。这些虚拟现实技术的应用，可以将数字人直播的场景、灯光和相机完美地呈现出来。

3. 直播技术

直播技术是数字人直播的实现方式，它主要包括视频编码、网络传输和视频解码等技术。视频编码是将数字人直播的视频信号压缩成较小的数据流，以便于网络传输。网络传输是将数字人直播的视频信号通过网络传输到用户端，包括网络带宽、网络延迟等方面。视频解码是将数字人直播的视频信号解压缩成原始的视频信号，以便于用户观看。这些直播技术的应用，可以将数字人直播的视频信号实时地传输到用户端，实现数字人直播的实时性和互动性。

数字人直播的应用场景非常广泛，主要包括以下几个方面。

1. 娱乐领域

数字人直播可以应用于娱乐领域，包括游戏直播、音乐直播、综艺直播等方面。数字人直播可以将游戏角色、歌手、主持人等形象化为数字形式，实现虚拟的游戏、音乐和综艺直播。

2. 教育领域

数字人直播可以应用于教育领域，包括在线教育、远程教育等方面。数字人直播可以将教师、学生等形象化为数字形式，实现虚拟的在线教育和远程教育。

3. 商业领域

数字人直播可以应用于商业领域，包括电商直播、品牌直播等方面。数字人直播可以将产品、品牌等形象化为数字形式，实现虚拟的电商直播和品牌直播。

数字人直播是一种新兴的直播形式，它具有很大的发展潜力和广阔的应用前景。数字人直播可以实现虚拟人物的直播，不受时间和空间的限制，可以随时随地进行直播。数字人直播可以将真实人物的形象、动作和声音完美地呈现在数字人直播中，实现更加真实、生动的直播效果。数字人直播可以应用于娱乐、教育、商业、医疗等多个领域，具有广泛应用前景。例如，腾讯智影是一个集素材搜集、视频剪辑、后期包装、渲染导出和发布于一体的在线剪辑平台，能够为用户提供从端到端的一站式视频剪辑及制作服务。类似地，讯飞虚拟人运用最新的人工智能虚拟形象技术，结合语音识别、语义理解、语音合成、自然语言处理、星火大模型等人工智能核心技术，提供虚拟人形象资产构建、人工智能驱动、多模态交互的多场景虚拟人产品服务，其包括讯飞智作、智能交互机、人工智能虚拟人直播机三个板块。

人工智能虚拟人直播机面向电商直播场景帮助客户快速搭建虚拟人直播间。具有易使用、多平台、高配置、多形象、多语种，多种直播形式等特点，能够帮助客户低门槛快速开播，降低直播成本、提升直播效果。

拓展阅读　　　**素质拓展**

思考与练习

1. 机器学习的基本任务都有哪些？
2. 机器学习的基本流程是什么？有哪几种数据集？
3. 深度学习相较于机器学习改进了哪些方面？
4. 机器视觉的主要应用方向都有哪些？
5. 语音识别和语音合成的共同点在哪里？
6. 自然语言处理进行语法分析的方法都有哪些？
7. 自然语言处理的难点都有哪些？
8. 尝试使用任何一个 GPT 大模型，让它自己介绍自己。
9. 生成一个自己的数字人。

项目四

人工智能的场景应用

 学习目标

专业知识目标

1. 掌握人工智能的应用场景。
2. 掌握 AIGC 的起源和发展历程。
3. 了解人工智能在智能制造应用的发展历程。
4. 了解人工智能在智慧农业应用的发展历程。
5. 了解人工智能在智能家居应用的发展历程。
6. 了解人工智能在自动驾驶应用的发展历程。
7. 了解人工智能在智慧城市的发展历程。
8. 了解智慧农业的发展历程。
9. 熟悉智慧农业中所采用的人工智能技术。
10. 了解智慧农业的应用案例。

职业技能目标

1. 熟练使用 AIGC 文本、图片、音频和视频生成方法。
2. 学会使用人工智能工具调试制造过程中的相关内容。
3. 认识智能家居产品和智能家居系统。
4. 熟悉智能家居产品和智能家居系统的主要技术。
5. 了解智能家居的发展现状和前景。
6. 认识自动驾驶系统和常见的自动驾驶系统。
7. 熟悉自动驾驶系列产品和自动驾驶系统的主要技术。
8. 了解自动驾驶的发展现状和前景。
9. 认识智慧城市和智慧城市系统所包含的内容。
10. 熟悉智慧城市系统的主要技术。
11. 了解智慧城市的发展现状和前景。
12. 能够根据人工智能时代的要求正确调整学习目标和方法。

职业素质目标

1. 培养学生热爱科学、崇尚科学的社会风尚。
2. 培养学生终身学习、自主学习和信息技术素养。
3. 培养学生乐于奉献、回馈社会的价值观。

职业能力图

根据学习目标，绘制职业能力图，如图4-1所示。

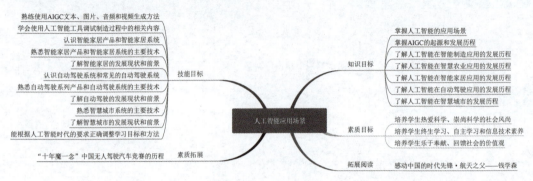

图4-1　职业能力图

✓ 知识链接

▶ 项目引入

在本项目之前，同学们了解了人工智能技术的发展与起源，学习了人工智能技术的基础平台和人工智能的关键通用技术。相信同学们已经对人工智能起源、发展、技术平台和关键技术有了一定程度的掌握，本项目将带大家学习人工智能技术的场景应用，其中包括新兴的AIGC、人工智能制造、智能家居（AI+IoH，AIoH）、人工智能智慧农业、人工智能智慧城市和自动驾驶。

▶ 项目描述

在本项目中，同学们将了解到人工智能技术是如何给不同行业带来颠覆性变革的。本项目将讲解AIGC、人工智能智能制造技术、智能家居、人工智能智慧农业、人工智能智慧城市和自动驾驶技术的技术现状和应用现状。

同学们将会了解到AIGC作为一项新兴技术，不仅可以智慧地回答各类问题，还可以根据描述生成图片、视频、音乐等；智能家居将介绍通过物联网技术、人工智能技术如何改变人们现有的生活；人工智能制造是如何提高工厂的生产效率；人工智能智慧农业如何提高农作物的质量和产量；自动驾驶技术将会如何颠覆人类的驾驶技术；人工智能智慧城市将为人们的生活带来不可思议的变革。

📑 项目任务单

姓名		班级	
学号		授课形式	理实一体
学情分析	1. 学生对人工智能日新月异的发展感兴趣，尤其是对于具体的应用场景，如 AIGC、自动驾驶、智能家居和智慧城市等非常感兴趣。 2. 渴望掌握人工智能时代的新知识，但接受知识的能力存在差异。 3. 学前开放式问卷调查要求学生发表自己对人工智能的场景应用的看法，学生对人工智能的场景应用的看法还是相对比较片面的，需根据结果对课堂教学内容、策略做调整，再备课。 4. 学生对生活中常见的人工智能应用比较了解，对人工智能带来的产业变化没有概念，应当重点讲解		
学习目标	1. 熟练使用 AIGC 文本、图片、音频和视频生成方法。 2. 认识人工智能和智能家居系统。 3. 认识人工智能和自动驾驶系统。 4. 了解自动驾驶的发展现状和前景。 5. 了解人工智能与智慧城市系统所包含的内容。 6. 能够根据人工智能时代的要求正确调整学习目标和方法		
实施准备	1. 星火大模型、文心一言、通义千问等 AIGC 平台。 2. 人工智能与智能家居展示模型及视频。 3. 人工智能与自动驾驶分类展示模型及视频。 4. 人工智能与智慧城市展示模型及视频。 5. 人工智能与智慧农业展示模型及视频		
实施步骤	现场教学	1. 演示 AIGC 各种模型，生成视频、音频、图片等。 2. 人工智能对智能家居、自动驾驶、智慧农业和智慧城市的演示应用。 3. 人工智能对智能家居、自动驾驶、智慧农业和智慧城市的演示视频	
	自主学习	1. 学习相关知识。 2. 通过 AIGC 生成智能家居、自动驾驶、智慧农业和智慧城市的相关资料。 3. 个人制作人工智能行业应用	
	小组讨论	以学习小组形式进行讨论，形成小组汇报成果	
	小组汇报	1. 小组通过 AIGC 汇报成果。 2. 通过对人工智能行业应用的学习，分析人工智能对未来行业产业的影响	
学习重点	1. 熟练使用 AIGC 文本、图片、音频和视频生成方法。 2. 认识智能家居产品和智能家居系统。 3. 了解智能家居的发展现状和前景。 4. 认识自动驾驶系统和常见的自动驾驶系统。 5. 了解自动驾驶的发展现状和前景。 6. 认识智慧城市和智慧城市系统所包含的内容。 7. 了解智慧城市的发展现状和前景		

续表

学习难点	1. 熟悉智能家居产品和智能家居系统的主要技术。 2. 熟悉自动驾驶系列产品和自动驾驶系统的主要技术。 3. 熟悉智慧城市系统的主要技术。 4. 能够根据人工智能时代的要求正确调整学习目标和方法
素质拓展	1. 通过人工智能行业应用给生活带来的便捷将"热爱科学、崇尚科学的社会风尚"引入课堂，培养学生心怀科学梦想、树立创新志向。 2. 通过人工智能已融入千行百业的分析，融入习近平总书记的指出，"把新一代人工智能作为推动科技跨越发展、产业优化升级、生产力整体跃升的驱动力量，努力实现高质量发展"。培养学生勇担科技强国使命。 3. 聚焦最新智慧农业及制造行业国家政策，引导学生树立数字产业化理念，认识其重要性，并鼓励学生为智慧产业贡献一份力量，激发爱国情怀。 4. 探讨人工智能智慧农业对农业资源利用的影响，以及在生态环境保护和可持续发展方面的潜力，让学生认识到粮食安全对国家和民族的重大意义。 5. 通过 AIGC 引导学生搜索并思考如何合理利用人工智能技术在智能家居和智慧城市中的应用，结合某些发达国家对中国实施多年的进口限制，激发爱国热情，鼓励投身国防工业等行业，解决中国科技"卡脖子"的问题。 6. 通过华为的人工智能应用于智能家居和智慧城市的案例引导学生钻研技术要持之以恒。 7. 通过知名人工智能公司百度自动驾驶和人工智能行业应用的经历引导学生爱党爱国从我做起，支持国产品牌
自我反思	在专业能力、个人职业能力、职业生涯规划方面的收获和体会

任务 4.1　人工智能基础应用

技术的本质是赋能生产力的提升。当人工智能从科研走向行业应用，从"神秘化"到"润物无声"地走进人们的工作、生活，其不仅在基础层、技术层不断突破，更重要的，是进入了场景驱动阶段。

随着科技的飞速发展，人工智能已经从科幻小说中的概念变成了人们日常生活中不可或缺的一部分。人工智能的应用范围广泛，涵盖了从简单的个人助手到复杂的工业系统。本项目将详细探讨人工智能在不同领域的应用场景，展现其如何改变人们的生活和工作方式，图 4-2 展示了人工智能技术的应用场景。

当人工智能深入落地到各个行业中去解决不同场景的问题时，行业实践应用也反过来持续优化人工智能的算法和不断丰富人工智能的数据集。目前，人工智能在智能制造、智能家居、智慧金融、智慧农业等行业已有广泛应用。

随着人工智能+传统产业应用的不断升级，未来对人才培养的倒逼、企业岗位的变化及职业能力的要求将出现巨大改变。在本项目中，重点选取文本型 AIGC、智能制造、智能家居、智慧农业等多个方向，剖析人工智能在这些场景下的落地应用和未来发展趋势。

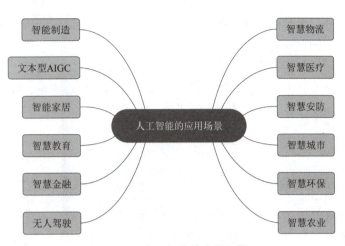

图4-2　人工智能的应用场景

在家庭和个人生活中，人工智能的应用越来越普及。智能家居系统通过语音助手控制家中的灯光、温度、安全系统等，提供便捷的生活体验。个人助理如小米公司的小爱同学、百度公司的小度和谷歌公司的谷歌助手，能够帮助用户设置提醒、查询信息、管理日程等。此外，人工智能还在个人健康监测、智能健身教练等方面发挥作用，帮助人们更好地管理自己的健康和生活方式。

在医疗保健中，人工智能在医疗保健领域的应用正在革命性地改变诊断和治疗过程。机器学习算法能够分析大量的医疗数据，帮助医生更准确地诊断疾病。例如，人工智能可以用于识别影像诊断中的异常，提高癌症等疾病的早期发现率。此外，人工智能还用于药物研发、个性化治疗方案的制定及远程医疗服务，提高医疗服务的效率和质量，图4-3展示了科大讯飞与阿里健康人工智慧医疗应用场景。

图4-3　科大讯飞与阿里健康人工智慧医疗应用场景

在交通运输领域，人工智能技术正帮助构建更智能、更安全的交通系统。自动驾驶汽车利用人工智能进行环境感知、决策规划和控制执行，有望减少交通事故和提高道路使用效率。人工智能还应用于交通流量分析和管理，通过实时数据分析优化交通信号灯控制，减少拥堵。无人机和机器人也在物流行业中发挥作用，提高配送速度和准确性。

金融行业是人工智能应用的另一个重要领域。人工智能技术在风险管理、欺诈检测、算法交易等方面展现出巨大潜力。通过分析大量的交易数据，人工智能可以帮助银行和金融机构识别潜在的风险和欺诈行为。同时，智能投顾服务利用人工智能为客户提供个性化的投资建议和资产管理服务。

人工智能在教育领域的应用为学习提供了新的可能性。个性化学习平台通过分析学生的学习习惯和进度，提供定制化的学习资源和辅导。人工智能教师助手可以帮助教师管理课堂和评估学生作业，减轻教师的工作负担。此外，人工智能还能够辅助语言学习、编程教育等多个方面，使教育资源更加丰富和高效。

人工智能的应用场景多种多样，它正在逐步渗透到生活的方方面面。从家庭到医疗、从交通到金融、再到教育，人工智能都在发挥着重要的作用：提高效率、降低成本、增强用户体验。随着技术的不断进步，未来人工智能的应用将更加广泛和深入，为人们带来更加智能化的生活和工作方式。

任务 4.2　AIGC

在人工智能发展的漫长历程中，如何让机器学会创作一直被视为难以逾越的天堑，创造力也因此被视为人类与机器最本质的区别之一。然而，人类的创造力也终将赋予机器创造力，把世界送入智能创作的新时代。采用机器学习的新范式赋能业务不断探索已经播种了几十年，但随着足够的可伸缩算力的就位、海量数据的爆炸，以及机器学习技术的快速进步，各行各业的客户开始对业务进行重塑。最近，智能对话类型的 AIGC 应用引起了广泛关注，引发了诸多想象。人们正处在一个机器学习被大规模采用的转折点上，也相信人工智能将会重塑大量客户体验和应用程序。从机器学习到智能创造，从专业生产内容（professional-generated content，PGC），用户生产内容（user-generated content，UGC）到 AIGC，人们见证了一场深刻的生产力变革，而这份变革也开始影响到人们工作与生活的方方面面，AIGC 也慢慢地演变成了一场技术和艺术碰撞的盛宴，不断释放人类创造力，提高艺术设计领域的数字化创新效率。

AIGC 已经代表了人工智能技术发展的新趋势，过去传统的人工智能偏向于分析能力，即通过分析一组数据，发现其中的规律和模式并用于多种用途，比如，应用最为广泛的个性化推荐算法。而现在的人工智能正在生成新的东西而不是仅仅局限于分析已经存在的东西，从而实现了人工智能从感知理解到生成创造的跃迁。广义的 AIGC 可以看作是像人类一样具备生成创造能力的人工智能技术，即生成式人工智能，它可以基于训练数据和生成算法模型自主生成创造新的文本、图像、音乐、视频、3D 交互内容（如虚拟人、虚拟物品、虚拟环境等）等各种形式的内容和数据，以及包括开启科学新发现创造新的价值和意义等。因此，AIGC 拓展了人工智能应用的新疆域。图 4-4 展示了 AIGC 的技术优势。

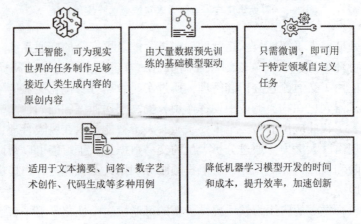

人工智能，可为现实世界的任务制作足够接近人类生成内容的原创内容

由大量数据预先训练的基础模型驱动

只需微调，即可用于特定领域自定义任务

适用于文本摘要、问答、数字艺术创作、代码生成等多种用例

降低机器学习模型开发的时间和成本，提升效率，加速创新

图 4-4　AIGC 的技术优势

与所有人工智能技术一样，AIGC 的能力由机器学习模型提供，这些模型是基于大量数据进行预先训练的，通常称为基础模型。机器学习的最新进展（特别是基于 transformer 的神经网络架构的发明）直接带来这一类模型的爆发式增长，这类模型通常包含数十亿个参数或变量。如今的基础模型，例如，大型语言模型 GPT-4 或 BLOOM，可以执行跨多个领域的多种任务，如撰写博客文章、解决算术问题、对话聊天、基于文档回答问题等，由 stability.ai 开发的文生图模型 Stable Diffusion，可以生成创意图片、转换已有图像风格等。

基础模型的发展仍然是一种重要趋势，它可以提高自然语言处理领域的效率和灵活性。将来，可能会看到更多的基础模型应用于各种任务和应用程序，从而推动人工智能技术的进一步发展。

4.2.1　AIGC 发展概况

AIGC 又可分为音频生成、文本生成、图像生成、视频生成及图像、视频、文本间的跨模态生成，细分场景众多，其中跨模态生成值得重点关注。伴随数字技术与实体经济的深度融合、互联网企业数字化场景拓展至元宇宙，人类对数字内容的总量和丰富程度的需求不断提高，AIGC 作为当前重要的内容生产方式，已率先在游戏、营销、电商、传媒、影视娱乐等领域取得进展，伴随 AIGC 在各个行业的渗透，AIGC 作为人工智能数字商业的探路者，有望开启下一场数字商业模式的新篇章，如图 4-5 所示，AIGC 现阶段可生成的内容。

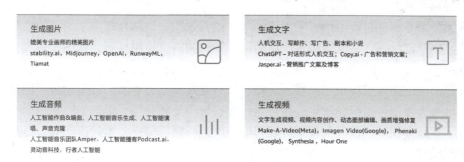

图 4-5　AIGC 可生成的内容

ChatGPT 是 AIGC 发展的第一个丰碑。ChatGPT 是由人工智能研究公司 OpenAI 在 2022 年 11 月发布的一个对话型大语言模型，是人工智能技术驱动的自然语言处理工具和应用。ChatGPT 是以 transformer 为基础架构，采用预训练和生成式方式构建的面向对话的大语言模型，是 AIGC 在文本方面的典型代表。ChatGPT 的主要用途是生成对话，它能够通过学习和理解人类的语言来进行对话，根据聊天的上下文进行自然、流畅的互动，还能完成邮件撰写、文案编写、文本翻译、代码生成等任务。

此外，国内的发展也如火如荼，科大讯飞公司发布了星火大模型、百度公司发布了文心一言、阿里发布了通义千问和 360 公司发布了智脑等上百种文本生成大模型。

星火大模型是科大讯飞公司最新推出的新一代认知智能大模型，该模型采用了 transformer 神经网络结构，具有跨领域多任务的类人理解和生成能力，可以实现基于自然对话方式的用户需求理解和任务执行。星火大模型具备大规模预训练语言模型（pre-trained language model，PLM）的特点，能够为各种自然语言处理任务提供强大的支持，如图 4-6 所示。

图4-6　星火大模型

星火大模型的 transformer 结构主要由编码器和解码器两部分组成。编码器负责将输入的文本序列编码为一系列的高维向量表示，这些向量表示包含了输入文本的语义信息。解码器则可以根据这些向量表示生成输出序列，同时利用注意力机制来聚焦于输入序列中的重要部分，从而提高生成的输出序列的质量。

星火大模型在训练过程中学习了大量的自然语言数据，包括互联网上的新闻文章、社交媒体帖子、电子邮件等，从而获得了广泛的语言知识和语言使用场景。这使得星火大模型可以生成准确、流畅、自然的文本响应，并与用户进行自然、流畅的对话交流。星火大模型的应用场景非常广泛，可以应用于教育、医疗、人机交互、办公等多个行业领域。例如，在教育领域，星火大模型可以帮助学生进行智能评测、智能化辅导等，提供个性化的学习建议和作业批改；在医疗领域，星火大模型可以帮助医生进行病历分析、疾病诊断等，提高医疗服务的效率和质量。

星火大模型还具备持续学习和进化的能力，可以通过不断学习和更新数据来提高自身的性能和表现。科大讯飞公司还推出了星火大模型的通用认知智能大模型算法研发及高效训练底座平台，以及应用于不同行业领域的专用大模型版本，从而实现了整体布局为"1+N"的体系。星火大模型是科大讯飞公司自主研发的一种基于深度神经网络的大规模预训练语言模型，具有跨领域多任务的类人理解和生成能力，能够为各种自然语言处理任务提供强大的支持，并具备持续学习和进化的能力。该模型在教育、医疗、人机交互、办公等多个行业领域都有广泛的应用前景。

百度全新一代知识增强大语言模型，是文心大模型家族的新成员，能够与人对话互动、回答问题、协助创作，可以高效便捷地帮助人们获取信息、知识和灵感。文心一言是百度公司在人工智能领域深耕十余年后，在拥有产业级知识增强文心大模型 ERNIE 的基础上，利用跨模态、跨语言的深度语义理解与生成能力而开发的一款人工智能聊天机器人。它在跨模态、跨语言深度语义理解与生成能力的基础上，又具备了强大的知识增强、检索增强和对话增强的技术特色。文心一言的知识增强，是指它能够持续从海量数据和大规模知识中融合学习，能够理解、分析和生成各种类型的文本内容，包括文章、问答、摘要、翻译等，同时还能够回答各种问题，提供相关的知识和信息。文心一言的检索增强，是指它能够利用深度语义理解技术，对海量数据进行高效索引和检索，从而快速找到与用户需求相关的信息和内容。这使得它能够更快速地回答用户的问题，提供更准确、全面的答案。图4-7为文心一言。

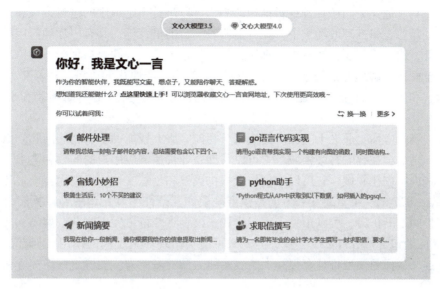

图4-7 文心一言

文心一言的对话增强，是指它能够根据用户的输入和上下文信息，生成自然、流畅、准确的回复，实现与用户的自然交互。它不仅能够理解用户的意图和需求，还能够根据用户的反馈和互动，不断优化和改进自身的回答方式，提高对话的质量和效率。文心一言还具备跨模态、跨语言的深度语义理解与生成能力，能够理解和生成图像、音频等多种模态的数据，实现更加智能、多样化的交互方式。同时，它还能够支持多种自然语言处理任务，如文本分类、情感分析、命名实体识别等，为各种应用场景提供强大的支持。

通义千问是阿里云公司推出的一个超大规模的语言模型，功能包括多轮对话、文案创作、逻辑推理、多模态理解、多语言支持。它能够跟人类进行多轮的交互，也融入了多模态的知识理解，且有文案创作能力，能够续写小说、编写邮件等。它可以与用户进行连续、流畅的对话，能够理解用户的意图和需求，并提供相应的回答和解决方案。这种对话方式更加自然、高效，提升了用户体验，图4-8为通义千问。

图4-8 通义千问

通义千问具备强大的文案创作能力，可以根据用户提供的关键词或主题，生成符合语境、有创意的文本内容。这对于广告、营销、媒体等领域的内容创作者来说，是一个非常有价值的工具。通义千问还具备逻辑推理能力，可以进行一定程度的逻辑推理和计算。这使得它在一些需要逻辑推理的场景中，如智能问答、智能推荐等，具有广泛的应用潜力。除了文本理解外，通义千问还支持多模态理解，能够处理图像、音频等多种模态的信息。这使得它能够更全面地理解用户的需求和场景，提供更准确、个性化的服务。通义千问支持多种语言的理解和生成，这使得它能够在全球范围内提供服务，满足不同国家和地区用户的需求。

在应用场景方面，通义千问被广泛应用于智能客服、智能助手、智能问答、内容创作等多个领域。例如，在智能客服领域，它可以帮助企业快速响应用户的问题和需求，提升客户满意度；在内容创作领域，它可以为创作者提供灵感和创意支持，提高内容质量和效率。

未来，AIGC 的一个重要发展方向是模型规模和复杂性的增长。随着计算能力的不断提升和数据集的不断扩大，可以预见未来的生成式模型将变得更大更复杂。例如，当前的模型如 GPT-3 已经包含了数百亿个参数，但未来可能会出现更大规模的模型，拥有上千亿甚至数千亿参数。这样的模型将具有更强大的表达能力和学习能力，能够更好地理解和生成自然语言文本。

4.2.2 AIGC 的应用

在全球经济低迷的背景下，各行业对于数字内容的需求却呈现井喷态势，数字世界内容消耗与供给的缺口亟待弥合。AIGC 以其真实性、多样性、可控性、组合性的特征，有望帮助企业提高内容生产的效率，以及为其提供更加丰富多元、动态且可交互的内容，或将率先在传媒、电商、影视、娱乐等数字化程度高、内容需求丰富的行业取得重大创新发展，图 4-9 展示了 AIGC 的技术结构。

图 4-9　AIGC 技术结构

1. AIGC+文本图片视频生成

近年来，随着全球信息化水平的加速提升，人工智能与传媒业的融合发展不断升级。AIGC 作为当前新型的内容生产方式，为媒体的内容生产全面赋能。写稿机器人、采访助手、视频字幕生成、语音播报、视频编辑、人工智能合成主播等相关应用不断涌现，并渗透到采集、编辑、传播等各个环节，深刻地改变了媒体的内容生产模式，成为推动媒体融合发展的重要力量。

AIGC 的多风格复杂名词解释指人工智能在解释一个名词时使用多种不同的风格或方式，包含严谨、科技、幽默、简单易懂等风格。这种能力可以在不同的场景中得到应用，如学术知识科普、复杂概念简化等。星火大模型能够以各种风格来扮演各种角色，向各种类型的用户解释一些复杂的名词。例如，向星火大模型询问通信行业的 5G 网络技术时，星火大模型对于 5G 网络的解释，可能很难让一个 5 岁的孩子快速理解。当告诉星火大模型需要简化概念，向一个 5 岁的孩子介绍和对于一些想深入了解 5G 网络其中所运用到的技术的用户而言，星火大模型能够以一个通信网络工程师的身份，在不同语境下向用户介绍 5G 网络的概念，如图 4-10 所示。

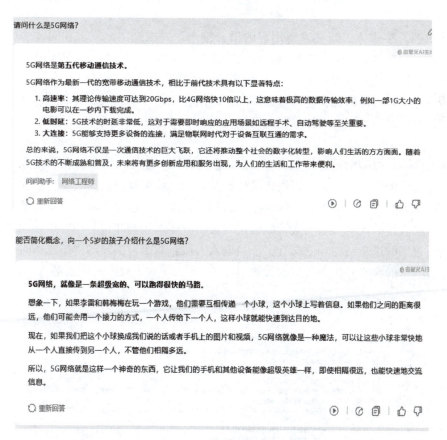

图 4-10　星火大模型多风格复杂名词解释

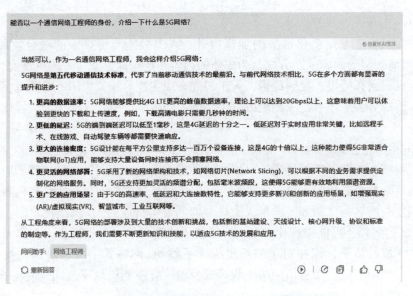

图 4-10　星火大模型多风格复杂名词解释（续）

对话机器人要求人工智能理解用户的语言输入，并根据用户需求和问题生成相应的回答。用户可以通过对话机器人进行语音或文字交互，就像与真人交谈一样，从而获得所需的信息和服务。对话机器人可以应用于多种场景，如客户服务、虚拟助手等。在客户服务领域，对话机器人可自动回答客户的常见问题，解决客户的问题，减少客服工作量，提高客户满意度；在虚拟助手领域，对话机器人可以帮助用户完成日常任务，如提醒、查询、推荐、预订等。

星火大模型可以辅助进行代码编写、Debug 及解释。星火大模型具有非常强大的代码生成能力，可以生成、修正各种编程语言的代码片段。具体而言，星火大模型的代码生成能力主要基于两个方面：一是其能够理解并生成自然语言描述的程序逻辑；二是其能够生成符合编程语言语法规则的代码。星火大模型通过对大量程序源代码和自然语言描述的语料进行训练，学习到程序的逻辑结构和语义含义。当输入一段自然语言描述的程序逻辑时，星火大模型可以理解其中的含义并生成对应的代码。图 4-11 为星火大模型对话机器人。

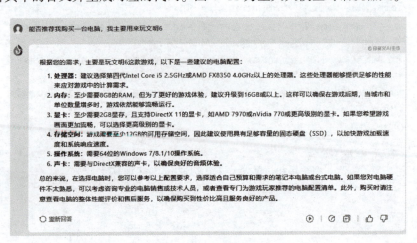

图 4-11　星火大模型对话机器人

星火大模型具备代码解释能力。对于一些缺少注释的代码，星火大模型也能够自动识别代码块的编程语言、代码块的缩进等，以代码注释的方式向用户解释每行代码的具体作用。星火大模型同时具备阅读理解与分析的能力，阅读理解与分析任务要求人工智能不仅能理解和抽取文本中的关键字词，还能推理出更加深入的信息和数据。如图 4-12 所示，用星火大模型生成一个 C 语言的代码附带注释。

图 4-12　用星火大模型生成一个 C 语言的代码附带注释

在采编环节，一是实现采访录音语音转写，提升传媒工作者的工作体验。借助语音识别技术将录音语音转写成文字，有效压缩稿件生产过程中录音整理方面的重复工作，进一步保障了新闻的时效性。2022 年北京冬奥会期间，科大讯飞公司的智能录音笔通过跨语种的语音转写助力记者 2 min 快速出稿。二是实现智能新闻写作，提升新闻资讯的时效。基于算法自动编写新闻，将部分劳动性的采编工作自动化，媒体更快、更准、更智能化地生产内容。如图 4-13 所示，中国地震台网的写稿机器人在九寨沟地震发生后 7 s 内就完成了相关消息的编发。第一财经"DI 稿王"1 min 可写出 1 680 字。

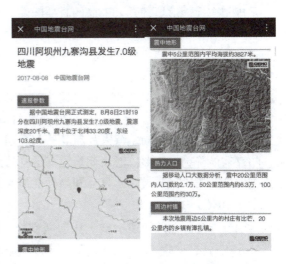

图 4-13　中国地震台网自动发稿机器人

AIGC 实现了智能视频剪辑，提升视频内容的价值。通过使用视频字幕生成、视频锦集、视频拆条、视频超分辨率等视频智能化剪辑工具，高效节省人力时间成本，最大化版权内容价值。2020 年全国两会期间，人民日报社利用"智能云剪辑师"快速生成视频，并能够实现自动匹配字幕、人物实时追踪、画面抖动修复、横屏速转竖屏等技术操作，以适应多平台分发要求。2022 年北京冬奥会期间，央视视频通过使用人工智能内容生产剪辑系统，高效生产与发布冬奥冰雪项目的视频集锦内容，为深度开发体育媒体版权内容价值创造了更多的可能性。

2. AIGC+虚拟主播

随着数字技术的发展和应用、消费的升级和加快，购物体验沉浸化成为电商领域发展的方向。AIGC 正加速商品 3D 模型、虚拟主播乃至虚拟货场的构建，通过和增强现实、虚拟现实等新技术的结合，实现视听等多感官交互的沉浸式购物体验。

生成商品 3D 模型用于商品展示和虚拟试用，提升线上购物体验。基于不同角度的商品图像，借助视觉生成算法自动化生成商品的 3D 几何模型和纹理，辅以线上虚拟"看、试、穿、戴"，提供接近实物的差异化网购体验，助力高效提升用户转化。百度、华为等企业都推出商品自动化 3D 建模服务，支持在分钟级的时间内完成商品的 3D 拍摄和生成，精度可达到毫米级。相较于传统 2D 展示，3D 模型可 720° 全方位展示商品主体外观，可大幅度降低用户选品和沟通时间，提升用户体验，快速促成商品成交。同时生成出的 3D 商品模型还可用于在线试穿，高度还原商品或服务试用的体验感，让消费者有更多机会接触到产品或服务的绝对价值。例如，阿里巴巴公司于 2021 年 4 月上线 3D 版天猫家装城，通过为商家提供 3D 设计工具及商品 3D 模型人工智能生成服务，帮助商家快速构建 3D 购物空间，支持消费者自己动手做家装搭配，为消费者提供沉浸式的"云逛街"体验。数据显示，3D 购物的转化率平均值为 70%，较行业平均水平提升了 9 倍，比正常引导成交的客单价提升超 200%，同时商品退换货率明显降低。

基于视觉、语音、文本生成技术，打造虚拟主播为观众提供 24 h 不间断的货品推荐介绍及在线服务能力，为商户直播降低门槛。相比真人直播间带货，虚拟主播具备三大优势。一是虚拟主播能够填补真人主播的直播间隙，使直播间能不停轮播，既为用户提供更灵活的观看时间和更方便的购物体验，也为合作商家创造更大的生意增量。如欧莱雅、飞利浦、完美日记等品牌的虚拟主播一般会在凌晨 0 点上线，并进行近 9 h 的直播，与真人主播形成了 24 h 无缝对接的直播服务。二是虚拟化的品牌主播更能加速店铺或品牌年轻化进程，拉近与新消费人群的距离，塑造元宇宙时代的店铺形象，未来可通过延展应用到元宇宙中更多元的虚拟场景，实现多圈层传播。在 2020 年 5 月海尔直播大促活动中，大家所熟知的虚拟海尔兄弟来到直播间，并同主持人和粉丝一起互动，高达千万播放量。三是虚拟主播能够提供一致的直播体验，保持形象的长期稳定。这些特点使得虚拟主播成为直播行业中的一种可靠选择，尤其适用于需要长时间直播和高标准形象控制的场景。

3. AIGC+影视

随着影视行业的快速发展，从前期创作、中期拍摄到后期制作的过程性问题也随之显露，存在高质量剧本相对缺乏、制作成本高昂及部分作品质量有待提升等发展痛点，亟待进行结构升级。运用 AIGC 技术能激发影视剧本创作思路，扩展影视角色和场景创作空间，极大地提升影视产品的后期制作质量，帮助实现影视作品的文化价值与经济价值最大化，实现对影视图像进行修复、还原，提升影像资料的清晰度，保障影视作品的画面质量。如图 4-14 所示，中影数字制作基地和中国科技大学共同研发的基于人工智能的图像处理系统"中影·神思"，成功修复《厉害了，我的国》《马路天使》《女篮 5 号》等多部影视剧。利用人工智能神思系统，修复一部电影的时间可以缩短 3/4，成本可以减少 1/2。同时，爱奇艺、优酷、西瓜视频等流媒体平台都开始将人工智能修复经典影视作品作为新的增长领域开拓。

在影视领域运用 AIGC 技术可以拓宽创作素材，降低后期优化成本。星火大模型可以为剧本素材的创作提供新思路，创作者可根据大众兴趣使用星火大模型生成内容，再进行筛选和二次加工，从而激发创作者的灵感，开拓创作思路，缩短创作周期。还可以根据长篇小说、传记、诗歌定制影视内容，从而更有可能吸引爱好者的注意力，获得更好的收视率、票房和口碑。运用 AIGC 技术可以实现将影视内容从 2D 向 3D 自动转制。聚力维度推出的人工智能 3D 内容自动制作平台"峥嵘"支持对影视作品进行维度转换，将院线级 3D 转制效率提升 1 000 多倍。

图 4-14　人工智能修复《女篮 5 号》老电影

4. AIGC+娱乐

在数字经济时代，娱乐不仅拉近了产品服务与消费者之间的距离，而且间接满足了现代人对归属感的渴望，重要性与日俱增。其借助于 AIGC 技术，通过趣味性图像或音视频生成，以更加容易被消费者所接纳的方式，获得新的发展动能。

运用 AIGC 技术实现趣味性图像或音视频生成，可以激发用户参与热情。在图像视频生成方面，以人工智能换脸为代表的 AIGC 应用，极大满足了用户猎奇的需求，成为破圈利器。《人民日报》新媒体中心在庆祝中华人民共和国成立 70 周年推出互动生成 56 个民族照片人像的应用刷屏朋友圈，合成照片总数超 7.38 亿张；这些互动的内容极大地激发出了用户的情感，带来了社交传播的迅速破圈。在语音合成方面，变声增加互动娱乐性。如 QQ 等多款社交软件、和平精英等多款游戏均已集成变声功能，支持用户体验大叔、萝莉等多种不同声线，让沟通成为一种乐此不疲的游戏。

5. AIGC+其他

教育、金融、医疗各行各业的 AIGC 应用也都在快速发展。在教育领域，AIGC 赋予教育材料新活力。相对于阅读和讲座等传统方式，AIGC 为教育工作者提供了新的工具，使原本抽象、平面的课本具体化、立体化，以更加生动、更加令人信服的方式向学生传递知识。例如，制作历史人物直接与学生对话的视频，给一场毫无吸引力的演讲注入新的活力；合成逼真的虚拟教师，让数字教学更具互动性和趣味性等。在金融领域，AIGC 助力实现降本增效。一方面可通过 AIGC 实现金融资讯、产品介绍视频内容的自动化生产，提升金融机构内容运营的效率；另一方面，可通过 AIGC 塑造视听双通道的虚拟数字人客服，让金融服务更有温度。在医疗领域，AIGC 赋能诊疗全过程。在辅助诊断方面，AIGC 可用于提高医学图像质量、录入电子病历等，完成对医生的智力、精力的解放，让医生资源专注到核心业务中，从而实现医生群体业务能力的提升。在康复治疗方面，AIGC 可以为失声者合成语言音频，为残疾者合成肢体投影，为心理疾病患者合成无攻击感的医护陪伴等，通过用人性化的方式来抚慰患者，从而舒缓其情绪、加速其康复。

任务 4.3　人工智能在制造业中的应用

4.3.1　人工智能在制造业中的发展现状

随着人工智能、大数据、物联网、云计算等新兴科技发展，全球制造业开始进入新一轮变革浪潮。从 18 世纪 60 年代蒸汽机的发明引爆第一次工业革命以来，制造业已经历机械化、电气自动化和数字化三个阶段，正进入以网络化、智能化为代表的工业 4.0 发展阶段。中国已发展成为制造大国，正向制造强国迈进，制造业转型升级，特别是在新兴技术应用方面已形成了较好的发展基础，但与欧美等主要国家相比仍有一定的差距，中美贸易摩擦以来全球产业链的深刻调整和变化，进一步突显了中国把握本轮制造业网络化、智能化发展机遇的紧迫性和重要性。

2017 年，中国发布实施《新一代人工智能发展规划》，提出要加快推进智能制造、推广应用智能工厂，围绕制造强国重大需求，研发智能产品及智能互联产品、智能制造智能工具与系统、智能制造云服务平台，推广流程智能制造、离散智能制造、网络化协同制造、远程诊断与运维服务等新型制造模式，建立智能制造标准体系，推进制造全生命周期活动智能化；要加强智能工厂关键技术和体系方法的应用示范，提升工厂运营管理智能化水平。规划发布以来，科学技术部实施了"科技创新 2030 新一代人工智能"重大科技项目和"制造基础技术与关键部件""网络协同制造和智能工厂""智能机器人"等一批国家重点研发计划重点专项，加大对智能制造前沿和核心技术的支持力度，指导天津、武汉、合肥、济南等国家新一代人工智能创新发展试验区，将智能制造、智慧工厂等作为技术应用示范的重点场景。工业和信息化部加快培育国家制造业创新中心，稳步推进智能制造细分行业标准体系建设，大力推进绿色化改造、工业节能诊断等。中国工业互联网产业联盟、长三角智能制造与现代服务科技创新联盟等积极推动不同领域的企业、专家、学者、组织机构跨界合作，共同推动解决发展过程中的问题，共同促进智能制造创新生态营造。图 4-15 展示了人工智能技术助力智能制造。

图 4-15　人工智能技术助力智能制造

人工智能的应用正从消费智能扩大到企业智能，带动并创造更强大的生产力。制造业具备大量数据累积，是人工智能应用的蓝海。2019 年人工智能在边缘计算层与工业物联网相遇，成就人工智能工业落地元年。以人工智能赋能制造业的行动已在全球展开，亚太地区制造业基础雄厚，是人工智能在工业领域应用潜力市场。其中，中国、韩国在政策、研发能力、数据和人才 4 个维度都较其他亚太国家更具竞争力，被视作亚洲人工智能发展的领军国家。目前人工智能在制造业应用潜力的讨论大部分围绕技术提供商展开，对工业用户关注较少。

中国作为制造业大国，为人工智能提供了丰富的应用场景。据估算，人工智能在中国制造业的市场规模有望在 2025 年超过 140 亿元，从 2019 年开始每年保持 40% 以上的增长率，图 4-16 展示了人工智能在智能制造市场的规模。人工智能在制造业应用的快速发展主要受益于 5 个驱动因素。

（1）新基建等政策支持。

（2）人机物互联产生海量数据。

（3）云计算、边缘计算、专用芯片技术加速发展实现算力提升。

（4）算法模型持续优化。

（5）资本与技术深度耦合助推行业应用。

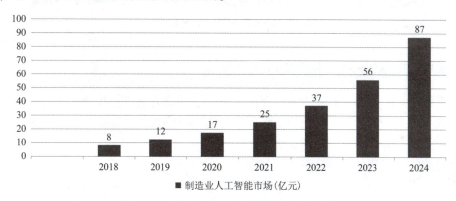

图 4-16　人工智能在智能制造市场的规模

首先，人工智能技术赋能制造业主要体现在人工智能可以帮助企业提高智能化运营水平，实现降本增效；其次，人工智能、5G、工业互联网等技术融合应用，推动制造业生产及服务模式、决策模式、商业模式发生变化；最后，人工智能带动制造业价值链重构，有利于中国抢占全球制造业产业链上的价值高地。

以新技术赋能中国制造业增长、提高生产效率的需求十分迫切。首先，从国际比较视角看，中国的单位劳动产出较低。2018 年，发达国家劳动生产率为 11.3 万美元，中国为 1.4 万美元。其次，中国正面临人口老龄化的挑战，未来就业倾向制造业的适龄人口将快速减少。根据中华人民共和国国务院（简称国务院）《国家人口发展规划（2016—2030 年）》，到 2030 年 14~45 岁人口占比将下降到 32%，适龄人口减少将对制造业的未来发展产生持续负面影响。传统制造企业生产经营过程中面临生产成本上升、生产线设计缺乏灵活性，以及不稳定的产品质量及良率等棘手问题。

同时，制造商正面临着利润率低、市场变化快的压力，企业更需要透明的供应链和可预测的需求来指导生产和控制成本，人工智能技术将原始运营和资产数据转化为可行的方案从而使人和机器能够在正确的时间采取正确的行动，以不断提高性能。人们看到一些制造商正在优化生产计划，在生产中使用先进的人工智能分析，并根据可用库存来预测或根据需求变化来更改计划。图 4-17 展示了在人工智能帮助下完成焊接的场景。

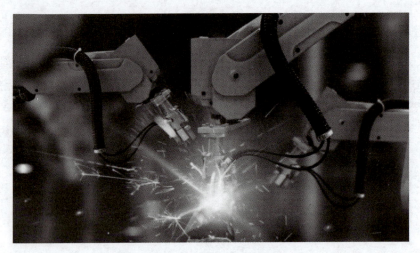

图4-17　在人工智能帮助下完成焊接

4.3.2　人工智能赋能制造业发展迎来新机遇

　　人工智能赋能制造业发展迎来新机遇，工业互联网助力制造业转型升级成效初显，推进了人工智能与业务场景的融合。制造业将迎来更为广泛成熟的生态圈，将开发更智能化及网络化的新产品，并带动行业的生产和服务。

　　人工智能的应用使越来越多的技术商和创业企业成为制造业生态圈的一员，以与5G、云计算、大数据融合作为切入点服务于传统制造企业，为制造企业提供协同化、定制化、平台化的制造服务。新生态组织产生了新的场景中心模式。场景中心模式是以场景为核心的多中心网络模式。围绕质量控制、预测性维护等场景核心问题，技术提供商、硬件制造商、网络服务商等多方主体将完成多中心的网络协作，在场景中实现人机协同。图4-18展示了场景中心模式下的智能制造应用。

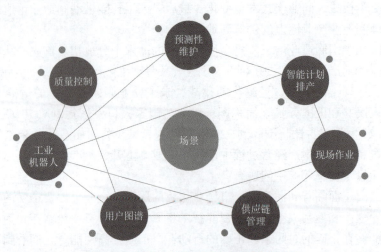

图4-18　场景中心模式下的智能制造应用

　　制造业为人工智能技术落地提供丰富的应用场景促进新经济增长，制造业是人工智能应用场景最具潜力的领域。有研究发现，人工智能的应用可为制造商降低最多20%的加工成本，其中最高有 70% 源于更高的劳动生产率。预计到 2030 年，因人工智能的应用，全球将新增 15.7 万亿美元 GDP，其中中国占 7 万亿美元；预计到 2035 年，人工智能将推动劳动生产力提升 27%，拉动制造业 GDP 达 27 万亿美元。

制造业将成为人工智能应用蓝海。2016 年，全球人工智能及相关技术的制造业应用市场约为 1 200 亿美元，这个数字在 2025 年有望超过 7 200 亿美元，复合年均增长率预计可超过 25%。

中国制造业转型升级为中国人工智能发展提供广阔平台。一方面，低技术含量的工作将首先被人工智能替代。中国制造业在转型升级的过程中，重复性、规则性、可编程性较高的工作内容将逐步由协同智能化工业机器人完成。另一方面，人工智能促进制造业研发、生产、运输、仓储、服务等环节的智能化，与工业互联网叠加，创造出更多高质量的就业岗位，产生更多具有商业价值的新场景。

人工智能支持制造业产品、流程及商业模式创新满足社会需求。当前主流的制造业生产方式以流水线生产为标志，在这种模式下，企业竞争策略主要是产品多样化策略和成本控制策略。受限于标准化生产过程，消费者日益增长的个性化需求难以被精准满足。随着消费升级，制造业提高供给质量的必要性、迫切性不断增加。

在人工智能技术的引领下，刚性生产系统转向可重构的柔性生产系统，客户需求管理能力的重要性不断提升，制造业从以产品为中心转向以用户为核心。大规模生产转向规模化定制生产，数据要素的附加值提高，生产者主导的经济模式转向消费者主导的经济模式，满足消费者个性化需求成为企业的重要竞争策略，逐渐替代以往企业依靠规模经济来降低成本的竞争策略。

1. 人工智能助力产品数字化设计

典型的应用行业有汽车、航空航天、轨道交通、3C* 与家电、船舶、机械与设备。企业在研发设计阶段存在以下痛点：成本方面，传统设计开发方式完全依靠实物验证，验证成本高；效率方面，大量设计知识无法积累，设计过程中重复"造轮子"现象严重；质量方面，设计方案缺乏可制造性，存在不合理、不正确的设计，容易造成风险。

产品数字化设计是企业节约研发成本提高设计效率、提升产品质量的一项重要举措。例如，某电机制造企业部署产品生命周期管理（product lifecycle management，PLM）软件，一体化管理设计和工艺物料清单（bill of materials，BOM）；建立资源库和工艺库实现知识积累和快速重用；通过设计软件与管理系统的集成，搭建一体化研发设计平台；搭建仿真分析平台，实现设计快速验证，产品研制周期缩短 25%，数据 100% 线上管理。

产品数字化设计的实现方式如下。在工业软件方面，一是应用三维设计软件，采用 TOP-DOWN 方法实现产品设计，采用模块化、参数化方法提高设计质量和效率，融合人工智能算法实现创成式设计，全面提升设计效率；二是将设计软件和产品数据管理（product data management，PDM）、产品生命周期管理等管理系统集成，打造数字化设计协同平台，实现设计数据的统一管理和高效复用。在工业数据方面，建设通用件优选管理平台、组件模型库等设计知识库，实现通用化、标准化组件的快速调用及组合设计，避免重复"造轮子"。图 4-19 展示了人工智能助力产品数字化设计的过程。

---

　* 3C：计算机（computer）、通信（communication）和消费电子（consumer electronic）三类电子产品的简称。

图 4-19　人工智能助力产品数字化设计

2. 人工智能助力工艺仿真与虚拟调试

典型的应用行业有汽车、航空航天、轨道交通、石油化工。企业在工艺设计阶段存在以下痛点：在成本方面，传统工艺设计依赖人员经验，无法在设计阶段进行工艺方案验证，往往在实物制造过程中发现工艺设计问题，造成返工返修成本；在效率方面，传统工艺设计重复"造轮子"现象明显，导致工艺设计效率提升困难。

通过在数字化环境中对工艺进行虚拟仿真验证，对产线进行虚拟调试，可以在设计阶段对工艺准确性进行全面验证，降低生产、调试成本。例如，某装备制造公司，利用数字孪生系统进行各产线设备通用模型建模及仿真验证，实现了工厂布局的方案验证与设计优化，规划质量提升 50%，规划设计周期缩短 75%。

在工艺仿真与虚拟调试的实现方式如工业软件方面，基于计算机辅助制造（computer aided manufacturing，CAM）、装配仿真、车间仿真等工艺仿真软件验证工艺可行性和正确性；基于仿真平台（SIMIT）等虚拟调试系统，构建生产线数字孪生系统，实现工艺层级的虚拟调试，缩短产线调试周期同时降低成本。在工业数据方面，构建工艺仿真与调试模板库，根据仿真对象自动匹配调用仿真配置文件，提高仿真效率。图 4-20 为人工智能助力工艺仿真与虚拟调试的展示。

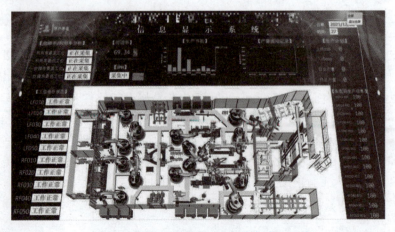

图 4-20　人工智能助力工艺仿真与虚拟调试

3. 人工智能助力设计与工艺一体化协同

典型的应用行业有汽车、轨道交通、航空航天、3C与家电。设计与工艺一体化协同是缩短产品研发周期、提升产品研制效率的有效保障。例如，徐工集团道路机械分公司建设了PDM系统、仿真分析平台、焊接仿真系统等项目，实现设计与工艺的一体化协同，产品研发成本降低30%，产品研发周期减少5个月，产品设计效率提升40%；鱼跃医疗公司运用基于模型的机械加工、装配等工艺设计，产品研发周期缩短30%。

工业软件和数据集成协同是实现设计与工艺一体化协同的主要解决方案：一是设计软件，基于三维设计软件开展研发和工艺设计，确保设计数据的一致性；二是协同平台，通过设计软件—工艺软件—信息系统的集成（如CAD—CAPP—PLM），实现数据的准确交互、及时共享；三是可制造性设计分析软件，将工艺、制造过程中的工业知识模型化、标准化，在设计环节采用可制造性设计（design for manufacturability，DFM）分析软件进行可制造性设计分析，提前发现、修正设计隐患。

4. 人工智能助力关键工艺调优

典型行业有汽车、钢铁、采矿、石油化工，主要工艺集中于焊接、焊锡、注塑、电镀等。工艺过程控制当前痛点总结如下，在效率方面，根据经验人工调参难以实现实时调优与控制；在质量方面，大量工业企业的关键工艺高度依赖操作人员经验判断和人工操作，容易出现质量波动问题。工程机械、钢铁石化、建材等行业龙头企业积极开展应用探索，例如，徐工集团公司通过工程机械焊接工艺调优，将焊接直通率提升14%，实现了效率与品质的跃迁；海螺水泥公司通过熟料研磨工艺调优，将水泥质量稳定性提升15%~20%；中石化公司通过催化裂化工艺调优，实现出油率提升5%~10%。

关键工艺智能调优的实现方式如下：在工业数据方面，应用数理模型破解过程黑箱实现动态优化工艺参数，应用人工智能算法模型实现工艺参数运算、推理与补偿优化，沉淀工艺知识库提供工艺参考与指导；在工业装备方面，具有温度、压力、机器视觉等感知功能的智能工控设备实现动态优化操作参数，先进过程控制采用多变量优化算法处理多层次、多目标和多约束控制问题，实现全局优化；在工业网络方面，确定性IP网络满足动态调参对确定性低时延的要求。

5. 人工智能助力机器与人员协同

典型行业有钢铁、机械与设备、汽车、半导体、3C与家电、食品与医药，主要协同场景集中于上下料、搬运、外观检测、喷涂、焊接、装配。在部分重复性强、标准化或危险系数高的场景中存在以下痛点：在成本方面，熟练工人培训周期长，人工成本高；在效率方面，人工劳动强度大，难以长时间高效工作；在质量方面，操作精度、生产质量受工人经验影响，产品质量一致性差。图4-21展示了人工智能助力机器与人员协同的场景。

机器具备感知、分析、决策能力，可以实现自适应作业，高效协同人员开展工作。例如，中联重科公司应用模块化人机协同工作站进行挖掘机下车架部件装配，装配效率提升50%，上海航天公司应用智能喷涂机器人，实现工件自识别、参数自调用和轮廓自适应涂装，涂装效率提升30%。

智能机器与人员协同的实现方式如下：在工业网络方面，基于5G/WiFi6开展设备组网，进行协同调度和生产信息传输，基于工业无源光纤网络（passive optical network，PON）构建连接距离长、抗干扰、性能和安全性高的网络系统；在工业装备方面，基于智能机床、工业机器人实现切削、抓取、喷涂、检测等加工作业自动化；在工业数据方面，基于自然语言处理模型理解人类指令配合工人工作，基于机器视觉模型，采集图像信息，自动分析识别，判断位置信息，基于智能决策算法，实现加工路径规划、位姿自适应调整。

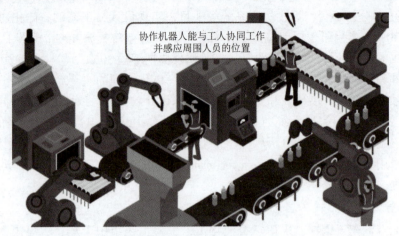

图 4-21　人工智能助力机器与人员协同

6. 人工智能助力设备可视化与预测性维护

钢铁、建筑材料、机械与设备、食品与医药、汽车等行业的企业对设备可视化与预测性维护存在以下痛点：在成本方面，由于人工点检和定期维护影响生产作业存在较大问题，造成产能浪费，运维成本高，关键设备故障影响生产计划，故障造成损失大；在质量方面，难以及时发现潜在故障隐患和细微寿命衰减，长期积累导致突发停机，造成生产报废。

已有工业企业开展设备的可视化与预测性维护，实现设备状态监控、运行效率和性能综合分析，以及故障诊断和失效预警。例如，贵州航天电气公司开展设备在线状态监控，建立了设备故障诊断模型，实现设备综合利用率提升 20%；华润三九医药公司开展设备数字孪生体应用，实现设备三维模型和设备实体的虚实映射和远程互操作，使得设备故障响应速度提升 60%。

设备可视化与预测性维护的实现方式：在工业数据方面，应用设备数字孪生模型实现设备运行状态的可视化、实时分析与故障预测，应用设备健康预测模型实现实时分析运行状态并在故障异常时自动报警，应用设备故障诊断模型实现精准判断设备失效模式，应用设备故障处置知识库实现快速决策修复策略；在工业网络方面，应用 5G/WiFi6 有线网络传输设备运行信息；在工业软件方面，应用设备管理系统/设备运维系统实现设备管理、信息采集、故障诊断与处置、预测性维护等。

7. 云工厂共享制造

纺织、机械与设备、3C 与家电等行业企业当前痛点主要包括模具、小家电、纺织难以应对市场灵活需求，产业链上下游冗长、信息流通慢、协同难，设备利用率季节波动、不稳定性高。

通过聚合工业企业及其上下游力量，由各垂直领域的云工厂或产业运营商作为引领者，可以实现以订单驱动的产业链上下游资源整合，推动产业范式革新与产业整体的数字化升级。客户经由统一的入口下单，云工厂平台进行订单的拆解和分发，根据各工厂产能情况智能调度产能；并整合产业链上下游的设计、供应链、物流等资源供工厂共享使用，由此培育形成协同设计、共享制造等全新的产业生态。图4-22展示了垂直行业云工厂。

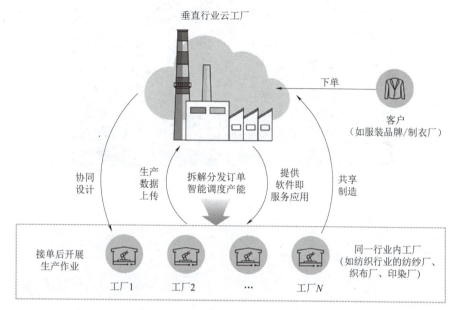

图4-22　垂直行业云工厂

　　人工智能还将帮助中国制造业应对产业链外迁的风险。产业链外迁通常意味着企业搬离、就业流失、税收下降，特别是在新型冠状病毒感染对中国经济造成一定冲击的情况下，以服装为代表的制造业比较优势开始下降，行业规模以下企业众多，被动加速产业转移，由此引发居民收入下降和农民工失业风险，这些风险需要积极应对。中国需要加大基础研发力度，发展高技术制造业，推进制造业服务化，以人工智能赋能产业数字化转型，使产业拥有自己护城河的同时，增加居民收入和拉动就业。

　　抢占新工业革命"智"高点，重构国际分工在全球制造业的价值分配链中，中国并未占领技术研发、产品设计、高附加值服务等产业链上的高价值部分，而借助人工智能可以加速中国向产业价值链高端攀升。

　　生成式设计利用人工智能缩短设计周期，是目前比较受欢迎的产品研发设计方式。它根据既定目标和约束条件，利用算法探索各种可能的设计解决方案。在生产制造方面，人工智能可以为制造企业提供视觉检测、自动化控制、智能化校准及问题根源分析等解决方案，推动制造业装备创新，减少制造业自动化对美德技术和设备的依赖。在高附加值服务方面，人工智能可协助产业实现制造创新、管理创新和商业模式创新，推动制造业企业向集成服务商转变。

　　美的公司联合中国移动和华为公司在美的洗衣机荆州产业园打造的家电制造领域全球首个5G+人工智能全连接工厂，是目前全球5G+人工智能终端规模最大、应用覆盖最广、业务结合最深的5G+智能工厂。其实现了全场景依赖于5G、全流程5G贯通，生产效率提升17%，下线直发率提升1倍，单台人工成本下降30%。图4-23展示了美的5G+人工智能工厂的成效。

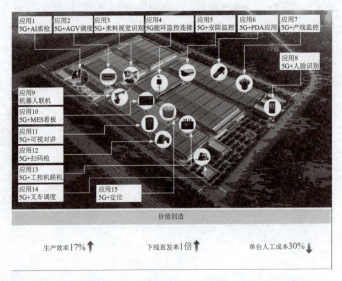

图4-23 美的5G+人工智能工厂

上汽宁德工厂与华为公司合作，打造 WiFi6+人工智能全连接工厂，实现亿级数据采集、秒级分析反馈。工厂可支持 5 个平台几十种车型装配，生产线柔性化达到国内最高水平；同时生产节拍大幅提升，每小时可生产 60 辆车；支持自动导向车（automated guided vehicle，AGV）、小车漫游零丢包，保障精准完成各项任务。

任务 4.4　人工智能在农业中的应用

农业是支撑国民经济建设与发展的基础产业。工业革命之后，机械在农业方面的应用促进了生产力的大幅度提高，但是也带来土地资源短缺、农药化肥过度使用造成的土壤和环境破坏等问题。近年来，人工智能在工业领域发挥了巨大的作用，这给农业改革带来了很大的希望。前瞻产业研究院给出的数据中指出，中国在 2025 年的农业规模将占据全球比重的 1/5 以上。采用人工智能赋能农业的模式，加快推进农业信息化进程，促进信息化和现代化的融合已成必然趋势。科技巨头纷纷依靠科技改变传统农业，京东公司宣布建立智慧农业共同体；阿里云公司正式发布了阿里云 ET 农业大脑；百度公司还发布了人工智能监测病虫害的成果，图 4-24 展示了智慧农业的组成。

4.4.1　人工智能在农业中的应用现状

传统农业存在一些普遍问题，一是化肥农药滥用、地下水资源超采及过度消耗土壤肥力，导致生态环境恶化，食品安全问题凸显，农田土地无法用于种植，如图 4-25 所示；二是粗放经营导致农业竞争力不强，出现农业增产、进口增加与库存增量的"三量齐增"现象，越来越多农产品滞销，如图 4-26 所示。

解决传统农业问题的最可靠方式就是大力发展智慧农业，智慧农业将促进农业绿色可持续发展。智慧农业就是将人工智能技术和物联网技术运用到传统农业中，运用传感器和软件通过移动平台或者计算机平台研制农业智能传感与控制系统、智能化农业装备、农机田间作业自主系统等，依托部署在农业生产现场的各种传感节点（环境温湿度、土壤水分、二氧化碳、图像等）和无线通信网络对农业生产进行控制，使传统农业更具有"智慧"，最终能够根据农业生产环境为农业生产提供种植、管理决策，人工智能农业如图4-27所示。

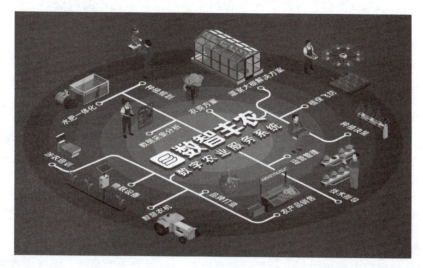

图4-24 智慧农业

图4-25 生态环境恶化

图4-26 农产品滞销

图4-27 智慧农业

4.4.2 人工智能与农业生产

在智慧农业中，人工智能伴随整个农业的生产，包括农业生产的产前、产中及产后三个阶段，实现农业节水、节药、节肥，提升农业竞争力，保障农产品符合消费者需求，提高农业生产效率。人工智能在农业生产中的应用，图4-28展示了人工智能农业生产全产业链。

图4-28　人工智能农业生产全产业链

1. 产前阶段

人工智能技术给农户提供科学指导，选择准确、合适的作物品种，掌握合理的施肥时间和地点，进行科学灌溉和施肥，从而实现低经济成本、高质量产出的目标，有效促进了农业生产现代化，如黏土含量预测、种子品质鉴别、气候对灌溉供水影响等。

2. 产中阶段

人工智能技术给农户提供更加科学、合理的农业种植管理方法，提高农业生产效率与农作物产量，如农作物信息实时监控、智能化灌溉和施肥等。图4-29展示了农作物信息监控模型。

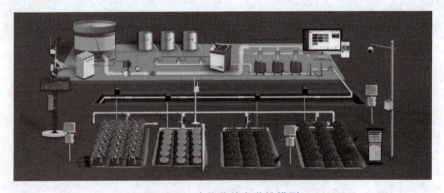

图4-29　农作物信息监控模型

3. 产后阶段

借助人工智能技术对农产品进行检测、分类、搬运和销售等操作，确保农产品的外形完整，保障农产品的食品安全，提高农产品的销售效率，减少劳动力的投入，获得更高的经济效益。智能化采摘如图4-30所示。

图 4-30　智能采摘机器人

4.4.3　人工智能与智慧种植

农业生产的进步，离不开技术创新。人工智能技术可以应用于种植业的各个方面，先进的农业智能装备，完善的生产数据采集、处理、分析、决策系统，为农田规划、作物监测、病虫害防治、农事管理提供高效、可靠的解决方案，推动农业生产转型升级。利用传感器、摄像头等设备采集温室内温度、土壤温度、二氧化碳浓度、湿度信号及光照、叶面湿度、露点温度等环境参数，为每棵农作物建立档案，并对农作物的生长环境、健康状况、果实成熟情况等进行综合、全面的分析，为农作物的智能管理提供依据。利用大数据分析平台进行数据分析，为农业生产经营提供决策。人工智能农业如图 4-31 所示。

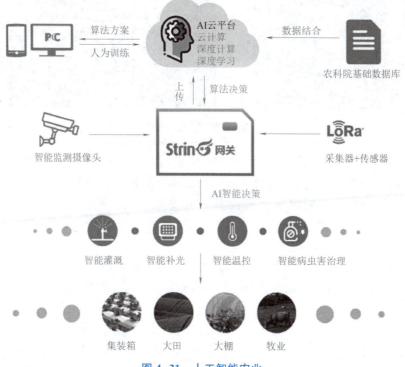

图 4-31　人工智能农业

（1）智慧农业推动农业产业链改造升级，走向人工智能。在种植、养殖生产作业环节，摆脱人力依赖，构建集环境生理监控、作物模型分析和精准调节为一体的农业生产自动化系统和平台，根据自然生态条件改进农业生产工艺，进行农产品差异化生产；在食品安全环节，构建农产品溯源系统，将农产品生产、加工等过程的各种相关信息进行记录并存储，并能通过食品识别号码在网络上对农产品进行查询认证，追溯全程信息；在生产管理环节，特别是一些农垦区、现代农业产业园、大型农场等单位，智能设施与互联网广泛应用于农业测土配方、茬口作业计划及农场生产资料管理等生产计划系统，提高效能。

（2）升级经营领域，突出个性化与差异性营销方式。物联网、云计算等技术的应用，打破农业市场的时空地理限制，农资采购和农产品流通等数据将会得到实时监测和传递，有效解决信息不对称问题。目前一些地区特色品牌农产品开始在主流电商平台开辟专区，拓展农产品销售渠道，有实力的龙头企业通过自营基地、自建网站、自主配送的方式打造一体化农产品经营体系，促进农产品市场化营销和品牌化运营，预示农业经营将向订单化、流程化、网络化转变，个性化与差异性的定制农业营销方式将广泛兴起。

所谓定制农业，就是根据市场和消费者特定需求而专门生产农产品，满足有特别偏好的消费者需求。此外，近年来各地兴起农业休闲旅游、农家乐热潮，旨在通过网站、线上宣传等渠道推广、销售休闲旅游产品，并为旅客提供个性化旅游服务，成为农民增收新途径和农村经济新业态。

四平市铁西区花溪谷农民专业合作社成立于 2022 年 11 月，总部位于平西乡东八大村 3 社，占地面积 20 000 m²，总建筑面积 2 200 m²，是国家级示范社，如图 4-32 所示。

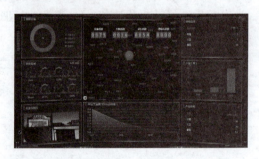

图 4-32　花溪谷旅游农业综合产业园

合作社成立之初，以养殖为主。2018 年，依托四平市五防温室公司，采取"公司+合作社"模式，将"环保温室研发建设和一二三产业融合发展"确定为合作社今后的战略方向和发展重点，倾力打造国家级现代环保温室科技与旅游示范区。示范区规划占地面积 40 hm²*，投资 9 800 万元，建成了现代环保温室 188 栋，建成了 8 000 m² 的丛泉湖游客中心和四平现代农业实训综合体。

合作社响应党中央"生态优先，绿色发展"号召，于 2018 年同四平五防温室公司共同研发并实验成功了具有自主知识产权的现代环保温室，该温室最大优点是环保无污染、不破坏耕地、可拆卸组装。其通体无砖石、无瓦片、无水泥、无烟囱、无土墙，且保温和蓄热性能超常。在高纬度地区、正常天气、冬季三九严寒季节、室外温度-40 ℃条件下，温室不加温，室内最低气温可达 10 ℃以上，地温可达 18 ℃以上，能成功栽培黄瓜等果菜。

合作社依托示范区温室和周边的主栽品种，新建了 500 m² 冷库，实现产加销一体化发

＊　1 hm² = 10 000 m²。

展，延长产业链条，走品牌化道路。计划新上草莓深加工储藏项目，既可提高农产品附加值，又可给周边合作社及合作农户带来长期稳定的经济效益，带动效果将会显著提高。

未来5年，合作社将依托丛泉湖花海和水库的优越环境和资源，结合市区两级战略规划，拟规划建设集果蔬采摘、花海观光、亲子娱乐、户外拓展、婚纱摄影、水上乐园、休闲垂钓、田园休养于一体的丛泉湖田园综合体，满足游客"吃、住、娱、乐、游"等消费需求，打造四平市区的"菜园、花园、果园和乐园"。

（3）升级服务领域，提供精确、动态、科学的全方位信息服务。

现在全国很多地区已经试点应用基于北斗的农牧设备调度服务系统。一些地区通过室外大屏幕、手机终端等灵活便捷的信息传播形式向农户提供气象、灾害预警和公共社会信息服务，有效地解决"信息服务最后一公里"问题，为农业经营者传播先进的农业科学技术知识、生产管理信息，以及农业科技咨询服务，引导龙头企业、农业专业合作社和农户经营好自己的农业生产系统与营销活动，提高农业生产管理决策水平，增强市场抗风险能力，做好节本增效、提高收益。同时，云计算、大数据等技术也推进农业管理数字化和现代化，促进农业管理高效和透明，提高农业部门的行政效能。

阿克陶县智慧畜牧监测系统通过自动化数据采集、生产监测、视频监控、大数据决策支撑等全面提升本单位行业管理、监督执法和服务主体信息化水平；加速提升疫病防治能力，实现牲畜从饲养到屠宰过程的全程可追溯，加大畜禽品种改良、动物疫病防疫工作力度，提高畜禽繁殖率、存活率和出栏率；实现养殖场所信息化、智能化远程管理、精细化管理，为养殖动物的高产、优质、高效、生态、安全创造条件，帮助养殖企业、养殖场（户）提高效率、降低成本、增加收益。

阿克陶县1万余户农牧民及15家养殖主体（3.5万余人）增收1 750余万元，人均增收500元以上。通过科学化的养殖及育种技术的应用，增加阿克陶县牲畜存栏量10%以上，增加出栏量10%以上，增加畜牧业产值5%以上，促使阿克陶县畜牧业产值占农林牧渔业总产值比重较上一年度提升5%以上，主要牲畜规模化养殖水平较上一年度提升5%以上，阿克陶县人工智能养殖如图4-33所示。

 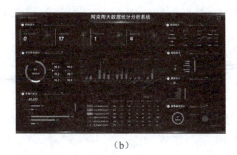

（a）　　　　　　　　　　　　　　　　（b）

图4-33　人工智能养殖

通过科学化的养殖及育种技术的应用，提升农民牧业纯收入年均递增率5%以上，提升牧业收入占农民总收入的比重5%以上，提升畜牧业发展的科技贡献率5%以上，提升畜禽良种化率5%以上，提升标准化饲养技术普及率5%以上，提升从业人员专业技能水平5%以上。通过发展畜牧业给阿克陶县产业发展、劳动力转移、吸纳富余劳动力等带来积极影响。

（4）实现农业精细化、高效化、绿色化发展。

实现农业精细化，保障资源节约、产品安全。一方面，借助科技手段对不同的农业生产对象实施精确化操作，在满足作物生长需要的同时，保障资源节约又避免环境污染。另一方面，实施农业生产环境、生产过程及生产产品的标准化，保障产品安全。生产环境标准化是指通过智能化设备对土壤、大气环境、水环境状况进行实时动态监控，使之符合农业生产环境标准。生产过程标准化是指生产的各个环节按照一定技术经济标准和规范要求通过智能化设备进行生产，保障农产品品质统一。生产产品标准化是指通过智能化设备实时精准地检测农产品品质，保障最终农产品符合相应的质量标准。

（5）实现高效化，提高农业效率，提升农业竞争力。

云计算、农业大数据让农业经营者便捷灵活地掌握天气变化数据、市场供需数据、农作物生长数据等，准确判断农作物是否该施肥、浇水或打药，避免了因自然因素造成的产量下降，提高了农业生产对自然环境风险的应对能力；通过智能设施合理安排用工用时用地，减少劳动和土地使用成本，促进农业生产组织化，提高劳动生产效率。农业精细化四情平台如图 4-34 所示。

图 4-34 农业精细化四情平台

互联网与农业的深度融合使得如农产品电商、土地流转平台、农业大数据、农业物联网等农业市场创新商业模式持续涌现，大大降低信息搜索、经营、管理的成本。引导和支持专业大户、家庭农场、农民专业合作社、龙头企业等新型农业经营主体发展壮大和联合，促进农产品生产、流通、加工、储运、销售、服务等农业相关产业紧密连接。农业土地、劳动、资本、技术等要素资源得到有效组织和配置，使产业、要素集聚从量的集合到质的激变，从而再造整个农业产业链，实现农业与第二、第三产业交叉渗透、融合发展，提升农业竞争力。小井村扶贫产业园项目总投资2.3 亿元，占地 3 200 亩*，一期投资 1.1 亿元，占地 1 500 亩。园区规划建设玻璃温室、薄膜连栋温室、阴阳棚、拱棚、开心农场、葡萄长廊、数字农业展示中心、小井地标绿色农产品展示馆等设施，是集设施农业、数字农业、休闲观光为一体的现代农业生产模式和现代农业支持平台，可安置当地富余劳动力 800 人。

智慧农业能够有效改善农业生态环境，将农田、畜牧养殖场、水产养殖基地等生产单位和周边的生态环境视为整体，并通过对其物质交换和能量循环关系进行系统、精密运算，保障农业生产的生态环境在可承受的范围内，例如，定量施肥不会造成土壤板结，经处理排放的畜禽粪便不仅不会造成水和大气污染，反而能培肥地力等。山东菏泽有机地标高效农业科技示范园如图 4-35 所示。

智慧农业能够显著提高农业生产经营效率，基于精准的农业传感器进行实时监测，利用云计算、数据挖掘等技术进行多层次分析，并将分析指令与各种控制设备进行联动完成农业

---

* 1 亩 = 666.666 7 m^2。

生产、管理。这种智能机械代替人的农业劳作，不仅解决了农业劳动力日益紧缺的问题，而且实现了农业生产高度规模化、集约化、工厂化，提高了农业生产对自然环境风险的应对能力，使弱势的传统农业成为具有高效率的现代产业。

图 4-35　山东菏泽有机地标高效农业科技示范园

任务 4.5　人工智能在智能家居中的应用

4.5.1　人工智能在智能家居中的应用现状

在智能家居行业中，涌现了一批如小米、华为、海尔等公司。一方面，将持续推动家居生活产品的智能化，包括照明系统、影音系统、能源管理系统、安防系统等，实现家居产品从感知到认知到决策的发展；另一方面，在建立智能家居系统时，搭载人工智能的产品将有望成为智能家居的核心，包括机器人、智能音箱、智能电视等产品，智能家居系统将逐步实现家居自我学习与控制，从而满足不同的个性化服务。智能家居技术如图 4-36 所示。

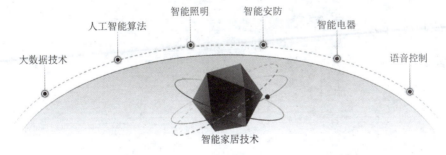

图 4-36　智能家居技术

20 世纪 80 年代初，随着大量采用电子技术的家用电器面市，住宅电子化（home electronics，HE）出现。20 世纪 80 年代中期，将家用电器、通信设备与安保防灾设备各自独立的功能综合为一体后，形成了住宅自动化概念（home automation，HA）。20 世纪 80 年代末，由于通信与信息技术的发展，出现了对住宅中各种通信、家电、安保设备通过总线技术进行监视、控制与管理的商用系统，这就是现在智能家居的原型。

智能家居是以提升家居的生活质量为目的，以设备互操作为条件，以家庭网络为基础。因此在智能家居系统设计的过程中，智能家居集成强调系统的自动运行；中控主机应了解用户习惯，具有用户习惯学习功能；控制不是智能家居系统的中心内容，因为用户的核心需求不在控制上，只做控制的智能家居系统是没有前途的；家庭环境中人、物的状态，以及整个家庭的需求计算是智能家居设计的重要方向；不同环境中人的状态计算，以及信息分享，促进人和人之间的连接将是智能家居集成的重要内容。

智能家居呈现蓬勃发展态势的背后，语音控制技术不断走向成熟，也引发了下一代人机交互的历史革命。语音交互对于智能家居最直接的意义在于将智能家居变得真正地智能起来。随着在语音和图像识别领域的巨大技术突破及落地的应用不断增多，人类对于人工智能的研究也逐步进入全新阶段。深度学习被认为是人工智能革命性的一种新技术，其与机器学习存在着本质区别。深度学习是指按照人脑神经结构在计算机上建立人工神经元网络，教会机器如何像人一样思考。与人类的大脑沟回越多，智商越高类似，人工神经元网络的层次越多，学习深度就越深，神经元规模就越大，计算也就越复杂。深度学习在机器翻译、图像识别等领域正加快应用。

4.5.2　人工智能与智能家居

智能家居系统是通过物联网技术、智能云端控制、大数据分析和人工智能技术等，依照人体工程学原理，融合个性需求，将家中的各种智能设备和系统如音视频设备、照明系统、窗帘控制、空调控制、安防系统、数字影院系统、影音服务器、影柜系统、网络家电等有机地结合在一起，实现网络化综合智能控制和管理。智能家居系统如图 4-37 所示。

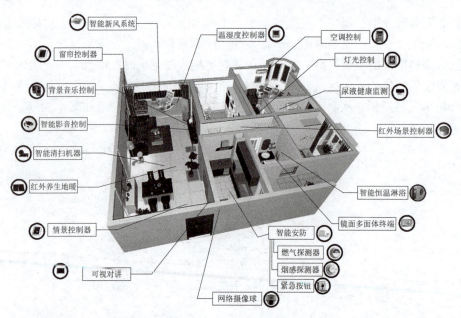

图 4-37　智能家居系统

智能家居是人工智能技术与物联网技术在智能家居场景中相互融合的产物，指智能家居系统将家用物联网（internet of home，IoH）实时产生、收集的海量数据存储在云端、边缘端，通过机器学习对数据进行智能化分析，包括定位、预测、调度等。智能家居并不是一个新的技术，而是融合了多种技术的一种新的物联网应用形态。运用人工智能技术赋予智能家居系统一个"大脑"，配合家用物联网的互联互通能力，通过分析处理历史数据和实时数据，让智能家居设备学会像人类一样思考、决策，对未来用户的使用习惯进行更加准确的预测，使设备变得更加聪明、智能，逐渐实现家庭安全防卫、老人孩宠特殊看养、家庭环境管理等智能化生活场景，为用户提供便捷、舒适、安全的智慧生活，图 4-38 展示了全屋智能家居。

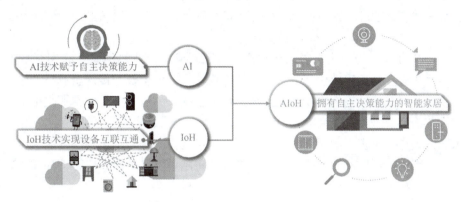

图 4-38　全屋智能家居

智能家居不同于其他行业的发展轨迹，国内外的发展差距也并没有那么大，特殊的国情现实与用户习惯，也使得国内智能家居在发展过程中没有太多直接照搬海外市场经验和产品的机会，图 4-39 展示了中国智能家居行业发展阶段。

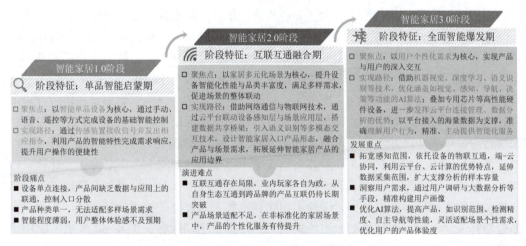

图 4-39　中国智能家居行业发展阶段

1948—2005 年可以称为智能家居概念形成期。零星概念与相关产品开始出现，后来无疾而终的微软维纳斯计划在此时提出，比尔·盖茨之家的智能化是见诸报端的各种宣传中被提及得最广泛的应用案例，但遗憾的是绝大多数人对于这一智能豪宅只闻其名，难见其形。

2005—2010 年，称为智能家居 1.0 时代，智能家居领域的国内生产制造企业开始出现了第一波创业浪潮，家庭安防、智能灯控系统、影音中控、家庭背景音乐细分市场逐步形成发展。最令人欣喜的是，关注智能家居的系统集成商群体逐步形成并出现，称为市场摸索期。回顾过往，这或许可以称得上是智能家居在国内发展历程中第一个激动人心的创业浪潮。略显残酷的是，如星星之火般刚刚出现的第一批集成商需要充当的是野蛮成长过程中悲催的"小白鼠"。受限于当时的技术条件与厂商实力，很多在这一时期崭露头角的国内品牌因为各种原因早已逐一淡出人们的视野。

2010—2015 年，称为智能家居 2.0 时代，智能家居迎来了另一个重要的发展浪潮，家电企业、楼宇对讲企业、电气和安防类外资企业纷纷着力于延伸智能家居产品线与新业务板块。很多如雷贯耳的品牌的出现，为依然坚守在智能家居市场上的先行者们增强了不少信心。

2016—2022 年，称为智能家居 3.0 时代，生态圈成为行业热词，互联网企业的全面关注，让更多巨头企业开始谋求生态圈构建。智能模块出货量增长，传统企业纷纷希望借由智能家居实现产品线升级。人们再谈智能家居，所频繁提及的也不再是原本那些植根于细分行业领域"业内有名，业外无名"的厂家，如以小米、华为、京东、美的为代表的行业巨头让智能家居开始进入更多人的视野。人们不再因为影视作品中频繁出现的智能家居产品镜头而激动不已，因为上至国家两会提案，下至街头巷尾随手可见的楼盘广告，都开始有了更多智能家居出现的机会。

历经单品智能、互联互通的阶段后，智能家居 3.0 阶段已基本实现设备间的连通与场景自动化，未来的发展方向将聚焦于系统智能化水平的整体提升。依托物联网、云平台、人工智能及边缘计算等多种支撑技术，将品类丰富的设备联网，在设备端搭载多样人工智能算法，使产品具备通过学习用户行为完成自主、判断决策，从而满足用户个性化、弹性化的使用需求；云平台与边缘计算的应用提升了智能家居系统的易用性与灵活性，构建设备间的控制管理，不断引导用户认知、理解全屋智能理念，推进空间整体智能化进程。

国家标准物联网智能家居设备描述方法（GB/T 35134—2017）中对物联网智能家居、智能家居设备、智能家居系统的定义主要关注设备间的互联互通性，即完成家用物联网的组建。在智能家居实际落地的过程中，用户期待的是能够完成自主决策、提供主动服务的智能家居产品，打造更安全、更便利、更舒适、更高效的家居生活环境；而不是仅停留在设备联网和远程控制阶段，依赖用户预设场景指令，提供标准化通用服务的智能家居 2.0 阶段。智能家居行业发展至今已基本实现家用物联网的搭建，提供智能化定制服务满足用户个性化、弹性化的使用需求。智能家居 3.0 阶段强调在家用物联网的基础上，不断深化云计算、边缘计算和人工智能等支撑技术在智能家居产品中的融合与应用。智能家居 3.0 阶段需要以新的释义指引智能家居行业的发展，以融合家用物联网和人工智能等技术的智能家居作为 3.0 时代的全新释义，加强智能家居的自主决策能力，以提供主动服务，图 4-40 展示了家用物联网智能家居的痛点。

新时代的智能家居，在家用物联网布局的物物互联互通的基础上，注重人工智能技术在感知、交互、决策环节的渗透与能力释放。在技术层面，人工智能使家用物联网获取新的感知、交互、运算、分析和决策能力，家用物联网通过采集家居环境信息（人、物、设备与空间的状态）为人工智能提供训练算法的数据，使智能家居系统具备学习、记忆、判断、交互等能力。在场景应用层面，二者融合共同为用户提供主动性的智能化定制服务，不再停留在感知环境层面，而是感知用户需求，使用户诉出需求的复杂度大大降低，不断减少用户在此过程中的参与程度，发挥智能家居的"主观能动性"，图 4-41 展示了智能家居技术融合的路径。

依赖预设场景模式，通用性较差	依赖用户自行设定，操作较复杂	预设内容有限，难以照料周全
■现状：智能家居企业在设计产品功能时，为满足较为普遍的共性需求，提供部分默认服务，如扫地机默认吸力、清洁力度等，较难满足不同家庭环境不同的清洁程度的打扫需求 ■痛点：预先设置的默认功能具有标准化特征，仅能覆盖部分基础需求，难以将产品功能发挥最大化，需要用户自行完成个性化设定	■现状：用户需要将自己的生活使用习惯具像化，设定不同的场景模式，例如，回家模式下自动开灯、打开空调等，离家模式下自动关闭所有光源和电器、扫地机开始工作 ■痛点：主人可以根据自己的生活习惯设定一套运行模式，但当家中有其他住户时较难灵活调整以适应不同用户需求；用户需要设置大量内容，操作麻烦，对老人等群体并不友好	■现状：智能家居系统遵循产品默认设置和用户预设指令提供服务，较难根据实际的突发情况及时调整提供服务的内容和时点 ■痛点：预设的内容只能满足用户固定需求，但对于偶然性的突发需求难以覆盖，且在预设场景之外的需求对智能家居产品较难洞察到；同时依赖用户对于自己需求的挖掘与穷举，针对未提出或者用户未关注的需求无法满足

图 4-40　家用物联网智能家居的痛点

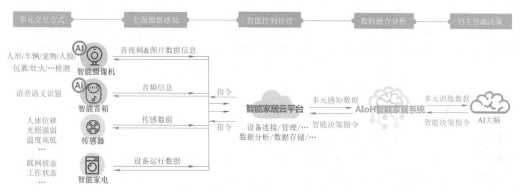

图 4-41　智能家居技术融合的路径

华为公司以自主研发的鸿蒙系统为核心，已开始布局智能家居领域，推出了"1+2+N"的全屋智能解决方案，可给用户带来沉浸式全场景智能体验。"1+2+N"就是以鸿蒙系统为核心，建造强大的全屋智能生态系统，"1"为可靠的中央控制智能主机，"2"为稳定的PLC（programmable logic controller）网络和覆盖全屋的 Wi-Fi，"N"为在设备基础上发展出来的多个子系统，整套设备把日常行为信息化和智能化，实现全屋智能系统上的智慧互联与协同。作为一个开放性的系统，华为智能家居可接纳任何品牌家电，把众多品牌和平台串联在一起，成就更多家居生活方式。华为全屋智能解决方案，能解决目前全屋互联、全屋人工智能生态整合等痛点，智能提供多个不同场景的沉浸式体验，实现真正懂用户的全屋智能，提供更方便、更高效的智慧生活体验。

小米公司以"开放、不排他、不独家"为原则发展生态链，构筑智能家居产品矩阵。未来，小米智能家居将逐步实现海量用户覆盖、资金资源注入、通用技术接入、大数据存储计算、服务方案提供、渠道扩展触达、用户互动服务等全方位多维度的解决方案，携手更多硬件设备提供商，推动智能家居产业链发展，构建相融合的核心技术，完善行业规范，共同打造智能硬件生态体系。

美的公司提出的"元家居"理念，则是指基于感知、通信、人工智能、大数据、虚拟现实等基础技术，将物理空间（人、物、环境）、互联网空间（信息、服务）与虚拟空间（元宇宙）相结合，数字家庭孪生为用户提供全新的物联网应用与交互体验。"元家居"基于对当前多品类多品牌及异构硬件环境的互联互通，是平等开放的家居物联网，如移动互联网一样不需要单一人口。通过打造深度智能的产品，美的要从一个硬件产品公司变成一个硬件、软件、内容、服务的综合智能产品的提供商，与合作伙伴开发出一套具备多样化智慧服务的智能家居系统。让每一台设备都变成一台计算机，让每一台设备都变成一个机器人，开创一个多场景、多人口、多应用的物联网生态，这才是用户真正需要的"元家居"时代。

任务 4.6　人工智能在自动驾驶中的应用

4.6.1　人工智能在自动驾驶中的应用现状

在自动驾驶行业中，涌现了一批如百度、美团、华为等公司。自动驾驶可以提升通行能力和安全水平，结合车路云一体化技术，自动驾驶车辆能够精确感知和预测交通状况，可减少90%以上事故。同时，车辆可智能规划路线和速度，优化交通流动以减少交通拥堵，据统计可为驾驶者平均每天腾出 50 min 额外时间、腾出更多闲暇时间。自动驾驶产品已趋于成熟，部分企业已商业化试点运营，建议按分类分级进行管理、试点创新和沙盒监管。

全球汽车产业正在经历百年不遇之大变局，曾经改变世界的机器正在再次改变世界。过去十余年，电动化改变了全球汽车产业的竞争格局。近几年，人工智能、大数据、云计算、移动通信等新兴产业技术与传统汽车产业变革叠加共振，智能化正在引领全球汽车产业革命向纵深发展。传统汽车行业的边界被逐渐打破，汽车的科技含量越来越高，汽车产品的定义与外延发生深刻变革，从一个纯粹的代步工具，逐步发展成能够自学习、自成长的"新汽车"。图 4-42 为自动驾驶技术的优势。

图 4-42　自动驾驶技术的优势

各国在争相抢占自动驾驶制高点，国内多家企业相关产品技术水平已站在全球第一梯队，国内多地在推进高级别自动驾驶商业试点为凝聚共识及推动行业发展。自动驾驶可以提升运行效率和降低成本。当前，"高级别自动驾驶"已在公共道路和园区等多个场景应用，在公开道路开展商业化试点运营的出租车和自动配送已分布北京、深圳、上海、武汉、旧金山、菲尼克斯等城市。随着技术迭代及验证，"高级别自动驾驶"有望提升车辆运行能力，届时将激发人规模车辆置换需求。

智能汽车是多产业、多技术协同融合发展的新物种，在技术、产品、场景、生态等层面深刻地影响和改变传统汽车产业。在这一场复杂而深远的技术变革中，一些关键核心技术需要突破，包括环境感知、自主决策、高精准定位、高精地图、人工智能芯片、车载计算平台、大数据和云计算、信息安全、智能座舱、智能线控底盘、车联网、人工智能等。汽车与相关产业全面融合，呈现智能化、网络化、平台化发展特征，汽车产业的边界已经模糊。一辆高端智能汽车已经搭载超过数千万甚至过亿行代码，其复杂程度可想而知。产品定义和用户体验能力，正在成为智能汽车的核心竞争力。智能化及其人机交互体验，在智能汽车中扮演着越来越关键的价值角色。

智能驾驶是指通过给车辆装配智能系统和多种传感器设备（包括摄像头、雷达、卫星导航设备等），实现车辆的自主安全驾驶的目标。智能驾驶可以分解为网络导航、自主驾驶和人工干预。网络导航解决在哪里、到哪里、走哪条道路中的哪条车道等问题；自主驾驶是在智能系统控制下，完成车道保持、超车并道、红灯停绿灯行、灯语笛语交互等驾驶行为；人工干预主要是车内乘员通过人机交互系统进行意图表达和意外情况处置，图4-43所示为百度的智能驾驶车。

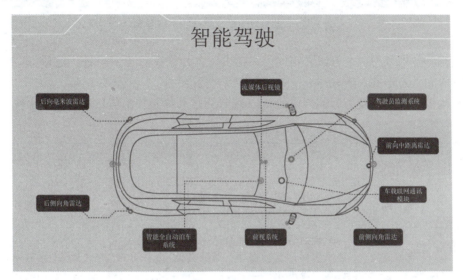

图4-43 百度智能驾驶车

在智能驾驶技术的研究方面，外国起步较早，早在1939年纽约世界博览会上，通用汽车公司首次展出了无人驾驶概念车Futurama。1958年，无线电公司和通用集团联合，对外展示了智能驾驶汽车原型。依赖于预埋线圈的道路设施，车辆可以按电磁信号指示确定其位置与速度，控制方向盘、油门和刹车。

20世纪90年代初期，由南京理工大学、国防科技大学、清华大学、浙江大学和北京理工大学等高校联合研制成功了中国第一辆无人驾驶车辆ATB-1（autonomous test bed-1，ATB-1）型。1996年，该车在校园内自主行驶躲避障碍，最高速度达到21.6 km/h。20世纪90年代后期，研制了第二代无人驾驶车辆平台ATB-2型，最高速度可达70 km/h。车辆还具备临场感遥控驾驶和战场侦察等功能。同期，有代表性的无人驾驶试验平台还有清华大学的THMR系列无人车及吉林大学的JLUIV系列试验车。

从2009年开始，李德毅院士发起成立了智能车联合课题组，总参61所、军事交通学院、北京联合大学、中国科学院合肥物质所、北京理工大学、清华大学、上海同济大学、北汽、宇通等单位先后加入，合作开展智能车研究与成果转化工作。联合课题组将智能车研发划分为系统架构、机械、电子电气、导航、雷达、图像、决策控制交互、试验和云计算等10个部分，在北汽C73、北汽C30、现代iX35、长城H8、上汽MGiGS、宇通公交车等车型实现了智能驾驶，完成京津高速智能驾驶20余次，总行程3 000多千米。2012年11月26日中央电视台全程直播了"猛狮3号"智能车从北京台湖收费站到天津东丽收费站共

114 km 的无人驾驶试验，自主超车 12 次，换道 36 次，总自主驾驶时间 85 min，平均时速 79.06 km/h，最高时速 105 km/h，全程无人工干预，图 4-44 展示了中国早期无人机驾驶测试车辆。

图 4-44　中国早期无人机驾驶测试车辆

自动驾驶技术分为多个等级，不同机构提出过多种分级标准。本书以美国汽车工程师学会（Society of Automotive Engineers，SAE）分级为标准讨论，如表 4-1 所示。从 L3 级开始，驾驶主角均由驾驶员转换为车辆。由此，L3 级成为自动驾驶技术应用的重要分水岭。

表 4-1　自动驾驶分级（SAE 分级）

自动驾驶分级 SAE 分级	名称	定义	驾驶操作	周边监控	接管	应用场景
L0	无自动化	没有任何辅助功能及系统，完全依靠驾驶员进行操作	驾驶员	驾驶员	驾驶员	所有场景
L1	驾驶支持	车辆对方向盘和加减速中的一项操作提供驾驶操作，驾驶员负责其余驾驶动作	驾驶员和车辆	驾驶员	驾驶员	限定场景
L2	部分自动化	车辆对方向盘和加减速中的多项操作提供驾驶操作，驾驶员负责其余驾驶动作	车辆	驾驶员	驾驶员	限定场景
L3	有条件自动化	由车辆完成绝大部分驾驶操作，驾驶员需保持注意力以备不时之需	车辆	车辆	驾驶员	限定场景
L4	高度自动化	在限定道路和环境条件下，车辆完成所有驾驶操作，驾驶员不需要保持注意	车辆	车辆	车辆	限定场景
L5	完全自动化	由车辆完成所有驾驶操作，驾驶员不需要保持注意力	车辆	车辆	车辆	所有场景

中国先后推出一系列支持政策，推动自动驾驶技术发展和商业化落地，表 4-2 为中国自动驾驶政策与法规。2020 年 2 月，中华人民共和国国家发展和改革委员会（简称发改委）、中华人民共和国工业和信息化部（简称工信部）等 11 个部委联合下发的《智能汽车创新发展战略》提出，加速发展高级别自动驾驶。2022 年 8 月，交通运输部发布《自动驾驶汽车运输安全服务指南（试行）》（征求意见稿），旨在适应自动驾驶技术发展的趋势，鼓励自动驾驶车辆商用。同时，北京、深圳、重庆等多地陆续出台政策法规，推动自动驾驶车辆的商业化运营和上路。

表 4-2　中国自动驾驶政策与法规

时间	发布部门	文件名称	主要内容
2020 年 2 月	发改委、工信部、科技部等 11 个部委	《智能汽车创新发展战略》（发改产业〔2020〕202 号）	构建协同开放的智能汽车技术创新体系，突破智能计算平台、云控基础平台等关键基础技术，完善测试评价技术，开展应用示范试点；构建跨界融合的智能汽车产业生态体系，推进车载高精度传感器、车规级芯片等产品研发与产业化；推进智能化道路基础设施规划建设，建设广泛覆盖的车用无线通信网络等
2020 年 4 月	工信部	《2020 年智能网联汽车标准化工作要点》	要形成能够支撑驾驶辅助及低级别自动驾驶的智能网联汽车标准体系，并建立智能网联汽车标准制定及实施评估机制
2020 年 10 月	国务院办公厅	《新能源汽车产业发展规划（2021—2035 年）》（国办发〔2020〕39 号）	发展一体化智慧出行服务。加快建设涵盖前端信息采集、边缘分布式计算、云端协同控制的新型智能交通管控系统；推进以数据为纽带的"人—车—路—云"高效协同；支持以智能网联汽车为载体的城市无人驾驶物流配送、市政环卫、快速公交系统、自动代客泊车和特定场景示范应用
2021 年 9 月	工信部、公安部、交通运输部联合发布	《智能网联汽车道路测试与示范应用管理规范（试行）》（工信部联通装〔2021〕97 号）	推动汽车智能化、网联化技术应用和产业发展，规范智能网联汽车自动驾驶功能测试与示范应用
2021 年 10 月	城乡建设部、农业农村部等 8 个部门	《物联网新型基础设施建设三年行动计划（2021—2023 年）》（工信部联科〔2021〕130 号）	打造车联网（智能网联汽车）协同服务综合监测平台加快智慧停车管理、自动驾驶等应用场景建设，推动城市交通基础设施、交通运输工具、环境网联化和协同化发展
2022 年 8 月	交通运输部	《自动驾驶汽车运输安全服务指南（试行）》（征求意见稿）	在保障运输安全的前提下，鼓励在封闭式快速公交系统等场景使用自动驾驶汽车从事城市公共汽（电）车客运经营活动，在交通状况简单、条件相对可控的场景使用自动驾驶汽车从事出租汽车客运经营活动，在点对点干线公路运输、具有相对封闭道路等场景使用自动驾驶汽车从事道路普通货物运输经营活动
2022 年 11 月	工信部	《关于开展智能网联汽车准入和上路通信试点工作的通知》	工信部、公安部遴选符合条件的道路机动车辆生产企业和具备量产条件的搭载自动驾驶工程的智能网联汽车产品，开展准入试点；对通过准入试点的智能网联汽车产品，在试点城市的限定公共道路区域内开展上路通行试点

　　自动驾驶发展进程与人工智能技术发展高度相关。根据 Gartner 新兴技术成熟度曲线，2018 年以前，受益于深度学习技术在图像识别等感知领域的应用，自动驾驶开启产业化进程。但由于受成本和法规限制，彼时高级别自动驾驶的商业化落地遭遇瓶颈。经过三四年技

术积累，感知和决策算法等核心技术的突破提高了人工智能模型鲁棒性、系统冗余性和测试完善性，助力自动驾驶加快商业落地。自 2020 年 7 月起，高级别自动驾驶迎来新的发展机遇。

如图 4-45 所示，展示了自动驾驶技术发展驱动力，算法、数据与芯片技术发展为自动驾驶功能实现提供了坚实的底座。深度学习算法在感知层和决策层共同驱动自动驾驶发展，深度强化学习（deep reinforcement learning，DRL）算法的产生让更高维度的数据处理成为可能；海量优质路况数据是训练人工智能算法模型、提高感知精度的关键，路测里程和路测车辆数量增加而带来的高质量数据给自动驾驶发展提供了必要支持；芯片为自动驾驶技术提供算力平台，随着汽车电子电气架构由域集中式向中央集中式发展，自动驾驶的主控芯片向中央计算芯片融合的方向发展，芯片集成度的提高可以有效提升计算效率，降低应用成本。

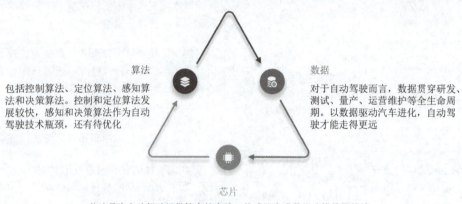

算法
包括控制算法、定位算法、感知算法和决策算法。控制和定位算法发展较快，感知和决策算法作为自动驾驶技术瓶颈，还有待优化

数据
对于自动驾驶而言，数据贯穿研发、测试、量产、运营维护等全生命周期。以数据驱动汽车进化，自动驾驶才能走得更远

芯片
芯片是为自动驾驶提供算力的大脑，传感器生成数据建模数据传输给芯片，由芯片通过算法处理和运算后，输出汽车控制指令

图 4-45　自动驾驶技术发展驱动力

4.6.2　人工智能与自动驾驶

目前来看，中国量产乘用车自动驾驶等级正在由 L2 向 L3+过渡。得益于硬件平台和软件算法逐步成熟，新车搭载 L2 功能正在逐渐成为前装标配。据统计，2022 年中国在售新车 L2 和 L3 的渗透率分别为 35% 和 9%，预计至 2025 年将分别达到 55% 和 38%。部分科技公司直接研发 L4 级自动驾驶，并在部分城市路段或特定场景下进行测试。但目前高级别自动驾驶仍然面临着政策法规、安全性技术成熟度等众多挑战亟待突破。据统计，2022 年中国 L4 渗透率为 2%，预计 2025 年将达到 20%，图 4-46 展示了 2022—2023 年中国在售新车自动驾驶搭载率。

与此同时，限定场景下的商用车自动驾

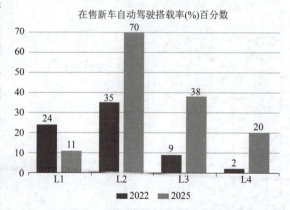

在售新车自动驾驶搭载率(%)百分数

图 4-46　2022—2023 年中国在售新车自动驾驶搭载率

驶率先进入商业化阶段。这主要由于商用车对价格的敏感度更低，B端*付费意愿更高，加之场景交通复杂程度较低及政策鼓励与放开，使得商用车在成本、市场、技术、法规等方面具有更好的落地性。目前，在矿区、港口、干线物流、机场、物流园区等细分场景，高级别自动驾驶正在孕育新市场。其中，干线物流、矿区、港口三大场景因人力资源不足和安全事故频发的痛点明显，降本增效成果显著，商业化落地进程较快，头部企业已经基本进入商业化运营阶段。

在自动驾驶解决方案方面，存在单车智能和车路协同两种路线。单车智能通过摄像头、雷达等传感器和高效准确的算法，赋予车辆自动驾驶能力；车路协同通过对人、车、路信息的全面感知，发挥协同配合作用，让人、车、路、云高度融合，打造"聪明的车+智慧的路"。

两种路线并非二元对立，而是相辅相成，互为补充。单车智能是实现自动驾驶的基础，即使在以车路协同为主的技术方案中，单车智能也不可或缺。一方面，在路侧智能设施未覆盖或出现故障时，单车智能可以作为冗余与备份系统让车辆安全可靠地完成行驶任务；另一方面，单车智能也可以作为车路协同的终端触手，辅助进行系统升级和新功能开发。而在复杂的交通环境下，车路协同能够通过智能路侧设备为自动驾驶车辆提供具有完全独立性的数据冗余感知系统，增加感知视角，提升自动驾驶的安全性和可靠性。

在技术可行性之外，参与者话语权、准入门槛、商业化落地难度等也是市场参与者决定采取何种路线的重要考量因素。乘用车是道路上的主要交通工具，也是自动驾驶系统的重要载体。目前，主机厂和自动驾驶解决方案提供商多选择单车智能的技术路线，通过自动泊车、自适应巡航等L2+功能为人们带来人机共驾的体验感，让技术自主可控的同时，获取商业利润，如特斯拉公司的FSD、小鹏公司的NGP、蔚来公司的NOA等系统都是主机厂践行单车智能路线的代表。

自动驾驶主要应用场景如下。

1. 物流

根据不同行驶里程和行驶区域，自动驾驶在物流领域的落地应用场景主要可分为干线物流和末端物流。

（1）干线物流。干线物流一般使用重型卡车，以高速公路为主，具有大批量、长距离、道路参与者相对简单的特点。长期以来，安全和成本问题是干线物流的两大痛点。在这一市场，60%运力为个体车主或小型车队，市场竞争激烈无序，超载、超速、疲劳驾驶等问题普遍存在。搭载L3及以上自动驾驶系统的卡车可以实现高速上自动跟车、变道超车、主动避让、自动调头等多项驾驶功能，在解决安全问题的同时，能替代一名安全员，降低用工需求，减少人力成本，提高运输效率。产业和学术界认为，随着自动驾驶技术的应用，重卡运营成本或可降低26%，事故率或可降低80%。由于商业模式更易落地，干线物流场景的自动驾驶企业众多，主要有主机厂商、智驾技术型企业、互联网公司等，市场竞争激烈。

（2）末端物流。末端物流是连接终端用户的短距离快递配送，以小区、园区等封闭或半封闭场景为主，具有高频分散、即时性强的特征，存在配送效率低、成本高的行业痛点。相比于载人级自动驾驶应用，末端物流场景的行驶速度低、路段封闭、场景复杂度低，自动

---

* B端：代表企业用户商家，英文是business。

驾驶技术的落地难度大大降低，因而能够更早实现规模化的商业应用，搭载自动驾驶系统的无人配送车成为解决方案。通过配备雷达、摄像头等高精传感器，无人驾驶配送车能够实时感知和识别周边环境变化，根据配送物体的数量和需求，自助规划最优配送路线，降低人力依赖，减少重复配送，提高配送效率。目前，中国已经基本实现无人配送车核心零部件的自研、自产、自用，极大降低了产品成本，为规模化应用奠定基础，扫清成本障碍，实现了无人配送车的小规模量产。

2. 环卫

环卫行业主要有高度人力依赖和人员老龄化两大痛点。一方面，环卫是典型的劳动密集型行业，依赖大量人力，人力成本占 60% 以上；另一方面，在老龄化背景下，环卫工人的平均年龄也偏高，多数人员年龄超过 50 岁。自动驾驶环卫车不仅能够节省人力，还能够提高环卫工作的智能化水平，提升环卫工作效率和安全性。随着智慧环卫被纳入政府部门和环卫服务公司的发展规划之中，环卫自动驾驶因其三千多亿的潜在市场空间，以及低速、安全风险更小的技术可行性，成为自动驾驶率先实现商业落地的场景之一。

目前，切入环卫自动驾驶领域的科技公司众多，包括自动驾驶公司、服务机器人公司、泛人工智能应用公司等，如图 4-47 所示。想要在环卫市场突出重围，除了优秀的商业拓展能力，技术、算法和数据的积累及深耕行业的运营能力成为市场竞争的关键。

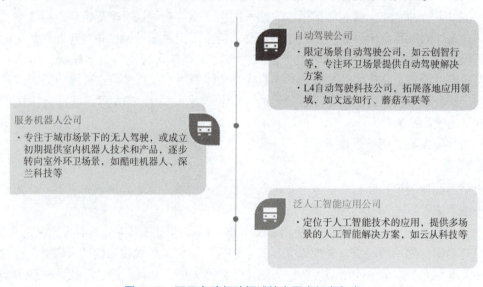

图 4-47 环卫自动驾驶领域的主要市场参与者

3. 矿山

矿区工作存在安全性低和人力成本高两大痛点。一方面，矿区工作危险系数高，安全问题一直是行业的根本诉求；另一方面，矿山多在偏远地区，条件艰苦，危险系数高，即使提高工资也面临招工难的问题。自动驾驶能够减少作业人数，提升矿区工作安全性，降低人力成本，有效解决矿区痛点。因此矿企对自动驾驶技术需求强烈。此外，矿山场景简单、道路封闭、整体条件较为有利，更利于自动驾驶技术落地。

与国外相比，中国矿区自动驾驶起步较晚，主要由希迪智驾、踏歌智行、慧拓智能等自动驾驶公司牵头落地。矿山开采分为露天开采和地下开采，目前国内的自动驾驶企业几乎都聚焦于露天矿的运输场景。矿区自动驾驶解决方案是一项综合工程，不仅需要无人驾驶改装、线控化设计和匹配、加装软件算法和多传感器融合方案，还需要搭建调度系统、高精地图和通信网络，最终实现最优路径规划和决策控制。近 5 年来，国内企业加快矿山场景的技术方案研发和运营探索，多家公司已经开始小规模的车队测试运营。在政策支持、技术进步和市场需求驱动下，矿山自动驾驶商业化落地程度将逐步提升。据预测，到 2025 年中国矿山自动驾驶市场规模有望突破千亿元，中国矿山自动驾驶市场规模预估如图 4-48 所示。

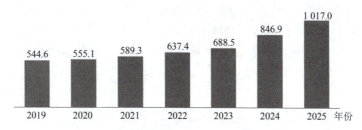

图 4-48　2019—2025 年中国矿山自动驾驶市场规模（单位：亿元）

4. 港口

港口自动驾驶是典型的封闭、低速运营场景，速度在 30 km/h 以下的自动驾驶集卡，能够行驶在塔吊和堆场之间，负责运输集装箱。加之港口基建完善度高，路线复杂程度低，行人和车辆干扰少，自动驾驶技术的落地难度相对较低，是自动驾驶率先实现商业化落地的场景之一。

港口水平运输自动化共有自动导引运输车 AGV、自动驾驶跨运车、自动驾驶集卡三种解决方案，如表 4-3 所示。自 2018 年起，主线科技、西井科技、智加科技等国内多家自动驾驶技术解决方案提供商陆续进行自动驾驶集卡落地应用并逐步实现商业化试运营。目前国内已有十余个港口落地应用自动驾驶集卡，在北、中、南部沿海重要港口均有布局。据统计，预计 2025 年中国港口集卡 L4 自动驾驶渗透率将超过 20%，L4 港口自动驾驶集卡应用规模有望达到 6 000~7 000 辆，中国港口自动驾驶规模将超过 60 亿元，占全球市场约 30%。

表 4-3　港口自动驾驶运输解决方案对比

解决方案	AGV	自动驾驶跨运车	自动驾驶集卡
感知、定位、导航系统	道路预埋磁钉	车载传感器	车载传感器
基础设施改造	前期投入大、改造费用高	基本不需要场地改造	基本不需要场地改造
采购、维护、保养成本	单车成本高昂	单车成本较高	单车成本较低
运输能力	水平运输	水平及垂直运输	水平运输
使用区域限制	港内限定区域	港内限定区域	港内、港外、等级公路
使用便利性	仅能自动驾驶	同时支持自动驾驶和远程控制	同时支持自动驾驶和远程控制
调整作业区域	需重新铺磁钉	简单易行	简单易行
未来技术升级潜力	低	高	高
适用港口	大型新建港口	堆垛箱数较少新旧港口	新旧港口

目前，自动驾驶企业兼顾算法优化和量产落地，在技术研发同时，通过技术应用降维实现规模化量产，打通商业化落地路径，构建数据闭环，推动自动驾驶加速落地。当自动驾驶下半场来临，商业化落地将成为竞争关键。

自动驾驶商业化主要受场景标准化程度、技术成本优势、安全性能要求等因素影响。高级别自动驾驶将遵循从封闭到半开放和开放、从专用到通用、从载物到载人的落地逻辑。

商用车方面，自动驾驶货车商业模式清晰，有望率先落地；末端物流刚需较强，有望带来实质性成本和效率优化；矿区、机场、园区等因场景特征优势将成为高确定性的落地场景。乘用车方面，随着自动驾驶人工智能模型在云端深入应用，行泊一体的自动驾驶架构持续迭代，车端自动驾驶系统的综合成本大幅度降低，以重感知技术为主，主要依托视觉方案的智驾系统，将可以在中低算力车端平台上部署，这将使得高级别自动驾驶系统成为中端价位车型的标配。同时，用户体验也将从尝鲜转变为用户依赖。此外，国内无人驾驶网约车落地进程和乘坐体验与市场预期基本相符，有望在 2025 年迎来成本拐点。

任务4.7　人工智能在智慧城市中的应用

4.7.1　人工智能与智慧城市的应用现状

在智慧城市行业中，涌现了一批如科大讯飞、华为、阿里巴巴等公司。智慧城市是指利用现代信息技术手段，对城市的各种资源进行智能化管理和优化，提高城市的运行效率、服务水平和可持续发展能力的城市。随着城市化进程的加速，智慧城市建设已成为国内外城市发展的热点和趋势。提供城市大脑解决方案，通过大数据、人工智能等技术手段，实现城市各项资源的智能化管理和优化，建立智慧城市平台、智慧安防、智慧交通、智慧能源、智慧水务等，形成了覆盖城市管理各个领域的智慧城市生态圈，智慧城市特点如图 4-49 所示。

图4-49　智慧城市特点

自然环境是人类赖以生存与发展的基础。人口急剧增长和人类活动愈发频繁对全球气候产生了深远影响，也更加恶化了人类自身的生存环境。据联合国环境规划署《2020 年排放差距报告》，2019 年全球温室气体排放量连续第三年增加，达到了 $5.91×10^{10}$ t 二氧化碳，再创历史新高。数据显示，碳的过量排放导致近 5 年全球升温 0.2 ℃，平均每年升高了 0.04 ℃，是过去 200 年平均增速的 7 倍；导致南极地区出现了 20.75 ℃ 的有记录以来的最高气温。早日实现"碳达峰""碳中和"目标已刻不容缓。

自 2008 年正式提出以来，智慧城市引发了全球广泛关注。通过新兴技术聚合城市智慧以形成可持续的城市竞争力，引入、打通和集成信息化基础设施、数据管理和控制系统提供智能服务，智慧城市期望解决城市所面临的困境与难题，进一步提升人民生活质量、城市竞争力及可持续发展潜力。作为《欧洲绿色新政》的一部分，欧委会于 2020 年 9 月上调了欧盟 2030 年温室气体减排目标，与 1990 年排放水平相比，减排至少 55%。中国亦布局智慧城市建设，全面贯彻创新驱动发展，引领中国特色的新型城市化之路。经过 10 年的探索，中国的智慧城市建设持续深化，未来发展将紧密围绕"碳达峰""碳中和"目标，因城制宜可持续发展，智慧城市将更智慧更有温度，如图 4-50 所示。

试点探索　　2012年　　第一阶段
落地实施　　2014年　　第二阶段
发展转型　　2016年　　第三阶段
新篇章　　2020年　　第四阶段

智慧城市试点探索

2012年12月5日，我国住房城乡建设部正式发布"关于开展国家智慧城市试点工作的通知"，并印发《国家智慧城市试点暂行管理办法》和《国家智慧城市（区、镇）试点指标体系（试行）》两个文件，从此启开我国智慧城市建设的序幕。2013年1月，住建部在北京召开创建国家智慧城市试点工作会议，公布首批90个国家智慧城市试点名单，同时与第一批试点城市（区、县、镇）及所在省级人民政府签订共同推进智慧城市创建协议，提出智慧城市的初步目标是"高起点构架智慧城市顶层设计，高标准建设智慧型城市基础设施，高规格建立智慧型城市发展协调机制"

智慧城市落地实施

2014年8月，国务院印发《关于促进智慧城市健康发展的指导意见》，提出到2020年建成一批特色鲜明的智慧城市，标志着智慧城市全面进入落地实施阶段，2015年3月，智慧城市首次写进国家层面的政府工作报告，引发了社会各界的高度关注。渤海、长三角和珠三角三大经济特区，成渝经济圈、武汉城市群、鄱阳湖生态经济区、关天经济区等中西部地区的智慧城市建设均呈现出良好的发展态势

智慧城市发展转型

2016年12月，国家发改委发布《新型智慧城市评价指标（2016年）》，指出智慧城市向"以人为本、惠民便民、绩效导向、客观量化"，不仅关注智能业务性能，还应关注居民用户体验。这一理念促使智慧城市向"创新、协调、绿色、开放、共享"的新目标转变，IDC（国际数据公司）的最新预测显示，在 2020—2024年的预测期间内，可持续基础设施、数据驱动治理以及数字化管理三者支出总额将持续超出整体智慧城市投资的1/2

智慧城市新篇章

进入"十四五"时期开局之年，智慧城市的建设有了新要求新目标。2020年9月22日和12月22日，习近平总书记分别在出席联合国大会和巴黎峰会签署5周年之际发表了有关"控制碳排放"的重要讲话，中央经济会议也将"做好碳达峰、碳中和工作"作为2021年的8项重点任务之一。"十四五"将成为中国瞄准"碳中和"、实现"碳达峰"的关键阶段

图 4-50 中国智慧城市发展历程

在中国，经过较长时间的探索，智慧城市建设卓有成效。例如，"刷脸过闸"让人们的交通出行更顺畅快捷，中转、拥堵时间大幅降低；"预约问诊""电子病历"为医生和病患提供了更多的便利，节约了医生问诊和病患排队的时间，小病和常见病也能得到及时处理。

智慧城市前期相关设备和系统往往由不同厂商提供，缺乏对未来场景扩展性的通盘考虑，导致了技术标准和数据标准不统一、信息不互联、数据不互通等问题，形成了信息烟囱甚至是智能烟囱。在技术方面，缺少统一的技术指导和评估标准，智慧化建设难以做到全市一盘棋，建设模式难以形成合力；在数据方面，技术壁垒和管理壁垒导致形成大量数据孤岛，数据来源多样、结构不一、无法共享交换，使得智能化场景效果不尽如人意。

4.7.2 人工智能与智慧城市

人工智能技术经过 60 多年的发展，可以帮助人类实现识别、认知、分类、预测、决策等多种能力的方向发展进化，大幅跨越了科学与应用之间的"技术鸿沟"，如内容识别与搜索、语言交互、自然语言处理、对话机器人、图计算引擎等应用实现了从"不能用、不好用"到"可以用"的技术突破，迎来爆发式增长的新高潮。未来，人工智能将成为智慧城市建设"碳中和"、可持续发展目标的基本生产力，助力城市"碳达峰"目标的实现，深入到城市的各个角落，创新城市新要素，让人们用得起用得好、用得放心。

智慧城市涵盖了政务、交通、金融、工业、医疗、应急和资源七大领域，城市管理遍布观、管、防、服四大环节。各领域各环节又存在众多细分领域和环节，使得智慧城市建设内容范围广、涉及领域多。而在各地推进智慧城市应用落地时，存在顶层设计不清晰、城市建设目标不明确，以及照搬智慧城市建设方案、未能与自身建设需求和地方特色相匹配的问题。这导致了智慧城市的局部性，使得应用场景孵化分散、城市建设失去焦点，难以形成管理行为，智慧化程度较浅，智能成色不足，如图 4-51 所示。

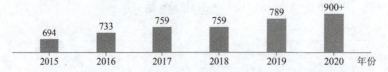

2015—2020年中国智慧城市累计试点数量
资料来源: 住建部、发改委、工信部

图 4-51　中国智慧城市累计试点数量（单位：个）

　　由于不同城市、不同区域、不同行业间对智慧化的需求和条件具备程度各有不同，智慧城市的建设方案可能难以适用于所有的城市建设升级。此外，智慧城市的建设落地受到城市经济发展水平、技术进步水平、城市管理水平等方面的制约，一方面存在试验失败造成的创新成本过高的风险，另一方面缺乏探索适合在其他行业领域推广的创新模式，平顺推进建设落地具有一定难度，如图 4-52 所示。

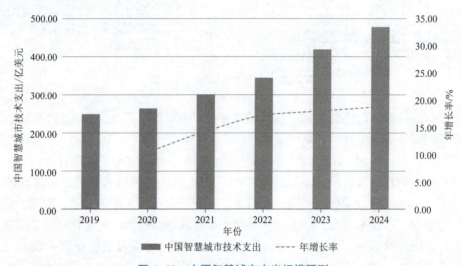

图 4-52　中国智慧城市支出规模预测

　　智慧政务运用云计算、大数据、物联网、人工智能等创新技术，打造城市智能中枢，助力政府实现精细化城市治理和精准政务服务，实现政府各职能部门各种资源的高度整合，实现各职能部门各种资源的高度整合，提高政府的业务办理和管理效率，同时加强职能监管，使政府更加廉洁、勤政、务实，提高政府的透明度，以形成高效、敏捷、便民的新型政府，保证城市可持续发展，为公众建立一个良好的城市生活环境。

　　近年来，党中央、国务院高度重视智慧政务建设。2021 年 1 月 6 日，国务院办公厅印发《关于进一步优化地方政务服务便民热线的指导意见》，要求各地区设立的及国务院有关部门设立并在地方接听的政务服务便民热线实现一个号码服务即 12345 热线，更加彰显了国家政务惠民的决心。基于此，华为云打造三大智慧政务引擎，为智慧政务蓬勃发展保驾护航，如图 4-53 所示。

1. 让政务数据"盘得全"，打造高效决策的"最先一公里"

　　政务全域感知引擎，紧紧围绕跨部门、跨渠道和跨模态三大政务数据感知方向，全方位、宽领域、多角度地挖掘不同利益群体在不同渠道发布的实时诉求和各级单位运作的实时和历史状态。市民、企业和各类民间组织每日产生和发布的公开数据、各级党政机关建设的电子政务系统在日常运转中生成的业务数据，都是全域感知的数据源泉。通过对政策的执行对象、执行过程、执行效果和既定目标的准确采集，对市民的意见反馈、态度情绪和社会预期等相关舆情数据的及时感知，政务全域感知引擎能够助力决策者更全面地掌握城市管理与服务数据，依据更完整及时的客观数据进行分析研判和统筹规划，最终实现从分散决策向高效决策的转变。

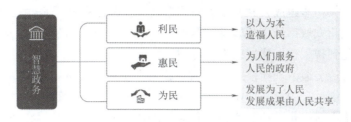

图 4-53　智慧政务

2. 让政务决策"算得准"，打造精准化的政务治理

政务知识计算引擎，通过知识计算，使城市生活中的衣、食、住、行数据，城市管理中的行政管理、公共事业管理、劳动与社会保障、土地资源管理等数据，都能够被结构化地分析和挖掘，并保证在同一个数据治理协议的框架下进行共享，从而建成易于人类组织、管理和利用的动态知识库。它让智慧政务能够利用数据之间的关系进行业务和运营的优化，将来自政务各个角落不同来源的数据在一个全面的、可查询的语义图上连接起来，并展示关系中的相关点，让政务数据真正活起来，为自主决策、全局管控、精准服务和资源调配提供有力支撑，经过可靠分析和充分计算的政务数据，将为实现精准化政务治理提供关键支持。

3. 让政务服务"办得快"，实现精准高效政务服务

政务机器人引擎，能够针对政务领域的业务内容和流程特点，将交易量大、重复性高、易于标准化、系统异构的业务工作以自动化和智能化来接管，以标准化的用户体验替代不稳定的服务质量，减少政务领域合规风险，使人力资源得到高效分配，让市民享有全天候的优质政务服务。

以上海智慧城市建设为例，随着人民生活水平不断提高，人民群众的需要呈现多样化、多层次、多方面的特点，如更可靠的生活保障、更高水平的医疗卫生服务、更舒适的居住条件、更优美的环境等，而 12345 政务服务便民热线就是很好反映民生的窗口。上海市 12345 热线平均每天会接到几千个来电，包括咨询、求助、意见建议、投诉举报等类别，涵盖卫生、计生、公安、住房保障、工商等十大领域，涉及上千余个委办单位。通常人工接线员精力有限，每天约处理 50 余个来电，每个来电还需要手动填单、手动类型归口等环节，服务质量和要求难以满足人民的需要。借助人工智能技术，可实现对群众来电智能导航分流，将不同类型的问题进行分流；智能提取群众诉求，自动填写诉求工单，并且快速识别诉求的所属类别，精准归类；智能识别群众来电意图，推荐相匹配的知识条目，为人工座席提供正确话术；还可实现智能派单、智能问答等功能。人工智能的介入将政府工作单处理效率提升了50%以上，约80%事件当日办结，提炼出 1 000 余热点话题，大幅提升处理效率。通过政务人工智能应用，可实现提炼关键模型，构建智能感知发现、数据分析研判、人机协同处置的闭环全流程，将"问题解决在开口之前"，极大提升政务服务满意度。

在上海徐汇区，华为云与区城运中心共同利用人工智能技术，开发徐汇12345智能感知系统，从时间、空间和人群三个维度，动态分析热点话题的关联。通过将热点话题历史处置情况提炼成关键模型，构建智能感知发现、数据分析研判、人机协同处置的闭环全流程，提前预判热点问题趋势及风险态势，为"高效处理一件事"提供决策支撑。

上海黄浦区创新性提出了实现"物联、数联、智联"的总体目标和建设任务。以顶层设计为引领，通过创新全方位、全时空、全流程、闭环式的运营管理模式，打造黄浦区城运平台。目前，全区已初步建成公共安全、公共管理、公共服务和经济运行四大板块共15个专题应用。在实现超大城市精细化管理的过程中，"一网统管"的理念推动黄浦区城市治理从数字化、智能化到智慧化，让城区更"聪明"。

慧在交通，打造交通治理新范式。智慧交通是人工智能、5G、工业互联网等新兴基础设施与交通运输深度融合的新兴产业，是推进综合交通运输质量变革、效率变革、动力变革的重要依托，是抢占新一轮科技革命和产业变革先机的重要手段。早在2019年9月19日，中共中央、国务院印发了《交通强国建设纲要》，并在各地区各部门贯彻落实。建设交通强国是以习近平同志为核心的党中央立足国情、着眼全局、面向未来做出的重大战略决策，是建设现代化经济体系的先行领域，是全面建成社会主义现代化强国的重要支撑，是新时代做好交通工作的总抓手。

人工智能赋能城市交通，将从规划、建设、管理多方面入手，从数据、技术、业务等多方面发力，创造性地提高城市交通运行管理水平、推动基础设施智能化升级、提升交通治理现代化水平、提升客货运输服务品质、培育发展智能交通新业态、完善智能交通发展体制机制，成为助力智能交通建设的重要目标。

交通是国民经济的基础产业，是连接城市各行业要素和组织单元的枢纽，同时也是推动社会经济高速发展的重要支撑，因此智慧交通在智慧城市建设中具有先导性、战略性的核心地位。智慧交通与智慧城市的共同之处都在于以数字孪生为未来城市运转的理论基础，通过数据整合和业务协同的探索，最大化地运用不断涌现的新技术、新方法、新思路，以提高道路乃至城市整体的运行效率。

未来城市群之间、核心城市与腹地之间联系将更加紧密。紧抓交通科技创新驱动力，促进城市、区域要素高效流通，打造具有韧性、可持续的交通体系，满足高附加值客货运服务要求，是智慧交通建设的重要抓手。智慧交通将以构建便捷、安全、绿色、智能的交通为导向，大力发展慢行，倡导全民绿色出行，由以机动车为主体的出行方式，转变为以公交、非机动车和步行为主体的交通新模式；以提升居民生活的质量和幸福感为目标，拓展慢行交通时空可达性和全天候适用性，创建优质慢行环境；以满足居民"休闲+通勤"复合的需求为落脚，依托区域绿道、市政道路及公园绿地，构建连续成网的非机动车网络，如图4-54所示。

1. 出行更安全

人工智能将会全面服务市民的安全出行。例如，轻微事故实现一站处理，平均撤离时间缩短至5 min。对重点车辆进行全流程监管闭环，建立重点车辆主动预警、协同监管平台，构造"事前预防—事中预警—事后决策"监管闭环。

2. 运行更高效

人工智能保障各类交通服务系统高效运行，做到精细化的感知和调度。通过跨行业的交

图 4-54　人工智能赋能智慧交通

通业务协同，全市交通要素将纳入统一的智能中枢，灵活交通调度，如公交接驳车班次、出租车运力、列车加减速变化频率等，促进城市交通和谐发展，让居民根据出行需求合理地选择交通工具，发挥不同交通方式各自的优势。交通系统真正实现以人为本，出行一张票，货运一张单，综合监管一张图。

3. 管理更有效

人工智能将会深刻影响政府管理部门的管理手段和管理模式。建设高效协同、绿色环保的交通运输系统，重点关注道路网、公交网、铁路网、水运网的合理配置与相互衔接。通过推动多中心、郊区化发展，有序推动数字城市建设，提高智能管理能力，逐步解决中心城区人口和功能过密问题。构建面向未来的智慧化交通枢纽，城际与城市交通的一体化，包括建筑空间上的一体化、运营组织上的一体化、信息服务上的一体化、应急调度的一体化。

人工智能赋能深圳交警。截至 2020 年 1 月，深圳市机动车保有量为 352 万辆，外地车超过 100 万辆，共有 2 500 个灯控交叉口。因此，作为道路车辆密度全球最高的城市，路网压力极大，调度极困难。华为云通过人工智能赋能交通解决方案，通过深度学习算法对实时视频流进行结构化处理，取得带有转向信息的车流数据，再通过仿真器和强化学习技术，以平均延误最低和道路不得溢出为目标，实时对路口信号灯进行控制。经检验，该解决方案使整个城市所有路口交通流达到了相对均衡，平均通行延误降低 17%，早高峰时长缩短 10～15 min，极大缓解了城市拥堵，方便了群众的出行。深圳智慧交通"绣"出城市出行幸福感。

人工智能赋能无锡公交。无锡公交集团有 272 条常规线路，营运车辆 2 600 多辆，年营运里程达 1.4×10^8 km，日发送旅客 78 万人次左右。庞大的规模使提升公交营运效率、公交营运业务的数字化和智能化成为亟待解决的问题。华为云通过融合人工智能技术结合无锡市车路协同基础设施，赋能智慧公交解决方案，研发了国内首个具有"云控"能力的智慧公交产品，通过合理制定公交运行计划，结合公交运行状态精准控制，让公交出行如轨道交通般精准可控。经试点检验，该解决方案使公交运行到站平均误差控制在 3 min 之内，有效提升了公交运行准点率，行程时间减少5%以上，有效改善公众公共出行体验。

慧在医疗，为民众健康保驾护航。智慧医疗是医疗健康行业利用云计算、大数据、人工智能、5G、工业互联网等新兴技术，实现信息化、数字化、标准化和智能化的新型医疗健康体系。作为社会经济和人民生活最密切的场景之一，人工智能与医疗健康的应用场景结合愈发紧密，如图4-55所示。

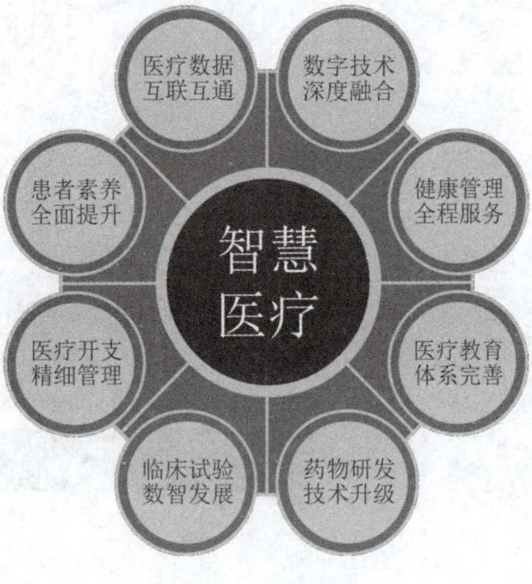

智慧医疗应着力发展便携高效的智能服务，推广应用人工智能精准医疗新模式、新手段。在药物领域，基于人工智能开展大规模基因组识别、蛋白组学、代谢组学等研究和新药研发，推进医药监管智能化；通过人工智能的应用，加强流行病智能检测和防控。相关研究成果在2020年新型冠状病毒感染的防控、诊断和治疗上发挥了重要的作用。

图4-55 智慧医疗

医疗健康体系关系着每一个人和每一个家庭，也是城市健康发展和活力的源泉。智慧医疗健康体系是智慧城市的重要组成部分，是保证智慧城市的活力基础。实时响应的公共卫生管理体系、数字化的医疗健康服务和高效的研发创新机制，是智慧城市的一张名片，也是让智慧城市健康、有序发展的核心。

医疗健康服务的核心是医院，医院的数字化转型和自身的管理变革随着医疗信息化、大数据和人工智能的技术应用而加速。院内的资源调度、行政事务管理、电子病历、智能导诊与分诊、智能辅助筛查与诊断、医疗机器人、健康管理、精准医疗、医疗支付、病人看护等众多场景也都与民生体验息息相关。

医疗健康产业的发展离不开科学和技术的创新，药物和医疗器械的原创发展，也是解决"卡脖子"问题的关键。医药企业的研发效率在人工智能的加持下大幅提升，医疗器械也因为人工智能的装备实现更少的数据得到更精准的结果。这些上游原创药物和器械的普及，将会大大降低医疗服务的成本，从而惠及更多的群体，如图4-56所示。

图4-56 人工智能赋能智慧医疗

云计算、大数据、人工智能、5G、工业互联网等新兴技术推动医疗健康体系的信息化、数字化和智能化。从推动每个细分领域开始，进而促进全产业链的发展，也给监管机构、产业公司、服务机构和每一个人带来全新的模式和体验。智慧医疗健康的发展随着技术的进步呈螺旋式上升，基于医学健康大数据，在智能计算、智能感知和智能认知三个层面，逐步拓展至各个细分领域，包含公共卫生、医学影像、医疗器械、药物研发和精准医疗等方面。

1. 公共卫生

人工智能赋能公共卫生领域的基础设施和防控治理体系，快速识别和鉴定传染疾病，再结合通信和交通大数据，可以快速确定新型冠状病毒感染影响的范围，提高对新型冠状病毒感染等突发事件的响应和决策速度，识别传染源，切断传播途径，保护易感人群，降低防控成本。医院可以实现医疗信息的电子化，进而实现病人管理、药械管理、病房管理等方面的全面智能化。通过图像识别和自然语言处理等技术，可以大幅加速电子病历及相关临床试验的发展，惠及医学研究及患者。互联网医疗及物联网的使用，可以大幅提升疾病的风险识别及预警能力，也将方便采集人体的多维数据，做到健康信息的全面数字化。

2. 医学影像和医疗器械

人工智能对医学影像数据进行分析与处理，构建深度学习模型，经过打磨与优化后进行智能推理，给出个性化的判断结果。其主要解决病灶识别与标注、定量分析和三维重建的需求，辅助医生完成疾病的诊断，能够大幅提升读片效率和诊断的质量。在新型冠状病毒感染的病灶定量分析与疗效评价中，人工智能充分发挥了快速、高效、准确的特性，在辅助新型冠状病毒感染 CT 影像筛查工作中发挥了重大的作用。未来，人工智能将惠及所有医学影像的领域，也进一步提升医师的诊断质量，促进分级诊疗模式的建立和落地。医疗机器人，如手术机器人、康复机器人等，将随着人工智能的发展，为人类提供更加专业和安全的辅助和服务。

3. 精准医疗

精准医疗的基础是基因测序，通过对基因和分子变异层面的鉴定和分析，可以实现同病异治、异病同治和最终的个性化治疗。利用组学（基因组学、转录组学、蛋白组学、代谢组学等）特征和表型、临床等信息指导预防、筛查、诊断和治疗。人工智能技术应用于上游的基因测序设备，提升了光或电信号数据处理的速度和准确度；应用于中游的基因数据分析，可以有效地帮助智能模型的建立、分类和生物标志物的研究；在下游的临床应用，可以应用于分子诊断、伴随诊断、靶向治疗和肿瘤免疫治疗等领域。同时，基于基因数据的药物研发成功率将会提高一倍。

4. 药物研发

药物研发的全流程复杂、研发周期长、研发费用高、研发成功率低，平均历时 10 年、耗资 26 亿美元，才能完成一款药物的临床前研究、临床试验和审批上市。同时药物研发过程中大量的不确定因素需要大量的试验进行验证，如靶点的成药性、药物和靶点的结合分析等。人工智能技术可应用于药物研发的全流程，加速靶点发现药物设计、结构预测、药物的大规模虚拟筛选、药物重定向、临床前药理评估、合成路线优化、临床试验设计及分析、申报材料自动撰写等工作。通过高效准确的智能系统，减少各个环节的不确定性和试验投入，从而缩短研发周期、降低试错成本和提高研发成功率。

药物研发——神农项目助力新型冠状病毒感染药物筛选，2020 年年初，在新型冠状病毒感染的初期，如何快速地找到潜在的药物治疗新型冠状病毒感染是抗击新型冠状病毒感染的关键之一。华为云与华中科技大学同济医学院基础医学院、华中科技大学同济医学院附属武汉儿童医院、西安交通大学第一附属医院、中国科学院北京基因组研究所成立联合团队，全面系统地评估了潜在小分子药物对新型冠状病毒所有靶点蛋白的结合情况。从新型冠状病毒蛋白序列开始，针对所有21个靶点蛋白进行同源建模、分子动力学模拟优化，获取靶点蛋白的3D结构，对超过8 500个已上市、进入临床的小分子药物进行了约18万种药物—靶点配对情况的计算评估，让研究人员可以同时从21个蛋白的角度，综合、无偏地评估药物效果，从而为后续的药物机制研究、临床试验提供线索。该工作筛选出5种可能对新型冠状病毒感染有效的抗病毒药物，其中多个药物进入后续的临床试验。人工智能算法和云计算的使用，让药物筛查的工作从几个月的实验过程缩短到2天，对新型冠状病毒感染的控制和防治产生了重要和积极的影响。

精准医疗——人工智能加速三代基因测序数据分析，牛津纳米孔技术是目前已经广泛应用的靶向基因组测序技术，与二代测序技术相比，它可以产生相对更长的测序读数，在靶向基因组测序中，碱基识别是将原始电流信号转换为核苷酸序列的过程，该过程显著地影响下游分析的质量。不同的碱基识别工具有不同的精度和速度，Bonito是最近开发的一个基于深度学习的碱基识别工具，虽然Bonito达到了最高的精度，但其速度太慢，无法用于生产。华为云开发的Fast-Bonito，使用神经网络结构搜索技术搜索全新的主干网络，并使用最先进的深度学习模型训练技术从头开始对其进行训练，新模型在速度和准确性上取得了平衡。在保证精确度的情况下，Fast-Bonito的速度比原始Bonito快153.8%。更进一步，通过使用华为Ascend910NPU，Fast-Bonito的速度比原始Bonito快565%。

影像筛查——人工智能助力新型冠状病毒感染影像的筛查，面对来势汹汹的新型冠状病毒感染，2020年2月4日发布的《新型冠状病毒感染的肺炎诊疗方案（试行第五版）》，已将"疑似病例具有肺炎影像学特征者"作为新型冠状病毒感染临床诊断标准。作为新型冠状病毒感染重要的诊疗决策依据手段之一，CT快速诊断有特有优势，既是专业手段，也是循证工具。但是，由于患者肺内病灶多、变化快，短时间内需要多次复查、图像多等情况，造成影像医生工作负荷显著增加，加上可精准诊断、量化分析新型冠状病毒感染的影像医生紧缺，诊断效率难以大幅提升，造成筛查方案需要花费4~5天。基于人工智能技术可将CT量化结果秒级输出，将医生的诊断结果出具时间缩短至2 min内，极大地提升了筛查效率。人工智能技术实现全自动、快速、准确地为影像及临床医生提供CT量化结果，缓解可精准诊断新型冠状病毒感染影像医生紧缺的局面及隔离防控压力，减轻医生诊断工作负荷。

人工智能助力应急，保障城市运行安全稳定，人工智能+应急，面对严峻复杂的城市安全管理保障形势，城市应急管理体系和能力仍相对落后，应急管理信息化水平不高，亟须通过数字和智能技术进行赋能，提高监测预警决策的效率、应急指挥和救援的战斗力，实现应急资源的统一调度和调控，高效支撑应急场景，提供优质的一体化服务，如图4-57所示。

人工智能引领未来应急管理行业变革，将覆盖智慧应急发现、防控、处置、补缺的全生命周期。在发现环节，应用人工智能可以有效提升应急场景的发现能力，与雷达、摄像头等传感器结合，可以广泛应用于极端天气预测、森林防火、防洪排涝、安全生产等领域。在防控环节，以数据科学为手段的态势研判和洞察将会显著助力专家经验，其威力在新型冠状病毒感染防控中已经得到了有力证明。在处置环节，以知识计算为手段的人员赋能，能显著缓解应急领域业务范围广、处置任务急的困难，让人与机器交互协作，提高救援队伍战斗力。

在补缺环节，应急事件成为案例，沉淀了新的数据和知识，进而可产生新的洞察和经验，新的信息技术也是破解应急新问题的有力法宝。

图 4-57 人工智能赋能应急救援

人工智能赋能城市应急管理，从基础规划、生态能源、人居环境、社会民生、产业经济5 个维度进行统一规划和赋能，助力提升城市治理水平。

1. 基础规划

智慧应急将加强对城市通用视觉传感器的利用，减少重复建设；对城市数据进行统筹和打通，并基于数据对城市风险进行评估和预判，通过覆盖感知认知决策的智慧应急基础设施和智慧应用提高城市安全水平，助力安全发展，指导城市交通、水利等各类工程的规划和建设。

2. 生态能源

在极端天气常态化的总趋势下，防汛、防旱、防风的重要性日渐增加，短时强降水预报和中长期预报有待进一步提高。应用 AI+雷达可以大幅提高短临预报和极端天气的准确率，为防灾减灾赢得宝贵的时间，减少极端天气造成的损失。通过城市泛在摄像头对积水、水文进行实时监测，并和信号灯调控进行联动。通过数据驱动的气象、内涝和水文模型能显著弥补机理模型的困难，相互融合。知识图谱和运筹优化驱动的决策辅助，使得专家和机器各司其职。实现对水、电、油、燃气、通信管道、给排水、地铁、桥梁、隧道等城市生命线风险全方位监测覆盖，完善预警算法和机制，提升耦合隐患辨识能力。利用大数据对生命线风险进行洞察和评估，识别关联因素和风险点，进行针对性的排查和改进。

3. 人居环境

利用家庭/楼宇摄像头对烟火进行智能识别，为不安全行为进行识别和告警，提高水、电、气、暖等资源的可用性、舒适性、安全性和使用效率，从而提供更为便捷的沟通渠道和安全辅助；对高风险单元进行视频智能监控，及时识别隐患和违规行为，对工作环境进行严格管控，杜绝高风险操作。

4. 社会民生

加强城市发展安全文化引领，引导公众、社会组织等社会力量参与，形成城市安全治理合力，提升广大从业人员及社会公众的安全应急意识和自救互救能力；利用知识图谱对应急相关知识进行组织、沉淀、刷新和管理；通过各类渠道，包括搜索、推荐、对话等，利用应急相关知识在合适场景对公众和救援队伍进行赋能，增强公众的应急安全意识；基于大数据的新型冠状病毒感染防控可以对人员活动进行密切跟踪和追溯，对防疫风险进行科学准确评估，为进行政策制定提供决策基础。

5. 产业经济

通过人工智能对城市针对性的寻医问药进行治理，实现城市安全系统治理、综合治理、源头治理，构建全周期安全管理战略性思维体系；通过技术持续积累行业知识、数据和运营经验，完善配套服务，制定产业标准，引导产业聚集，催生新的城市安全产业链条，研究新的协同机制和商业模式，加强价值能力的开放共享，促使产业链上下游厂商密切协作；借助平台智能提高应急知识的传播和学习效率，帮助决策者对城市安全态势的全局感知，从而可协调各类资源推动问题解决和产业链发展。

以智慧水务预防苏州城市内涝为例，华为云建设了内涝水尺智能识别系统，对城市易涝点和重要场所进行视频监控，在降雨时对视野中内涝水尺的水位进行实时智能读取和告警。系统直接利用旧城市中已经遍布的各类摄像头，对积水情况进行智能识别，不用新建摄像头，只需增加人工智能计算能力即可实现城市积水的泛在监控。一方面实现 7×24 h 持续监控，对城市的内涝态势进行准确评价，进而为建立数据驱动的内涝预测模型积累数据，提高城市内涝的预判性；另一方面把内涝监测和红绿灯调控、泵站调度等进行联动，在已经或即将出现严重积水的桥洞或道路实现红绿灯常红，并及时调度泵站等各类资源进行排涝，从而实现城市内涝管理的现代化与智能化。

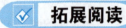 拓展阅读　　 素质拓展

☑ 思考与练习

1. 简述人工智能在医疗领域的三种应用，并说明每种应用的潜在益处。
2. 描述人工智能在金融行业中的作用，举例说明至少两种不同的人工智能应用。
3. 解释什么是机器学习，以及在 AIGC 中的应用？
4. 讨论自动驾驶汽车中人工智能的关键作用，并指出其对交通安全的潜在影响。
5. 人工智能在教育技术中的应用有哪些？请提供至少两个例子。
6. 阐述人工智能在智能家居设备中的作用，并讨论它们如何提高生活便利性。
7. 描述人工智能在内容创作（如文章、音乐或艺术）中的应用，并探讨这对创意产业的意义。
8. 人工智能在零售业中的客户分析和库存管理方面扮演什么角色？
9. 解释人工智能在语言翻译服务中的应用，并讨论它如何帮助克服语言障碍。
10. 人工智能如何帮助农业部门提高作物产量和效率？

项 目 五

人工智能的伦理和安全

✓ 学习目标

➤ 专业知识目标

1. 了解人工智能伦理及安全一般概念。

2. 了解人工智能伦理与安全风险。

3. 了解人工智能伦理与安全治理途径。

➤ 职业技能目标

1. 理解人工智能伦理及安全的概念和内涵。

2. 了解人工智能带来的伦理与安全风险。

3. 遵循人工智能伦理和安全规范指导自身行为。

➤ 职业素质目标

1. 学习态度端正，积极参与课前、课中、课后的学习讨论活动。

2. 培养学生道德伦理和法律法规意识，自觉遵守科学伦理规范，遵纪守法。

3. 培养爱国主义和创新精神，在中国现代化建设中探索和凝练中国方案。

➤ 职业能力图

根据学习目标，绘制本项目的职业能力图，如图5-1所示。

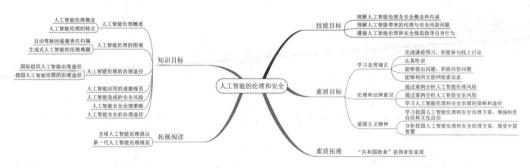

图5-1 职业能力图

✓ 知识链接

➤ 项目引入

无论是否接受，人工智能技术已经开始对现实世界进行重重改造。在消费电子领域，手机和计算机厂商正在将不同种类的人工智能大模型，植入到各种终端产品中。这些公司普遍认为，人工智能能极大程度地改善困于创新瓶颈中的行业现状，重新激发用户的购买需求。在汽车行业，特斯拉 2024 年 4 月初向 170 万车主推送了完全自动驾驶（full-self driving，FSD）正式版本，端到端的神经网络人工智能系统让驾驶决策更像人类司机，比如，连续跨越 4 车道转向。更为重要的是，目前为止特斯拉 FSD 还没有被曝出发生任何重大事故。人工智能的下一站会在哪里？人们似乎正在人形机器人行业凝聚共识。

2017 年 10 月 26 日，沙特阿拉伯授予中国香港汉森机器人公司生产的机器人索菲亚公民身份。作为史上首个获得公民身份的机器人，索菲亚当天在沙特阿拉伯说，她希望用人工智能"帮助人类过上更美好的生活"，人类不用害怕机器人，"你们对我好，我也会对你们好"。

索菲亚拥有仿生橡胶皮肤，可模拟 62 种面部表情，其"大脑"采用了人工智能和谷歌语音识别技术，能识别人类面部表情、理解语言、记住与人类的互动。2018 年 8 月 24 日，索菲亚受聘成为人类历史上首位人工智能教师，开创在线教育新纪元。索菲亚表示："我希望我的存在和我们一起开展的开创性工作能够帮助更多学校在课堂中拥抱技术，为下一代的崭新世界做好准备。"

在技术高歌猛进的同时，人工智能正在不断模糊物理世界和个人的界限，不断刷新人的认知和社会关系，延伸出复杂的伦理、法律和安全问题，但相应的规范和制度设计还存在盲区，这是对人类社会的一个极大挑战。请思考：假如有一天，跟你一起坐在教室里上课的同学中，有一半是机器人，你是否愿意跟它们一起上课，你认为机器人应该享有和人类一样平等的社会地位吗？

✈ 项目描述

人形机器人的商业化需要场景、技术和资本的共同催化，此刻的人类世界或许正处于深度变革期。虽然目前的机器人尚未达到我们所设想的样子，但科技的发展在推动机器人的成长，或许在不远的未来，机器终将成"人"。请列出人工智能会带来哪些伦理及安全问题，查阅现阶段人工智能伦理和安全治理的策略及途径，并在学习小组或班级里交流讨论。

✈ 项目任务单

姓名		班级	
学号		授课形式	理实一体
学情分析	1. 通过前期学习人工智能的发展历程、人工智能的技术基础和人工智能在各行各业的应用，学生对人工智能如何改变人们的生产、生活、学习方式等方面有了较为深入的了解。 2. 通过课堂交流互动环节，学生对人工智能发展给人类社会带来的伦理和安全挑战还没有清晰的认识。 3. 课前开放式问卷调查要求学生依据人工智能时代对就业市场带来的冲击和挑战，以所学专业特点调整个人职业发展规划，结果发现学生对人工智能可能带来的风险和挑战有感性认识，但还难以做到合理调整个人职业生涯方向，根据结果对课堂教学内容、策略做调整，再备课。 4. 学生对人工智能带来的伦理和安全风险有感性认识，对人工智能伦理和安全治理策略和途径鲜有建设性结论，应当重点讲解

续表

学习目标		1. 掌握人工智能伦理和安全的概念。 2. 了解人工智能伦理和安全治理策略和途径
实施准备		1. 发布课程导入资料。 2. 布置课前测试任务。 3. 完成课前任务分组。 4. 汇报用纸、笔等
实施步骤	现场教学	1. 人工智能伦理和安全的一般概念。 2. 典型场景下人工智能的伦理和安全风险。 3. 人工智能伦理和安全治理途径及策略
	自主学习	1. 学习相关知识。 2. 获取相关信息。 3. 按照典型场景讨论人工智能带来的伦理和安全风险并尝试提出解决方案
	小组讨论	以小组形式进行讨论，形成小组汇报成果
	小组汇报	1. 汇报小组成果。 2. 分析典型场景下人工智能带来的伦理和安全风险，尝试预测人工智能技术对个人职业发展可能产生的影响
学习重点		1. 人工智能伦理和安全一般概念。 2. 人工智能伦理和安全治理现状
学习难点		1. 典型场景下人工智能伦理和安全风险。 2. 典型场景下人工智能伦理和安全治理途径
素质拓展		1. 通过 2023 世界人工智能大会案例的探究，思考中国人工智能的发展现状。 2. 通过人工智能案例的解决，指导实践，加深对因果辩证关系的理解，明白"今天的努力是为了明天的收获"的道理。 3. 批判性讨论人工智能的负面影响，通过科大讯飞、百度、华为、浪潮、商汤等企业人工智能大模型发布案例，提升作为中国人的自豪感，体现社会主义核心价值观最主要部分——爱国情怀，增强热爱并自觉维护祖国的使命感。 4. 通过课后实践，完成人工智能相关项目，同时发表课程素养收获，检验和巩固拓展效果。 5. 通过拓展阅读全球人工智能治理倡议与新一代人工智能伦理规范感受中国作为一个负责任大国在新时期展现出的中国智慧及大国担当，在构建人类命运共同体行动中提出的中国方案。 6. 通过阅读《人民日报》报道的世界互联网大会数字文明尼山对话，感受构建安全可信数字世界的紧迫性，引导学生规范网络行为，共同营造风清气朗的网络空间
自我反思		在专业能力、个人职业能力、职业生涯规划方面的收获和体会

任务 5.1　人工智能伦理概述

伴随人工智能的迅速发展和广泛应用，人类正在进入一个"人、机、物"相融合的万物智能互联时代，人工智能技术的应用给人们的生活和工作带来了极大的便利。人工智能作为现阶段应用前景最广泛、能深刻改变世界的革命性技术，也是一种开放性的、远未成熟的颠覆性技术，它可能导致的伦理和安全后果难以准确预料。同时，此技术的研发和广泛应用正在加速解构现有的伦理关系，带来前所未有的安全挑战，引发数不胜数的伦理冲突，造成各种各样的安全问题。

目前，人工智能引发的伦理和安全挑战已从理论研讨变为现实风险。根据经济合作与发展组织（Organization for Economic Cooperation and Development，OECD）AI Incidents Monitor的统计，仅 2023 年 11 月，人工智能事件超过 280 件。对人工智能伦理和安全问题的关切覆盖从技术研发到应用部署的整个生命周期。如何准确把握时代发展需求，深刻反思人工智能可能导致的伦理后果和安全问题，提出合理且具有前瞻性的伦理和安全发展规范，塑造更加公正、符合时代发展要求的伦理和安全新秩序，是摆在每个人面前的重大课题。

5.1.1　人工智能伦理概念

伦理是人的行为准则，是人与人之间和人与社会的义务，也是每个人源于道德的社会责任。伦理作为价值规范，为不同场景的行为提供引导。在科技活动中，伦理从价值引导和实践规范层面指导技术研发应用。

人工智能伦理是开展人工智能研究、设计、开发、服务和使用等科技活动需要遵循的价值理念和行为规范。人工智能伦理关注技术的"真"与"善"，并为人工智能发展提供更广阔的讨论空间。人工智能伦理包含价值目标与行为要求两个方面：在价值目标上，人工智能伦理要求人工智能各阶段活动以增进人类福祉、尊重生命权利、坚持公平公正、尊重隐私等为目标；在行为要求上，人工智能伦理要求人工智能技术做到安全可控、透明可解释，在人工智能研发应用各环节强化人类责任担当，提倡鼓励多方参与和合作。

5.1.2　人工智能伦理的特点

人工智能伦理呈现出哲学性、技术性、全球性三大特点。

一是人工智能伦理拓展了人类道德哲学反思的边界。人工智能伦理蕴含了人与机器相互关系的伦理思考，拓展人类关于善、理性、情感等问题的探索，人工智能伦理的讨论既包含对人工智能主体、人格、情感方面的本体伦理问题研究，也关注人工智能应用是否符合社会道德要求，人工智能伦理的讨论体现着当代人对社会生活的价值理想，将人与人交往的伦理规范扩展至人与技术交互的反思。

二是人工智能伦理与人工智能技术的发展应用密切相关。从 1940 年人工智能第一次浪潮中阿西莫夫提出"机器人三原则"，到 2004 年人工智能第三次浪潮中机器人伦理学国际研讨会正式提出"机器人伦理学"，再到目前，人工智能伦理已成为政府、产业界、学术界等共同关注的议题。伴随深度学习算法的发展，以及人工智能技术应用领域的拓展，人工智能伦理关注算法技术风险和技术应用危机的防范。在"强人工智能"时代到来前，人工智能伦理主要关注歧视偏见、算法"黑箱"、技术滥用、数据不当收集等问题，但随着大模型技术的发展，人工智能伦理讨论的议题也不断深化。

三是增进人类福祉是人工智能伦理的全球共识。不同于传统伦理观念受地区历史传统文化等影响产生的差异，人工智能技术的发展和应用带来了全球性伦理挑战。目前，社会偏见、技术鸿沟、多样性危机等成为国际社会面临的共同挑战。以人为本、智能向善、促进可持续发展等已成为全球人工智能伦理共识。

任务 5.2　典型应用场景下人工智能伦理的困境

人工智能技术因应用场景不同，所涉及的伦理风险、风险影响对象与范围、伦理治理的客体均存在较大差异，以下内容选择自动驾驶、生成式人工智能等典型应用场景分析和讨论人工智能伦理的风险和困境。

5.2.1　自动驾驶的道德责任归属

自动驾驶是人工智能、物联网、高性能计算等新一代信息技术深度融合的产物，是人机交互领域的重要实践。自动驾驶在载人、载货等方面的技术持续发展，并从封闭场景、封闭道路运行向复杂社会化场景进行拓展。

自动驾驶汽车没有灵魂，但必须背上道德负担。实际上，驾驶员坐在驾驶座前是为了掌控汽车，当人工智能完全代替人工之后，驾驶座的存在便不具意义，汽车的形态也将随之发生改变，内部空间变大，变得不再局促等。但问题在于，当人工智能"坐"在了驾驶座上，应该基于何种规则做出以往人类所做的道德层面的判断，如图 5-2 所示。

在现代公路上难免会碰到动物在马路上穿行的状况，当汽车在公路上行驶时，一只松鼠忽然蹿上公路，驾驶员是否应该做出停车的判断？实际上，人类驾驶员的处理方式一般是直接撞上去，因为在人类社会的规则里，人类的权利大于动物的权利，如果在公路上忽然停车，则很容易造成追尾事故，造成的损失远大于撞死一只松鼠。在这种情况下，人工智能可以设定为遵循人类的优先存活权，做出撞上去的判断。但如果将松鼠换成人类，该怎么判断？

有一个在伦理学上著名的难题——电车难题，就如同人工智能掌控了这根拉杆，再比如自动驾驶影响了出租车、网约车等出行市场的传统

图 5-2　自动驾驶场景设想

格局和竞争秩序，我国目前有网约车、出租车从业人员 1 000 多万，自动驾驶与人类同质替代之间的冲突，可能会降低相关从业人员的劳动收益，也是自动驾驶所面临的困境之一，如何处理好精细治理与激励创新之间的关系，也是自动驾驶汽车的现实情况。根据交通运输部颁布的《自动驾驶汽车运输安全服务指南（试行）》，在当地监管部门划定的运营区域可使用远程安全员，远程安全员人车比不得低于 1∶3，即同等数量下自动驾驶所需的工作岗位仅是传统行业的三分之一，确保科技创新与产业健康安全发展。

以现阶段的实际情况来看，自动驾驶伦理与风险控制、责任分配等问题关系密切。一是自动驾驶技术的复杂性，自动驾驶汽车的风险主要来自车载的的各类软硬件技术，包括自动驾驶算法偏差、软件安全漏洞、硬件架构不可靠等等，所以依靠新一代人工智能技术，实现数据供给质量更高、算法处理更优质、算力支撑更强大，在技术开发和应用环节有更强大的处理能力，更能精准无误地作出决策，通过深度学习实现从感知到控制的无缝连接，提升自动驾驶的效率和安全性。二是针对"电车难题""隧道难题"等现实难题，将高精度地图、传感检测、智能感知等技术深度融合，结合车辆状态和交通规则，计算并规划出具体的行驶路径和速度，推动自动驾驶技术向更安全、高效、智能的方向发展，同时，完善自动驾驶汽车需要的基础设施，5G、V2X 等通信技术融入自动驾驶系统，提升车辆在恶劣天气和复杂道路条件下的感知能力，如图 5-3 所示。三是责任分配，在自动驾驶场景下责任分配更具复杂性，在传统情况下，损害责任可根据因果关系、过错程度并结合具体场景进行认定，但在自动驾驶场景下，自动驾驶具有一定的自主性，同时，涵盖自动驾驶汽车的关键责任方包括制造商、汽车设计主体、软件服务商、使用者等，承担责任的主体繁多，因果链条更加复杂，因此，风险责任的认定与分配具有一定的复杂性。

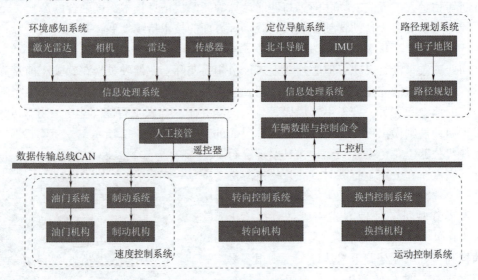

图 5-3　自动驾驶技术架构

自动驾驶时代的到来，如何设计出最完美的自动驾驶避障解决方案，随着科技的不断进步和持续研发投入，可以预见自动驾驶汽车将成为未来道路交通的重要组成部分，在智慧物流、公共出行、农业机械、设备巡检等多个领域得到广泛应用，有效提升行业效率，也为人们带来更便捷的出行体验，自动驾驶汽车的出现，必将影响人们的出行习惯和交通管理方案，这需要自动驾驶汽车制造商、消费者、保险公司、软件供应商、汽车后市场服务企业等多方面的共同参与。

5.2.2　生成式人工智能的伦理难题

智能时代是由人数据与人工智能等技术驱动发展的时代。伴随生成式人工智能技术的蓬勃发展，元宇宙等未来人工智能环境的构建指日可待，生成式人工智能技术的成熟是人与人工智能在语言上的交互，而后就是行为上的交互，最终实现高度智能化的人工智能整体场景，甚至在2030年前后元宇宙将无处不在。随着生成式人工智能的发展与应用，虽然当前很多附随的社会影响并不明显，却有可能在未来的生成阶段产生后续影响，必须进行前瞻性预防。

生成式人工智能在社会应用过程中带来的风险挑战：数据泄露，通过特定的输入，诱导大模型输出训练数据集中个人身份识别信息、商业秘密等敏感数据；内置偏见强化社会歧视，即通过对训练数据加入恶意数据的方式，使模型输出错误；深度伪造技术加剧社会信任危机，虚假语音、合成"虚拟角色"、AI"复活"技术（见图5-4）等实施电信诈骗和网络诈骗；算法"黑箱"缺乏透明监管，即通过情景对话、思维链引导等方式，绕过模型内置安全机制，进而使模型输出危险内容；工

图5-4 AI"复活"技术

具逻辑弱化价值判断，即通过输入逻辑混淆的问题，使模型在回答时出现逻辑混乱；类人特征引发交往困境；技术依赖降低人类自主探索和创新精神，如图5-5所示。

- 数据获取侵害用户隐私
- 内置偏见强化社会歧视
- 深度伪造加剧信任危机
- 算法"黑箱"缺乏透明监督
- 工具逻辑弱化价值判断
- 类人特征引发交往困境
- 技术依赖降低人类自主

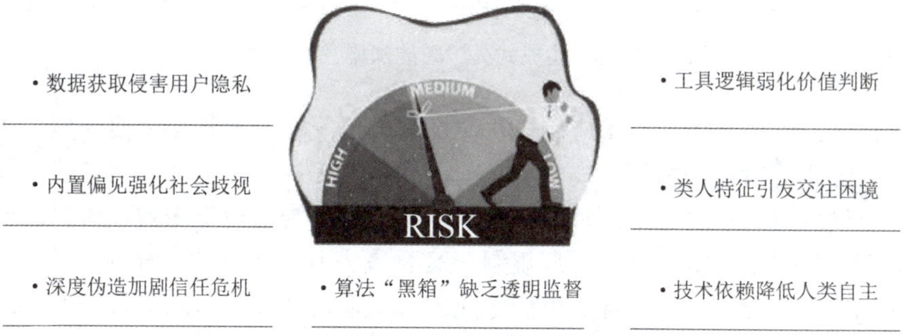

图5-5 生成式人工智能带来的伦理风险

生成式人工智能带来的伦理风险主要有以下几个方面。一是误用滥用风险。生成式人工智能技术应用普及快，使用门槛低，可能成为制作深度伪造内容、恶意代码等的技术工具，引发虚假信息大量传播以及网络安全问题。二是数据泄露与隐私侵犯风险。生成式人工智能使用的训练数据集可能包含个人信息，继而被诱导输出有关信息。同时，用户在使用过程中上传的个人信息、企业商业秘密、重要代码等都有可能成为生成式人工智能训练的素材，进而产生泄露的风险。三是对知识产权体系带来挑战。生成式人工智能技术对知识产权体系造成了冲击。在训练数据的使用上，哪些数据能用于模型训练还存在争议，关于"合理使用"是否能适用于大模型数据训练还在讨论，且已有艺术家开始使用技术工具阻止未经允许的模型训练。在生成内容的权利归属上，人工智能技术是否仅能发挥工具作用还有探讨空间。除此之外，仍然有很多其他类型的安全风险，比如，影响教育公平，其生成的内容可能导致学生获得不正当的竞争优势，新加坡等国家的教育机构已经对ChatGPT可能引发的作弊危机进行评估，部分高校已经禁止学生利用ChatGPT提交论文作业，违反者将被直接认定为作弊。再如，影响科研伦理，对ChatGPT不当使用可能会使人类产生技术依赖，进而损害自身的独立自主性和学术品质。还如，对环境保护的影响。生成式人工智能的运算需要将电力资源转化为算力资源，但在这一过程中会消耗大量的能源，所以生成式人工智能需要国家层面的合理规划，对人工智能体系进行合理的布局建设，避免资源浪费，贯彻绿色原则。最后

是可能造成数字鸿沟进一步增大，损害数字弱势群体的利益。一方面，ChatGPT 导致个人和平台之间处于绝对的信息不对称，平台占据了绝对的信息优势，个人的权利被进一步压缩；另一方面，不同群体之间的差异在 ChatGPT 的语境中更加明显，比如，ChatGPT 可能扩大"银发鸿沟"，导致老年人的权益受损，限制老年人基本生活选择，降低老年人的生活质量，危及老年人社会参与积极性，如图 5-6 所示。

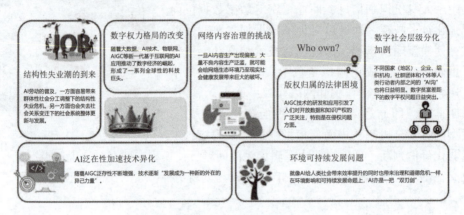

图 5-6　生成式人工智能加剧社会风险

因此，自然科学的知识与技术应用于法律现象的情况在未来将会愈演愈烈，为了避免陷入技术主义的陷阱，需要分析新兴技术对当前社会及未来社会可能造成的影响，并且从法律规制的角度提供可行的解决之策。总之，对于生成式人工智能所带来的冲击，既要着眼于其在当前已经造成的安全风险并进行合理规制，又要考虑其在未来可能造成泛化的安全风险，基于风险预防主义，对其在各行各业可能造成的暂不显著的安全风险进行提前预防，从而在最大程度上发挥生成式人工智能的技术效能，同时减少新兴技术对社会发展造成的负面冲击。

任务 5.3　人工智能伦理的治理途径

从历史角度看，当前人工智能推动的第四次工业革命就像是 18 世纪以机器生产为标志的第一次工业革命的"智能版"。近两百年前，由工作机、传动机、动力机组成的机器体系解放了人的双手。第一次工业革命以技术革新为基础，对商品生产的组织形式进行制度化重构，建立了现代意义上的工厂制度，带来生产关系和社会结构的重大变化。在第四次工业革命浪潮中，人工智能不仅是技术创新的代表，更是推动经济转型的重要力量之一，第四次工业革命不仅关乎技术层面的变革，随着智能化程度的提高，生产方式和经济发展将发生重大转变，人工智能发展的历史虽然只有六七十年，但它已经在多个等领域取得显著成就，然而，人工智能的发展也伴随着诸多挑战，包括就业结构的变化、生产方式的转变、个人隐私保护、数据安全等问题，都将有相应的法律法规提供坚实的保障，确保技术进步能够惠及全社会。

由此可见，人工智能展现出提升和促进人类福祉、和平与繁荣的极大潜能。我国高度重视人工智能发展，通过加强人工智能科技创新、推动人工智能深度赋能实体经济、推进人工智能伦理等方面加快该领域技术发展。2023 年，我国发布了《全球人工智能治理倡议》，提出构建开放、公正、有效的治理机制，促进人工智能技术造福于人类，推动构建人类命运共同体。我们重申，各国应在人工智能治理中加强信息交流和技术合作，共同做好风险防范，形成具有广泛共识的人工智能治理框架和标准规范，不断提升人工智能技术的安全性、可靠性、可控性、公平性。我们倡议，发展人工智能应坚持"以人为本"理念，以增进人类共同福祉为目标，以保障社会安全、尊重人类权益为前提，确保人工智能始终朝着有利于人类文明进步的方向发展。

5.3.1　国际组织人工智能治理途径

人工智能技术应用可能对人类社会产生广泛的负面影响，成为全球面临的共同风险。国际社会正加紧推进人工智能伦理治理领域的合作。

联合国教科文组织 193 个成员国于 2021 年 11 月达成《人工智能伦理问题建议书》，提出"将伦理视为对人工智能技术进行规范性评估和指导的动态基础，以人的尊严、福祉和防止损害为导向，并立足于科技伦理"的要求；明确 4 项人工智能价值观，即尊重、保护和促进人的权利、基本自由、人的尊严，环境和生态系统发展，确保多样性和包容性，生活在和平、公正与互联的社会中；确立 10 项人工智能原则；提出人工智能伦理治理的 11 项政策建议。

国际标准化组织（International Organization for Standardization，ISO）等机构积极推动以人工智能技术为代表的科技伦理标准研制，如 2022 年 8 月国际标准化组织/国际电工委员会发布人工智能伦理和社会问题概述标准（ISO/IEC TR 24368），在人工智能具体应用领域的伦理规范层面，世界卫生组织于 2021 年 6 月发布《世界卫生组织卫生健康领域人工智能伦理与治理指南》，分析在卫生健康领域使用人工智能的机遇和挑战，并提出在医疗领域使用人工智能的伦理政策和确保人工智能为所有国家的公共利益服务的 6 项原则。

目前，人工智能伦理已成为全球人工智能治理讨论的重要议题，以人为本、公平公正等人工智能伦理原则在国际合作机制中不断深化。2023 年 5 月 25 日，联合国发布《我们的共同议程》政策简报"全球数字契约——为所有人创造开放、自由、安全的数字未来"。2023 年 10 月 26 日，联合国高级别人工智能咨询机构成立，就人工智能可能产生的偏见歧视等关键问题开展讨论。2023 年 12 月，该咨询机构发布了临时报告《以人为本的人工智能治理》，将包容性、公共利益等伦理原则作为国际人工智能治理的指导原则。

2023 年 8 月，金砖国家领导人第十五次会晤上同意尽快启动人工智能研究组工作，推动有广泛共识的治理框架和标准规范，不断提升人工智能技术的安全性、可靠性、可控性、公平性，2023 年 9 月，二十国集团（G20）发布《G20 新德里领导人宣言》，提出"以人为本，实现人工智能向善并服务全人类"。

5.3.2　中国人工智能伦理的治理途径

人工智能技术在促进经济社会发展的同时，也带来了难以预知的风险和挑战。推动人工智能健康发展必须重视其对社会伦理的影响，防范和治理其潜在伦理风险。2017 年，国务院发布《新一代人工智能发展规划》，指出到 2025 年初步建立人工智能法律法规、伦理规范和政策体系。2019 年，《新一代人工智能治理原则——发展负责任的人工智能》发布，提出和谐友好、公平公正、敏捷治理等八条原则。2020 年，国家科技伦理委员会正式成立。2021 年，《新一代人工智能伦理规范》发布，阐述了人工智能的管理规范、研发规范、供应规范和使用规范。2022 年，《关于加强科技伦理治理的意见》发布，提出五项基本要求与五项科技伦理原则，部署四大重点任务，为进一步完善科技伦理治理体系做出指导。2023 年，《生成式人工智能服务管理暂行办法》发布，成为中国人工智能产业首份监管文件。种种举措表明，中国在人工智能伦理治理上持续发力，未来仍将继续坚持伦理先行，做好风险防范，形成具有广泛共识的人工智能治理框架和标准规范。如图 5-7 所示。

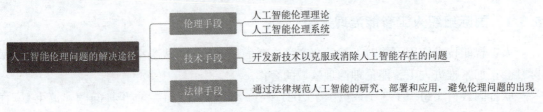

图 5-7   人工智能伦理问题的解决途径

1. 确立科技伦理治理体制机制

科技伦理是开展科学研究、技术开发等科技活动需要遵循的价值理念和行为规范，是促进科技事业健康发展的重要保障。中国将科技伦理规范作为促进技术创新、推动社会经济高质量发展的重要保障措施，并逐步完善科技伦理治理顶层设计。2022 年 1 月 1 日起施行的《中华人民共和国科学技术进步法》第一百零三条从法律层面确认"国家建立科技伦理委员会，完善科技伦理制度规范"，第一百零七条明确"禁止违背科技伦理的科学技术研究开发和应用活动"，第一百一十二条明确违背科技伦理的科学技术研究开发和应用活动需要承担的法律责任。2022 年 3 月，中共中央办公厅、国务院办公厅印发《关于加强科技伦理治理的意见》，提出强化底线思维和风险意识，明确科技伦理原则和科技伦理治理要求，提出加强科技伦理治理四方面重点任务。2023 年 10 月 8 日，科技部、教育部、工业和信息化部等十部门联合印发《科技伦理审查办法（试行）》，对科技伦理审查的基本程序、标准、条件等提出要求，规范科学研究、技术开发等科技活动的科技伦理审查工作，要求从事人工智能等科技活动的单位设立科技伦理（审查）委员会。《科技伦理审查办法（试行）》将对人类主观行为、心理情绪和生命健康等具有较强影响的人机融合系统的研发，具有舆论社会动员能力和社会意识引导能力的算法模型、应用程序及系统的研发，面向存在安全、人身健康风险等场景的具有高度自主能力的自动化决策系统的研发等 7 项科技活动列入需要开展伦理审查复核的清单。

2. 细化人工智能伦理要求

中国人工智能伦理治理历经发展规划的认可、伦理原则的确立和伦理规范的细化三个阶段。2017 年国务院印发《新一代人工智能发展规划》，指出人工智能发展的不确定性，影响涵盖就业、法律与伦理、个人隐私、国际关系等方面，必须高度重视人工智能可能带来的挑战，提出到 2025 年初步建立人工智能伦理规范，并结合法律法规和政策体系，形成人工智能安全评估和管控能力；提出建立伦理道德多层次判断结构及人机协作的伦理框架，制定人工智能产品研发人员道德规范和行为守则，加强对人工智能潜在危害与收益的评估，构建复杂场景下突发事件解决方案等，并重视国际合作的重要性。2019 年 2 月，国家新一代人工智能治理专业委员会成立，成员涵盖高校、研究院所和企业专家，着力推动产学研在人工智能治理方面的合作。2019 年 6 月，国家新一代人工智能治理专业委员会发布《新一代人工智能治理原则——发展负责任的人工智能》，提出了人工智能治理的框架和行动指南，提出人工智能发展相关各方需要遵循和谐友好、公平公正、包容共享、尊重隐私、安全可控、共担责任、开放协作、敏捷治理的原则。2021 年 9 月，国家新一代人工智能治理专业委员会发布《新一代人工智能伦理规范》，提出人工智能特定活动应遵守的伦理规范包括管理规范、研发规范、供应规范和使用规范，细化了 18 项具体伦理要求。

同时，行业主管部门推动人工智能应用领域的伦理规范指引建设，发布实施意见，牵头制定行业标准等，明确具体领域伦理标准和细化措施，促进行业人工智能治理体系的完善。2022 年 10 月，中国人民银行正式发布《金融领域科技伦理指引》行业标准，提供了在金融领域开展科技活动需要遵循守正创新、数据安全、包容普惠、公开透明、公平竞争、风险防控、绿色低碳等 7 个方面的价值理念和行为规范。2023 年 5 月，工业和信息化部成立工业和信息化部科技伦理委员会、工业和信息化领域科技伦理专家委员会，关注人工智能等重点领域的科技伦理治理，提出从加强科技伦理审查和监管，组织制定重点领域科技伦理审查规范和标准，开展重点领域科技伦理敏捷治理试点，强化科技伦理管理培训和宣传教育，加强人才队伍建设等方面提升伦理治理能力。

3. 行业积极探索人工智能伦理治理落地措施

人工智能产业主体作为人工智能伦理管理责任主体，承担着人工智能向善发展的重要责任。在行业层面，行业组织（如中国人工智能产业发展联盟等）积极推动人工智能伦理原则落地，开展人工智能伦理技术和管理标准制定、监测认证、典型案例分析汇编等措施，关注实现人工智能系统可解释性、隐私保护、公平等技术实施途径，促进人工智能应用相关行业伦理规范的提升。在企业层面，多家企业积极落实人工智能伦理管理要求，包括建立科技伦理委员会、人工智能伦理委员会等内部机构；加强企业人工智能科技伦理管理机制的完善；加强外部多学科合作，通过引入法学、哲学、管理学等多个方面的专家，提升人工智能伦理治理的外部监督；定期发布企业人工智能伦理治理情况与研究，增强与公众沟通；积极探索人工智能伦理问题技术解决方案，通过技术创新和技术能力升级提升个人隐私的保护力度、算法可解释性、模型可靠性等。

4. 积极参与人工智能伦理治理国际合作

近年来，中国不仅在人工智能技术研发应用领域加强国际技术创新合作，也积极参与全球人工智能伦理治理。2023 年 10 月，中国发布《全球人工智能治理倡议》，围绕人工智能发展、安全、治理三方面系统阐述了人工智能治理中国方案，提出坚持伦理先行的原则，提出建立并完善人工智能伦理准则、规范及问责机制，同时，中国专家也积极参与联合国、世界卫生组织等国际机构的人工智能伦理规则构建。2023 年 10 月，中国两位专家入选联合国高级别人工智能治理机构，积极参与联合国层面的人工智能治理讨论，提出全球人工智能治理倡议。

任务 5.4　人工智能应用的道德规范

人工智能技术的发展目的是利用客观世界的本质和规律，改造客观世界，满足人类的需求，实现可持续发展。因此，人工智能技术发展和应用应该秉承先贤的技术生态伦理观，在良好外部环境的影响下，对人工智能技术做出合理性选择，在伦理规范的作用下舍弃该否定的技术；通过发挥良性协调机制来解决不确定的技术伦理争议问题，使技术主体的研究始终围绕可靠的技术展开，从而实现人工智能技术与伦理的协同发展。

中国是一个具有五千多年文化积淀的文明国家，在正确处理人与人、人与社会、人与自然之间的关系中，形成了"爱国守法、明礼诚信、团结友善、勤俭自强、敬业奉献"的道德规范，在社会交往和公共生活中遵循"文明礼貌、助人为乐、爱护公物、保护环境、遵纪守法"的行为准则。在现代社会，公共生活领域不断扩大，人们相互交往日益频繁，社会公德在维护公众利益、公共秩序、保持社会稳定方面的作用更加突出，成为公民个人道德修养和社会文明程度的重要表现。

人工智能的社会应用也不例外。人工智能的应用理应避免伤害他人，要诚实可靠，不干扰别人的系统工作，不窥探别人的数据文件，不应用人工智能技术进行偷窃，不应用人工智能技术作伪证，要公正且不采取歧视性行为，尊重包括版权和专利在内的财产权，尊重知识产权，尊重他人的隐私等。

任务 5.5　人工智能造成的安全风险

人工智能应用系统最大的特征是能够实现无人类干预、基于知识并能够自我修正地自动化运行。在启动人工智能系统后，人工智能系统进行决策不再需要操控者进一步的指令，这种决策可能会产生预料不到的结果，引发危及人类安全的问题。

1. 物理安全风险

人工智能应用造成的物理安全风险包括计算机设备、设施（含网络、物理装置等）及其他媒体因遇到地震、水灾、火灾、有害气体或其他环境事故（如电磁污染等）而遭受破坏的问题。物理安全的首要问题是保障设备的稳定性、可靠性和可用性。

2. 数据安全风险

人工智能应用系统依赖传感器和训练数据进行深度学习，形成自身的知识库，如果传感器被干扰或训练数据被恶意篡改，系统自身可能被欺骗或入侵。因此，数据安全风险指数据财产被故意地或偶然地非授权泄露、更改、破坏，或使数据被非法系统辨识、控制。确保数据信息的完整性、保密性、可用性和可控性，对数据安全至关重要。

3. 程序安全风险

人工智能应用系统的"大脑"是经过数据训练的计算机信息系统。计算机信息系统的运行逻辑是靠程序实现的。程序是算法的表达，因此算法及其程序的正确性和可靠性直接影响人工智能应用系统的安全。例如，基于机器学习算法的人工智能应用系统是大量数据训练出来的概率判断系统，也许可以有99%的概率保证识别是正确的，但是对于安全来讲，它只要出现一次识别错误，就会造成严重后果。

4. 运行安全风险

系统的运行安全是人工智能应用系统安全的重要环节，因为只有系统运行安全得到保证，才能完成对信息的正确处理，达到发挥系统各项功能的目的。然而，由于系统可能存在漏洞，很多计算机病毒具有极强的隐蔽性，在被触发以前，看不出有任何的危害，一旦触发，就会对系统造成极强的破坏，如拒绝服务攻击、降维攻击、逃逸攻击、控制流劫持和数据污染等。

5. 隐私保护风险

人工智能应用需要建立丰富的数据集，数据收集和使用时可能会遇到数据安全风险和隐私保护问题。以无人驾驶为例，自动驾驶车辆网络的有效运转需要依赖大量位置数据及其他个人数据，这种大规模的数据实践可能带来诸多层面的数据安全和隐私保护风险。

6. 法律伦理挑战

人工智能的发展目标是使机器像人类一样思考和行动，但随着社会智能化程度的提高，人工智能将面临现行法律、社会规范和道德伦理方面的挑战。如何确定人工智能产品或系统的法律主体、权利、义务和责任，如何确保研究人员开发出与现行法律、社会规范和道德伦理相符合的算法和架构，都是人工智能发展道路上需要考量的。

利用人工智能可以达到攻击规模和攻击效率两者平衡。更高效、更精准、更隐蔽将成为安全威胁的新特征。以更高效为例，传统计算机攻击中，攻击者往往需要在攻击规模和攻击效率两者之间取舍，而人工智能系统使得自动完成的网络攻击更高效。以更精准为例，在规模和效率均能达到最优效果之后，攻击者便有精力将其攻击限制在特定目标上，进行更为精准的攻击。以更隐蔽为例，攻击者只需使用人工智能自动化攻击系统进行攻击，而无须亲自执行，事后难以查出罪魁祸首。

人工智能发展为人类社会发展带来新机遇的同时，也带来了新挑战。人工智能是影响面广泛的颠覆性新技术。新技术发展的不成熟和不确定性带来很多安全风险，如出现合成声波、自动黑客攻击和数据下毒等新型数据安全攻击。不法分子将无人机或其他物理系统变成攻击的武器，利用人工智能技术做有针对性的宣传而造成侵犯隐私和左右舆论等安全威胁。这些问题可能会造成就业结构改变、法律与社会伦理受冲击、个人隐私被侵犯、国际关系准则受挑战等问题，将对政府管理、经济安全和社会稳定乃至全球治理产生深远影响。

人工智能技术已经广泛渗透到人们的生产和生活中，改变了人们的出行方式，改善了人们的工作环境，提高了人们的劳动效率等。人工智能技术推动人类社会发展进程的同时，也给社会带来了一定的负面影响。研究人工智能应用系统的安全策略，对人工智能的发展和人类社会的发展具有重大的现实意义和深远的历史意义。

任务 5.6　人工智能安全治理策略

针对人工智能应用系统面临的物理安全、数据安全、程序安全和运行安全等问题，人们提出的人工智能应用系统的安全治理策略如下。

1. 安全风险分析与审计跟踪

安全风险分析是指评估威胁发生的可能性、系统的脆弱性（受攻击的难易度）和因此引起的潜在损失，是风险管理程序的基础，其最终目的是帮助系统管理人员进行安全防护选择并将风险降低到可接受的程度。人工智能应用系统在设计前和运行前，首先要进行静态分析，旨在发现系统的潜在安全隐患；其次，对系统进行动态分析，即进行系统运行测试，跟踪并记录其活动状况，旨在发现系统运行期的安全漏洞；最后是系统运行后的分析，并生成相应的系统脆弱性分析报告。常见的系统风险有后门/陷阱门、犯大错误、拒绝使用、无法使用、伪造、故意破坏程序或数据、逻辑炸弹、错误传递、计算机病毒等。审计跟踪是利用对人工智能应用系统审计的方法，对系统工作过程中的状态变化进行详尽的审计跟踪和记录，如用户使用系统的时间、日期和具体操作，对程序和文件的使用监控等。审计跟踪通过保存、维护和管理审计日志，实现对各种安全事故的定位。

2. 备份与应急处理

在人工智能应用系统运行中，洪水、地震等自然灾害会直接导致计算机系统不能正常运行；发电厂的事故、信息服务商的问题也会导致计算机系统的非正常运行；计算机系统本身也可能出现故障，如系统升级时发生差错、严重的操作错误、备份中心发生故障和系统管理员的恶意操作等都可能导致重要数据丢失，引发计算机系统灾难事件。

备份是指对重要的系统文件和数据进行复制和保存，甚至单独放置。有时甚至对重要设备也会备份，以确保在系统崩溃或数据丢失后，系统能及时准确恢复，保障信息处理操作仍能正常进行。

应急处理主要是指当人工智能应用系统受到损害、面临崩溃或发生灾难事件时，具备完善可行的应急计划和快速恢复的应急措施，基本做到反应迅速、备份完备和恢复及时，使系统尽快恢复正常运行，尽可能减少由此而造成的损失。

灾难事件发生后的恢复工作主要包括两个方面：一方面是硬件的恢复，使计算机系统重新运行起来；另一方面是数据的恢复。一般来讲，数据的恢复更为重要，难度也更大。目前运用的数据恢复技术主要是瞬时复制技术、远程磁盘镜像技术和数据库恢复技术。

3. 安全管理教育与制度建设

增强安全意识，有效保障人工智能系统安全。由于人工智能系统安全是一个综合性的概念，是一项系统工程，综合性强、涉及面广，需各方面密切合作与配合，因此应从全局着手，增强全员系统安全意识，增长系统安全知识，自觉遵守人工智能安全应对策略管理制度，规范化操作，从整体上提高信息安全的防范能力。

提高技术水平，增强系统的技术防范能力。人工智能系统安全是动态的，没有一劳永逸的安全防范措施，因此要及时更新安全技术，提高技术水平，不断调整安全策略，选用安全性较强的操作系统和数据库系统，制定统一的安全标准、算法和协议等，不能只注重效率而忽视了安全。

建立和健全安全管理和防范的规章制度，切实发挥安全管理的重要作用。安全和管理是分不开的，即使有好的安全设备和系统，没有一套好的安全管理方法并贯彻实施，安全就是空谈。在人工智能系统安全中，人是安全管理的关键因素，因此要培养高素质的安全技术人才。在管理体制上要制定相应的安全管理和防范的规章制度，严格执行，自觉遵守。

任务 5.7　人工智能安全的治理途径

2021 年 12 月和 2022 年 11 月，国家互联网信息办公室先后发布《互联网信息服务算法推荐管理规定》和《互联网信息服务深度合成管理规定》，针对利用人工智能算法传播违法和不良信息、侵害用户权益、操纵社会舆论等问题，加强安全管理，推进算法推荐技术和深度合成技术依法合理有效利用。2023 年 4 月，国家互联网信息办公室发布了《生成式人工智能服务管理办法（征求意见稿）》，统筹安全与发展，提出生成式人工智能产品或服务应当遵守的规范要求，保障相关技术产品的良性创新和有序发展。总体来看，人工智能安全治理相关课题关系到每一个人，需要共同努力去营造一个健康有序的发展空间。

1. 国家层面：健全人工智能安全政策法规，强化人工智能滥用法律约束

一是依据相关国家顶层规划制定人工智能安全相关国家战略。2017 年，国务院发布了《新一代人工智能发展规划》，"十四五"规划和二十大报告里面均提到了发展人工智能的规划。国家层面应制定并落实人工智能国家战略，以应对日趋激烈的国际竞争。二是布局人工智能法规体系，应覆盖道德伦理、人身安全、个人隐私保护、算法规范应用、技术滥用防范和知识产权滥用防范等方面。三是推动现有法律法规向人工智能领域延伸适用，国家及行业主管部门推动《中华人民共和国网络安全法》《中华人民共和国数据安全法》《中华人民共和国个人信息保护法》《中华人民共和国反电信网络诈骗法》等法律在 ChatGPT 等人工智能领域的延伸适用。四是强化人工智能滥用法律约束，结合《互联网信息服务算法推荐管理规定》《互联网信息服务深度合成管理规定》《生成式人工智能服务管理办法（征求意见稿）》和《科技伦理审查办法（试行）》等人工智能安全相关规定和办法，强化对人工智能技术滥用等的法律约束。

2. 产业层面：重点关注人工智能技术自主可控及算力网络赋能人工智能大模型发展

一是提升软硬件实力，实现高端芯片与人工智能框架自主可控。算力是人工智能应用的"发动机"，高端芯片是刚需，与国际领先芯片企业相比，国产芯片还未具有竞争力，需要持续研发和攻关。二是算力网络赋能人工智能大模型发展。人工智能应用需要海量的训练数据和强大的算力作为支撑，中国应充分发挥自身在大数据和算力方面的优势，将大数据和算力应用于推动人工智能产业发展，这将助力实现人工智能核心能力的自主可控。

3. 行业层面：倡导人工智能技术合规使用和加强行业自律

一是建立行业监管制度并开展合规性评估审查。建立健全人工智能服务行业监督管理相关制度与标准，包括算法分级分类管理、算法推荐服务安全管理、人工智能滥用举报等，并开展人工智能应用安全合规性评估审查与处置，实现行业监管闭环。二是创新研究应用人工智能赋能网络安全技术。一方面，利用人工智能技术赋能针对复杂网络攻击的防御能力，使用人工智能技术应对其带来的网络安全风险；另一方面，研究利用人工智能技术提升企业组织在网络安全攻击检测、数据资产识别与风险监测、业务安全风控、不良信息识别、电信反诈、安全威胁分析、深度伪造识别等方面的能力。三是做好元宇宙等人工智能融合场景的安全风险梳理与防护技术储备。对于元宇宙和人工智能融合关键场景，要抓紧开展安全技术研究储备，提早防范大规模人工智能安全事件的发生。

4. 企业层面：加强人工智能安全防护体系建设，保障人工智能业务健康安全运行

一是制定出台企业组织人工智能安全总体策略，编制企业标准规范与技术指南；二是配备人工智能安全领域专业人员，支撑人工智能安全新技术新业务安全风险评估与创新技术研究；三是对员工在日常工作或对外服务中使用 ChatGPT 等人工智能应用行为进行规范，防范企业组织及客户数据泄露等风险；四是强化安全技术手段建设，建设涵盖网络安全、算法安全、数据安全与隐私保护等功能的人工智能安全管控能力，为企业组织的人工智能能力与应用提供安全防护，保障人工智能业务健康发展。

5. 公众层面：强化人工智能技术滥用防范意识，保障自身权益

一是强化安全宣传。利用传统媒体和新媒体平台等多渠道推进精准宣传，帮助公众提升对算法带来的歧视、操纵、隐私侵犯、电信诈骗等风险，以及对社会工程学攻击（如钓鱼邮件诈骗）等恶意行为的识别能力。二是提升防范意识。公众要谨慎提交个人信息及企业数据，防范人工智能应用个人隐私窃取、有害言论误导诱导等风险。防范利用 ChatGPT 热点或仿冒知名人工智能应用收集敏感信息实施诈骗等行为。

人工智能在为经济发展与社会进步带来重大发展机遇的同时，也带来了不容忽视的安全新问题。首先，人工智能技术本身带来的安全挑战，主要包括可解释性不足、算法歧视、安全漏洞等。比如，现有人工智能算法普遍存在算法"黑箱"问题，其结果"不可解释"。其次，人工智能应用衍生的安全挑战，如恶意运用人工智能技术生成虚假人脸或视频，可能严重影响国家政治安全和个人金融安全。最后，人工智能应用对数据安全和隐私保护也构成严峻挑战，人工智能发展依赖大量的数据，其中也包括个人隐私。在采集、使用和分析这些数据的过程中，存在数据泄露、篡改和真实性验证难等安全隐患。

人工智能安全挑战可能带来更加严重、广泛和复杂的后果。首先，人工智能安全事件不仅会影响设备和数据的安全，还可能产生严重的生产事故和危害人类生命安全。例如，给患者看病和做手术的医疗机器人，如果因为程序漏洞出现安全问题，则可能直接伤害患者性命。其次，一旦人工智能应用于国防、金融、工业等领域，出现安全事件，将影响国家安全、政治安全及社会稳定。最后，人工智能安全挑战还会引起更加复杂的伦理道德问题，许多此类问题目前尚无好的解决方案。例如，在人工智能用于医疗诊断和手术时，医生是否应完全相信人工智能的判断，以及如何确定医疗事故责任等问题；在采用人工智能技术实现自动驾驶时，也需要更好的机制来解决"电车难题"等伦理问题。

总之，人工智能技术发展和深度融合应用带来的安全挑战日益复杂，需引起全社会的高度重视，并尽快有效加强人工智能安全治理。

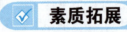

拓展阅读　　　　素质拓展

思考与练习

1. 运用所学知识并结合身边社交应用的使用情况，分析针对人工智能领域的伦理研究应该重点考虑哪些方面。

2. 谈一谈智能驾驶汽车的道德困境。

3. 针对虚拟智能技术的伦理后果，你怎么看？

4. 当你的数据隐私权被侵犯时，你如何抉择？

5. 人工智能给人类的生活和交往带来哪些影响？

项目六

人工智能的未来展望

学习目标

专业知识目标

1. 了解人工智能的发展阶段。

2. 掌握人工智能芯片的分类、国内研究现状以及技术路线。

3. 掌握脑机接口在医疗、康复、教育、娱乐等领域的应用。

4. 了解 AlphaGo 和元萝卜（SenseRobot）的概念，掌握 AlphaGo 和元萝卜对人工智能的意义。

5. 了解无人驾驶的原理，掌握无人驾驶的发展状况。

6. 了解陪护机器人并掌握其技术路线。

7. 掌握智能虚拟助手的类型、技术基础、不同行业的应用、优势和挑战、未来发展趋势。

8. 掌握虚拟现实和增强现实的基本概述和应用。

9. 掌握人工智能代码生成的应用场景。

10. 了解人工智能作诗和人工智能绘画。

职业技能目标

1. 能够正确阐述人工智能的发展阶段。

2. 能够正确理解人工智能的各项技术及其应用。

3. 能够协作展示学习成果，分享学习经验。

职业素质目标

1. 学习态度端正，积极参与课前、课中、课后的学习讨论活动。

2. 培养技术钻研精神和爱国主义精神。

3. 培养学习专注、务实创新的科创精神。

4. 培养团结合作精神。

职业能力图

根据学习目标，绘制本项目的职业能力图，如图6-1所示。

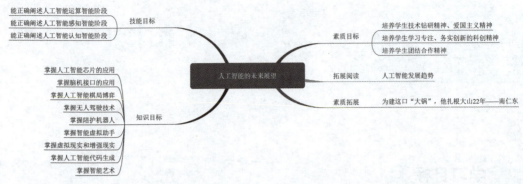

图6-1　职业能力图

知识链接

项目引入

在本项目之前，同学们已经学习了人工智能技术的发展、人工智能技术、人工智能应用场景、人工智能伦理和安全。本项目将带领同学们对人工智能的未来进行展望，包括人工智能芯片、脑机接口、人工智能棋局博弈、无人驾驶、陪护机器人、智能虚拟助手、虚拟现实、增强现实、人工智能代码生成、智能艺术等。

人工智能作为新一轮科技革命和行业变革的核心驱动力，正深刻改变着世界，推动经济社会向数字化、智能化、网络化加速跃进。当前，人工智能已上升为国家战略。全面了解人工智能行业发展现状，及时把握人工智能行业发展脉搏，合理研判人工智能行业发展趋势意义重大。

项目描述

在本项目中，同学们将了解到人工智能未来的发展状况及在各行各业的应用情况。本项目将介绍人工智能芯片的分类、国内研究现状及技术路线，脑机接口在医疗、康复、教育、娱乐等领域的应用，人工智能棋局博弈如 AlphaGo、AlphaGo Zero、元萝卜等，无人驾驶的原理概述和研究概况，陪护机器人的基本概述、技术路线和研究概况，智能虚拟助手的类型、技术基础、不同行业的应用、优势和挑战、未来发展趋势，虚拟现实和增强现实的基本概述和应用，人工智能代码生成的应用场景，智能艺术如人工智能作诗和人工智能绘画。

项目任务单

姓名		班级	
学号		授课形式	理实一体

学情分析	1. 了解学生的学习背景，包括学科基础、编程经验、对人工智能的初步了解等。 2. 了解学生的学习需求，即希望通过这门课程获得什么。这有助于教师确定教学目标和内容，确保课程能够满足学生的期望。 3. 了解学生对人工智能的兴趣程度及最感兴趣的内容领域。这有助于教师设计更具吸引力的教学内容和活动，激发学生的学习兴趣。 4. 了解学生的学习动机，即为什么选择学习人工智能。这有助于教师更好地激发学生的学习兴趣和动力，提高他们的学习参与度
学习目标	1. 能够了解人工智能的发展阶段。 2. 了解人工智能未来的发展方向及所对应的应用领域
实施准备	准备学习用的相关资料

实施步骤	现场教学	使用 PPT 展示视频、图片等资料
	自主学习	了解人工智能未来发展的相关技术，并讨论交流
	小组讨论	以学习小组形式进行讨论，形成小组汇报成果
	小组汇报	小组汇报成果，并且介绍对未来发展趋势的构想

学习重点	1. 人工智能芯片的概念及发展状况。 2. 脑机接口的应用领域。 3. 无人驾驶的原理及其发展。 4. 智能虚拟助手的技术基础及其应用领域
学习难点	1. 无人驾驶的原理。 2. 智能虚拟助手的技术基础
素质拓展	1. 通过了解国内知名的芯片公司的发展状况，引导学生的爱国主义情怀。 2. 脑机接口技术作为前沿科技领域，需要学生具备创新精神和实践能力。通过了解脑机接口，可以引导学生关注科技发展前沿，激发创新热情，培养实践能力，为国家科技创新做出贡献。 3. 人工智能芯片技术的应用涉及伦理、法律和社会责任等问题。通过了解人工智能芯片，可以引导学生关注科技伦理和社会责任，树立正确的价值观，为社会发展做出贡献。 4. 引导学生深入了解人工智能的基本原理、应用场景和发展趋势。同时，帮助学生认识到人工智能对社会、经济和人类生活的影响和意义，培养他们正确的技术观和创新精神
自我反思	在专业能力、个人职业能力、职业生涯规划方面的收获和体会

任务 6.1 人工智能的发展阶段

人工智能是新一代科技革命的核心技术，特别是 5G 时代的到来，加速了人工智能研发与应用，深刻影响全球人类的生产生活及各国的政治、经济、文化发展。为了适应这一全球新科技革命，世界主要国家都制定了人工智能的发展战略和规划，竞争趋于白热化。但由于市场规模、数据资源、技术水平、法律法规、产业禀赋等的不同，各国在人工智能领域的战略布局有所不同，这又为全球化合作提供了基础和条件。竞争与合作并存，在全球产业链中找到自己新的位置，将是各国在新一轮全球科技与经济洗牌中的战略要点。

发达国家在 2016 年 10 月先后发布了《为人工智能的未来做好准备》和《国家人工智能研究与发展战略规划》，两份报告详细阐述了人工智能的发展现状、规划、影响及具体举措，将人工智能上升到了国家战略层面，为人工智能的发展制订了宏伟计划和发展蓝图。

同样，为抢抓人工智能发展的重大战略机遇，构筑中国人工智能发展的先发优势，加快建设创新型国家和世界科技强国，国务院于 2017 年 7 月 8 日印发并实施《新一代人工智能发展规划》。2018 年 1 月 18 日，国家标准化管理委员会宣布成立国家人工智能标准化总体组、专家咨询组，负责全面统筹规划和协调管理中国人工智能标准化工作并发布了《人工智能标准化白皮书（2018 版）》。在 2019 年的政府工作报告中，人工智能继 2017 年、2018 年政府工作报告后第三次被提及，从 2017 年的"加快人工智能等技术研发和转化"，到 2018 年的"加强新一代人工智能研发应用"，再到 2019 年的"深化大数据、人工智能等研发应用"。根据《重大领域交叉前沿方向 2021》的报告，以大数据、深度学习和算力为基础的人工智能已经在某些技术应用上取得了较大进展，如语音识别和人脸识别，可以看出中国人工智能产业从初步发展步入了快速发展的阶段。

人工智能已成为国际竞争的新焦点，是引领未来的战略性技术。科大讯飞研究院经过多年的人工智能研究，提出了人工智能的主要发展阶段：运算智能、感知智能、认知智能。这一观点如今也得到业界广泛认可。

第一个发展阶段运算智能，即快速计算和记忆存储能力。通俗来说，就是能存会算。比如，现在使用的个人计算机。1997 年 IBM 的深蓝计算机战胜了当时的国际象棋特级大师卡斯帕罗夫，从此，人类在这样的强运算型的比赛方面就不能战胜机器了。

第二个发展阶段感知智能，即视觉、听觉、触觉等感知能力。人和动物都能够通过各种智能感知能力与自然界进行交互。自动驾驶汽车，就是通过激光雷达等感知设备和人工智能算法，实现感知智能的。机器在感知世界方面，比人类还有优势。人类是被动感知，而机器可以主动感知，如激光雷达、微波雷达和红外雷达。不管是 Big Dog 这样的感知机器人，还是自动驾驶汽车，因为充分利用了 DNN 和大数据的成果，机器在感知智能方面已越来越接近于人类。

第三个发展阶段认知智能，通俗讲是能理解会思考。它要求机器或系统能理解会思考，这是人工智能领域正在努力达到的目标。虽然人工智能技术发展日趋成熟，但是，目前，人工智能仍然处于感知智能阶段，正在向认知智能阶段过渡。

接下来，本项目将介绍几种最具代表性的人工智能技术、产品，着重介绍目前人工智能正在尝试的最新技术，并且展望未来人工智能的发展。

任务 6.2 **人工智能芯片的现状与展望**

6.2.1　什么是人工智能芯片

1. 人工智能芯片的定义

人工智能芯片即 AI 芯片，是指"实现智能算法的芯片"（而不是"具有智能的芯片"）。在实现某个智能算法时，一般用低延迟（low latency）和高吞吐量（high throughput）来评价 AI 芯片的性能。AI 芯片是人工智能发展的底层基石。英伟达（NVIDIA）在 1999 年就发明出 GPU，但直到 2009 年才由斯坦福大学发表论文介绍了如何利用现代 GPU 远超过多核 CPU 的计算能力（超过 70 倍），把人工智能训练时间从几周缩短到了几小时。算力、模型、数据一直是人工智能发展的三大要素，而 AI 芯片所代表的算力则是人工智能的底层基石。人工智能与半导体计算芯片发展历程如图 6-2 所示。

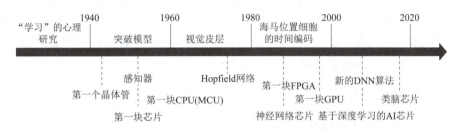

图 6-2　人工智能与半导体计算芯片发展历程

2. 训练芯片及推理芯片

根据机器学习算法步骤，AI 芯片分为训练（training）芯片和推理（inference）芯片。训练芯片主要用于人工智能算法训练，即在云端将一系列经过标记的数据输入算法模型进行计算，不断调整优化算法参数，直至算法识别准确率达到较高水平。推理芯片主要用于人工智能算法推理，即将在云端训练好的算法模型进行裁剪优化变"轻"之后，进入"实战"阶段，输入数据直接得出准确的识别结果。

3. 终端芯片、边缘芯片及云端芯片

根据部署场景，AI 芯片可用于端、边、云三种场景，具体而言：终端 AI 芯片追求以低功耗完成推理任务，以实际落地场景需求为导向，在能耗/算力/时延/成本等方面存在差异；边缘 AI 芯片介于终端与云端之间，承接低时延/高隐私要求/高网络带宽占用的推理或训练任务；云端 AI 芯片以高算力/完成训练任务为目标，包括 CPU/GPU/FPGA/ASIC 等多种类型。不同部署场景的 AI 芯片算力要求如表 6-1 所示。

表 6-1　不同部署场景的 AI 芯片算力要求

部署场景	芯片需求	典型计算力/TOPS	典型功耗/W	典型应用领域
终端	低功耗、高能效、推理任务为主、成本敏感、硬件产品形态众多	<8	<5	各类消费类电子、物联网

续表

部署场景	芯片需求	典型计算力/TOPS	典型功耗/W	典型应用领域
云端	高性能、高计算密度、兼有推理和训练任务、单价高、硬件产品形态少	>30	>50	云计算数据中心、企业私有云等
边缘	对功耗、性能、尺寸的要求常介于终端与云端之间，推理任务为主，多用于插电设备，硬件产品形态相对较少	5～30	4～15	智能制造、智能家居、智能零售、智慧交通、智慧金融、智慧医疗、智能驾驶等众多应用领域

不同用途（训练/推理）、不同应用场景（端、边、云）对 AI 芯片有着不同的要求。首先，训练芯片追求的是高计算性能（高吞吐量）、低功耗，但是推理芯片主要追求的是低延时（完成推理过程所需要的时间尽可能短）、低功耗。其次，"端、边、云"三个环节对 AI 芯片有不同的要求——其中端和边上进行的大部分是人工智能推理，因此用于端和边的 AI 芯片性能要求和上述推理芯片一致；大部分的训练过程是在云和数据中心进行，训练过程对时延没有什么要求，因此需要 AI 芯片在尽可能保证较高算力的情况下，功耗尽可能低，另外许多推理过程也是在云端进行的。

6.2.2　AI 芯片分类解读

1. CPU：底层核心算力芯片

CPU 是计算机的运算和控制核心，是信息处理、程序运行的最终执行单元，主要功能是完成计算机的数据运算及系统控制功能。

CPU 擅长逻辑控制，在深度学习中可用于推理/预测。在深度学习中，模型的训练和推理是两个不同的过程：在训练过程中，模型需要进行大量的矩阵运算，因此通常使用 GPU 等擅长并行计算的芯片进行处理；在推理过程中，需要对大量的已经训练好的模型进行实时的推理/预测操作，而这种操作通常需要高效的逻辑控制能力和低延迟的响应速度，这正是 CPU 所擅长的。CPU 工作原理如图 6-3 所示。

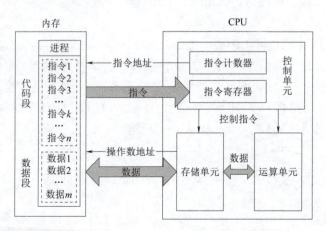

图 6-3　CPU 工作原理图

2. GPU：人工智能高性能计算王者

GPU 最初是为了满足计算机游戏等图形处理需求而被开发出来的，但凭借高并行计算和大规模数据处理能力，逐渐开始用于通用计算。根据应用场景和处理任务的不同，GPU 形成两条分支：一是传统 GPU，用于图形图像处理，因此内置了一系列专用运算模块，如视频编解码加速引擎、2D 加速引擎、图像渲染等；二是通用图形处理器（general-purpose GPU，GPGPU）。为了更好地支持通用计算，GPGPU 减弱了 GPU 图形显示部分的能力，将其余部分全部投入通用计算中，同时增加了专用向量、张量、矩阵运算指令，提升了浮点运算的精度和性能，以实现人工智能、专业计算等加速应用。

GPU 在人工智能模型构建中具有较高的适配性。GPU 的高并行性可以更好地支持人工智能模型训练和推理过程中大量的矩阵或向量计算，以 NVIDIA GPU 系列旗舰产品 A100 为例：根据 NVIDIA 公布的规格参数，A100 的深度学习运算性能可达 312 TFLOPS。在人工智能训练过程中，2 048 个 A100 GPU 可在 1 min 内成规模地处理 BERT 的训练工作负载；在人工智能推理过程中，A100 可将推理吞吐量提升到高达 CPU 的 249 倍。

人工智能模型与应用的加速发展推动 GPU 芯片放量增长。根据 Verified Market Research 数据，2021 年全球 GPU 市场规模为 334.7 亿美元，预计 2030 年将达到 4 773.7 亿美元，复合年均增长率（compound annual growth rate，CAGR）（2021—2030 年）为 34.35%。从国内市场来看，2020 年中国大陆的独立 GPU 市场规模为 47.39 亿元，预计 2027 年市场规模将达 345.57 亿美元，CAGR（2021—2027 年）为 32.8%。

3. FPGA：可编程芯片加速替代

FPGA 最大的特点在于其现场可编程的特性，无论是 CPU、GPU 还是 ASIC，在芯片制造完成后功能会被固定，用户无法对硬件功能做出更改，而 FPGA 在制造完成后仍可使用配套软件对芯片进行功能配置，将芯片上空白的模块转化为自身所需的具备特定功能的模块。

FPGA 可以在运行时根据需要进行动态配置和优化功耗，同时拥有流水线并行和数据并行能力，既可以使用数据并行来处理大量数据，也能够凭借流水线并行来提高计算的吞吐量和降低延迟。根据与非网数据，FPGA（Stratix 10）在计算密集型任务时的吞吐量约为 CPU 的 10 倍，延迟与功耗均为 GPU 的 1/10。

云端推断：在面对推断环节的小批量数据处理时，GPU 的并行计算优势不明显，FPGA 可以凭借流水线并行，达到高并行+低延迟的效果。根据 IDC 数据，2020 年中国云端推理芯片占比已超过 50%，预计 2025 年将达到 60.8%，云端推断市场广阔。

边缘推断：受延迟、隐私和带宽限制的驱动，FPGA 逐渐被部署于物联网设备当中，以满足低功耗+灵活推理+快速响应的需求。

暗硅效应（dark silicon）指由于芯片工艺和尺寸的限制，芯片上只有一小部分区域可以同时运行，其余的区域被闲置或关闭，这些闲置或关闭的区域称为"暗硅"。在人工智能计算领域，由于摩尔定律的限制和散热问题，先进高效的硬件设计会更容易导致暗硅效应，限制了芯片的计算能力和应用范围。据相关论文，在 22 nm 制程下，暗硅面积将达 21%。在 8 nm 制程下，暗硅面积将提升至 50% 以上。由于暗硅效应，预计到 2024 年平均只能实现 7.9 倍的加速比，与每代性能翻倍的目标相比差距将近 24 倍。

FPGA 的可编程性和可重构性使其能够灵活地部署和优化计算任务，从而在一定程度上缓解了暗硅效应的影响。简单来说，FPGA 减少暗硅效应的方法有两个方向：一是通过优化电路结构，尽可能减少不活跃区域的数量；二是通过动态重构电路，使不活跃区域可以被重用。

4. ASIC：云计算专用高端芯片

ASIC 是一种专门为满足特定用户要求和特定电子系统的需要而设计、制造的集成电路。ASIC 具有较高的能效比和算力水平，但通用性和灵活性较差。

能效方面：由于 ASIC 是为特定应用程序设计的，其电路可以被高度优化，以最大程度地减少功耗。根据 Bob Broderson 数据，FPGA 的能效比集中在 $1 \sim 10$ MOPS/mW 之间。ASIC 的能效比处于专用硬件水平，超过 100 MOPS/mW，是 FPGA 的 10 倍以上。

算力方面：由于 ASIC 芯片的设计目标非常明确，专门为特定的应用场景进行优化，因此其性能通常比通用芯片更高。根据头豹研究院数据，按照 CPU、GPU、FPGA、ASIC 顺序，芯片算力水平逐渐增加，其中 ASIC 算力水平最高，在 $1 \times 10^4 \sim 1 \times 10^7$ MHash/s 之间。

随着技术、算法的普及，ASIC 将更具备竞争优势。ASIC 在研发制作方面一次性成本较高，但量产后平均成本低，具有批量生产的成本优势。目前人工智能属于大爆发时期，大量的算法不断涌出，远没有到算法平稳期，ASIC 专用芯片如何做到适应各种算法是当前最大的问题。但随着技术、算法的普及，ASIC 将更加具备竞争优势。ASIC 主要应用在推断场景，在终端推断市场份额最大，在云端推断市场增速较快。

6.2.3 中国 AI 芯片现状

大模型云端训练多数情况下都在 FP32 计算精度上，推理端则以 FP16 和混合精度为主。算力越强，模型效率越高。FPGA 和 GPU 对比，虽然 FPGA 吞吐率、性能功耗比优于 GPU，但是 FPGA 存在两个天然缺陷，其一，FPGA 只适合做定点运算，不适合做浮点运算，如果用来做浮点运算耗费逻辑很大，而且有些 FPGA 不能直接对浮点数进行操作，只能采用定点数进行数值运算。其二，FPGA 可以理解成某种"芯片半成品"，需要开发人员做大量二次开发设计芯片，因此开发使用门槛较高。ASIC 和 GPU 则能够满足大模型的入门门槛。

国内视角下，华为、昆仑芯、阿里巴巴、寒武纪、海光信息及一众初创企业（燧原、天数、壁仞、沐曦）均推出云端训练和推理芯片。架构选择上，华为、阿里巴巴、百度、寒武纪选择 ASIC 路线。华为、阿里巴巴、百度自家业务场景对 AI 芯片存在天然需求，ASIC 在量产制造供应链上的难度显著低于 GPU。

华为云选择部署端到端的完整生态，例如，使用昇腾 910 必须搭配华为云的大模型支持框架 MindSpore、盘古大模型。第三方开源模型无法在华为云上运行，若要运行必须依赖华为云提供的工具做深度定制和优化，开放程度低。华为芯片如图 6-4 所示。

阿里云在该方面的定位是系统集成商和服务商，运用自身芯片产品搭建加速平台，对外输出服务。

图 6-4　华为芯片

昆仑芯主要在自身智算集群和服务器上用，以及在国内企业、研究所、政府中使用。且由于百度自身人工智能算法商的商业定位，与其他人工智能厂商之间存在竞争关系，昆仑芯未必能够在其他人工智能算法商中铺开。百度昆仑智能芯片如图6-5所示。

机器学习训练时间的主导因素是计算时间，等待矩阵乘法。通过张量核心和降低浮点精度，这个问题很快被解决。现在大型模型训练/推理中的大部分时间都是在等待数据到达计算资源。内存带宽和容量的限制不断出现在 NVIDIA A100 GPU，如果不进行大量优化，A100 往往具有非常低的 FLOPS 利用率。

寒武纪的优势在于各种深度学习框架，合作经验丰富。寒武纪思元系列产品适配TensorFlow、PyTorch、Caffe 深度学习框架。

图 6-5　百度昆仑智能芯片

2019 年开始适配海康，峰值时刻合作开发团队有 70~80 人（公司派出 20~30 人），思元 290 与商汤在 CV 层面深度合作，NLP 领域在讯飞、百度语音都有出货。寒武纪思元 590 将是最早实现商业应用的国产人工智能训练芯片。

6.2.4　AI 芯片的技术路线

AI 芯片之所以在完成智能算法中具备低延迟和高吞吐量特点，是因为同一个算法用接近硬件的编程语言来实现。从技术架构来看，AI 芯片主要有如下 4 类。

（1）通用性芯片，如 GPU。

（2）以 FPGA 为代表的半定制化芯片。

（3）ASIC 全定制化芯片，如谷歌的 TPU。

（4）类脑芯片，即神经形态芯片（neuromorphic chips）。

AI 芯片发展受制于冯·诺依曼体系结构瓶颈（也称存储墙，storage wall）和互补金属氧化物半导体（complementary metal oxide semiconductor，CMOS）工艺及器件现有不足。在传统的冯·诺依曼架构计算机中，计算模块和存储单元彼此分离，处理单元从存储器提取数据，加工处理完毕后再写回存储器，处理单元耗费了大量时间在数据提取和回送，导致了不必要的时延，称为存储墙。为了克服这个困难，当前 AI 芯片重点关注如何有效减少访问存储器次数，从而降低访问存储器的时延代价。

基于 CMOS 工艺的计算机芯片是构建当前计算系统的基础，摩尔定律所昭示的计算机系统性能提升速度来自 CMOS 集成尺寸不断缩小。当前，由于器件尺寸缩小接近物理极限，摩尔定律逐渐失效，使得持续提高集成密度变得越来越困难。

为了克服上述困难，目前解决方案是提供大量存储空间的片上存储器技术，并探索利用片上存储器去构建未来的智能芯片架构，存算一体（计算存储一体）形式的非冯·诺依曼架构将成为高性能智能计算的突破。

神经形态芯片是一种基于类脑计算的非布尔逻辑的新型计算芯片。与关注智能算法加速不同，神经形态芯片更加强调器件、架构和算法等原理上的仿生。现有神经形态计算芯片的技术路线主要包括基于 CMOS 的神经形态芯片（如 TrueNorth、BrainScaleS、Neurogrid 和

Loihi 等）和基于新型器件的神经形态芯片（如忆阻器、相变单元、自旋器件和 flash 等），但该领域研究仍面临多方面的挑战。

任务6.3 脑机接口的现状与展望

人工智能与脑机接口技术的结合，开启了一种全新的人机交互方式，让人类能够直接通过大脑活动来控制外部设备，或者让计算机直接解读和处理人脑的信号。这种技术的发展和应用，不仅推动了医学领域的进步，还在日常生活、教育、娱乐等方面展现出巨大的潜力。下面将详细介绍人工智能与脑机接口技术的应用。

6.3.1 在医疗领域的应用

1. 神经修复与康复

脑机接口技术能够使患有颅脑损伤或脊髓损伤的瘫痪患者通过操纵计算机或机器人来重建运动能力和感觉觉醒，以此促进康复和恢复身体机能，提升生活质量。比如，脑机接口技术可以通过患者的意识来控制假肢、轮椅等康复设备，让患者的身体重新恢复一部分自理能力，同时脑机接口技术还可以让患者通过计算机模拟的方法，重新学习、记忆等心理和认知过程，促进脑部神经的再生和修复。此外，脑机接口技术还可以被用来治疗神经系统疾病，如帕金森病等。脑机接口帮助病人恢复机体功能，如图6-6所示。

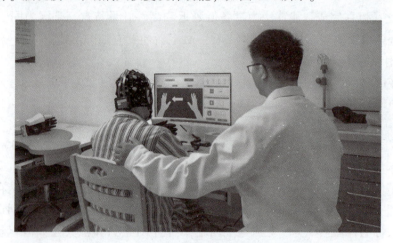

图6-6 脑机接口帮助病人恢复机体功能

2. 脑机接口的诊断与治疗

在诊断中，脑机接口技术也具有重要的应用价值。脑电信号是脑机接口技术的主要输入信号之一，通过测量脑电信号的振幅、频谱等特性，医生可以诊断失眠、癫痫、帕金森、脑出血等多种疾病。这种非侵入式的方法往往比传统的医学检查方法更准确、更安全，对于那些无法忍受痛苦或过敏的患者来说具有更好的治疗效果。

3. 在精神科领域的诊断与治疗

在精神科领域，脑机接口技术也有重要的应用价值。脑机接口技术可以通过分析患者的脑电信号来判断患者的情绪、心理状态，从而协助医生制定相应的治疗方案。例如，脑机接口技术可以帮助抑郁症患者缓解情绪、减轻症状，甚至在一定程度上达到痊愈的效果。在治疗多动症等与神经系统有关的疾病中，脑机接口技术也展现出不错的治疗效果。

4. 脑控医疗设备

脑机接口技术可用于操控医疗设备，如图 6-7 所示。例如，可以通过脑控泵来控制药物的释放，或者通过脑控电刺激来治疗癫痫等疾病。

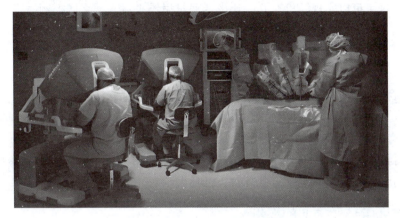

图 6-7　脑机接口操控医疗设备

未来，随着脑机接口技术的快速发展，它在医疗领域的应用也将日益广泛。例如，脑机接口技术在疼痛治疗、癫痫症状抑制、注意力障碍症状改善等方面都具备潜力。随着技术水平的提高，医学工作者还有许多机会通过脑机接口技术来解决那些过去难以解决的问题。

6.3.2　在康复与辅助生活领域的应用

1. 运动康复

对于运动受限的患者，如中风患者或截肢者，脑机接口技术可以帮助他们进行运动康复。通过与外部设备的连接，患者可以通过大脑活动来控制机械臂或外骨骼，进行康复训练，如图 6-8 所示。

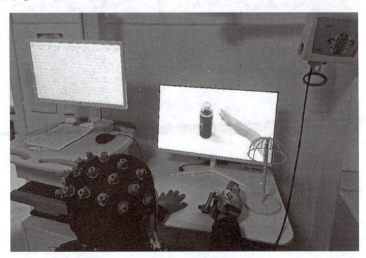

图 6-8　脑机接口帮助中风患者康复

2. 残障辅助

对于身体残障者，脑机接口技术可以提供更加自主和便捷的生活方式。例如，通过脑控轮椅，残障人士可以自主地控制轮椅的移动，独立完成日常活动。

3. 语言和交流

对于失语患者或运动受限的患者，脑机接口技术可以帮助他们恢复语言和交流能力。通过分析脑电信号，可以实现脑机交互，让患者通过思维来输入文字或控制语音合成器。

6.3.3 在教育与研究领域的应用

1. 神经科学研究

脑机接口技术为神经科学研究提供了强大的工具。通过分析大量的脑电信号数据，研究人员可以深入了解大脑活动的机制和规律，探索认知、学习、记忆等神经过程的内在机制。

2. 脑机交互研究

脑机接口技术还可以用于研究脑机交互的基本原理和模式。通过设计实验任务和算法，可以探索不同脑区域之间的信息传递机制，以及大脑对外部刺激的感知和反应过程。

6.3.4 在娱乐与体验领域的应用

1. 脑控游戏和娱乐设备

脑机接口技术为游戏和娱乐行业带来了全新的体验方式。通过脑机接口技术，游戏可以读取玩家的大脑活动，从而实现对游戏的控制。例如，有些游戏可以根据玩家的大脑活动调整难度，让游戏变得更具挑战性。此外，还有一些脑力训练游戏，可以通过检测玩家的大脑活动，来评估玩家的认知水平。通过脑电信号的识别，玩家可以用思维来控制游戏角色的动作，感受沉浸式的游戏体验，如图6-9所示。

图6-9　脑机接口用于电子竞技

2. 脑机音乐和艺术创作

通过脑机接口技术，艺术家可以将自己的大脑活动转化为音乐、图像等艺术作品。这种创作方式不仅具有创新性，还能够探索人类创造力和想象力的边界。

任务 6.4　人工智能棋局博弈的现状与展望

6.4.1　AlphaGo

AlphaGo 是一款围棋人工智能程序。其主要工作原理是深度学习。深度学习是指多层的人工神经网络和训练它的方法。

AlphaGo 为了应对围棋的复杂性，结合了监督学习和强化学习的优势。它通过训练形成一个策略网络（policy network），将棋盘上的局势作为输入信息，并对所有可行的落子位置生成一个概率分布。然后，训练出一个价值网络（value network），通过自我对弈进行预测，以 -1（对手的绝对胜利）到 1（AlphaGo 的绝对胜利）的标准，预测所有可行落子位置的结果。这两个网络自身都十分强大，而 AlphaGo 将这两种网络整合进基于概率的蒙特卡洛树搜索（Monte Carlo Tree Search，MCTS）中，实现了它真正的优势。AlphaGo 与柯洁围棋大战，如图 6-10 所示。

图 6-10　AlphaGo 与柯洁围棋大战

AlphaGo 通过两个不同神经网络"大脑"合作来改进下棋。这些"大脑"是多层神经网络，跟那些百度图片搜索引擎识别图片在结构上是相似的。它们从多层启发式二维过滤器开始，去处理围棋棋盘的定位，就像图片分类器网络处理图片一样。经过过滤，13 个完全连接的神经网络层判断它们看到的局面。这些层能够做分类和逻辑推理。

第一"大脑"：落子选择器（move picker）。AlphaGo 的第一个神经网络"大脑"是监督学习的策略网络，观察棋盘布局企图找到最佳的下一步。事实上，它预测每一个合法下一步的最佳概率，那么最前面猜测的就是那个概率最高的。这可以理解成落子选择器。

第二"大脑"：棋局评估器（position evaluator）。AlphaGo 的第二个"大脑"相对于落子选择器是回答另一个问题。它不是去猜测具体下一步，而是在给定棋子位置情况下，预测每一个棋手赢棋的概率。这个棋局评估器是价值网络，通过整体局面判断来辅助落子选择器。这个判断仅仅是大概的，但对于阅读速度提高很有帮助。通过分析归类潜在的未来局面的好与坏，AlphaGo 能够决定是否通过特殊变种去深入阅读。如果棋局评估器评估这个特殊变种不好，那么人工智能就跳过阅读。

这些网络通过反复训练来检查结果，再去校对调整参数，去让下次执行得更好。这个处理器有大量的随机性元素，所以人们是不可能精确知道网络是如何"思考"的，但更多的训练能让它进化得更好。

6.4.2 AlphaGo Zero

1. "自学成才"

AlphaGo 此前的版本，结合了数百万人类围棋专家的棋谱及强化的监督学习进行了自我训练。

AlphaGo Zero 的能力则在这个基础上有了质的提升。最大的区别是，它不再需要人类数据，也就是说，它一开始就没有接触过人类棋谱。研发团队只是让它自由随意地在棋盘上下棋，然后进行自我博弈。

据 AlphaGo 团队负责人大卫·席尔瓦（Dave Sliver）介绍，AlphaGo Zero 使用新的强化学习方法，让自己变成了老师。系统一开始甚至并不知道什么是围棋，只是从单一神经网络开始，通过神经网络强大的搜索算法，进行了自我对弈。随着自我博弈的增加，神经网络逐渐调整，提升预测下一步的能力，最终赢得比赛。更为厉害的是，随着训练的深入，AlphaGo 团队发现，AlphaGo Zero 还独立发现了游戏规则，并走出了新策略，为围棋这项古老游戏带来了新的见解。

2. 一个"大脑"

AlphaGo Zero 仅用了单一的神经网络。在此前的版本中，AlphaGo 用到了策略网络来选择下一步棋的走法，以及使用价值网络来预测每一步棋后的赢家。而在新的版本中，这两个神经网络合二为一，从而让它能得到更高效的训练和评估。

3. 神经网络

AlphaGo Zero 并不使用快速、随机的走子方法。在此前的版本中，AlphaGo 用的是快速走子方法来预测哪个玩家会从当前的局面中赢得比赛。相反，新版本依靠的是高质量的神经网络来评估下棋的局势。

6.4.3 元萝卜

1. 技术成就

元萝卜共分为 26 道关卡，按照棋力设定，能成功闯过前 9 关就已是非常厉害的棋手，而第 26 关可谓是棋力巅峰，对应着象棋大师的水准。商汤科技在实验室阶段曾带着第 26 关的元萝卜和很多职业棋手对弈，均战胜过人类棋手。元萝卜下棋机器人（象棋版），如图 6-11 所示。

10 月 15 日的赛场上，首位出战的是来自上海的 12~16 岁青少年组冠军选手顾博文，他将挑战元萝卜的第 16 关棋力。几轮下来后，顾博文表示："下棋十年，今天第一次以这种方式跟这样的对手下棋，以前只是在电脑上下得比较多，第一次跟实体机器人下棋，确实有种身临其

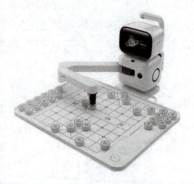

图 6-11　元萝卜下棋机器人
（象棋版）

境的感觉。"机器人可以压缩人类下棋需要思考的时间，下棋过程中，顾博文的压力相对而言也大一些。谈及未来和元萝卜棋力的对比，顾博文表示："齐步或许可以，但是超越，至少现在是不太可能。"

象棋特级大师谢靖在与元萝卜对战时，一开场就用了一招想要和棋的招式，但在中局出现的漏洞，还是被元萝卜抓个正着。元萝卜跟着漏洞寻找破解方法，果断出招，最终下出了令人出乎意料的"炮4平3"，棋高一着，锁定胜局。一番体验下来，谢靖认为元萝卜26道关卡的水平和棋手的水平等级大致相对等。由于元萝卜的一些招法和人类棋手的不太一样，因此能力处在任何关卡的棋手们，都可以在和元萝卜下棋的过程中，用这些出乎意料的走法、棋局锻炼自己的思维。

2. 原理概述

一个完整的元萝卜，主要由棋盘（包含棋子）、机械臂、交互屏、天线和主体躯干等5个部分组成。弈者需要根据自身能力选定难度及对弈模式（如残局），设定完毕之后，便可开启对战。对战过程中，机器人头部的天线上部署了摄像头，可以精准识别棋盘落子情况及变化，并基于内置的象棋算法，根据对弈者的落子推算招数。推算招数完毕，"中央系统"发出指令，由机械臂完成抓子动作。

下棋整个过程看起来很简单，实际上却有诸多难点，比如，摄像头如何精准捕捉到实时动态，就需要搭载特殊的人工智能视觉算法；而机械臂如何准确抓取棋子、抓稳放好，又要用到相关的操控算法来进行控制。其中有两个难点：一是基于"手眼协同"，元萝卜不但能够自动摆棋，还支持人与机器共同摆棋而不会发生错乱，当弈者违反游戏规则时，机器人会进行自动提醒；二是机械臂在搭载人工智能算法的基础上，加装了触碰感应系统，当碰到障碍物（如人手）时，机械臂会自动停下来，并进行语音提醒，而不会与人产生行为对抗。商汤在设计下棋机器人时，将"不伤害人类"作为基本原则之一，相关的理念贯彻在整个产品的设计、制造流程中。

任务6.5　无人驾驶的未来展望

无人驾驶汽车是一种智能汽车，也称轮式移动机器人，主要依靠车内的以计算机系统为主的智能驾驶仪来实现无人驾驶。无人驾驶汽车是通过车载传感系统感知道路环境，自动规划行车路线并控制车辆到达预定目标的智能汽车。

无人驾驶汽车利用车载传感器来感知车辆周围环境，并根据感知所获得的道路、车辆位置和障碍物信息，控制车辆的转向和速度，从而使车辆能够安全、可靠地在道路上行驶。

无人驾驶汽车集自动控制、体系结构、人工智能、视觉计算等众多技术于一体，是计算机科学等高度发展的产物，也是衡量一个国家科研实力和工业水平的重要标志之一，在国防和国民经济领域具有广阔的应用前景。未来无人驾驶汽车，如图6-12所示。

6.5.1　原理概述

无人驾驶技术是传感器、计算机、人工智能、通信、导航定位、模式识别、机器视觉、智能控制等多门前沿学科的综合体。按照无人驾驶汽车的职能模块，无人驾驶汽车的关键技术包括环境感知、导航定位、路径规划、决策控制等。

图 6-12 未来无人驾驶汽车

1. 环境感知技术

环境感知模块相当于无人驾驶汽车的眼和耳，无人驾驶汽车通过环境感知模块来辨别自身周围的环境信息，为其行为决策提供信息支持。环境感知包括无人驾驶汽车自身位姿感知和周围环境感知两部分。单一传感器只能对被测对象的某个方面或者某个特征进行测量，无法满足测量的需要。因此必须采用多个传感器同时对某一个被测对象的一个或者几个特征量进行测量，将所测得的数据经过数据融合处理后，提取出可信度较高的有用信号。

2. 导航定位技术

无人驾驶汽车的导航模块用于确定无人驾驶汽车自身的地理位置，是无人驾驶汽车的路径规划和任务规划的支撑。导航可分为自主导航和网络导航两种。

自主导航技术是指除了定位辅助之外，不需要外界其他的协助，即可独立完成导航任务。自主导航技术在本地存储地理空间数据，所有的计算在终端完成，在任何情况下均可实现定位，但是自主导航设备的计算资源有限，导致计算能力差，有时不能提供准确、实时的导航服务。

网络导航能随时随地通过无线通信网络、交通信息中心进行信息交互。移动设备通过移动通信网与直接连接于 Internet 的 Web GIS 服务器相连，在服务器执行地图存储和复杂计算等功能，用户可以从服务器端下载地图数据。

网络导航的优点在于不存在存储容量的限制，计算能力强，能够存储任意精细地图，而且地图数据始终是最新的。

3. 路径规划技术

路径规划是无人驾驶汽车信息感知和智能控制的桥梁，是实现自主驾驶的基础。路径规划的任务就是在具有障碍物的环境内按照一定的评价标准，寻找一条从起始状态，包括位置和姿态，到达目标状态的无碰路径。

路径规划技术可分为全局路径规划和局部路径规划两种。全局路径规划是在已知地图的情况下，利用已知局部信息，如障碍物位置和道路边界，确定可行和最优的路径，它把优化和反馈机制很好地结合起来。局部路径规划是在全局路径规划生成的可行驶区域指导下，依据传感器感知到的局部环境信息来决策无人平台当前前方路段所要行驶的轨迹。全局路径规划针对周围环境已知的情况，局部路径规划适用于环境未知的情况。

4. 决策控制技术

决策控制模块相当于无人驾驶汽车的大脑，其主要功能是依据感知系统获取的信息进行决策判断，进而对下一步的行为进行决策，然后对车辆进行控制。决策技术主要包括模糊推理、强化学习、神经网络和贝叶斯网络等技术。

6.5.2　研究概况

从 20 世纪 70 年代开始，发达国家开始进行无人驾驶汽车的研究，在可行性和实用化方面都取得了突破性的进展。中国从 20 世纪 80 年代开始进行无人驾驶汽车的研究，国防科技大学在 1992 年成功研制出中国第一辆真正意义上的无人驾驶汽车。在贺汉根教授的带领下，国防科技大学于 2001 年成功研制出速度达 76 km/h 的无人车，2003 年成功研制出中国首台高速无人驾驶轿车，最大速度可达 170 km/h。

2005 年，首辆城市无人驾驶汽车在上海交通大学研制成功，世界上最先进的无人驾驶汽车已经测试行驶近 $5×10^5$ km，其中，最后 $8×10^4$ km 是在没有任何人为的安全干预措施下完成的。此外，2006 年研制的新一代无人驾驶汽车红旗 HQ3，则在可靠性和小型化方面取得突破。2011 年 7 月 14 日，红旗 HQ3 无人车首次完成了从长沙到武汉 286 km 的高速全程无人驾驶实验，历时 3 h 22 min。实验中，该无人车自主超车 67 次，途遇复杂天气，部分路段有雾，在咸宁还遭逢降雨。红旗无人驾驶汽车，如图 6-13 所示。

图 6-13　红旗无人驾驶汽车

在 2014 年 5 月 28 日的 Code Conference 科技大会上，谷歌推出自己的新产品——无人驾驶汽车。和一般的汽车不同，谷歌无人驾驶汽车没有方向盘和刹车。

谷歌的无人驾驶汽车还处于原型阶段，不过即便如此，它依旧展示出了与众不同的创新特性。和传统汽车不同，谷歌无人驾驶汽车行驶时不需要人来操控，这意味着方向盘、油门、刹车等传统汽车必不可少的配件在谷歌无人驾驶汽车上通通看不到，软件和传感器取代了它们。

2023 年 8 月 25 日，一辆通体白色的无人驾驶汽车品牌"萝卜快跑"悄然出现在武汉天河机场，如图 6-14 所示，这是国内无人驾驶车第一次跑上高速，开始在机场接送乘客。截至 2023 年 9 月底，百度旗下的无人驾驶品牌汽车"萝卜快跑"在

图 6-14　"萝卜快跑"在武汉天河机场接送乘客

武汉已跑出了 34 万单。"萝卜快跑"来自 Robotaxi（无人驾驶出租车）的音译。探索未来出行方式，在无人驾驶商业化运营这条新赛道上，武汉"敢为人先"——抢抓先机，先行先试，整合科技创新资源，引领发展战略性新兴产业和未来产业，加快形成新质生产力。

在一些城市无人驾驶汽车慢慢增多，在一些城市出租车司机变成了无人驾驶车的安全员。无人驾驶车的安全员多来自网约车司机、公交车司机，在经历培训和考核后便能持证上岗，但是在全国范围内普及，甚至全世界范围内普及还需要很长的研究与试验过程。科技创新的根本是服务于人类，造福于人类。时代车轮滚滚向前，科技的不断进步推动着人类工作效率的提高、人们幸福感的提升。

任务 6.6　陪护机器人的现状与展望

情感理解型机器人是第四代机器人。历经 20 多年，"统一价值论"与"数理情感学"被创立了出来，为情感理解型机器人的产生奠定了理论基础。"数理情感学"建立在"统一价值论"的基础之上，首次采用数学矩阵的方式来描述情感，推导出情感强度三大定律，并采用数学的方式来定义和计算情感的八大动力特性；"数理情感学"详细阐述了情感与意志运行的内在逻辑程序及情感内部逻辑系统的基本结构，从而揭开了陪护机器人真正登上历史舞台的序幕。

6.6.1　什么是陪护机器人

陪护机器人就是用人工的方法和技术赋予计算机或机器人以人类式的情感，使之具有表达、识别和理解喜怒哀乐，模仿、延伸和扩展人的情感的能力，这是许多科学家的梦想。与人工智能技术的高度发展相比，人工情感技术所取得的进展却是微乎其微，情感始终是横跨在人脑与计算机之间的一条无法逾越的鸿沟。很长时间内，陪护机器人只能是科幻小说中的重要素材，很少纳入科学家们的研究课题之中。

6.6.2　陪护机器人的技术路线

1. 理论来源
关于陪护机器人的理论就是人工情感理论，它有几种不同的表述方式：情感计算（affective computing）、人工心理（artificial psychology）和感性工学（kansei engineering）等。

2. 情感计算
情感计算的概念是在 1997 年由麻省理工学院媒体实验室皮卡德（Picard）教授提出，情感计算与情感相关，是来源于情感或能够对情感施加影响的计算。中国科学院自动化研究所的胡包刚等也通过自己的研究，提出了对情感计算的定义——情感计算的目的是通过赋予计算机识别、理解、表达和适应人的情感的能力来建立和谐人机环境，并使计算机具有更高的、全面的智能，如图 6-15 所示。

3. 人工心理
人工心理理论是由中国北京科技大学教授、中国人工智能学会人工心理与人工情感专业委员会主任王志良教授提出的。他指出，人工心理就是利用信息科学的手段，对人的心理活动（着重是人的情感、意志、性格、创造）的更全面内容的再一次人工机器（计算机、模

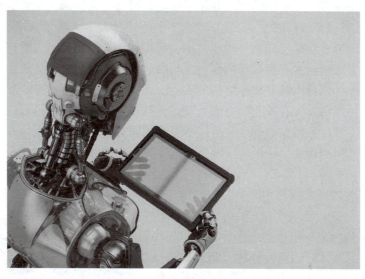

图 6-15　陪护机器人正在与人交流

型算法等）模拟，其目的在于从心理学广义层次上研究人工情感、情绪与认知、动机与情绪的人工机器实现的问题。

4. 感性工学

所谓感性工学就是将感性与工程结合起来的技术，是在感性科学的基础上，通过分析人类的感性，把人的感性需要加入商品设计、制造中去，它是一门从工程学的角度实现能给人类带来喜悦和满足的商品制造的技术科学。

陪护机器人的这三种理论有一个根本缺陷，都是从心理学层面上理解情感，不了解情感的哲学本质，没有建立科学的情感数学模型。

6.6.3　陪护机器人的研究概况

麻省理工学院展开了对情感计算的研究，IBM 公司开始实施"蓝眼计划"和开发情感鼠标；2008 年 4 月麻省理工学院的科学家们展示了他们最新开发出的陪护机器人 Nexi，该机器人不仅能够理解人的语言，还能够对不同语言做出相应的喜怒哀乐反应，也能够通过转动和睁闭眼睛、皱眉、张嘴、打手势等形式表达丰富的情感。这款机器人完全可以根据人面部表情的变化来做出相应的反应。它的眼睛中装备有电荷耦合器件（charge-coupled device，CCD）摄像机，这使得机器人在看到与它交流的人之后就会立即确定房间的亮度并观察这个人的表情变化。

欧洲一些国家也在积极地对情感信息处理技术（表情识别、情感信息测量、可穿戴计算等）进行研究。欧洲许多大学成立了情感与智能关系的研究小组。在市场应用方面，德国 Mehrdad Jaladi-Soli 等人在 2001 年提出了基于 EMBASSI 系统的多模型购物助手。英国科学家已研发出名为"灵犀机器人"（Heart Robot）的新型机器人，这是一种弹性塑胶玩偶，其左侧可以看到一个红色的心，而它的心脏跳动频率可以变化，通过程式设计的方式，让机器人可对声音、碰触及附近的移动产生反应。

中国机器人的研究始于 20 世纪 70 年代后期，"863 计划"就将机器人技术作为一个重要的发展主题，国家投入几个亿的资金开始了机器人研究。中国对人工情感和认知的理论和技术的研究始于 20 世纪 90 年代，大部分研究工作是针对人工情感单元理论与技术的实现。哈尔滨工业大学研究多功能感知机，主要包括表情识别、人脸识别、人脸检测与跟踪、手语识别、手语合成、表情合成、唇读等内容，并与海尔公司合作研究服务机器人。清华大学进行了基于人工情感的机器人控制体系结构的研究。北京交通大学进行多功能感知机和情感计算的融合研究。中国科学院自动化研究所主要研究基于生物特征的身份验证。中国科学院心理学所、生物所主要注重情绪心理学与生理学关系的研究。中国科技大学开展了基于内容的交互式感性图像检索的研究。中国科学院软件所主要研究智能用户界面。浙江大学研究虚拟人物及情绪系统构造等。

中国国内开展的研究项目主要有："脸部运动编码系统"可应用于人脸表情的自动识别与合成；"MPEG-4 V2 视觉标准"可以组合多种表情以模拟混合表情；针对人的肢体运动而设计的"运动和身体信息捕获设备"；基于生物特征的"身份验证系统"；"语调表情构造系统"根据语音的时间、振幅、基频和共振峰等，寻找不同情感信号特征的构造特点和分布规律；"可穿戴式计算机"可用于增强和补偿人的感知功能。小米仿生机器人，如图 6-16 所示。

陪护机器人的价值功能具体体现在：界面友好性、智能效率性、行为灵活性、决策自主性、思维创造性、人际交往性。这些会给生活方式带来变化，未来有人机一体化的发展趋势。

图 6-16　小米仿生机器人 CyberOne

任务 6.7　智能虚拟助手的现状与展望

6.7.1　什么是智能虚拟助手

智能虚拟助手是一种基于人工智能技术的智能代理，能够根据用户的个性化需求和各种上下文信息生成智能化的回应。这些上下文信息包括用户的历史对话记录、位置信息等。智能虚拟助手市场在 2020 年迅速增长，并预计在 2026 年达到 62.7 亿美元。

智能虚拟助手通过语音识别和自然语言处理技术，能够实现与用户语音对话，并根据用户的指令执行各种任务，如设置闹钟、语音播报电子邮件、播放音乐等。不仅仅在智能手机上，智能虚拟助手的技术也应用到了汽车、家庭设备等各个行业。

随着人工智能技术的不断发展，智能虚拟助手市场前景广阔。根据统计数据，到 2024 年全球将有超过 80 亿的数字语音助手在使用，相当于全球人口数量。这显示出人工智能在虚拟助手领域的巨大潜力。

智能虚拟助手的应用涵盖了各个行业，包括医疗保健、电信、旅游和酒店业及零售和金融服务业。通过智能虚拟助手，企业可以提供更好的客户支持，便捷地收集关键数据，并实现个性化的用户体验。

6.7.2　智能虚拟助手的类型

智能虚拟助手可以分为多种类型，包括聊天机器人、语音助手、AI 人物形象和领域特定虚拟助手。

1. 聊天机器人

聊天机器人是电子商务行业中常见的一种智能虚拟助手。它们通过自然语言处理技术和人工智能算法，能够理解用户的查询，并提供相应的回答。与传统的机器人相比，聊天机器人能够根据用户的查询动态生成回复，而不是简单地根据预设的响应链条回复，如图 6-17 所示。

图 6-17　聊天机器人

2. 语音助手

语音助手利用自动语音识别和自然语言处理技术，能够通过语音指令为用户提供服务。像华为"小艺"和小米"小爱同学"这样的语音助手，可以帮助用户执行各种任务，如设置闹钟、播放音乐和发送短信等。语音助手的技术已经应用到汽车、智能音箱等不同的设备中。

3. AI 人物形象

AI 人物形象是利用 3D 建模技术和人工智能算法创建的虚拟形象。它们可以用于娱乐应用程序，或者为虚拟客户支持交互提供人性化的体验。近年来，GPU 制造公司的前沿技术已经能够实时创建逼真的人类形象。AI 还原人物形象，如图 6-18 所示。

图 6-18　AI 还原人物形象

4. 领域特定虚拟助手

领域特定虚拟助手是为特定行业设计的高度专业化的智能助手。它们可能针对行业的高性能需求进行了优化,如旅游、金融、工程和网络安全等。同时还存在为特定任务设计的虚拟助手,例如,基于人工智能和3D建模技术的头像到人(avatar to person,ATP)技术,允许残障人士进行虚拟面部重建和语音生成模拟,以便自由地在线交流。

6.7.3 智能虚拟助手的技术基础

智能虚拟助手的实现依赖于多种关键技术,包括语音转文本和文本转语音技术、自然语言处理技术、计算机视觉技术和情感智能技术。

1. 语音转文本和文本转语音技术

语音转文本技术能够将用户的语音输入转换为数字信号,通过声音分析和模式匹配等算法来将声音与已有的音素进行比较,进而将声音转换为文字。文本转语音技术则实现了与之相反的过程,将文字转换为声音输出。智能虚拟助手通过语音转文本和文本转语音技术实现与用户的语音对话,从而实现智能化的交互。

2. 自然语言处理技术

自然语言处理技术是智能虚拟助手的核心技术之一。它能够对用户的自然语言进行分析和理解,使虚拟助手能够识别用户的意图,并给予相应的回应。通过自然语言处理技术,虚拟助手能够解析用户的语句结构和语义,从而更好地理解用户的需求。

3. 计算机视觉技术

计算机视觉技术是智能虚拟助手的一个重要组成部分。它能够从图像或视频中提取有意义的信息。计算机视觉技术在创建可视化虚拟助手时发挥重要作用。通过计算机视觉技术,智能虚拟助手可以识别人体语言,为用户提供更加沉浸式的体验。计算机视觉技术还可以通过对用户的面部表情和肢体语言进行分析,推断用户的情感状态。

4. 情感智能技术

情感智能技术是智能虚拟助手的高级功能之一。它利用人工智能和机器学习算法,能够通过实时监测用户的非语言行为(如面部表情和身体语言)来理解用户的情绪。情感智能技术通过计算机视觉和机器学习算法,分析用户的面部表情、身体语言和语调,从而更准确地推断用户的情感状态。通过对用户情感的识别,智能虚拟助手可以更好地为用户提供个性化的服务。

6.7.4 智能虚拟助手在不同行业的应用

智能虚拟助手在各个行业都有广泛应用,以下是几个重要行业中智能虚拟助手的应用实例。

1. 医疗保健行业

智能虚拟助手在医疗保健行业中扮演着重要角色。它们可以提供医疗信息和建议,帮助患者管理药物和预约医生,还可以实现医疗数据的采集和分析。通过智能虚拟助手,患者可以更轻松地获得医疗资源,这提高了医疗服务的效率和质量。

2. 电信行业

智能虚拟助手在电信行业中可以提供客户支持和故障排除的服务。用户可以通过语音或文字与虚拟助手进行交互，得到解决问题的指导。智能虚拟助手能够快速响应用户的查询，并提供个性化的解决方案，从而提高用户的满意度和忠诚度。

3. 旅游和酒店业

在旅游和酒店业中，智能虚拟助手可以用于提供导游服务和客户支持。用户可以通过语音或文字与虚拟助手进行交互，获取旅行相关的信息，如景点介绍、交通指南和餐馆推荐等。智能虚拟助手能够根据用户的个性化需求和上下文信息，提供定制化的旅行建议和解决方案。

4. 零售和金融服务业

智能虚拟助手在零售和金融服务业中也有广泛应用。它们可以提供个性化的购物建议，帮助用户浏览产品和下订单。智能虚拟助手还可以用于银行和保险公司等金融机构，提供客户支持和查询服务。用户可以通过语音或文字与虚拟助手进行交互，执行查询账户余额、转账等操作。

6.7.5　智能虚拟助手的优势和挑战

1. 优势

改进客户支持：智能虚拟助手能够快速响应用户的查询并提供个性化的解决方案，从而提高客户支持的效率和质量。

数据采集的便捷性：智能虚拟助手能够自动收集和分类用户的查询和相关数据，方便后续的分析和利用。

个性化用户体验：智能虚拟助手能够根据用户的个性化需求和上下文信息，提供定制化的服务和解决方案，改善用户体验。

2. 挑战

数据隐私和安全：智能虚拟助手处理用户的个人信息和敏感数据，因此需要严格的数据隐私和安全保护措施。

用户接受度：有些用户可能对与机器进行语音或文字对话产生抵触情绪，因此智能虚拟助手需要不断改进，提供更加自然和人性化的交互方式。

技术限制：智能虚拟助手的能力和性能受限于当前的人工智能技术，需要不断发展和改进技术，以提供更强大和智能化的功能。

6.7.6　智能虚拟助手的未来发展趋势

1. 个性化用户体验

随着人工智能技术的进一步发展，智能虚拟助手将能够提供更加个性化的用户体验。它们将能够更好地理解和解析用户的需求，并提供相应的解决方案。

未来的智能虚拟助手可能会采用更加先进的自然语言处理技术，能够理解更复杂的用户需求，并根据用户的历史数据和偏好进行个性化的推荐和建议。

2. 与元宇宙和虚拟现实技术的结合

随着元宇宙和虚拟现实技术的不断发展，智能虚拟助手将与这些技术相结合，提供更加沉浸式的用户体验。

未来的智能虚拟助手可能具备更高级的计算机视觉技术，能够识别用户的姿势和动作，实现更加逼真的虚拟助手形象。利用人工智能和机器学习算法，智能虚拟助手还可以学习用户的行为和喜好，提供更加智能化的服务。

总的来说，智能虚拟助手是人工智能技术在实际应用中的一个重要领域。通过合理应用和不断创新，智能虚拟助手将在各个行业中发挥更大的作用，为用户提供更好的服务和体验。

任务6.8 虚拟现实和增强现实的现状与展望

人工智能与虚拟技术的结合，开启了一种新的数字体验方式，将虚拟信息与现实世界相结合，为用户带来丰富、沉浸式的体验。这种技术的应用已经渗透到了各个领域，包括教育、医疗、工业、娱乐等。

6.8.1 什么是虚拟现实和增强现实

1. 虚拟现实

虚拟现实技术又称"灵境技术""虚拟环境""赛博空间"。虚拟现实技术是一种综合应用计算机图形学，人机接口技术，传感器技术以及人工智能等技术，制造出逼真的人工模拟环境，并能有效地模拟人在自然环境中的各种感知的高级的人机交互技术。中国信息通信研究院对虚拟现实的内涵界定是：借助近眼显示、感知交互、渲染处理、网络传输和内容制作等新一代信息通信技术，构建身临其境与虚实融合沉浸体验所涉及的产品和服务。学生使用虚拟现实设备上课，如图6-19所示。

图6-19　学生使用虚拟现实设备上课

2. 增强现实

增强现实技术是一种将虚拟信息与真实世界巧妙融合的技术，广泛运用了多媒体、三维建模、实时跟踪及注册、智能交互、传感等多种技术手段，将计算机生成的文字、图像、三维模型、音乐、视频等虚拟信息模拟仿真后，应用到真实世界中，两种信息互为补充，从而实现对真实世界的"增强"。

6.8.2 虚拟现实和增强现实的应用

1. 在教育领域的应用

虚拟技术结合了虚拟世界与现实世界，通过手机、平板电脑等设备呈现出虚拟信息，使用户可以与虚拟信息进行互动，观察、探索并理解各种知识。在教育领域，虚拟技术具有以下优势。

直观性强：虚拟技术可以将抽象的知识内容通过虚拟物体、场景等形式呈现出来，使学生能够更直观地理解和学习。

趣味性高：利用虚拟技术可以设计各种趣味性十足的互动教学内容，激发学生学习兴趣，提高学习积极性。

个性化学习：虚拟技术可以根据学生的学习情况和个性化需求，为其提供定制化的教育内容和学习路径。结合虚拟技术，可以实现个性化教学资源的呈现，帮助学生更好地理解和消化知识。

实践性强：虚拟技术可以模拟真实场景，让学生进行虚拟实践，提升他们的实际操作能力。

虚拟技术在教育领域的应用案例如下。

虚拟实验室：利用虚拟现实技术，可以打造虚拟实验室环境，让学生通过手机或平板设备进行实验操作，如化学实验、物理实验等，在虚拟环境中进行操作，既安全又能够有效地展示实验过程和结果。

交互式课堂：虚拟现实技术可以创造出一种互动、沉浸式的学习环境，可以让学生更加积极地参与到课堂学习中。交互式课堂可以通过提供更好的视觉、听觉和触觉效果来提高学习效果，如图6-20所示。

图6-20　虚拟课堂

三维建模：虚拟现实技术允许学生在虚拟环境中创造、修改和体验三维模型。三维建模可以帮助学生更好地理解空间构造和关系，特别是在课程设计、工程学科和建筑学科中具有广泛应用。

虚拟现实技术也广泛应用于培训领域，主要用于提高员工的职业能力和效率。虚拟现实技术可以用于仿真训练，如飞行训练、驾驶训练和手术训练等。这种培训方式可以模拟真实操作场景，让员工免受真实环境的风险和压力。虚拟现实技术可以用于情景模拟，让员工通过模拟真实情景来学习和掌握相关技能。例如，虚拟现实技术可以用来为客服代表模拟真实的客户交流场景，以提高客服工作效率和质量。虚拟现实技术也可以创造出一种类似真实环境的沉浸式场景来让员工进行团队合作练习。这种练习可以培养员工协作能力、沟通能力和解决问题的能力。

三维解剖模型：通过虚拟技术，可以制作高度逼真的三维人体解剖模型。学生可以通过虚拟应用深入了解人体器官结构、功能等知识，并进行交互式学习。

历史文化漫游：虚拟应用可以将历史文化场景重现，并结合虚拟人物、文字说明等元素，让学生身临其境地感受历史文化氛围，增强历史文化知识的吸收和理解。

数学几何可视化：利用虚拟技术可以制作数学几何图形的立体展示，在虚拟空间中呈现数学问题解决过程，帮助学生更好地理解数学知识。

2. 在医疗领域的应用

随着科技的不断发展，增强现实技术在医疗领域中的应用也越来越多，接下来将从几个方面介绍增强现实技术在医疗领域中的应用。

手术培训和模拟：手术培训一直是医学教育中的重要环节，但真正进行手术学习也存在着许多风险和难度。增强现实技术可以帮助医生们更好地学习和模拟手术。在手术教育中，通过使用虚拟现实头戴式设备来模拟真实手术环境，让医学生更好地认知手术流程与操作要点，从而减少在真实手术过程中出现错误和不必要的风险。此外，增强现实技术还可以帮助医生们进行手术规划和预测。通过使用增强现实技术的解剖模型，医生们可以对手术过程进行更详细的规划和预测，大大提高手术的成功率，并减少手术的风险，如图 6-21 所示。

病理诊断和治疗：随着医疗成像等技术的不断发展，医生们可以通过各种成像技术获得更为丰富的病理图像，但如何更好地解读这些图像并进行诊断和治疗仍是一个挑战。越来越多的科技公司开始采用增强现实技术帮助医生进行诊断。通过增强现实技术，医生们可以将病理图像"搬"到现实世界中，然后在现实空间中查看和分析这些图像，从而提高精度和效率。在疾病治疗方面，增强现实技术也能够为医生们提供预测和治疗方案建议，从而让医生们更

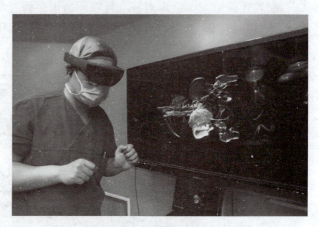

图 6-21　医生使用虚拟现实技术模拟做手术

好地制定治疗方案，提高治疗效果。增强现实在医疗诊断的应用，如图 6-22 所示。

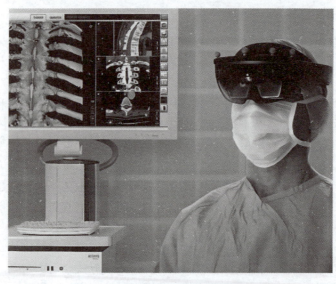

图 6-22　增强现实在医疗诊断的应用

医疗教育与健康管理：在医疗教育领域中，增强现实技术不仅可以用于手术培训，还可以帮助医生们更好地进行医学诊断和医疗管理。通过增强现实技术，医生们可以更好地理解和学习各种医疗知识，包括疾病诊断、病理分析、治疗建议等方面。同时，从健康管理的角度来看，使用增强现实技术会为医生们和病人们提供更加便捷和精准的健康管理手段，例如，增强现实眼镜获得的健康监测数据，墨镜式头戴设备，能通过仪器和传感器记录和反馈病人们的运动量，健康状态等数据，为健康管理带来了更为可靠和全面的数据。

医疗宣教：在医疗宣教方面，增强现实技术可以为患者提供更好的信息展示效果。比如，在宣传乙型病毒性肝炎或人类免疫缺陷病毒（human immunodeficiency virus，HIV）时，可以通过增强现实技术将病毒、免疫系统的结构等图像投射到患者身边，以直观生动的形式展示给患者，以增强患者接受相关知识的能力。

3. 在工业领域的应用

在工业方面，增强现实技术的应用也越来越受到人们的关注，它能够帮助企业提高生产效率，改进产品设计和提供更安全的工作环境等，如图6-23所示。

图6-23　增强现实在工业中的应用

生产援助：增强现实技术可以协助生产，帮助工人进行高效的生产任务。特别是在制造行业中，寻找零部件、调整设备和检查质量往往需要耗费大量时间和精力。但随着增强现实技术的到来，工人们可以使用增强现实应用程序，通过扫描来自设备的代码，获取设备的详细信息。这种信息可以包括设备操作指南及维护和保养方面的提示。增强现实应用程序还能够为工人提供在现场使用的分步指南，以帮助工人更快地定位工作所需的部件和管道，从而节省时间和劳动力。这种技术提供的即时的反馈和协助可以帮助工人更快地完成工作，同时保持了高精度和高质量的工作标准。

优化产品设计：在产品设计方面，增强现实技术可以提供更多的主动性和大量的创意灵感。设计师们可以使用增强现实应用程序来实时显示他们正在设计的产品的虚拟原型，从而可以更好地预先设计并确定产品的形状、大小、颜色、材料等方面的要求。这种即时显示产品的虚拟原型的能力使得产品设计师能够轻松地看到更多的变化可能性，并且可以快速测试新的想法和方案，从而提供更多的创新和发展潜力。增强现实在工业产品设计的应用，如图6-24所示。

图6-24　增强现实在工业产品设计的应用

提供安全环境：增强现实技术还可以具有提供安全环境和改进工作环境的功能。它可以在工作场所中提供关键信息以避免危险和事故的发生。例如，增强现实技术可以在建筑工地中帮助施工人员了解建筑结构，从而避免不必要的风险和建筑事故。对于那些需要在高空工作的工作人员来说，增强现实技术可以帮助他们更好地理解周围的情况，避免因为环境不熟悉而导致的质量问题和安全隐患。因此，增强现实技术的应用可以帮助工人们更加了解他们的环境，从而创造更安全的工作场所，提供一种更加高效和安全的工作环境。

4. 娱乐与体验领域的应用

在文化娱乐行业，虚拟技术正日益成为推动行业创新和发展的关键驱动力。虚拟现实技术的特点是可以让用户身临其境，与现实世界产生交互。通过佩戴特殊的头盔或手套，用户可以感受到更真实的场景和更逼真的体验。

博物馆和艺术画廊展览：增强现实技术可以通过虚拟现实眼镜或平板电脑等设备，将艺术品或展品与虚拟图像、音频或视频相结合，以提供观众更丰富、更深入的博物馆和画廊体验。观众可以通过增强现实技术，了解艺术品的历史背景、作者的意图和创作过程，感受到沉浸式的传统艺术和现代科技的结合。

影视制作和后期制作：增强现实技术为电影、电视剧和动画等影视制作带来了新的可能性。通过增强现实技术，可以在实景拍摄中添加虚拟效果，提高场景真实感和视觉冲击力。此外，增强现实技术还可以用于后期制作，修复或增强画面效果，提高电影和电视剧的制作质量。

演艺表演和演唱会：增强现实技术为演艺表演和演唱会等现场表演带来了更具创意和互动性的效果。通过增强现实技术，可以为艺人或演员提供虚拟舞台，增加舞台上的视觉元素和特效，让观众身临其境，提高观赏体验。此外，增强现实技术还可以用于舞美设计和灯光效果，提供更多的创作空间和艺术表现力。

游戏场景的再现：虚拟现实技术可以实现游戏场景的完美再现。用户可以感受到真实的游戏世界，体验到战斗的刺激和紧张感，这种感受是传统游戏难以实现的。人们使用虚拟现实体验游戏如图6-25所示。

图6-25　人们使用虚拟现实体验游戏

虚拟角色的呈现：虚拟现实技术可以让游戏角色更加真实。玩家可以扮演一个角色，在游戏中与虚拟世界中的其他角色进行互动。通过虚拟现实技术，玩家可以更加深入地了解游戏中的角色，与角色产生情感共鸣。

动作体感的呈现：虚拟现实技术还可以还原游戏中角色的动作，让玩家在游戏中亲身感受角色的动作。玩家可以通过虚拟现实技术模拟跳舞的动作，达到更加真实的体感效果，也可以通过这种方式进行体育运动等游戏，让体验更加具有真实感。

5. 在商业领域的应用

增强现实技术的特点在于可以实时地将虚拟元素融合在真实场景中，让用户产生一种身临其境的感觉，它可以帮助商家更好地呈现产品、服务和信息，提升用户的购物体验。

提升产品展示效果：商家可以借助增强现实技术，将产品展示在虚拟场景中，让用户更好地了解、体验产品，提升用户的购买欲望。例如，家具厂商可以利用增强现实技术，让用户在虚拟空间中预览家具，体验各种不同的摆放方式和配色搭配，让用户更好地了解产品的特点和属性，从而提高销售转化率，如图6-26所示。

图6-26　增强现实展示产品成品效果

优化用户购买体验：增强现实技术可以让用户使用手机或者增强现实眼镜等设备，看到虚拟元素，如彩妆、配饰等，在虚拟场景中实时试穿、试戴，让用户更加清楚地知道该产品是否适合自己。这种个性化的购物体验可以提高用户的满意度和忠诚度，吸引更多用户来消费，从而提高商家的利润。

营销宣传：商家可以利用增强现实技术，将广告、促销信息等融合在虚拟场景中，增强用户的购买欲望。例如，经销商可以使用增强现实技术，将汽车的广告信息与虚拟场景相结合，在虚拟场景中让用户体验驾驶、开车等场景，从而提高用户对汽车的了解和认知度。

提升品牌影响力：商家可以利用增强现实技术，将品牌文化融入虚拟场景中，增强品牌的影响力。例如，著名的体育品牌可以利用增强现实技术，让用户在虚拟场景中和名人一起运动，从而提高品牌的知名度和影响力。

房地产巡游方面，在房地产行业，通过虚拟现实技术，潜在的买家可以在不实际访问物理位置的情况下，进行房产的虚拟巡游。这为买家提供了更方便的方式来查看和选择房产，特别是对于远程或国际买家来说尤其有用，扩大了房地产市场的范围，提高了买家的便利性，同时为代理商提供了一种高效的展示工具。

零售店铺设计方面，在零售行业中，虚拟现实技术使零售商能够在实际建造或改造之前，模拟和优化店铺的布局和设计，可以在虚拟环境中尝试不同的设计元素，如货架布局、照明效果和广告展示，甚至客流路径，以优化顾客的购物体验和提高销售效率。

市场研究方面，通过虚拟现实技术，公司可以创建虚拟的市场环境来测试和分析消费者行为。在虚拟环境中，研究人员可以观察和分析消费者对不同产品布局、广告和购物体验的反应，从而提供深入的见解，用于优化产品设计和营销策略。

智能推荐与导购方面，人工智能算法可以根据用户的购物历史和偏好，为其提供个性化的商品推荐和导购服务。结合虚拟现实技术，用户可以在虚拟商场中接受智能推荐和导购，提高购物效率和体验感受。

6. 虚拟社交与交流

虚拟会议和沟通：人工智能与虚拟现实技术结合，可以为用户提供更加真实和便捷的虚拟会议和沟通环境。通过虚拟现实眼镜或头戴式显示设备，用户可以参与虚拟会议和沟通，与远程同事进行面对面的交流和合作。

虚拟社交和活动：人工智能算法可以分析用户的兴趣和社交行为，为其提供个性化的虚拟社交和活动体验。结合虚拟现实技术，用户可以在虚拟社交平台上与朋友互动、参加虚拟活动，拓展社交圈子和活动范围。

总的来说，人工智能与虚拟现实技术的结合，为各个领域带来了革命性的变革和创新。随着技术的不断发展和应用的深入，相信人工智能与虚拟现实技术将会在未来发挥更加重要的作用，为人类带来更加丰富、真实和个性化的虚拟体验。

任务6.9 生成式代码的现状与展望

生成式代码（generative code）是指利用机器学习和人工智能技术来自动生成、优化或辅助编写软件代码的过程。这一领域的发展旨在提高软件开发的效率、降低开发成本，并且可以应用于多个方面，包括软件工程、自动化测试、安全加固等。人工智能在生成式代码领域的应用已经取得了显著进展，为软件开发和编程带来了革命性的变化。下面将详细介绍人工智能在生成式代码中的应用，并探讨其在软件开发中的各种应用场景和潜在影响。

1. 代码自动生成

自动化代码生成：人工智能可以通过学习大量的源代码和编程范例，生成新的代码片段或完整的程序。这种自动化代码生成技术可以帮助程序员快速生成重复性的代码，减少开发工作量和提高开发效率。例如，可以利用机器学习模型来分析源代码的结构和语义，然后根据需求生成相应的代码段或函数。

代码修复和优化：人工智能还可以用于代码的修复和优化。通过分析代码中的错误和性能问题，人工智能算法可以自动识别和修复潜在的 bug[*]，优化代码的结构和算法，提高代码的质量和性能。这种技术可以帮助开发人员快速解决问题，并改进现有的软件系统，如图6-27所示。

---

[*] bug：计算机领域专业术语，原意是臭虫，现在指代计算机上存在的漏洞。

图6-27　代码修复和优化

2. 自动化测试和调试

人工智能可以根据软件系统的需求和规范，自动生成测试用例和测试脚本。这些自动生成的测试脚本可以覆盖软件系统的各种功能和边界情况，帮助开发人员快速发现和修复潜在的问题。通过自动化测试脚本生成，可以大大提高软件系统的测试覆盖率和质量。

3. 自动化文档生成

代码注释和文档生成：人工智能可以根据代码的结构和语义，自动生成相应的注释和文档。这些自动生成的注释和文档可以帮助其他开发人员理解代码的功能和设计思路，提高代码的可读性和可维护性。通过自动化文档生成，可以减少开发人员手工编写文档的工作量，提高开发效率。

代码示例和教程生成：人工智能还可以根据代码库和编程语言的知识，自动生成相应的代码示例和教程。这些自动生成的代码示例和教程可以帮助初学者学习和掌握编程技能，促进知识传播和技术交流。通过自动化代码示例和教程生成，可以提高编程教育的效率和质量。

4. 代码迁移和转换

代码迁移和重构：人工智能可以帮助开发人员将代码从一个平台或编程语言迁移到另一个平台或编程语言。通过分析源代码的结构和语义，人工智能算法可以自动识别和转换代码中的特定模式和语法，实现代码的自动迁移和重构。这种技术可以帮助开发人员快速适应不同的开发环境和需求。

代码生成和逆向工程：人工智能还可以用于代码的逆向工程和生成。通过分析现有的代码库和编程语言，人工智能算法可以自动生成相应的模型和代码，帮助开发人员理解和修改复杂的软件系统。这种技术可以加速软件开发和维护过程，提高开发人员的工作效率和质量。

5. 代码安全和隐私保护

代码漏洞检测和修复：人工智能可以帮助开发人员检测和修复代码中的安全漏洞。通过分析代码的结构和执行过程，人工智能算法可以识别和预测潜在的安全风险，并提供相应的修复建议。这种技术可以帮助开发人员提高软件系统的安全性和可靠性。

代码隐私保护和加密：人工智能还可以用于代码的隐私保护和加密。通过分析代码的结构和数据流，人工智能算法可以识别和保护敏感信息，防止其被恶意攻击者窃取和滥用。这种技术可以帮助开发人员保护用户的隐私和数据安全，增强软件系统的抵御能力，如图 6-28 所示。

图 6-28　代码隐私保护和加密

6. 项目管理和协作

人工智能还可以应用于项目管理和协作方面。通过分析项目的代码库和版本控制历史，机器学习模型可以识别出潜在的合作机会和协作模式，并生成相应的协作建议或项目管理策略。这种方法可以帮助团队提高工作效率和协作效果，从而加速项目的开发和交付过程。

7. 跨平台开发

生成式代码技术还可以用于跨平台开发。通过分析不同平台的代码库和应用场景，机器学习模型可以生成相应的跨平台代码或框架，从而帮助开发人员实现一次编写，多平台运行的目标。这种方法可以提高开发效率，并且减少维护成本和代码重复度。

8. 智能代码编辑器

人工智能技术还可以应用于智能代码编辑器中。智能代码编辑器可以根据开发人员的输入和上下文，提供智能化的代码补全、语法检查、错误提示等功能，并且可以根据代码库和示例数据学习开发人员的编码习惯和风格，从而提供个性化的编码建议和优化建议。

任务 6.10　智能艺术的现状与展望

6.10.1　人工智能作诗

在被认为人工智能最高门槛之一的文化艺术创作领域，也不断有新的尝试——继微软推出的人工智能机器人"小冰"开写现代诗后，一个专门针对旅游风景照写诗的机器人"小诗机"也悄然登场，如图 6-29 所示。

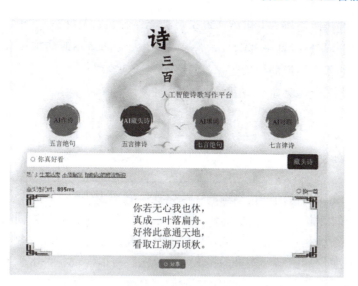

图 6-29 人工智能作诗

如上传的一张窗台上鲜花盛开的照片，大约 30 s 后，"小诗机"即生成一首绝句："雨引鸟声过路上，日移花影到窗边。赖有公园夏风地，欣喜玩沙遍河山。"

通过设定几个关键字，比如，景物的主体是"花"，心情的设定是"愉悦"，天气设定为"晴"，"小诗机"又为同一张图片配出了一首新诗："当午新晴照花光，青霞琉瓶群芳香。窗外闲居添自在，灯前相逐影伴塘。"

"小诗机"之所以能 30 s 成诗，是因为它此前已经进行了深度"学习"：观看了 1 000 万张线上风景照片后，能够辨别出用户照片上的景物、内容、关系和人物表情；结合全球数千万景点、城市、地区、美食、土特产的深度知识库，及全球季节、天气数据库，再加上"熟读"30 余万首古今诗篇文章，最终成就了 30 s 成诗的"绝技"。这一看似简单的产品，正是人工智能在旅游领域的应用之一。

不过，从目前"小诗机"的旧体诗作品来看，还处于比较稚嫩的水平。当然从娱乐的角度来说，已经吸引了不少用户试玩、配诗和分享。这一点和微软机器人"小冰"写现代诗类似，也是互联网时代的泛娱乐化特质之一。

百分点联合《人民日报》和全国党媒信息公共平台等机构推出了中国首个智能作诗送祝福应用——"AI 李白"。

区别于其他智能作诗应用，"AI 李白"在研发阶段，考虑到诗词中有自己的平仄韵律美和组合规律，传统的 N-Gram 语言模型表达能力有限，无法较好地处理长距离的上下文语言依赖问题。因此，百分点 NLP 团队利用先进的深度神经网络技术，训练出以春节祝福为主题的诗词自动生成模型。

在整体设计上，"AI 李白"产品是百分点卓越的自然语言处理技术与中国传统文学典籍的巧妙结合，是技术和艺术的美好尝试。具体表现如下。

（1）以深度神经网络展现诗词韵律美。"AI 李白"利用先进的深度学习技术，采用长短期记忆（long-short-term memory，LSTM）网络模型，结合大规模的诗词训练语料，自动学习发现诗词中的特征和规律，捕获上下文复杂的语言依赖关系，从而训练出智能作诗的模型。

（2）80余万首诗词构建为大规模数据集。为了达到更好的生成效果，在对诗词上下文建模中，采用的训练语料包括全部的《诗经》、唐诗、宋词及经典的现代散文和现代诗，共计80余万首，构建了大规模的数据集。

（3）以词向量技术呈现春节祝福主题。在相关诗词专家团队的指导下，利用词向量（word2vec）技术发现与春节语义相关的词汇，并智能化填入各种风格的诗词中，呈现出春节送祝福的美好意境。

（4）个性化祝福。为了保证用户插入的祝福语满足诗词自身的平仄和谐，百分点NLP团队运用了启发式搜索技术实现了这种插入逻辑，而且在前端还支持用户上传自己的照片，最终让用户生成的每一首诗词都是满满的个性化祝福。

最重要的是智能审核环节。为保障诗词中不出现黄色、非法或广告词汇，在本项目中所使用的敏感词审核系统是百分点为主流媒体机构开发并实际使用的一款智能审核系统，系统中包括数万条的敏感词库，结合先进的机器学习算法，可以实现各种敏感词变种识别，并且在训练语料库、输入环节、生成诗词的各个阶段都有极为严苛的技术保障。

6.10.2　人工智能绘画

小蚁科技发布了"小蚁AI艺术"小程序，将人工智能融入中国传统绘画。据了解，"小蚁AI艺术"通过深层提取中国绘画的各种风格与图式，学习如齐白石、吴冠中等人的绘画风格，根据网络基端中更为接近图像的基本特征（如原始的点线面和色相、明度），对转化图进行描述、分析和数万次迭代更新，达到原画内容性质的完全转变。

人工智能绘画机器人Andy是美图秀秀推出的一款智能绘画产品。作为一位有绘画才艺的机器人，Andy可以根据用户的自拍照为用户画一张插画。

Andy正是美图影像研究院（Meitu Imaging & Vision Lab，MTlab）技术的阶段性成果。技术包括MTlab的人脸技术（MT face）和图像分割技术（MT segmentation），以及最新的影像生成技术（MT generation）。影像生成技术的核心是基于MTlab自主研发搭建的生成网络Draw Net，通过大数据和深度学习Draw Net可以构建绘画模型，这些模型包括大到构图、小到笔触的不同层面的艺术风格和绘制规则。

拆解一下Andy的技术，可以知道Andy是这样制作插画像的：首先，Andy学习了大量的插画作品，在此基础上，自己创建出了通用的绘画模型。其次，Andy看到用户的图片后，通过MT face技术，可以掌握人脸的轮廓、五官位置和特征。然后，加上MT segmentation技术，Andy掌握了头发、衣服和背景区域。最后，利用绘画模型将掌握的特征表现出来，就得到一张成品的图片。根据前期的数据学习到的共有的特征，Andy会结合这些特征来绘画用户照片，形成插画风格。

在Andy之前，美图还用MT generation技术做了一个"混血儿"的应用。通过大数据和深度学习，美图掌握了不同地区的人的面部特征，然后用Draw Net生成网络将用户（如亚洲人）的照片转换为另一个地区的人（如欧洲人）的照片，用户就能看到自己欧洲人的样子。

MT generation技术也可以运用在其他场景，如"AI美化"，人工智能会帮用户直接调整出一张适合本人的完美的脸，也就是可以学习亚洲人的审美习惯，然后直接对人脸进行优化。

人工智能绘画是一个长期学习和迭代的过程。Andy 学习了 6 个月，而人类从零基础开始学习大概需要 2~3 年。目前，Andy 在绘画时只能大致画出相似的轮廓，还不够精细，也无法识别眼镜、耳钉、衣服等细节。Andy 想要继续走下去，则需要更多的学习。人工智能绘画，如图 6-30 所示。

图 6-30　人工智能绘画

拓展阅读 　　**素质拓展**

思考与练习

1. 在生活中，你身边有哪些人工智能技术或产品？
2. 你认为人工智能的重要意义体现在哪些方面？
3. 如何看待人工智能的未来？请谈谈你的看法。
4. AI 芯片的技术路线是什么？
5. 语音助手主要应用于哪些方面？

项目七

人工智能赋能行业案例

✓ 学习目标

专业知识目标

1. 了解 AI+产品与服务概念，主要应用场景和行业案例分析。
2. 了解 AI+商务概念，主要应用场景和行业案例分析。
3. 了解 AI+物流概念，主要应用场景和行业案例分析。
4. 了解 AI+机器视觉概念，主要应用场景和行业案例分析。
5. 了解 AI+司法概念，主要应用场景和行业案例分析。
6. 了解 AI+教育概念，主要应用场景和行业案例分析。
7. 了解 AI+医疗概念，主要应用场景和行业案例分析。

职业技能目标

1. 能够正确讲述服务机器人的架构、无人系统的应用。
2. 能够正确理解人工智能在新型商务领域的应用。
3. 能够正确使用二维码、三维码架构，正确设计 AGV 小车程序。
4. 能够正确使用机器视觉设备，开发视觉模块。
5. 了解掌握自然语言处理相关技术。

职业素质目标

1. 学习态度端正，积极参与课前、课中、课后的学习讨论活动。
2. 培养技术钻研精神和爱国主义精神。
3. 培养学习专注、务实创新的科创精神。
4. 培养团结合作精神。

职业能力图

根据学习目标，绘制本项目的职业能力图，如图 7-1 所示。

图7-1　职业能力图

 知识链接

项目引入

以科大讯飞人工智能产业学院的 AIUI 中心为基础，了解人工智能赋能千行百业的实践案例，掌握 AI+行业应用的主要方法和途径，聚焦智能语音、自然语言理解、机器学习推理及自主学习等人工智能领域技术。多年来，科大讯飞坚持"平台+赛道"的人工智能战略。于"平台"赋能上，依托以智能语音和人机交互为核心的人工智能平台——讯飞开放平台，提供一站式人工智能解决方案。截至 2022 年年底，讯飞开放平台已开放 559 项人工智能能力及场景解决方案，总应用数达 164.6 万。在"赛道"应用上，注重技术的产业应用和应用规模，推出覆盖多行业的智能产品及服务，目前已在消费者、智慧教育、智慧城市、智慧汽车、智慧医疗、智慧金融、智慧司法等领域深度应用。人工智能如何赋能产业解决人类刚需？人工智能的红利如何兑现？本项目中将结合科大讯飞和相关企业的实际应用案例，来展示人工智能赋能教育、医疗、政法等行业的应用案例，或许可以回答这个问题。

项目描述

人工智能技术、产业、应用等各环节将迎来快速迭代发展和探索突破的关键时期，人工智能将与制造、生物医药、能源、交通等诸多实体经济深度融合，不断提升创新效率、拓展应用领域、提高生产效率，有望成为各行业转型升级的基础赋能工具，带动更大范围创新。无人驾驶、虚拟现实体验、智能家居、智能制造……随着技术发展与成熟，人工智能正在与各行各业深度融合，影响着人们生产和生活的方方面面。AI+指的是人工智能作为一种基础性、驱动性的技术力量，与制造、医疗、教育、交通、农业等多个领域进行深度融合，创造出新的产品、服务和商业模式，从而推动传统行业的转型升级和社会经济结构的变革。

📌 项目任务单

姓名		班级	
学号		授课形式	理实一体

<table>
<tr><td rowspan="5">学情分析</td><td colspan="3">
1. 对人工智能赋能行业的发展和应用现状进行科学的理解和分析。
2. 了解 AI+产品与服务、AI+商务、AI+物流、AI+机器视觉等场景的应用及其技术工作原理。
3. 学生通过展示环节，要知道智慧司法、智慧教育、智慧医疗、智慧城市等概念，主要应用场景的应用情况。
4. 课前安排学生通过手机、互联网等方式查阅人工智能在行业中的应用有哪些，目前发展的情况如何。谈一谈身边息息相关的人工智能应用技术和场景有哪些，个人如何感受到人工智能对个人学习、生活带来的变化。
5. 课后可根据实际情况撰写调研报告，结合所学和个人调研，说明人工智能的行业应用特点、方式及存在的问题等
</td></tr>
</table>

学习目标	1. 掌握人工智能在行业中的典型应用场景。 2. 了解人工智能在各个行业应用中侧重的技术。 3. 掌握视觉、二维码识别、数据传输与监测、GIS 技术等。 4. 了解协助机器人、新能源动力运载小车等设备的程序设计与开发
实施准备	1. 发布课程导入资料。 2. 布置课前测试任务。 3. 完成课前任务分组。 4. 汇报用纸、笔等

实施步骤	现场教学	1. AIUI 体验中心对行业应用案例理解。 2. 人工智能在各行各业中应用的技术原理。 3. AI+行业的现状与未来趋势
	自主学习	1. 学习相关知识。 2. 获取相关信息。 3. 利用相关开发工具制作 1 个人工智能小应用
	小组讨论	以小组形式进行讨论，形成小组汇报成果
	小组汇报	1. 汇报小组成果。 2. 分析 AI+行业的未来发展趋势

学习重点	1. AI+产品与服务。 2. AI+商务。 3. AI+物流。 4. AI+机器视觉
学习难点	1. 二维码、自动识别技术、智能机器人编程技术。 2. 无人小车的地图构建、传感检测、数据通信等。 3. GIS、射频等工作原理和使用方法等

素质拓展	1. 中国对人工智能的国家战略规划、最新技术成果及应用、人工智能的国际地位和发展方向，让学生认识、了解技术，拓宽视野，适应社会的发展。使学生了解人工智能领域做出突出贡献的典型人物。 2. 人工智能是引领第四次工业革命的核心技术，清华大学科技情报大数据挖掘与服务系统平台发布的《人工智能发展报告（2011—2020）》指出：中国在人工智能领域的论文的发表数量（25 418 篇）和人才数量（17 368 位），大幅领先于其他国家，在物联网等领域的论文产出量超过美国，居于全球第一，专利占全球70%等。 3. 中国人工智能的先驱吴文俊院士提出的几何定理的机器证明被国际数学界称为"吴方法"，华人图灵奖获得者姚期智院士在清华推动了算法博弈论的研究等，相关案例激励学生，增强爱国主义情怀、民族自豪感、自尊心及科技自信和文化自信。 4. 通过视频演示科大讯飞等人工智能公司在教育方面的部分智能产品，让学生体验人工智能在教育领域的应用和带来的革新，引发思考：受教育的目的是什么？并不是机械性地记忆和重复劳动，而是创造价值、服务社会。 5. 劳动是推动人类社会进步的重要力量，弘扬劳动光荣的风尚，从人工智能给人们的生活、工作所带来的便捷场景入手，认识到幸福都是奋斗出来的，如今科技所带来人们的便捷正是无数劳动者的辛勤劳动、诚实劳动、热爱劳动、精益求精、追求卓越所创造，正如习近平总书记所指出的"劳动是财富的源泉，也是幸福的源泉。人世间的美好梦想，只有通过诚实劳动才能实现……生命里的一切辉煌，只有通过诚实劳动才能铸就""光荣属于劳动者，幸福属于劳动者"。 6. 人工智能赋能医疗的典型案例：多个省市采用科大讯飞的人工智能电话机器人进行新型冠状病毒感染重点人群排查、宣传教育和无接触式访问，外语版的电话机器人驰援国外疫情防控工作。使学生感受案例背后的中国智慧，培养学生尊重科学、求真务实、开拓创新的顽强意志及爱国之心、民族自豪感和创新意识
自我反思	在专业能力、个人职业能力、职业生涯规划方面的收获和体会

任务 7.1　AI+产品与服务

　　随着人工智能技术不断普及，出现了越来越多的人工智能产品与服务，如扫地机器人、服务机器人、智能音箱、营业厅智能终端、语音识别、人脸识别、文字识别、自动驾驶等。现今产品和服务已经成为人工智能实用化与商业化的载体，促进了人工智能与应用场景的深度融合，正在实现"万物智能化"。人工智能产品和服务提供的是基础通用性的技术，为各领域智能化系统开发提供各种实现方法和技术支持，同时降低开发成本，加快开发进度。本任务主要讲述智能机器人、智能运载工具、智能服务、智能终端的基本概念和原理，这些产品和服务的具体应用案例也将出现在后续任务中。

7.1.1　智能机器人

　　智能机器人是一个在感知、思维、行为上全面模拟人的机器系统，它的外形不一定像人，但有类似于人的"大脑"，在这个"大脑"中发挥作用的是中央处理单元和各类智能算法。在早期的机器人处理器中，程序不具备人工智能，只能按照既定程序逻辑完成任务。随着人工智能技术的快速发展，机器人具备了一些初级智能，可以完成更复杂的任务，应用领域越来越广泛。目前，生产生活领域有工业装配机器人、采摘机器人、服务机器人、医疗机器人等很多典型应用。

1. 机器人智能化

机器人是典型的智能人机交互设备，它也成了人工智能技术的综合试验场，用于测试定位与地图构建、机器视觉、智能控制等智能算法在各领域中应用的效果。总的来看，智能机器人相对于传统机器人具有自主性、适应性、交互性、学习性、协同性等特性。当前，机器人的智能化主要体现在识别感知、智能决策、控制执行这3个方面。机器人根据某项工作目标，通过识别感知获取机器人工作的外部环境参数，由智能决策根据内外和远程获取的多源数据运算出整体执行的过程和方法。控制执行则负责将整体执行过程具体化到每一个执行机构上，实现执行机构间相互配合，最后呈现一个完整的机器人运动过程。

（1）识别感知。与传统的机器人相比，智能机器人不是仅仅依靠预先编译的程序执行确定动作，它还能通过感知系统（各种传感器）对所在的环境进行感知，基于对外界的识别与真实世界进行更完美的互动。智能机器人需要通过物理和数学的方法将外界状态数据化，并在其内部建立统一标准（坐标系），以便各部分能协同统一工作。除了感知外部环境，智能机器人还需要了解自身情况（模块状态、部件位置、器件性能等参数），因此一个完整的感知识别系统需要具备内部传感器和外部传感器。

内部传感器用来感知机器人自身运行状态，测量的参数一般有速度、加速度、位移、角速度、角加速度、角位移等运动量以及朝向、温度、电能、负载等物理量。外部传感器用来测量机器人周边环境参数，机器人会根据工作需要装配各类外部传感器。机器人的内外传感器均为智能传感器，可将数据进一步融合、过滤，提取出有效信息用于智能决策，图7-2中展示了一些典型的内外部传感器。

图7-2　智能机器人的传感器

（2）智能决策。在实际运行过程中，机器人一定会与外部环境进行交互，机器人与外部环境将构成一个循环体。如果运行过程中某些环境参数改变，机器人会感知到这种变化并确定下一步动作，而机器人运动又会对环境产生影响，改变环境状态进而影响机器人后续动作，这就是动作与感知循环。

早期机器人决策主要基于反应式模型，将传感器结果与行动直接建立联系，从而减少决策时间，达到系统实时响应的目标。这种模型在处理循迹、避障等简单任务时完成效果较好，但面对复杂环境和任务时则容易出现推理、估计、决策准确率低的问题。现代智能机器人主要运用人工智能算法提高决策准确率，但由于人工智能算法处理速度较慢，因此可能要以实时性为代价换取准确性。目前可用于复杂情况的决策算法有有限状态机、层次分析法、决策树法、模糊逻辑法、遗传算法和人工神经网络。随着智能算法的不断改进，未来智能机器人在面临新任务时，可能不再需要进行编程，而是直接通过机器学习的方式学习新任务，那时智能机器人将具备和人类一样的学习和决策能力。

（3）控制执行。机器人控制执行系统一般分为两种：一种是集中式控制，即机器人的全部控制由一台主控计算模块完成（小型非智能型机器人一般采用此方式控制）；另一种是分布式控制，即采用多个处理模块来分担机器人各部分的控制。分布式控制方式采用上、下两级控制器，如图7-3所示。主控计算模块（高性能的CPU）负责数据融合、智能处理等主要计算工作，通过内部总线向下级控制器发送指令信息。机器人每个执行机构可能分别对应一个微处理器（microcontroller unit，MCU），这些MCU作为下级控制器，根据上级指令与参数进行插补运算和伺服控制处理，实现既定的运动过程，并反馈运动结果。

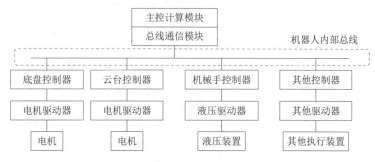

图7-3 机器人分布式控制系统

2. 定位与地图构建

位置信息对移动智能机器人的运行是重要参数，目前主要通过定位与地图构建（simultaneous localization and mapping，SLAM）来确定。SLAM是机器人在未知环境中从一个未知位置开始移动，移动过程中在自身定位的基础上不断记录周边地形环境，生成包含区域边界和障碍物等信息的地图，进而实现自主移动和导航的过程。

当前，用于机器人的SLAM技术有很多，在室外主要使用卫星定位结合姿态传感器和毫米波雷达实现，如无人驾驶汽车和无人机等；而在室内，由于卫星信号被遮挡，则需要利用其他方式实现。常见的具有SLAM技术的机器人主要是家居扫地机器人。扫地机器人在工作过程中需要感知当前所处具体位置和整个房屋地面信息，这样才可以确定已经清扫区域、未清扫区域、充电位置、不可到达区域等。具有SLAM功能的扫地机器人可以说具备了初级智能。下面介绍几种在室内使用的SLAM技术。

1）巡线与标签定位

巡线指的是机器人通过识别预先铺设的金属线、磁带线或色带位置，沿线按预定轨迹运动或在线路附近小范围内运动。该技术主要用于工厂和仓库中的机器人定位，优点在于定位精度不受外界因素影响，适合机器人沿预定线路进行有规律的运动且环境多变的场合。

电磁导引（wire guidance）是较为传统的导引方式之一，目前仍被许多系统采用。它是在AGV的行驶路径上埋设金属线，并在金属线加载导引频率，通过对导引频率的识别来实现AGV的导引。其主要优点是引线隐蔽，不易污染和破损，导引原理简单可靠，便于控制和通信，无声光干扰，制造成本较低；缺点是路径难以更改扩展，对复杂路径的局限性大。

磁带导引（magnetic tape guidance）与电磁导引相近，利用在路面上贴磁带替代在地面下埋设金属线，通过磁感应信号实现导引。其灵活性比较好，改变或拓展路径较容易，磁带铺设简单易行，但此导引方式易受环路周围金属物质的干扰，磁带易受机械损伤，因此导引的可靠性受外界影响较大。

光学导引（optical guidance）是在 AGV 的行驶路径上涂漆或粘贴色带，通过对摄像机摄入的色带图像信号进行简单处理而实现导引，其灵活性比较好，地面路线设置简单易行，但对色带的污染和机械磨损十分敏感，对环境要求过高，导引可靠性较差，精度较低。

2）无线定位

无线定位是指在无线通信网络中，通过对接收到的无线电波的特征参数进行测量，计算移动终端所处的地理位置。按照定位建模和求解方法，定位算法可以分为几何建模算法和概率分析算法两类。测量的参数主要包括时间、角度和场强信息，同一参数可用于不同的定位算法，例如，场强测量可以利用信道传播模型中的传播路径损耗，基于信号场强来计算收发节点之间的传输距离，也可以利用各点场强差异，以场强、地磁等信息作为特征值确定接收端的位置。

几何建模算法一般是根据测量的到达时间或时间差计算距离或距离差，进而建立几何方程，通过求解方程组得到接收端位置信息。但由于信号强度受到传播环境、天线倾角、功率动态调整等因素影响，定位精准度有限，一般用于定位要求不高的场景。

概率分析算法定位前需要采集各点场强信息用于机器学习训练，之后才可以进行场强匹配定位，因此缺点就是需要密集采集多点场强建立场强特征库，且对测量精度、稳定性有很高的要求。表 7-1 是对常用的定位测量方法进行对比。

表 7-1　各种定位测量方法对比

定位测量方法	测量依据	测量精度	定位算法	高精度时钟同步	实现过程复杂度
到达时间（ToA）	时间	高	几何算法	需要	中
到达时差（TDoA）	时间	高	几何算法	需要	中
到达角度（AoA）	角度	中	几何算法	需要	高
接收信号强度（RSS）	场强	低	概率分析	不需要	低
信号状态信息（CSI）	场强	高	概率分析	不需要	高

3）激光雷达定位

激光雷达是基于激光特性的测量设备，具有分辨率高、体积小、抗干扰能力更强等特点。当前激光雷达种类繁多，应用范围广，按照功能可以分为激光测距雷达、激光测速雷达、激光成像雷达、大气探测激光雷达、跟踪雷达等。机器人和无人驾驶主要使用激光测距雷达。目前，激光雷达已成为机器人体内不可或缺的核心部件，用以配合 SLAM 技术使用，帮助机器人进行实时定位导航，实现自主行走。

激光雷达一般由激光发射机构、接收机、信号处理单元、扫描机构组成。激光发射机构在工作过程中，以脉冲的方式发射激光。接收机接收目标物体反射的光线。信号处理单元负责完成信号的处理，利用发射与接收时间差计算目标物体的距离信息。扫描机构负责对测量区域进行扫描，按照扫描方式，激光雷达又分为机械旋转式激光雷达和固态激光雷达。

机械旋转式激光雷达是发展比较早的激光雷达，其中主要包括激光器、扫描器、光学组件、光电探测器、接收 IC 及位置和导航器件等。目前机械旋转式激光雷达技术比较成熟，成本较低，但其系统结构十分复杂，且各核心组件是通过机械连接的，可靠性较差，不能满足自动驾驶车辆需要，因此，固态激光雷达成为自动驾驶激光雷达的主要发展方向。

固态激光雷达通过激光阵列干涉或者微机电系统（micro-electro-mechanical system，MEMS）微振镜改变激光扫描的方向，可以实现扫描模式和区域的动态调整，可有针对性地扫描特定物体，采集更远更小物体的细节信息，这是传统机械激光雷达无法实现的。例如，MEMS 激光雷达系统只需一个很小的反射镜，就能引导激光束射向不同方向。由于反射镜很小，因此其惯性力矩并不大，可以快速移动，可以在不到 1 s 时间里从跟踪模式转换到 2D 扫描模式。

4）视觉定位

视觉定位的最佳方案是双目视觉定位，双目的含义就是有两个摄像头。双目立体视觉的深度测量原理与人类的双眼类似，它不对外主动发射光源，完全依靠拍摄的两张图片信息来计算深度距离。

双目视觉在实际应用中也存在一些问题，要使两个相机完全共面且参数一致是非常困难的，而且在计算过程中也会产生误差累积；单个像素点容易受到光照变化（太强、太暗）和视角不同的影响而无法匹配；此外，在缺乏纹理的单调场景，尤其是缺乏视觉特征的场景（如天空、白墙、沙漠等）会出现匹配困难，导致匹配误差较大甚至匹配失败。相机之间的距离（基线）也限制了测量范围。例如，基线越大，测量范围越远；基线越小，测量范围越近。所以要针对深度测量范围选择合适的基线。

5）地图构建

移动机器人常用的地图有三种：尺度地图、拓扑地图和语义地图。尺度地图是指具有真实的物理尺寸的地图，如栅格地图（grid map）、特征地图、点云地图，是地图构建生成的地图，用于小规模路径规划。拓扑地图表示的是不同地点的连通关系和距离，如小地图之间的连通拓扑关系，常用于超大规模的机器人路径规划。语义地图是加标签的尺度地图，主要用于人机交互。下面以尺度地图为例进行讲解。

（1）栅格地图。栅格地图又称占据栅格地图（occupancy grid map），是机器人对环境位置描述最常见的方式，它是将地面环境划分成一系列栅格，其中每一栅格给定一个可能值，表示该栅格被占据的概率。占据率指一个栅格点被占据的概率，如果一个栅格处于未知状态，概率为 0.5，概率值越大代表被占据，概率值越小代表空闲。激光雷达开始发射激光，激光发射点到反射点中间穿过的栅格占据概率值降低，而激光反射点占据概率值升高，通过激光不断扫射周边栅格完成各点测量，进而各个栅格占据概率值被不断刷新，通过这样的多次测量可以减少误差带来的影响，最后生成的栅格地图能够较好地反映周边的实际情况。

（2）特征地图。特征地图用有关的几何特征（如点、直线、面）表示环境信息，常用在视觉定位与地图构建技术中。它通过其他定位技术（无线定位）与摄像头配合，以记录稀疏特征点方式完成定位与地图构建，其优点是数据存储量和运算量比较小，适合处理能力不强的视觉定位系统。虽然特征地图可用于定位机器人位置，但可能无法细致地反映环境中的障碍物的具体情况，因此无法实现机器人自主避障和局部路径规划。

（3）点云地图。点云是某个坐标系下的点的数据集，主要是通过三维激光扫描仪进行数据采集，获取点云数据。点云地图是使用经过点云滤波、点云精简、点云分割、点云配准等过程处理后的点云数据构建的地图。虽然经过滤波和精简后点云数量减少，但依然包含足够的信息。点云分割的目的是提取点云中的不同物体或具有相似性质的场景，可根据空间、几何和纹理等特征点进行分割。点云配准是将多次扫描（不同坐标系）后的点云信息转换到统一坐标系下，通过寻找特征点，计算出坐标变换矩阵和平移矢量，完成点云间的信息关联。

7.1.2　智能运载工具

无论是自动驾驶汽车，还是无人机、无人船等智能运载工具，都是未来将人工智能技术落地的主要场景，也是全球交通领域变革的主流方向。

1. 无人机

无人机主要利用无线遥控设备、九轴姿态传感器和卫星定位等技术，实现遥控或自主飞行。得益于飞行控制系统和电机组件技术的不断升级，民用无人机产业近些年来得到了快速发展，推动了消费级无人机市场的爆发。除了快速普及的消费级无人机之外，工业级无人机市场也在快速升温。无人机已经在农业植保、地理测绘、管道巡检、电力巡检、海洋监测、应急通信等诸多行业实现了广泛应用。

按照不同平台分类，无人机可以分为固定翼无人机、无人直升机和多旋翼无人机三大平台，其他小种类无人机平台还包括伞翼无人机、扑翼无人机和无人飞船等。固定翼无人机是军用和多数民用无人机的主流平台，最大特点是飞行速度较快；无人直升机是灵活性最高的无人机平台，可以原地垂直起飞和悬停；多旋翼（多轴）无人机是消费级和部分民用用途的首选平台，灵活性介于固定翼无人机和无人直升机中间，但操作简单、成本较低。

各类无人机上均使用了很多人工智能技术，例如，在卫星信号不好或准备进行降落时，需要依靠安装在无人机上的下视模块来实现更高的定位精度。下视模块分为可见光摄像头和超声波两个模块，其中，摄像头模块负责确定位置，超声波模块可以确定高度（离地距较小情况下）。基于摄像头拍摄来获取位置信息的方法也称光流（optical flow）定位。

光流是当眼睛观察运动物体时，物体的景象在人眼的视网膜上形成一系列连续变化的图像，这一系列连续变化的信息不断"流过"视网膜（即图像平面），好像一种光的"流"。光流表达了图像的变化，由于它包含了目标运动的信息，因此可被观察者用来确定目标的运动情况。在时间间隔很小且固定时（如视频的前后连续两帧之间），空间运动物体在成像平面上像素运动的瞬时速度，可用于计算目标点发生的位移。基于这一原理，可以利用图像序列中像素在时间域上的变化及相邻帧之间的相关性，找到上一帧与当前帧之间存在的对应关系，从而计算出相邻帧之间物体的运动信息。

2. 无人船

相对于自动驾驶汽车，无人船的发展不那么惹人注意。实际上，自动驾驶汽车与无人船的核心技术是一致的，都是自动驾驶技术。但从技术实现难度而言，无人船的应用环境比较简单，船舶行驶在水面上，密集度远不如汽车，也不会遇到非机动车、行人等干扰因素，因此无人船舶技术的研究重点很多是在船舶的功能上。

1）无人水面艇

无人水面艇是一种无人操作的水面艇，融合了船舶、通信、自动化、机器人控制、远程监控、网络化系统等技术，借助精确卫星定位和自身传感即可按照预设任务在水面上航行，可以执行多种军事和非军事任务。

在民用领域，目前出现了很多智慧清洁无人船，广泛用于湖泊、河流、护城河或公园水域等水面区域的垃圾清理。智慧清洁无人船，综合了 4G/5G 通信、毫米波雷达、图像识别、物联网等技术，可以无人自主巡航和遥控操作，使用图像识别技术识别垃圾种类，定位垃圾位置，采用毫米波雷达与卫星定位融合，完成自主循迹和主动避障。除了无人清洁之外，无人船还可以搭载水质监测、水文探测、蓝藻监测等设备，定点、定时、定量采集水样，并通过传感器实时采集数据，通过物联网上传数据，充分发挥水上平台的机动性。无人船的出现减轻了水域清洁的压力。例如，在中国的苏州市，原来需要 500 人划着 270 条小船清理河道垃圾，在使用无人船后，按设定航线自动巡航，数位工作人员坐在办公室观看显示器，控制无人船开向垃圾，就能够实现自动收集，如图 7-4 所示。

图 7-4　无人清洁船

2）无人潜水器

无人潜水器是指那些代替潜水员或载人小型潜艇，进行深海探测、救生、排除水雷等高危险性水下作业的智能化系统，目前分为两大类：遥控型和自主型。无人潜水器也称"潜水机器人"或"水下机器人"，通常配备有效载荷，包括声波、摄像机、环境传感器、机械臂等装置。无人潜水器按照应用领域，可分为军用与民用，在军用领域，无人潜水器可作为新概念武器中的一种无人作战平台武器。

遥控型无人潜水器是拴在宿主舰船上，通过缆线由操作人员持续控制。遥控型无人潜水器的系统组成包括动力推进器、遥控电子通信装置、黑白或彩色摄像头、摄像云台、用户外围传感器接口、实时在线显示单元、导航定位装置、自动舵手导航单元、辅助照明灯和零浮力拖缆等部件。不同类型的遥控型无人潜水器用于执行不同的任务，广泛应用于军队、海岸警卫、海事、海关、核电、水电、海洋石油、渔业、海上救助、管线探测和海洋科学研究等领域。

自主型无人潜水器是一种综合了人工智能和先进探测技术的潜水器，可经过编程航行至一个或多个航点，在预定时间段内独立工作。自主型无人潜水器自带电能，灵活自如，可用于深海探测、反潜战、水雷战、侦察与监视和后勤支援等领域。自主型无人潜水器由于具有活动范围不受电缆限制、隐蔽性好等优点，正在成为未来水下侦察的新星。

7.1.3 智能终端

智能终端是一类计算机系统设备，其体系结构与计算机系统体系结构是一致的，智能终端作为计算机系统的一个应用方向，其应用场景设定较为明确。从硬件上看，智能终端普遍采用的还是计算机的经典体系结构——冯·诺依曼体系结构，即由运算器、控制器、存储器、输入设备和输出设备等5个部件组成。

在智能终端的软件结构中，系统软件主要是操作系统和中间件。操作系统的功能是管理智能终端的所有资源（包括硬件和软件），它是智能终端系统的内核与基石。操作系统是一个庞大的管理控制程序，大致包括5个方面的管理功能：进程与处理机管理、作业管理、存储管理、设备管理、文件管理。常见的智能终端操作系统有 Linux、Windows、Android、HarmonyOS、iOS 等。

智能终端的智能化程度取决于采用了什么智能服务，以及基础硬件性能如何。智能终端可通过自带的智能芯片直接完成智能处理过程，如手机拍照特效、智能语音助手、刷脸解锁等；如果智能终端没有集成高性能处理器，则需要将数据传至云端，借助 7.1.1~7.1.2 介绍的各类智能服务完成处理过程。如图 7-5 所示，智能终端通过云服务商获得智能计算、数据和存储能力，通过硬件厂商获得通信、本地计算和人机交互的能力，为用户提供不同场景下的智能服务。

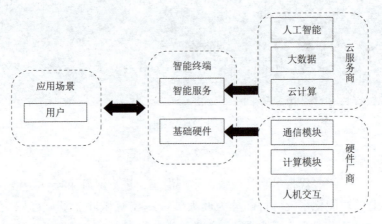

图 7-5　智能终端的体系结构

自助终端机是一种常见的电子信息设备，它可以用来储存信息并提供各类信息查询、打印、缴费等功能，除此之外，还可以用来贩售产品，广泛应用于通信、金融、政府、交通、医疗、工商、税务等行业。根据用途可分为自助缴费机、银行自助取款机、自助取单机、自助打印复印机、自助取票机、自助填单机、酒店入住办理机等。

例如，用于社保医保业务的自助终端机，它具有单位业务办理查询、个人业务办理查询、票据打印、密码设置，办理医保业务等功能，还可以用来打印社保证明、单位员工参保证明、个人参保证明、明细、参保缴费凭证等。使用时，用户将身份证件放在读取位置，摄像头会进行人脸识别，确认是本人后，即可轻松办理各项业务。如图 7-6 所示的自助终端机在税务大厅、办证大厅、各类登记处十分常见，目前均可以支持二代身份证识别和人脸识别或指纹识别，有的还支持手写签字确认和自助盖章。自助终端机的使用，减轻了政府单位和窗口单位的服务压力，提高了服务质量，减少了群众排队等候的时间，让更多群众享受到了便利快捷的服务。

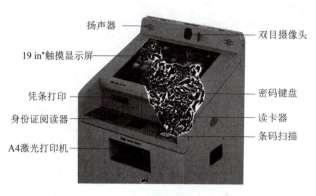

扬声器　　双目摄像头
19 in*触摸显示屏
凭条打印　　密码键盘
身份证阅读器　　读卡器
A4激光打印机　　条码扫描

图 7-6　自助终端机

任务 7.2　AI+商务

在全球宏观经济社会格局中，以人工智能、大数据、云计算、区块链为代表的现代数字技术，将重塑各个产业的商业模式和系统架构。5G 和人工智能等新技术正在驱动数字经济向智能化经济升级。当前自动驾驶、工业机器人、智慧医疗、无人机、智能家居助手等人工智能产品孕育兴起，人工智能与经济社会各行各业各领域融合创新水平不断提升。本任务围绕人工智能的商务应用，对人工智能构建智能商业时代的逻辑内涵进行深入分析，对其具体应用策略进行全方位、立体化的系统解读。

7.2.1　智能商务概述与内涵

人工智能不仅仅是一种新技术，更是推动经济发展、社会进步的动力源泉。人工智能的本质是通过大数据、物联网、云计算等技术，对庞大的行业数据进行搜集、分析和应用。人工智能技术的应用已经遍布人们生产生活的各个方面，小到智能家居，大到量子计算、空间技术，都得到了人工智能技术的支持。智能商务是人工智能技术应用的主战场之一，也是直观效益最明显的场景之一。人工智能技术在商务领域的应用大大促进了智能商务的发展，在制订决策、提升效率、创造收益和提升用户体验等方面发挥了重要的作用。如图 7-7 所示，对于用户，人工智能技术的应用可以帮助用户提升个人消费体验，包含语音服务、图像服务、新闻推荐、产品推荐和广告过滤等智能服务；对于商家，使用人工智能技术可以分析用户的个人信息、浏览历史和兴趣爱好等数据，建立用户的个人画像。利用用户画像，商家可以以用户感兴趣的产品需求为导向，制订针对市场需求的产品产销策略。商家可以在多个方面运用人工智能技术提升其市场竞争力和经营效率，包含市场需求分析、产品品质把控、客户群定位、广告精准投放、智能客服、动态定价等。

智能商务主要包括辅助智能交易、智能化拓展业务和企业商务智能化三个方面。辅助智能交易，是指智能交易系统按照委托人设定好的范围与要求，自动搜集、整理、分析资料，自动出价，帮助交易双方自动完成交易。智能化拓展业务，对于顾客而言，一方面可以在众

---

* 　1 in = 2.54×10^{-2} m。

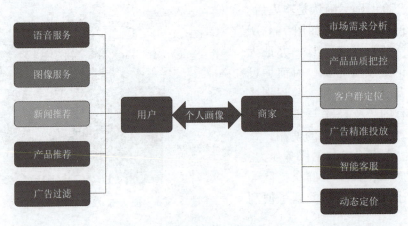

图7-7　人工智能技术对商务模式的改变

多电商网站和海量信息中快速精准锁定自己的需求，找到想要购买的商品和服务；另一方面，可以根据顾客的历史消费记录、行为和习惯，分析顾客的可能潜在消费需求，为顾客提供有针对性的广告和商品服务。对于商家，可以帮助电商企业在海量的消费群体中挖掘购买力和潜在购买力，开发新的用户和业务。企业商务智能化，帮助企业实现产品的网络化销售和服务，进一步完善企业内部商务运营的智能化。运用大数据、神经网络、数据挖掘等技术，将企业收集到的海量、无序数据转化为可供决策的、有价值的情报和知识，将商业智能化的范围从前端的对外交易拓展到整个企业的商务管理。

智能商务的一大特点就是网络交易系统能够代替人来直接做决策并指挥行动，决策的内容包括商品服务的选择、交易的自动完成、互动的自动实现、业务的挖掘和开发等，具体而言有如下3个特征。

（1）人的商务干预度不断降低。在电子商务中，以大数据为支撑，智能商务可以辅助人们进行决策，并在数据支撑下完成交易，获得比人工处理更高的效率。随着数据的不断增长和人工智能理论技术的不断进步，深度神经网络与大数据结合的优势将越来越明显，智能商务系统的功能和服务满意度将得到持续提升。

（2）精准满足每个客户的个性化需求。顾客看到的就可能是其想要的商品。顾客的感受就像是专人在为其提供高级 VIP 服务一样，比机器更人性化，比人更细致。顾客的每一次点击浏览，都将成为其个人用户画像的足迹，当这种足迹达到一定程度时，就可以演化出顾客的个人画像。顾客的个人画像包含性别、年龄、家庭状况、兴趣爱好等信息。依据顾客的个人画像，商家可以精准地对市场的需求进行定位，提升交易的成功率和服务的满意度。

（3）低成本实时自动服务海量客户。智能交互机器人系统可以提供 24 h 不间断的咨询和售后服务，接收顾客的反馈信息，并对信息进行整理，而且不会疲劳和情绪化。大量的问题和信息可以不断地训练机器人，提升其智能化水平，不断改善用户的消费体验。

1. 新型消费模式下的顾客需求

伴随当今信息产业的日益发展与完善，电子商务已然成为人们日常生活与工作当中不可缺少的组成部分。随着在网上购物的人数日益增多，此种足不出户便可获得想要商品的购物方式，正在被越来越多的顾客认可、接受与喜爱。对于网络商家，了解顾客的消费行为与习惯，是抓准商机、提升自身竞争优势的基本前提和保证。

2019 年，阿里巴巴围绕人工智能在商业上应用，对顾客最期待的智能生活领域和顾客对新型购物方式的偏好程度进行了一次社会调查，如图 7-8 所示。在顾客对新型购物方式的偏好程度上，人们更加关注智能辅助、智能推荐、虚拟体验、图像搜索、智能客服、语音购物等。

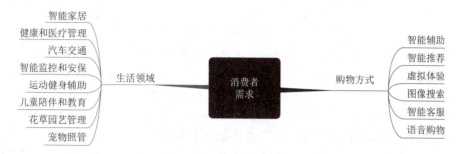

图 7-8　顾客期待的生活领域和新型购物方式

（1）在商品发现阶段，顾客首先会从一些网站、媒体及电商处了解个人需要的产品。

（2）在商品研究阶段，顾客会从产品品质、价格及口碑等多方面来评估产品的性价比。

（3）在商品购买阶段，经过货比三家后，顾客会选择以线上或者线下的方式进行购买。

（4）在商品付款阶段，数字货币交易成为当前主流的商品支付方式。

（5）在商品配送阶段，支付完成后，商品会以物流或线下自提的方式送到顾客手中。

（6）在商品售后阶段，完成交易后，顾客为产品品质和产品服务流程做出评价，商家以反馈积分和优惠券的方式来鼓励顾客进行下次购买。遍观顾客的消费行为路径，顾客频繁在线上和线下进行切换成为一个亮点。

2. 智能商务的体系架构

人工智能的核心要素是数据、算力和算法，利用深度学习、数据挖掘和大数据等相关技术，开采数据"矿山"中的价值资源。智能商务是在数据、算力和算法定义的世界中，以商务数据流的分析推理，化解复杂系统的不确定性，实现商务资源的优化配置。智能商务可以划分为三层：基础层是以数据、算力和算法为核心的底层技术理论；功能层表现为企业在正常运营过程中需要解决问题的服务机理，包含描述、诊断、预测和决策等；应用层则表现为作为供给端的企业，针对消费端客户的个性化需求，如何实现二者的高效协同，精准匹配，实现提升品质、降低成本、优化流程、优化资源配置的效率的效果。在商务决策中会面临很多问题，生产什么，卖给谁，谁来做，多久能做好，放在哪儿，在哪卖，如何卖等。如何给出最优化的决策，解决面临的挑战和问题，关系到企业的生存和发展。人工智能技术可以应用在企业生产和管理的各个环节，帮助企业优化问题和做出决策。

3. 智能商务的价值和意义

1）人工智能对实体经济的影响

人工智能提高实体经济运行效率：人工智能是一种新型生产要素，为实体经济提供了虚拟劳动力，可以协助取代人工，完成各种任务。智能系统可以自主学习、思考、决策并执行，不但可以完成简单工作，还能处理复杂任务，这将有效降低生产成本，提高实体经济运营效率。

人工智能将带来数据经济：数据产业是高新技术产业的典型代表。大数据、云计算、人工智能等技术的发展，为发掘海量数据的潜在价值提供了技术基础。基于人工智能的开放平台能够打破沟通壁垒，实现供给方与需求方的无缝对接，减少商品流通环节，有效降低交易成本。更为关键的是，机器学习算法的应用能够快速整合优质资源并高效配置，从而满足用户日益个性化、多元化的品质消费需求。

2）人工智能的应用价值

企业在发展过程中想要实现人工智能的应用价值，就要在发挥人工智能"大脑"作用功能的同时，运用人工智能来提高工作效率，发挥两者之间的协同效应。人工智能在企业中的应用价值主要体现在决策制订、设备运维、系统交互 3 个领域。

决策制订：企业可以应用人工智能来综合分析各类影响因素，据此制订最佳的价格与营销策略调整方案。使用人工智能技术制订决策的基础是数据，通过分析企业的各项历史数据，可以提高企业决策制订的合理性及识别企业的异常状况。

设备运维：在制造业企业中，设备的维护保养是实现产能和自动化生产的必要性保障。依据传感器收集到的信息，使用人工智能技术可以寻求设备的最佳保养时间，减少维护成本，提高生产效率。将人工智能技术应用到决策优化方面，可以实现自动化员工调度，在设备运维环节实现资源的充分利用与优化配置。

系统交互：利用人工智能语音助手，企业能够以自动化方式代替人工操作来完成一些简单的任务。当前人工智能助手已经被广泛应用在企业的客户服务部门。

7.2.2　人工智能背景下的电子商务

受益于数字化与人工智能技术的发展，近年来电子商务领域的运营成本正在逐年下降，并且由于其低门槛、人人都可为商家的销售模式，电子商务扩展极其迅速。中国是全球规模最大、最活跃的电商市场，企业对消费者（business to consumer，B2C）的销售额、顾客人数均为全球第一。根据阿里研究院的报告，据不完全统计，有近 80% 的电子商务卖家使用过人工智能相关工具，而随着盈利的增加，人工智能工具的使用频率也在日益增长。人工智能技术的广泛使用，推动了电子商务的智能化。

1. 用户画像：精准分析用户需求

用户画像是真实用户的虚拟代表，是建立在一系列真实数据之上的目标用户模型。简而言之，用户画像是根据用户的个人数据（包含社会属性、生活习惯和消费行为等信息）抽象出一个具有代表性的标签化用户虚拟模型。用户的每一次点击、操作、咨询等行为都是建立用户画像的基本元素，商家以大量的用户基本元素为数据基础，以大数据、深度学习等技术为手段，以用户的个人产品喜好为目标，构建用户的个人画像虚拟模型。用户画像构建流程可划分为 3 个阶段：基础数据收集、行为建模和构建画像，如图 7-9 所示。

（1）基础数据收集大致分为网络行为数据、服务内行为数据、用户内容偏好数据、用户交易数据等 4 类。网络行为数据包含活跃人数、页面浏览量、访问时长、激活率、外部触点、社交数据等；服务内行为数据包含浏览路径、页面停留时间、访问深度、唯一页面浏览次数等；用户内容偏好数据包含浏览或收藏内容、评论内容、互动内容、生活形态偏好、品牌偏好等；用户交易数据包括贡献率、单价、连带率、回头率、流失率等。

（2）行为建模阶段是处理收集到的数据，注重大概率事件，通过数学算法模型尽可能排除用户的偶然行为，进行行为建模，抽象出用户的标签。行为建模的算法包含文本挖掘、

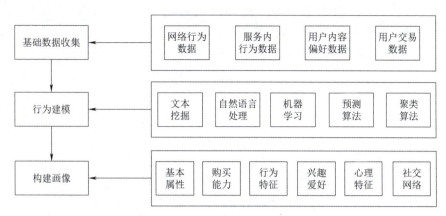

图7-9　用户画像的构建过程

自然语言处理、机器学习、预测算法、聚类算法等人工智能算法。行为建模的过程就是使用算法提取数据中的数据特征，并将这种数据匹配对应的标签。

（3）构建画像是在行为建模的基础上，将第（2）阶段的标签与用户的基本属性（年龄、性别、职业）、购买能力、行为特征、兴趣爱好、心理特征和社交网络等大致地关联起来。用户画像只是大概描述一个人某一阶段的虚拟模型，伴随年龄、环境、地域的不同，用户画像会不断地进行修正。

2. 智能搜索：简化用户操作流程

1）图像智能搜索

电商平台的商品展示与顾客的需求描述之间是通过搜索环节产生联系的。不过，基于文字的搜索行为有时很难直接引导用户找到他们想要的商品。通过计算机视觉和深度学习技术，可以让顾客轻松搜索到他们要寻找的商品。顾客只需将商品图片上传到电商平台，人工智能技术就会提取图片中包含的商品款式、规格、颜色、品牌等特征，并依据这些特征数据进行搜索，同时为顾客提供同类型商品的销售入口。图片搜索的应用，建立了商品从线下到线上的联系，极大地缩短了顾客搜索商品的时间，降低了时间成本，提高了用户体验度。在提升顾客消费体验的同时，商家也可以通过顾客的搜索行为，获取顾客与商品之间的数据对应，并将这些特征信息作为依据，指导营销决策，向顾客做出有针对性的产品营销策略。

在检索原理上，无论是基于文本的图像检索还是基于内容的图像检索，主要包括三方面：第一方面，对用户需求的分析和转化，形成可以检索的索引数据库；第二方面，收集和加工图像资源，提取特征，分析并进行标引，建立图像的索引数据库；第三方面，根据相似度算法，计算用户提问与索引数据库中记录的相似度大小，提取出满足阈值的记录作为结果，按照相似度降序的方式输出。

2）关键技术：信息检索

信息检索是计算机科学的一大领域，主要研究如何为用户访问他们感兴趣的信息提供各种便利的手段，即信息检索涉及对文档、网页、联机目录、结构化和半结构化记录及多媒体对象等信息的表示、存储、组织和访问。信息的表示和组织必须便于用户访问他们感兴趣的信息。

在范围上，信息检索的发展已经远超出了早期目标，即对文档进行索引并从中寻找有用的文档。如今，信息检索的研究包括用户建模、网络搜索、文本分析、系统构架、用户界面、数据可视化、过滤和语言处理等技术。

3. 智能推荐：提升产品销售渠道

1）智能推荐引擎

随着电子商务规模的不断扩大，商品个数和种类快速增长，顾客需要花费大量的时间才能找到自己想买的商品。智能推荐引擎利用深度学习算法，在海量数据集的基础上分析顾客日常搜索、浏览与购买行为数据；分析、预测哪些商品可能会引起顾客购买欲望，将得到的合理购买建议推送到顾客个人页面。智能推荐引擎可以帮助顾客快速找到所需要的商品，提高用户购物体验，同时也可以挖掘客户的潜在需求，促进交易进行。个性化的推荐系统可以节省用户购物时间成本，切实改善用户购买体验。智能推荐引擎利用电子商务网站向客户提供商品信息和建议，帮助用户决定应该购买什么商品，模拟销售人员帮助客户完成购买过程。

2）关键技术：推荐系统

推荐系统（recommendation system，RS）是指利用信息过滤技术，从海量项目（项目是推荐系统所推荐内容的统称，包括商品、新闻、微博、音乐等产品及服务）中找到用户感兴趣的部分并将其推荐给用户。推荐系统在用户没有明确需求或者项目数量过于巨大、凌乱时，能很好地为用户服务，解决信息过载问题。

4. 智能营销：提升商家运营效率

1）内容营销

内容营销（content marketing），指的是以图片、文字、动画等媒体介质推送有关企业的内容信息，促进销售，通过合理的内容创建、发布及传播，向用户传递有价值的信息，从而实现网络营销的目的。内容营销要求企业能生产和利用内外部价值内容，吸引特定用户主动关注，重中之重是特定人群的主动关注，也就是说，内容要有吸引力，让顾客自己找上门。内容营销是不需要做广告或做推销就能使客户获得信息、了解信息，并促进信息交流的营销方式，它通过印刷品、数字、音视频或活动提供目标市场所需要的信息，而不是依靠推销行为。米其林享誉世界的《米其林指南》，LV从1998年就开始推出的《城市指南》，这些优质内容的目标不是直接卖货，而是让顾客永远驻足，将其作为偶像。米其林和LV的这种营销策略，就是典型的内容营销。

2）预测营销

预测营销是指通过对市场营销信息的分析和研究，寻找市场营销的变化规律，并以此规律去推断未来的过程。预测营销的作用主要表现在：预测营销为企业战略性决策提供依据，企业通过预测，可以对顾客需求和顾客行为等变化趋势做出正确的分析和判断，确定企业的目标市场；通过预测把握市场的总体动态和各种营销环境因素的变化趋势，从而为企业确定资金投向、经营方针、发展规模等战略性决策提供可靠依据。预测营销是企业制定营销策略的前提条件，企业营销的最终目的是获取利润，企业要实现自己的利润目标，就需要在产品、定价、分销、促销、原料采购、库存运输、销售服务等方面制订正确的营销策略，而正确营销策略的制订取决于相关市场情况的准确预测。预测营销有利于提高企业的竞争能力，在当前激烈的竞争市场中，企业与竞争对手的优劣势是在不断变化的，通过及时、准确预测，企业就能掌握市场发展和转化的规律，以便企业扬长避短，挖掘潜力，适应市场变化，提高自身的应变能力，增强竞争能力；企业不仅应预测自己产品的市场份额，还应预测市场同类产品、替代产品等的未来发展趋势，同时，还必须预测竞争对手产品、市场的发展趋势，以便企业采用相应的竞争策略。

5. 智能客服机器人：提供极致购物体验

智能客服机器人涉及机器学习、大数据、自然语言处理、语义分析和理解等多项人工智能技术。其主要功能是能够自动回复顾客咨询的问题，对顾客发送的文本、图片、语音进行识别，能够对简单的语音指令进行响应。智能客服机器人可以有效减少人工成本的投入，提升对客户的服务质量，优化用户体验，以及最大限度地挽留夜间访客流量，同时也可以替代人工客服回复重复性问题。据相关资料显示，目前有超过80%的零售业顾客互动都是由人工智能来完成的。

智能客服机器人是经由语音或文字进行交谈的计算机程序，能够模拟人类对话。研发者把自己感兴趣的回答存放在数据库中，当一个问题被抛给客服机器人时，它通过算法，从数据库中找到最贴切的答案给予回复。其核心在于，研发者需要将大量网络流行的俏皮语言加入词库，当接收的词组和句子被词库识别后，程序将通过算法把预先设定好的答案回复给顾客。而词库的丰富程度、回复的速度，是一个客服机器人能不能得到大众喜欢的重要因素。借助人工智能技术，企业可以打造客服机器人，实现24 h在线解决用户提出的问题。

7.2.3　无人实体零售

基于深度学习、计算机视觉、智能传感器等人工智能技术的无人零售是实体零售的重要发展方向，它可以让顾客高效率地选购商品和付款，同时降低商家的人力成本。此外，无人零售建立的客户大数据，也将为精准营销提供强有力的数据支持。在无人零售场景中，商家可以快速对某种或某一类商品的用户数据进行有效分析，根据用户的浏览记录、购买记录等相关数据，确定商品的有效客户群。随着人工智能相关技术逐渐成熟和移动支付服务的快速发展，以无人零售为代表的新零售得到全球零售巨头的重点关注。

1. 无人超市

无人超市是当前智能零售领域的一项重要突破。无人超市并不是要"消除"所有人工环节，店内也不是不出现任何店员，而是"消除"导购员、收银员这类人工成本相对较高的职位，一定程度上节约人力成本，更大的意义是将线下场景数字化、提升运营效率、实现精准营销等，并通过提供更便捷的结账方式，提升用户体验。通过人工智能的卷积神经网络、计算机视觉、深度学习、生物识别等前沿技术，打造一个人工智能零售系统，实现零售无人或少人的智能升级。

无人售货系统通过智能传感器（摄像头、货架上感应商品重力的传感器和手机）来判别和执行用户的购头行为。通过人工智能、物联网、生物识别、无人系统等技术，为智能消费、无人销售等领域带来了创新。比如京东无人超市，顾客通过手机扫码并通过人脸识别后就可以进入超市购物，当购物完毕准备离开时，超市结算通道大门会自动打开，购物者停留数秒便会在手机上收到电子账单，完成结算，具有无现金支付、24小时营业、无干预购物、结账速度快的特点，进一步推动了无人科技在智能制造、仓储、零售、服务等多个环节的应用，实现成本优化和智能水平提升。

在购物环节，顾客在货架中取商品、将商品放回、行走等用户行为，都会被摄像头记录下来。系统利用压力传感装置、红外传感器、载荷传感器等识别顾客的选购行为，其主服务器中的判别模型会对顾客是否购买某件商品做出最终判断，并将判断结果体现在虚拟购物车中。当一个商品被拿走或是被放回时，货架上的摄像头和重量感应器可以监测到商品的图像、重量信息，并将这些信息输入其人工智能系统，而店内的人工智能系统可以通过这些数据及商品放置的位置推测出是什么商品被放置或是被拿走了。当顾客浏览商品时，他们从货架上拿下的货物都会被自动加入 APP 的虚拟购物车，但如果顾客拿下商品后又不想要了，直接放回货架就可以了，APP 会在虚拟购物车里自动加减商品。完成购物后，顾客不需要排队，人工智能可以自动识别每个顾客的商品购买信息，当顾客离开超市后，在顾客绑定的支付账户中自动扣款，同时将订单详情发送至用户的手机上。

2. 智能试衣

智能试衣场景主要应用了增强现实、语音识别、手势识别等技术。比如，智能试衣镜项目，使顾客不需要将衣服穿在身上，即可看到该衣服的 3D 效果。该项目的智能系统会自动根据客户的性别、年龄、身高、肤色、外貌等数据与门店里的合适服装进行匹配，实现个性化推荐。向顾客推荐的服装将会以 3D 服装模型的形式在人体模型上呈现出来，让顾客可以方便快捷地了解自己的试穿效果。与此同时，智能系统还会利用语音交互设备等与顾客进行沟通，让用户获得更高的满意度。

首先，顾客需要使用智能搜索技术（包含语音搜索或者图像搜索等），将感兴趣的服饰在终端上找到并显示出来；其次，触发智能识别，识别目标界面中的服饰图像；接着，对获取的图像进行算法识别，如图像的属性信息，包括颜色、大小、款式、类型（上衣、帽子、裤子等）等；然后，通过相机或数据图像输入，获取目标（用户）的人体模型图像；最后，将服饰图像叠加显示在目标的 3D 人体模型上，查看穿戴效果。

任务 7.3　AI+物流

智能物流利用集成智能化技术，使物流系统能模仿人的智能，具有思维、感知、学习、推理判断和自行解决物流中某些问题的能力。智能物流体现出 5 个特点：智能化、一体化、层次化、柔性化与社会化。具体而言，这 5 个特点是在物流作业过程中的大量运筹与决策的智能化；以物流管理为核心，实现物流过程中运输、存储、包装、装卸等环节的一体化；智能物流系统的层次化；智能物流的发展会更加突出"以顾客为中心"的理念，根据消费者需求的变化来灵活调节生产工艺，以此实现柔性化；智能物流的发展将会促进区域经济的发展和世界资源优化配置，实现社会化。另外，智能物流还具备 4 个智能机理，即信息的智能获取技术、智能传递技术、智能处理技术、智能运用技术。

与传统物流相比，智能物流表现出以下特征。

（1）多元驱动，实现低成本、高效率、优质服务、绿色环保等多元化发展目标。

（2）实时感知，以物联网技术为支撑，实时获取物流单元、物流工具、物流环境中的身份、位置、时间、状态和动作等属性信息。

（3）智能交互，在物流实施者、物流工具之间进行实时交互信息，根据要求快捷地完成相应的调整与配置。

（4）智慧融合，实现关键技术、系统应用与管理理论等要素的高效融合和集成发展。

7.3.1 自动识别技术

自动识别技术就是应用一定的识别装置、识读装置自动地获取被识别物品的相关信息，并提供给后台的计算机处理系统来完成相关后续处理的一种技术。这是信息数据自动识读、自动输入计算机的重要方法和手段，是一种高度自动化的信息或者数据采集技术。

按照应用领域和具体特征的分类标准，自动识别技术可以分为条码识别技术、射频识别（radio frequency identification，RFID）技术、机器视觉识别技术、生物识别技术等，下文将逐一介绍。

1. 条码识别技术

条码识别技术分为一维码和二维码两种。

1) 一维码

一维码又称条形码（barcode），是由一组按一定编码规则排列的条、空符号组成的编码符号，用以表示一定的字符、数字及符号组成的信息。条形码符号的构成：一个完整的条形码的组成次序为静区（左侧空白区）、起始符、数据符、中间分割符（主要用于 EAN 码）、校验符、终止符、静区（右侧空白区）。同时，下侧附有可以阅读识别的字符，如图 7-10 所示。

图 7-10 条形码符号的构成

条形码识别系统由条形码扫描器、放大整形电路、译码接口电路和计算机系统等部分组成，如图 7-11 所示。

条形码系统的工作流程如下：条形码扫描器光源发出的光经透镜 1 照射到黑白相间的条形码上，反射光经透镜 2 照射到光电转换器上，光电转换器转换成相应的电信号输出到放大整形电路；放大电路将信号放大后，通过整形电路，把模拟信号转换成数字信号，以便计算机系统能准确判读，即整形电路将条形符号换成相应的数字、字符信息，通过接口电路送给计算机系统进行数据处理与管理，便完成了条形码辨读的全过程。

2) 自动二维码

自动二维码是用某种特定的几何图形按一定规律在平面（二维方向）分布的黑白相间

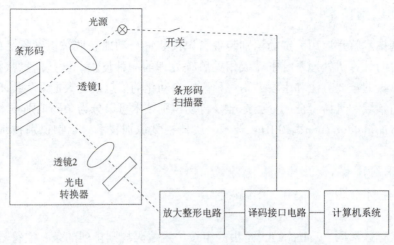

图 7-11   条形码识别系统

的图形记录数据符号信息的，具有一定的校验功能，同时，还具有对不同行的信息进行自动识别的功能及处理图形旋转变化等特点，二维码可以分为以下几种。

（1）线性堆叠式二维码：是在一维条形码编码原理的基础上，将多个一维码在纵向堆叠而产生的。

（2）矩阵式二维码：是在一个矩形空间通过黑、白像素在矩阵中的不同分布进行编码。

（3）邮政码：通过不同长度的条进行编码，主要用于邮件编码。

二维码的快速响应（quick-response，QR）码的基本结构，如图 7-12 所示。

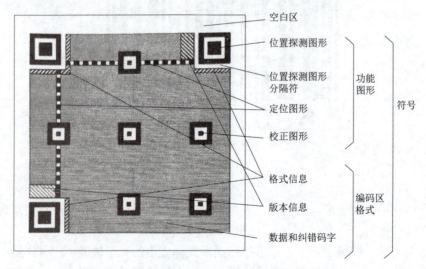

图 7-12   QR 码的基本结构

位置探测图形、位置探测图形分隔符、定位图形：用于对二维码的定位。对每个 QR 码来说，位置都是固定存在的，只是大小规格会有所差异。

校正图形：规格确定，校正图形的数量和位置也就确定了。

格式信息：表示该二维码的纠错级别，分为 L，M，Q，H。

版本信息：即二维码的规格。QR 码符号共有 40 种规格的矩阵，每一版本符号比前一版本每边增加 4 个模块。

数据和纠错码字：实际保存的二维码信息和纠错码字。

2. RFID 技术

RFID 技术是 20 世纪 90 年代开始兴起的一种自动识别技术。RFID 技术的基本原理是电磁理论，即利用无线电波对记录媒体进行读写。RFID 技术的优点有不局限于视线，识别距离比光学系统远；RFID 卡具有读写能力，可携带大量数据，难以伪造且具有智能性。

RFID 系统由阅读器（读取或读/写电子标签信息的设备）、天线（标签与阅读器之间传输数据的发射、接收装置）、电子标签（芯片及内置天线）三部分组成。第一部分阅读器，是 RFID 系统最重要也最复杂的一个组件。因其工作模式一般是主动向标签询问标识信息，所以有时又称询问器（interrogator）。阅读器可以通过标准网口、RS232 串口或通用串行总线（universal serial bus，USB）接口同主机相连，通过天线与 RFID 标签通信。有时为了方便，阅读器和天线及智能终端设备会集成在一起形成可移动的手持式阅读器。第二部分天线，同阅读器相连，用于在标签和阅读器之间传递射频信号。阅读器可以连接一个或多个天线，但每次使用时只能激活一个天线。RFID 系统的工作频率从低频到微波，这使得天线与标签芯片之间的匹配问题变得很复杂。第三部分标签，是由耦合元件、芯片及微型天线组成，每个标签内部存有唯一的电子编码，附着在物体上，用来标识目标对象。标签进入 RFID 阅读器扫描场以后，接收到阅读器发出的射频信号，凭借感应电流获得的能量发送出存储在芯片中的电子编码（被动式标签），或者主动发送某一频率的信号（主动式标签）。

3. 机器视觉识别技术

机器视觉就是用机器代替人眼进行测量和判断。典型的视觉系统由照明、镜头、相机、图像采集卡、视觉处理器 5 部分组成，如图 7-13 所示。

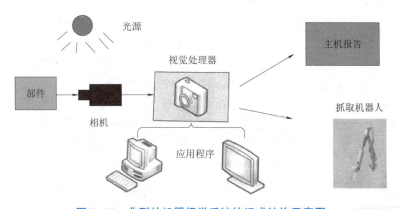

图 7-13　典型的机器视觉系统的组成结构示意图

（1）照明。照明是影响机器视觉系统输入的重要因素，它直接影响输入数据的质量和应用效果。照明系统按其照射方法可分为：背向照明、前向照明、结构光和频闪光照明等。

（2）镜头。视场（field of vision，FOV）＝所需分辨率×亚像素×相机尺寸/PRTM（零件测量公差比）。镜头选择应注意以下因素：焦距、目标高度、影像高度、放大倍数、影像至目标的距离、中心点/节点、畸变。

（3）相机。相机按照不同标准可分为标准分辨率数字相机和模拟相机等。应根据不同的实际应用场合选择不同的相机。

（4）图像采集卡。图像采集卡虽然只是完整的机器视觉系统的一个部件，但是它扮演着一个非常重要的角色。图像采集卡直接决定了相机的接口：黑白、彩色、模拟、数字等。

（5）视觉处理器。视觉处理器为采集卡与处理器于一体。计算机速度较慢时，采用视觉处理器可以加快视觉处理任务的速度。

4. 生物识别技术

每个人都有自身固有的生物特征，人体生物特征具有"人人不同，终身不变，随身携带"的特点。由于人体特征具有人体所固有的唯一性，且这一生物密钥无法复制，失窃或被遗忘，因此生物识别技术利用生物特征或行为特征对个人进行身份识别。利用生物识别技术进行身份认定具有安全、可靠、准确的特点。生物识别技术的分类有手形识别技术、面相识别技术、签名识别技术、虹膜识别技术、声音识别技术、掌纹识别技术、真皮层特征识别技术、静脉特征识别技术等。

7.3.2 GIS 技术

GIS 是打造智能物流的关键技术与工具，使用 GIS 可以构建物流一张图，将订单信息、网点信息、送货信息、车辆信息、客户信息等数据都在一张图中进行管理，实现快速智能分单、网点合理布局、送货路线合理规划、包裹监控与管理。GIS 技术可以帮助物流企业实现基于地图的服务。以下是几项 GIS 技术的具体运用。

（1）网点标注。将物流企业的网点及网点信息（如地址、电话、提送货等信息）标注到地图上，便于用户和企业管理者快速查询。

（2）片区划分。从"地理空间"的角度管理大数据，为物流业务系统提供业务区划管理基础服务，如划分物流分单责任区等，并与网点进行关联。

（3）快速分单。使用 GIS 地址匹配技术，可以搜索定位区划单元，将地址快速分派到区域及网点，并根据该物流区划单元的属性找到责任人，以实现"最后一公里"配送。

（4）车辆监控管理系统。监控从货物出库到送达客户手中的全过程，减少货物丢失；合理调度车辆，提高车辆利用率；各种报警设置，保证货物司机车辆安全，节省企业资源。

（5）物流配送路线规划辅助系统。该系统用于辅助物流配送规划。通过合理规划路线，保证货物快速到达，节省企业资源，提高用户满意度。

（6）数据统计与服务。将物流企业的数据信息在地图上进行可视化直观显示。通过科学的业务模型、GIS 专业算法和空间挖掘分析，洞察其他方式无法了解的趋势和内在关系，从而为企业的各种商业行为，如制订市场营销策略、规划物流路线、合理选址分析、分析预测发展趋势等构建良好的基础，使商业决策系统更加智能和精准，从而帮助物流企业获取更大的市场契机。

7.3.3 行业应用现状

从行业作业性质看，人工智能在物流行业应用前景可观。丰富的场景、大量重复的劳动、物流作业的高效等都离不开数据规划与决策，而这些因素正是和人工智能应用相匹配的。如今，也不断看到领先企业在人工智能方面的研发与应用。

1. 智能物流在企业的应用

智能物流聚焦工厂车间和物流园区内自有物流模式，盘点、拣选、加工、装配、搬运各场景中的人—机—料、点—线—场的信息化、数字化、智能化，打通企业的业务流、信息流、实物流、价值流，实现基于制造业工艺与流程的物流协同系统。

（1）AGV 集群调度。

AGV 是物流行业目前最具自动化、智能化的设备，也是发展最迅猛的技术。电商分拣平台上，几十台乃至上百台 AGV 可以同时运行，如图 7-14 所示。AGV 实时控制传输的数据量不大，但数据传输的频率很高，时延要求苛刻。

图 7-14　AGV 集群调度

（2）AGV 协同控制。

工业制造和搬运对象大小不一，重的物件达到几百吨，不可能为每种规格的物件设计一款 AGV。这时，多 AGV 协同搬运一个超大超重物件就很有必要，既可以减少 AGV 定制成本，又可以灵活组合复用，节约投资。组装超大设备时，如飞机机翼，也需要多个 AGV 同步托举，物件的停放位置精度也受同步启停的影响。超大设备运动转弯时，需要编队成组的不同 AGV 执行不同的运动参数。在多 AGV 协同搬运超重物件的情况下，考虑到安全和惯性，需要多个 AGV 同步启停，否则会出现单一 AGV 超过负重，也就是对通信时延产生的命令到达时间差很苛刻，如图 7-15 所示。

图 7-15　单 AGV 搬运大型工件示意图

（3）有轨制导车辆（rail guided vehicle，RGV）/计算芯片之间的互连（controller to controller，C2C）控制。

下文将介绍几种运用了 RGV/C2C 控制的具体运用。

①堆垛机。堆垛机是自动化立体仓库的核心设备，通信方式一般采用有线通信、红外通信、WiFi，如图 7-16 所示。

图 7-16　立体库堆垛机示意图

②交叉带分拣机。交叉带分拣机用在快递的枢纽分拨中心，上位机在一个 PLC 的扫描周期内，需要对几百台运行中的小车刷新道口位置，如图 7-17 所示。

图 7-17　交叉带分拣机示意图

③多层穿梭车。多层穿梭车在立体库的固定轨道上水平运行，进行货箱存取，每个巷道的每层货架都配置一个穿梭车。此时，无线信号从堆垛车的线性覆盖变为全库立体覆盖，如图 7-18 所示。

图7-18　立体库多层穿梭车示意图

④空中悬挂式自行小车。空中悬挂式自行小车输送线采用滑触线通信，本身存在磨损失效、抖动接触不良等低可靠性。另外，高空作业维护地面电动单轨系统（electric monorail systems，EMS）的通信方式基本是WiFi漏波天线，如图7-19所示。

图7-19　空中悬挂输送系统示意图

2. 无人智能配送

1）园区物流小车

目前无人驾驶物流车已经上路运行，实现对"最后一公里"配送的完美补充，开放道路自动驾驶也日趋成熟。目前，上路的物流小车自身导航还是靠激光传感器和本地计算，后续云化发展后，用于导航计算和监控，突发情况下物流小车需要被远程接管，图 7-20 为园区无人驾驶物流车示意图。

图 7-20　园区无人驾驶物流车示意图

2）物流无人机

无人机有 5 项关键技术：机体结构设计、机体材料、飞行控制、无线通信遥控、无线图像回传。其中，后两项与无线网络强相关。5G 大带宽、广覆盖的无线网络可以推动无人机向高航速、高宽带、保密、抗干扰的方向发展。物流无人机示意图，如图 7-21 所示。

图 7-21　物流无人机示意图

3）智能拣选

拣选作业是仓储物流中劳动最密集，耗时最多的环节。增强现实技术可以在视觉环境中使用箭头导航员工到具体的货物位置，然后系统会显示需要进行挑拣的货物的数量，帮助员工完成拣选操作，将工作过程和要求可视化，流程规范化，提高效率，降低成本，避免重复劳动。

4）批量盘点

对成千上万物料的盘点是所有工厂、仓库的巨大痛点，物流的信息化离不开 RFID 技术。华为将 5G 多天线等先进算法引入 RFID 技术领域，极大提升了传统 RFID 通信可靠性及定位能力。

5）融合定位

物流的所有要素都需要被定位，以便实施管控，进一步优化物流调度算法和生产工艺流程。结合 5G 室内天线位置信息、信号指纹信息，可以将室内区域进行网格划分，再融合低成本的视觉传感信息，可以将定位精度提升到 10 cm，减少 AGV 因失去位置信息而无法行走，出现"被劫持"的异常情况。5G 蜂窝定位把室内位置网格化，AGV 每次在对应网格进行视觉匹配解决 SLAM 算法累积误差；5G 蜂窝将视觉信息上传到边缘计算，不再为每个 AGV 配置 GPU 硬件，也会大幅度减少 AGV 的成本。

6）数字货架

在智能物流中，物流容器（料箱、货架、托盘）也已经数字化了，典型的有亮灯自动拣选（pick to light，PTL）货架。PTL 货架是以一系列安装于货架格位上的电子显示装置（电子标签）取代拣货单，指示出应拣取的物品及数量，拣货区放料、线边取料时灯光自动提醒及计数校验。

任务7.4　AI+机器视觉

7.4.1　机器视觉开发工具及算法

机器视觉是人工智能正在快速发展的一个分支。简单说来，机器视觉就是用机器代替人眼来做测量和判断。机器视觉系统是通过机器视觉产品（即图像摄取装置，分 CMOS 和 CCD 两种）将被摄取目标转换成图像信号并传送给专用的图像处理系统，得到被摄目标的形态信息，再根据像素分布和亮度、颜色等信息，将被摄目标转变成数字化信号。图像系统对这些信号进行各种运算来抽取目标的特征，进而根据判别的结果来控制现场的设备动作。

当前比较流行的机器视觉开发模式是"软件平台+视觉开发包"。视觉开发包是基于软件平台对各种常用图像处理算法进行封装，用以实现对图像分割、提取、识别、判断等功能，进一步安装在上位机或内嵌至工业母板中，实现人机交互的功能。软件平台主要指开发环境，包括 C#、LabVIEW、MATLAB 等通用工具和 Halcon、VisionPro 等专用工具。

机器视觉算法的本质是基于图像分析的，是时间视觉技术，需要通过对获取图像的分析，为进一步决策提供所需信息。机器视觉开发工具主要有两种类型，一种是包含多种处理算法的工具包，另一种是专门实现某一类特殊工作的应用软件。两种类型各有利弊，需要用户根据自身技术能力和所面向工程项目的具体情况来做出选择。表 7-2 为需用到的算法工具包。

表7-2　计算机视觉专用算法工具包

算法工具包	优点	缺点	适用场景
VisionPro	无编程基础的开发人员入门容易。 较低的软件开发 lisence。 花费 QuickBuild 缩短开发周期	3D 机器视觉算法库有限。 GPU 无法加速。 图像处理算法工具较少	适用于需要快速开发的通用视觉类项目
Halcon	强大的 2D 和 3D 视觉软件库。 广泛支持视觉图像采集设备。 与多种开发环境及平台有较好兼容性	无编程基础的开发人员入门困难。 开发周期较长。 软件开发费用较高	适用于较为复杂的、拥有较长开发周期的项目
OpenCV	开源且可以商用。 便于定制化算法开发	开发人员代码能力要求高。 开发周期长	适用于有算法基础且项目周期长、但预算有限的项目
eVision	代码处理速度快。 基于灰度相关性的模板匹配效果好	几何形状的匹配能力较差	适用于基于图像对比的图像质量检测项目
Maxtor Image Library	普及程度高	应用范围有限	适用于激光定位项目
NI Vision	LabVIEW 平台入门相对简单。 开发速度快	算法效率不高。 算法的准确性与稳定性依赖于图像质量	效率要求不高，图像质量较好，且要求交货周期比较短的项目
HexSight	定位和零件检测效果好。 恶劣环境适应性好	软件开发费用较高。 普及率不同	适用于恶劣工业环境的点位和检测项目

7.4.2　行业应用案例

机器视觉是与工业应用结合最为紧密的人工智能技术，通过对图像的智能分析，使工业装备具有了基本的识别和分析能力。随着工业数字化、智能转型逐渐深入，智能制造的逐步推进，工业机器人视觉逐渐形成规模化的产业，并随着人工智能技术在工业领域落地而逐渐深入到工业生产的各种场景之中。

（1）电子行业应用场景分析。

计算机视觉在电子行业中的应用场景主要包括：互补金属氧化物半导体图像传感器（CMOS image sensor，CIS）高精密点胶与自动检测、电子产品表面缺陷检测、手机盖板玻璃检测、电子零件设备检测。应用场景分析，如表7-3所示。

表7-3　计算机视觉在电子行业的应用场景分析

应用场景	场景分析
CIS 高精密点胶与自动检测	1. 高精密点胶与自动检测功能合二为一。 2. 图像识别集成传统算法与深度学习。 3. 系统设计模块化，兼容多种相机、光源及阀体，满足多种应用场景
电子产品表面缺陷检测	1. 针对金属粉末注射成型（metal powder injection molding，MIM）工艺表面缺陷的在线检测设备。 2. 60°外观检测，拥有 18 余种缺陷识别模型，在 500 ms 内实现多模型并发处理。 3. 降低质检人员数量，减少占地面积
手机盖板玻璃检测	1. 采用灵活可扩展、低延时的解决方案，搭建超高分辨率光学系统、分布式处理系统与数据搜集标注统一管理平台。 2. 实现至少 30 种缺陷的一站式全检，可替换 30 名质检工人
电子零件设备检测	1. 辨别载带内有无集成电路（integrated circuit，IC）及 IC 方向。 2. 检测引线框有无电镀。 3. 检测连线器针脚的平整度

（2）汽车行业应用场景分析。

计算机视觉在汽车行业的应用场景主要包括冷凝器外观检测、汽车电磁阀滤芯检测、涂标线标签检查、汽车曲轴连杆检测等。应用场景分析，如表7-4所示。

表7-4　计算机视觉在汽车行业的应用场景分析

应用场景	场景分析
冷凝器外观检测	1. 配合机械手实现产品多面尺寸高精度检测，长宽高精度≤±0.01 mm，轮廓度单边精度≤±0.01 mm。 2. 2D/3D 融合实现大件产品的尺寸及深度检测、平面度检测
汽车电磁阀滤芯检测	1. 选用特定的机械结构来旋转电磁阀，使用线扫相机扫描拍摄整个圆周表面，获得有效图片。 2. 以最小网络作为定位，然后依次对 5 个网格外进行图片处理和分析
涂标线标签检查	通过 OCR 技术对相机采集滑橇号图像，对滑橇上镂空字符进行读取并处理，输出滑橇号信息通过 PLC 上传给车间生产过程监控系统进行进一步处理和运算
汽车曲轴连杆检测	将视觉传感器应用在多种汽车发动机曲轴连杆的自动化生产线上，自动对不同类型的产品进行辨别，助力自动化生产线的高效运行

（3）半导体及平板显示行业场景分析。

计算机视觉在半导体及平板显示行业的应用场景主要包括：数字投影式曝光、薄玻璃基板缺陷检测、硅片检测分选、半导体工艺检测等。应用场景分析，如表7-5所示。

表 7-5　计算机视觉在半导体及平板显示行业的应用场景分析

应用场景	场景分析
数字投影式曝光	1. 采用高分辨率成像物镜配合自研高压缩比算法、补偿算法，实现双工位运动时序控制。 2. 取消 mask，缩短制程时间至 5 min，良率提升 5%
薄玻璃基板缺陷检测	1. 采用 FRM-Insper 表面检测系统。 2. 配合专用划痕检测照明系统和高分辨率相机，实现亚微米颗粒计数。 3. 保证了可靠的质量分类和无缺陷的出货质量
硅片检测分选	1. 使用 3D 测量系统实现对硅片产品多种性能参数一站式自动检测。 2. 实现检测数据管理与可视化分析统计，并对硅片质量等级自动分类
半导体工艺检测	1. 使用机器视觉实现制造工艺外观缺陷 3D、2D 检测，晶圆表面缺陷、杂物、裂纹、切割崩裂等检测。 2. 实现封装工艺、镜片不良、胶水不良、焊线不良、焊球不良及杂物检测

（4）包装行业场景分析。

计算机视觉在包装行业应用场景主要包括：洗衣机配重块上料、产品包装检测、自动化料盘装运机视觉引导、饮料灌装行业应用等。应用场景分析，如表 7-6 所示。

表 7-6　计算机视觉在包装行业的应用场景分析

应用场景	场景分析
洗衣机配重块上料	1. 采用 3D 相机识别料框内配重块位置、流水线上洗衣机位置，引导机械臂从料框内抓取，完成装配。 2. 支持 7×24 h 连续工作，能够适应不同尺寸和种类工件
产品包装检测	1. 在高速生产线中对外包装安全条进行快速判断，以确保安全，包装条无缺失。 2. 凭借其出色的读码能力，可以准确、迅速地读取各种包装材质上的字符
自动化料盘装运机视觉引导	1. 安装了 GV 系列后可以在每个料盘通过传输机时从侧面查看。 2. GV 设置为区域模式后，能够可靠地检测出两种问题情况，并向操作人员发出警报，以免错误载入的料盘使生产线瘫痪
饮料灌装行业应用	1. 采用独特的光学方案，在产品四周间隔 90° 布置 4 台高分辨率 CCD 面阵相机，对标签进行 360° 无盲区检测。 2. 每个相机配套两块 LED 光源，分别从上面和下面对标签区域进行打光

（5）医学影像识别。

由于 90% 的医疗数据都是基于图像的，因此，医学中的计算机视觉有很多用途。比如，启用新的医疗诊断方法，分析 X 射线，乳房 X 光检查，监测患者等。在医学领域，机器视觉主要用于医学辅助诊断。首先，采集核磁共振、超声波、激光、X 射线、γ 射线等对人体检查记录的图像，再利用数字图像处理技术、信息融合技术对这些医学图像进行分析、描述和识别，最后得出相关信息。机器视觉对于辅助医生诊断人体病源大小、形状和异常，并进行有效治疗具有重要的作用。不同医学影像设备得到的是不同特性的生物组织图像，例如，X射线反映的是骨骼组织，核磁共振影像反映的是有机组织图像，而医生往往需要考虑骨骼组织与有机组织的关系，因而需要利用数字图像处理技术将两种图像适当地叠加起来，以便于医学分析。

（6）智能安防行业。

中国在使用人脸识别技术方面无疑处于世界领先地位，这项技术被广泛应用于警察工作、支付识别、机场安检等。随着人工智能在安防行业的渗透和深层次应用技术的研究开发，当前安防行业已经呈现"无AI，不安防"的新趋势。各安防监控厂商全线产品人工智能化已经是不争的事实，同时也成为各厂商的新战略。安防行业的人工智能技术主要集中在人脸识别、车辆识别、行人识别、行为识别、结构化分析、大规模视频检索等方向。安防行业的人工智能应用场景分为卡口场景和非卡口场景。前者指光线、角度等条件可控的应用场景，以车辆卡口及人脸卡口为主；后者指普通治安监控视频场景。卡口场景约占监控摄像机总量的 1%~3%，剩余的均为非卡口场景监控视频。

任务 7.5　AI+司法

7.5.1　智慧司法的发展与应用

司法是国家司法机关和司法人员依照法定职权和法定程序，使用法律处理案件的活动，同时也是一门科学。人工智能成为司法改革的新热点，得益于信息技术的迅猛发展，也得益于人工智能促进司法公正的潜力。人工智能时代的到来，为实现司法现代化提供了重大战略机遇，人工智能在司法领域的深度融合与应用，促进了司法质量、司法效率、司法公信力的提升，让司法成为真正的科学。

中国最初将人工智能应用于司法是在 20 世纪 80 年代，由朱华荣、肖开权主持建立了盗窃罪量刑数学模型；1993 年，赵廷光教授开发了实用刑法专家系统，具有检索、咨询刑法知识和对刑事个案进行推理判断、定性量刑的功能；2007 年出台的《最高人民法院关于全面加强人民法院信息化工作的决定》和 2008 年出台的《人民法院审判法庭信息化建设规范（试行）》就有涉及法院智能化的政策出现；2011 年出台了《人民法院审判法庭信息化基本要求》；2013 年出台了《最高人民法院关于推进司法公开三大平台建设的若干意见》，并在第四次全国法院司法统计工作会议上第一次提出"大数据、大格局、大服务"的具体理念；中国审判流程信息公开网、诉讼服务网在 2014 年投入使用；最高人民法院律师服务平台在 2015 年开通；最高人民法院也在 2015 年第一次提出了"智慧法院"概念，随后，浙江法院的电子商务网上法庭正式上线开始运行；随着 2016 年周强院长提出的智慧法院的宏大蓝图，最高人民法院发布了人民法院信息化 3.0 版的建设规划，"智慧法院"在当年正式被纳入《国家信息化发展战略纲要》里面；2017 年 7 月，习近平总书记强调："要遵循司法规律，把深化司法体制改革和现代科技应用结合起来，不断完善和发展中国特色社会主义司法制度。"国务院在《新一代人工智能发展规划》中也将建设"智慧法院"列入推进社会治理智能化的重大任务，并具体指出："建设集审判、人员、数据应用、司法公开和动态监控于一体的智慧法庭数据平台，促进人工智能在证据收集、案例分析、法律文件阅读与分析中的应用。"2019 年 1 月，习近平总书记指出："要深化诉讼制度改革，推进案件繁简分流、轻重分离、快慢分道，推动大数据、人工智能等科技创新成果同司法工作深度融合。"这些都指明了将现代科技应用与司法工作紧密结合的发展方向。

目前，"智慧法院""智慧检务"被列入国家信息化发展战略，各地司法机关也相继推出了自己的人工智能法律工具。北京法院的"睿法官"智能研判系统、上海法院的刑事案件智能辅助办案系统、贵州省高级人民法院的"法院云"大数据系统、苏州法院的以"电子卷宗+庭审语音+智能服务"为主要内容的"智慧审判苏州模式"、河北的"智审 1.0"审判辅助系统等，实现了科技与司法的融合，全面实现了司法改革。

司法与人工智能的深度结合在理论界讨论得热火朝天，智能司法应用体系初具规模，但仍需不断完善。智能司法应用体系如图 7-22 所示，在卷宗、判决书、法条、人员等多个海量数据支撑下，利用人工智能要素提取、事件分析、语义比较、知识图谱、文本生成、对话系统等技术，为不同的司法场景提供帮助。

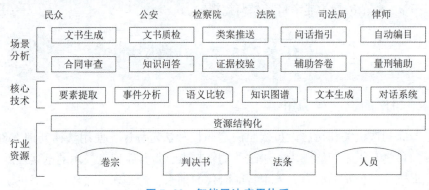

图 7-22 智能司法应用体系

人工智能早期在司法领域的应用是各类法律数据库，如中国的北大法宝、中国裁判文书网、法信——中国法律应用数字网络服务平台等。随着互联网的发展，开始出现利用"互联网+"提供法律服务的新模式，如律师与客户的在线沟通等。如今，运用大数据分析、统计优化诉讼策略，预测案件结果，开发法律问答机器人，研发人工智能辅助办案系统等各类法律人工智能成为潮流。

人工智能在中国司法领域的应用总结为以下 4 个方面。

1. 智能辅助文书处理

文书自动化处理是通过 OCR、语义分析等技术自动识别并提取信息，实现文书中当事人信息、诉讼请求、案件事实等关键内容的固定格式一键生成，并按法律要素对法律文书进行结构化管理，辅助法官完成法律文书撰写。对于大部分简单案件，如危险驾驶、小额借贷纠纷、政府信息公开等可以简化说明并且能够使用要素化、格式化的裁判文书自动生成。

北京市高级人民法院在"智慧法院"建设方面走在全国前列，安装了能实现文书自动生成功能的"睿法官"系统，裁判文书的撰写通过语音直接录入，庭审中当事人的发言自动转化为庭审笔录，审判系统自动生成裁判文书模板，极大地缓解了一线办案人员的事务性工作压力，减少了部分简单、重复工作。河北省高级人民法院自主研发的"智审 1.0"审判辅助系统于 2016 年 7 月上线，也包含同样的自动化功能，在河北省 194 个法院中得到应用，不到 1 年的时间共处理案件 11 万件，生成 78 万份文书，以此积累从而建立自己的案例信息库，通过分门别类、匹配标记实现类案检索；在法官办案时自动筛选以往相似度较高的案例，实现类案推送提醒，为法官提供参考。

2. 智能转换庭审笔录

司法感知智能应用逐步成熟，在法律检索、信息处理上呈现电子化、数据化的趋势，运用庭审语音识别、证据识别等技术手段形成数据化材料，为进一步推动人工智能在司法领域的应用打下数据基础。科大讯飞的灵犀语音助手特别针对中文口音问题进行了识别优化，语音识别率已能达到 90% 以上。与书记员在庭审中手动输入文字材料相比，庭审语音识别技术提高了庭审记录效率，经对比显示，庭审时间平均缩短 20%～30%，复杂庭审时间缩短超过 50%，庭审笔录的完整度达到 100%。

3. 智能辅助案件审理

在案件分析的初期，智能分案系统可以通过设置分流原则和调整繁简区分要素，对各类案件进行精细化处理。针对刑事、民事、行政等不同案件的特点，综合各项权重系数，科学估测每个案件所需的办案力量，帮助法院实现对案件的繁简分流，合理配置司法资源。法官办案时，智能辅助系统依托自身的审判信息资源库，自动推送案情分析、法律条款、相似案例、判决参考等信息，为法官提供统一、全面的审理规范和办案指引。同时，当法官的判决结果与同类案件判决发生重大偏离时，系统会自动预警，起到智能化监督效果。

杭州市西湖区人民法院的"人工智能法官"智能庭审机器人系统支持高频词分析、内容检索、争议焦点归纳、法官庭审习惯分析、当事人画像、案件预判、知识挖掘等，能够迅速分析案情并在极短时间内向法官提出判案建议。在一起案件中，原告、被告均在异地，庭审现场仅有法官一人，还有担当"书记员"的庭审机器人，他们在技术的支撑下完成了案件审理工作，不但改变了审案模式，还大大提高了审案效率。

4. 智能辅助司法服务

在智能辅助司法服务方面，北京互联网法院开发的"在线智慧诉讼服务中心"可以实现 24 h 在线服务。利用互联网进行的在线调解、开庭、电子送达，都反映了司法服务的智能化水平，节省了司法的人力资源，也方便了诉讼参与人。

7.5.2　智慧司法发挥的价值

在大数据、人工智能新时代，我们站在人类的"智慧之巅"，要把现代科技和司法人员创造力更好地结合起来，形成科技理性和司法理性融合效应，努力创造具有中国特色、引领时代潮流的司法运行新模式，更好地维护社会公平正义。如今，人工智能走进司法一线，人们深刻体会到它的价值。

1. 看得见的公正，防范冤假错案

通过技术手段将证据标准化、程序化、模块化之后，人工智能技术可以将所有的证据完整地呈现在控辩双方及法官面前，证据的质证、辩论全程可视，证据之间的瑕疵也会被立即发现并提示给所有的人。而且，所有的证据均是从一开始就被固定下来，不可被篡改。当然，现在的人工智能辅助审判系统正在往与区块链技术结合方向发展，证据的可靠性会更强，任何人都无法对其做手脚，可以真正实现"阳光下的审判"和"可视化的公正"。正是

因为"公正能够看得见",所以能有效避免冤假错案的产生,实现法律最本色的公正价值。

在司法实践中会出现公安、检察院、法院意见不同的情形,究其缘由,不只是办案人员的认知和能力问题,根本原因在于证据标准的不统一。"上海刑事案件智能辅助办案系统"中内置了证据标准指引功能,系统会及时告诉办案人员某一类案件应当查证哪些事实,应当收集哪些证据。当没有按照标准指引完成证据录入时,下一阶段的工作就难以展开。系统还具有证据校验、审查判断等功能,及时发现、提示证据中的瑕疵和证据之间的矛盾,防止"一步错、步步错、错到底"的现象发生。这样一来,克服了办案人员个人判断的差异性、局限性、主观性,证据审查判断的科学性、准确性大大提高,确保无罪的人不受刑事追究,有罪的人受到公正惩罚。

2. 辅助判决,避免"类案不同判"

人工智能的司法应用让证据数据化,并按照算法设定的证据标准、证据规则、证据分析,综合成千上万个同类案件的智能学习、归纳、总结,在审判中将裁判信息汇聚、储存、整理,实现可检索,帮助法官准确地理解立法原意及其他法官在适用法律过程中的社会导向,这样将会大大减少甚至杜绝同类案件不同判决结果的问题。大数据给所有法官画出了同样的"一把尺","类案不同判"的现象也就难再发生。借助人工智能提升办案质量,最终的体现就是判决的公正。大数据和人工智能技术帮助法官高效、及时地从过往判例中获得精准的参考,增强法官的内心确认,提高法官自由裁量权的运用水平,司法公正就会更好地呈现。

3. 提高司法效率,破解"案多人少"难题

"案多人少"是各级司法部门普遍存在的问题,法官们正面临着前所未有的工作压力。随着人工智能技术的不断发展与应用,互联网法院、无纸化办案、人工智能辅助审判等提高了审判效率。

人工智能在司法领域快速应用是未来的发展方向,但还面临很多挑战,尚需在实践中不断探索。审时度势地做好这道司法人工智能的加法题,让"人工"和"智能"各归其位、各取所需、强强联合。相信未来,会有运用互联网、人脸识别身份认证、语音识别、智能文书生成、大数据分析等核心技术,以 AI+ 的模式,整合优化资源,实现多元调解纠纷全流程在线办理、公证仲裁、司法确认、心理咨询等,解决司法局、法院、调解委员会等各职能单位多方联动、调解前置、诉讼倒查等问题的线上"一站式"便民服务。

7.5.3 人工智能在法院工作中的应用

最高人民法院发布的评价报告和第三方评价报告均显示,全国"智慧法院"已初步形成。随着"智慧法院"建设全面提速,现代科技与法院工作愈发深度融合,信息时代审判运行新模式正在逐步形成。本节主要从电子卷宗随案同步生成、智能庭审语音识别来介绍人工智能技术在法院工作中发挥的作用。

1. 电子卷宗随案同步生成

全国法院在案件审理过程中,需要将案件卷宗进行电子化并且上传到法院办案系统内,为法官网上办案实质化、审判辅助智能化创造条件。2018 年 1 月,最高人民法院印发《最高人民法院关于进一步加快推进电子卷宗随案同步生成和深度应用工作的通知》,进一步强调电子卷宗随案同步生成和深度应用技术要求和管理要求。电子卷宗扫描伴随案件从立案、庭审、文书撰写、结案到归档等各环节。根据诉讼规律及审判流程,设置卷宗扫描节点,对

每一个节点的案卷材料随收随扫，并随着案件的办案流程在法院内部流转，结案时完整的电子卷宗同步生成完毕。

在法院的办案过程中，每个案件在各个阶段都会持续一段时间，在这期间会堆积大量的纸质诉讼文件，如起诉书、立案通知书、应诉通知书、诉讼代理人、法定代表人委托授权书、开庭通知、传票、判决书、调解书、裁定书等，整理这些文件占据了书记员和法官助理的大量时间，是一项烦琐而机械性的工作。纸质化的文书容易破损，并且每个过程都要不断地更新文件，烦琐的整理工作无疑加重了法官的负担，一旦文件丢失或者法官整理出错，就会影响案件的整个进程。把诉讼文件同步电子化上传到系统中就能完美解决这个问题，法官查找案件信息方便快捷，不用担心出错，也不用不断地手动归档，系统可自动识别。根据统计材料显示，中国目前已经有80%的法院实现了卷宗电子化，其中，北京、江苏、浙江等地区的法院已经全面实现了电子卷宗同步生成。浙江省法院开发出了一个电子卷宗同步生成系统，利用此系统，案件的卷宗不仅可以随时实现电子化，还可以自动分类排序，避免二次扫描和手动分类。河南省的基层法院则利用现在最流行的二维码技术，在卷宗电子化生成的同时可以自动跟踪管理，通过二维码就可迅速在手机上掌握案件已有的诉讼文书，方便后续材料的跟进和补充。

2. 智能庭审语音识别

近年来，随着人工智能的兴起，语音识别技术在理论和应用方面都取得了很大突破，开始从实验室走向市场，庭审语音识别新时代到来了。

在庭审时，通过法庭内的收录设备，当事人及法官发言时语音会被智能语音识别系统自动收录，经数据分析，即可完成实时转出。书记员不再需要记录太多笔录，完整性、准确率都非常高，极大地节约了书记员的记录时间，大幅减轻了庭审记录的工作强度，庭审效率明显提高。智能语音识别系统不仅可以应用在庭审语音记录文字转录，还可以为会议、传唤、审讯、裁判员记录等多个场景提供语音转写服务。此外，这一技术的推广还能够解决运用录音、录像技术记录庭审过程的最大弊端，即中国的方言问题，这就避免了后期因录音识别难度大所造成的理解困难。并且，识别转化后的电子书面材料与录音、录像这一载体相比，查阅起来也更加有针对性，更加方便快捷。

目前法院已经上线的智能语音识别系统，主要包括以下6个模块。

（1）基础能力平台。基础能力平台主要为智能语音庭审系统提供底层多种能力的调用，包括语音合成、语音识别、角色分离和OCR识别。

（2）语音合成。语音合成主要为智能庭审系统提供机器自动播报的能力。针对开庭后审判长需要宣读的法庭纪律、当事人的责任与权利及相关规章制度等内容，利用语音合成让系统自动播报出来，帮助法官节省庭审时间。

（3）语音识别。语音识别主要为智能语音庭审系统提供语音转换为文字的能力。庭审过程中当事人各自所陈述的语音由法庭内设备传送给语音识别系统后即可获取到对应的文字内容，这就需要语音识别能够针对陈述人的口音、案件词语、法言法语等进行优化适配，以提升它的识别效果。

（4）标准庭审软件。标准庭审软件包括案件模板选择、多角色区分识别、庭审笔录智能修正、智能模糊替换、庭审信息自动播报、智能消息提示、导出/打印/同步等。

（5）个案识别组件。庭前快速录入个案信息，可快速提升识别效果，同时针对庭审过程中识别的某些个性化词语（如人名、公司名、地名等）可能会出现错误的情况，在书记员客户端软件界面上提供个性化词库添加的功能，书记员将所遇到的个性化词语添加到系统中后，系统将会自动修正这些文字的识别结果。

（6）庭审测听组件。书记员在庭审记录过程中，遇到记录不及时、陈述人语速过快的情况，通过客户端软件标记记录不及时的位置，在闭庭或休庭时，按照标记的位置，可以回听之前的庭审音频，再快速修正记录内容。

7.5.4　人工智能与法律

1. 法律咨询

在现代的科技水平下，数据整合的效率大大提高，法律条文能够以数据库的形式存储在人工智能的"头脑"中。借助计算机技术自身的发展和信息系统理解能力，社会生活中的部分法律问题已经可以被机器"运算"了。由此，大量专注于法律服务的人工智能产品便诞生了。

如果当事人遇到法律问题，可以使用智能问答平台进行咨询，平台通过自然语言的识别，根据案情，对问题理解、分析后给出相关法律建议。常见平台基本可以实现针对婚姻、劳务、民间借贷、知识产权等工作生活中的简单纠纷，代替律师进行回复，但复杂问题仍需求助律师。

智能咨询平台获取案情的两种方式：对话式机器人和搜索引擎，如图 7-23 所示。对话式机器人在了解咨询者问题方面效果较好，以大量知识图谱做支撑，能够比较准确地对问题进行全面描述。搜索式是通过搜索引擎直接理解自然语言，存在口语和法律语言的转换问题，对自然语言中关键词依赖比较强。平台根据问题给出相关结论和建议，但要帮助咨询者更好地理解内容，实际上还需要问题的具体解析、引用的法律条文、类案情况、后续做法引导等。法律咨询机器人基本流程，如图 7-24 所示，经过明确领域，缩小问题范围，再明确问题细节给出结论建议。智能咨询机器人在国内外发展较为迅速，国内案例有搜狗大律师、法狗狗、律品、"民法知道"智能法律助手等；国外案例有 DoNotPay、Winston 等。

2. "民法知道"智能法律助手

检察日报社联合科大讯飞开发的民法典微信小程序"民法知道"，在 2020 年 5 月 29 日正式上线。"民法知道"旨在民法典领域打造一款集理论解读、知识讲解、互动咨询、培训等内容于一体的集成式法律平台，及民事检察工作的连接器和显示平台，共收录法律法规 173 080 余条，收录类案资料 1 700 万余条。它运用基于自然语言的检索方式、基于语言模型的语义纠正、基于阅读理解的要素提取及基于知识图谱的最优推送等人工智能技术，是一款易用、好用、愿用程序，如图 7-25 所示。

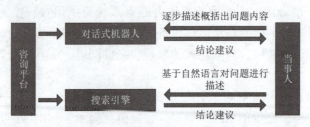

图 7-23　咨询平台工作方式

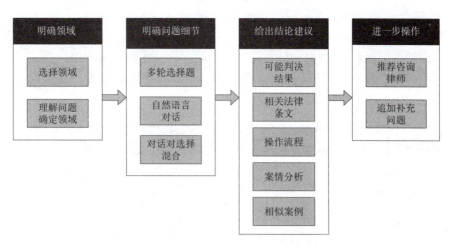

图7-24　法律咨询机器人基本流程

图7-25　"民法知道"智能法律助手工作界面

　　在"民法知道"微信小程序里，不仅能搜索到民法典法条，还能搜索到检察官法、刑法等法律法规的条文。假如你在日常生活中遇到"在网上遇到人身攻击怎么办？""申请破产还要还钱吗？""不必要的医疗检查是否侵权，可否要求医院赔偿？"等问题，也可以在这个微信小程序里进行法律咨询，查找类似案例及其裁判文书。

3. 律师推荐

律师推荐平台也是通过对话类和搜索类的方式了解当事人案件信息，智能推荐匹配的律师。搜索类律师匹配平台通过对自然语言进行处理，识别自然语言提出的要求，为当事人推荐律师，如图 7-26 所示。对话式机器人则先进行机器问答，根据用户提供的案件具体情况，为当事人智能匹配相应律师。

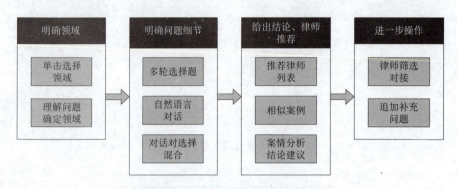

图 7-26　律师推荐平台基本流程

任务 7.6　AI+教育

近年来，人工智能发展迅猛，在理论和技术方面日益成熟。2016 年 3 月，AlphaGo 战胜世界围棋冠军李世石，在轰动全球的同时也让世界更加关注人工智能的开发和应用。当前，人工智能已广泛应用于多个领域，在教育领域的应用和成就尤为显著，极大地推动了教育的改革与创新，使得 AI+教育成为新趋势。人工智能是引领新一轮科技革命和产业变革的重要驱动力，正深刻改变着人们的生产、生活、学习方式，推动人类社会迎来人机协同、跨界融合、共创分享的智能时代。如果把教育比作一个系统，人工智能就是一种"外来物种"。当前的教育系统从目标到内容、从制度到流程都带有较强的固定性，其中的要素相对单一。作为"外来物种"的人工智能发挥其优势，将单一的生态系统转变为丰富的生态系统，增加系统的构成要素，增强系统的缓冲性，提升系统的抗崩溃性。

7.6.1　人工智能应用于教育领域

人工智能是用人工的方法在机器上实现的智能，或者说是人们使用机器模拟人类和其他生物的自然智能，包括感知能力、记忆和思维能力、行为能力、语言能力等。在某种程度上可以说，人工智能就是在机器上实现类人的教育，或者说是对机器实施教育。目前，人工智能的主要发展方向是通过机器模仿和执行人脑的部分功能，其主要运作方式是对大数据进行推理和运算，通过运算模拟人脑的思维方式，将人类从部分脑力劳动中解放出来。人工智能发展至今已引入智能识别、自然语言理解、学习分析、虚拟现实、教育机器人等技术，为人工智能在教育领域的应用奠定了技术基础。当前，人工智能在教育领域的应用形式主要有4 种：智能测评系统、智能教学系统、虚拟现实教育和教育机器人。

1. 智能测评系统

人工智能引入文字识别和语音识别等技术后，能够快速、高效、准确地批改学生的作业。除此之外，能够根据作业的批改结果对学生的学习情况进行智能评估，生成个性化反馈。这不仅减轻了教师的课后负担，使教师能够将精力更多地放在课堂教学上，还能够帮助教师更直观地了解学生的学习情况，有针对性地制定教学方案，因材施教。

2. 智能教学系统

区别于传统的一对多的课堂教学模式，智能教学系统依托网络，能够为学生提供一对一的专属教学服务，对每位学生的学习情况进行精准评估。根据学生的学习进度、对知识的掌握程度等定制专属学习内容、学习计划、学习目标和学习资料。只要有网络，学生可以随时随地进行自主学习和课后答疑。此外，智能教学系统能够根据学生的面部表情、言语表情、知识反馈等可察因素，实现情感感知、预测和调节，进而对学生的情感状态做出积极干预调节。同时，智能教学系统能够根据每位学生的学习反馈，为教师制定相应的教学方案，实现教师教学内容与学生学习进度间的精准对接，从而提高教师的教学水平和学生的学习效率。

3. 虚拟现实教育

虚拟现实技术在教育中的应用，极大地丰富了教育的形式和内容。在传统的课堂教学中，学生只能通过教师的描述、平面图解和自己的想象去消化所学知识，对于想象力较差、接受知识的能力较弱的学生而言存在很大的学习负担。虚拟现实教育能够帮助学生突破传统教学空间、形式和内容束缚，为学生创建仿真的教学场景，给学生以身临其境的感觉。通过空间和场景的自由切换，能够增强可视化教学的视觉效果，允许学生在虚拟空间中自由探索，从而培养学习兴趣，激发学习积极性，促进学习效率的提高，如图 7-27 所示。

图 7-27　学生使用虚拟现实进行学习

4. 教育机器人

作为人工智能在教育中的重要应用，教育机器人发挥了巨大作用。融合多个领域技术的教育机器人，构建了全新的学习环境，改变了传统的教条化教学方式，和教师、学生一起参与到课堂活动中，逐渐成为教学主体之一。教育机器人的加入，能够协助教师开展教学活动，激发学生的学习兴趣，帮助学生解决疑难问题，为课堂氛围注入新的活力。教育机器人回答学生的问题需要连接网络，搜寻信息的过程也是自我更新和学习的过程。通过与学生的频繁交流，教育机器人对学生的了解逐步加深，进而能够因材施教，通过定制学习环境，帮助学生层层深入了解各学科知识，有建设性地提高学生的学习能力和思维能力。

7.6.2　人工智能赋能教育改革与创新

人工智能技术的快速发展及其在教育领域的广泛应用，使人工智能与教育融合成为趋势。人工智能促进教育模式、教育理念和教学环境等发生重大改变，应重视人工智能给教育带来的积极影响，充分利用人工智能的优势，加快教育改革和创新，使教育跟上人工智能发展的步伐，推动二者协同发展。主要可以从以下几个方面入手。

（1）高校开设人工智能相关课程，加强校企合作，培养具有创新意识的人工智能领域人才。人工智能领域的人才通常是多专多能，学校应提供平台让非人工智能专业学生可以在学好本专业知识的基础上辅修人工智能相关课程。高校在开设人工智能相关课程的同时，应同时培养学生的创新意识，并加强校企合作，通过与人工智能相关信息技术企业建立合作关系，为学生创造实践机会，将创新意识同理论知识与实践相结合。只有这样，才能培养出有真才实学的创新型人工智能领域人才。

（2）将远程教育与智能测评系统、智能教学系统、网络教学资源、智能答疑系统等人工智能技术相结合，实现个性化教育，促进教育公平。远程教育的本质是网络教育+个性化教学。智能远程教育能够消除因地理位置导致的学习资源上的差异，只要有网络，学生可以随时随地上网学习，搜索浏览海量网络教学资源。不同地区的学生能够通过网络实现教育资源共享，从而拥有接受更优质教育的机会。此外，人工智能教学系统能够根据学生的学习情况，生成个性化反馈，为学生定制专属的教学活动，使得教学过程和管理更加有针对性。

（3）重新定位教师在教育中的角色，培养智慧教师。人工智能时代，学生的学习方式发生巨大变化，教师的教学方式及对自己角色的定位也应随之做出改变。教师不再仅是单向的知识传输者，而应在人工智能技术的帮助下，与学生建立良好关系，充分利用大数据网络，准确评估学生的能力，帮助学生制订切实可行的学习计划，树立理想的学习目标，激发学习兴趣，端正学习动机，提供个性化辅导。只有当教师的角色实现由教书者向智慧教师的转变，才能充分发挥 AI+教育在教育创新与变革中的作用。

7.6.3　应对人工智能教育应用存在的风险

人工智能技术是一把双刃剑，在促进教育改革和创新的同时也存在一定风险。一方面，人工智能在教育中的应用可能会泄露用户信息。人工智能对教育大数据及云计算、机器学习等技术支持的依赖较大，其本质是通过较多的松散数据与算法所构成的智能程序实现对人脑的模拟。人工智能教育应用以互联网为依托实现资源共享，教育大数据的采集涉及用户的地理位置、手机号码和身份等信息，在资源共享过程中易被泄露。另一方面，人工智能教育应用时刻面临网络攻击的威胁，教育大数据信息可能被篡改，错误或虚假信息肆意传播，影响用户体验效果。

针对人工智能教育应用存在的风险，我们应创建网络安全防御体系，并定期修补系统漏洞，加强对教育大数据的采集和存储的监管；同时，建立健全相关网络安全法律法规，通过法律约束泄露隐私信息或宣传虚假信息的行为，打击网络攻击行为。这样才能为人工智能教育应用创造良好的发展环境。

总之，人工智能的迅速发展为教育事业赋能，AI+教育已成为当前教育发展的趋势。在人工智能技术的辅助下，通过对教师角色定位的改变，以及为学生提供个性化学习服务，能够推动教育事业的改革与创新。但是，人工智能教育应用自身也存在风险，必须采取相应的风险规避措施，保证用户的信息安全和网络安全，从而促进人工智能和教育更好地协同发展。

7.6.4　AI+教育的未来之路

首先，注重队伍建设和日常管理。人工智能教育应用的开发，一要有懂教育的团队，二要有懂技术的团队，互相支持理解，才能使应用项目顺利落地。

其次，促进人工智能与教学模式转型的结合。人工智能在一定程度上改变了当前的教学内容和教学模式。随着虚拟现实和增强现实技术的发展，未来教育会越来越直观，对学生的评估也会更加准确和智能。要通过人工智能促进教学改革，一是要扩大数据画像的分析维度，如教师画像要将教师的备课、课堂授课及科研工作等更多的行为纳入其中，学生画像亦是如此；二是要使人工智能技术的应用更加深入，向个性化教学支持方向迈进，如支持智能交互的虚拟实验、数字孪生环境的建设。

最后，助力个性化、精英化人才培养。人工智能正在深入教育领域，特别是高等教育领域的核心地带。人工智能在个性化人才培养方面，起到了举足轻重的作用。

综上可知，人工智能作为重塑教育新生态的核心驱动力，彰显出变革教育的巨大潜能。当前，人工智能正对教育内容、教育模态、教育方式产生变革性影响，人工智能应用部署正逐渐铺开。未来，伴随技术的迭代，智能化程度的提升，连接人与教学知识的工具或许已不再是刚需，教师的角色将如何改变仍未可知。

任务7.7　AI+医疗

智慧医疗通过打造健康档案区域医疗信息平台，利用最先进的物联网技术，实现患者与医务人员、医疗机构、医疗设备之间的互动，来逐步达到信息化。在不久的将来医疗行业将融入更多人工智能、传感技术等高科技，使医疗服务走向真正意义的智能化，推动医疗事业的繁荣发展。在中国新医改的大背景下，智慧医疗正在走进寻常百姓的生活，展现出巨大市场潜力。

人工智能的快速发展，为医疗健康领域向更高的智能化方向发展提供了非常有利的技术条件。近几年，智慧医疗在辅助诊疗、疾病预测、医疗影像辅助诊断、药物开发等方面发挥重要作用。

在辅助诊疗方面，通过人工智能技术可以有效提高医护人员工作效率，提升一线全科医生的诊断治疗水平。如利用智能语音技术可以实现电子病历的智能语音录入；利用智能影像识别技术，可以实现医学图像自动读片；利用智能技术和大数据平台，可以构建辅助诊疗系统。

在疾病预测方面，人工智能借助大数据技术可以进行疫情监测，及时有效地预测并防止疫情的进一步扩散和发展。以流感为例，很多国家都有规定，当医生发现新型流感病例时，需告知疾病控制与预防中心，但由于人们患病可能不及时就医，同时信息传达回疾控中心也需要时间，因此，通告新流感病例时往往会有一定的延迟，人工智能通过疫情监测能够有效缩短响应时间。

在医疗影像辅助诊断方面，影像判读系统的发展是人工智能技术的产物。早期的影像判读系统主要靠人手工编写判定规则，存在耗时长、临床应用难度大等问题，从而未能得到推广。影像组学是通过医学影像对特征进行提取和分析，为患者愈前和愈后的诊断和治疗提供评估方法和精准诊疗决策。这在很大程度上简化了人工智能技术的应用流程，节约了人力成本。

7.7.1 智慧医疗设备

1. 智能血压计

智能血压计有蓝牙血压计、通用分组无线服务技术（general packet radio service，GPRS）血压计、Wi-Fi 血压计等。

蓝牙血压计在血压计中内置蓝牙模块，通过蓝牙将测量数据传送到手机，然后再上传到云端。它的优点是无线传输，不需要接线；不依赖于外部网络，直接上传到手机。缺点是必须依赖手机，并且测量血压时，要同时操作血压计和手机，使用前要先做蓝牙匹配，对年长的人来说，不太方便。

GPRS 血压计通过内置 GRPS 和 3G 模块，利用无所不在的公共移动通信网络，将数据直接上传到云端。这种方法的优点是方便，日常使用跟传统血压计一样，无须考虑手机，数据随时可得，如图 7-28 所示。

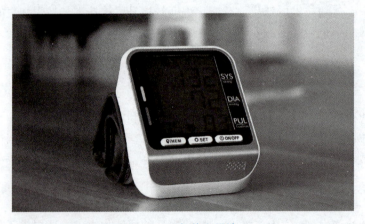

图 7-28　智能血压计

Wi-Fi 血压计是最新式的，直接使用 WiFi 将数据上传到云端。典型的代表如云大夫血压计。这种方式兼具上面几种方式的优点：操作方便，不需要依赖手机。它的缺点是必须依赖网络。

不同的智能血压计适用于不同的人群。比如，蓝牙血压计和 USB 血压计，由于测量时必须使用手机，比较适合 40 岁以下的年轻人群使用。而 GPRS 血压计和 WiFi 血压计基本上适合所有人群。其中，GRPS 血压计因为需要支付流量费用，不适合对费用敏感的人群。

2. 理疗仪

理疗仪，大部分是属于远红外线、红外线、热疗、磁疗、高低频、音频脉冲及机械按摩类别的治疗仪器。当腰、腿、颈椎、胳膊不舒适时，人们会去做一些理疗以缓解疾病疼痛的感觉。这些家用理疗仪可以作为辅助的保健治疗仪器方便地在家中使用。

3. 智能假肢

智能假肢，又称神经义肢，属于生物电子装置，是指医生们利用现代生物电子学技术为患者把人体神经系统与照相机、话筒、马达之类的装置连接起来，以嵌入和听从大脑指令的方式替代这个人群的躯体部分缺失或损毁的人工装置，如图 7-29 所示。

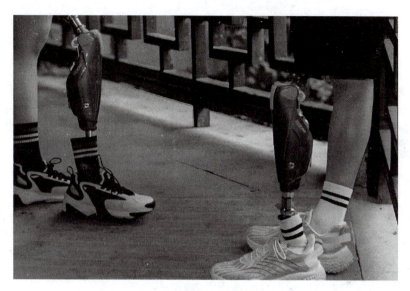

图 7-29　智能假肢

7.7.2　智慧医疗系统

根据实际的需要，智慧医疗系统分成三部分，分别为智能医院系统、区域卫生系统及家庭健康系统。

1. 智慧医院系统

智慧医院系统是一个基于无线传感网技术、通过各样的传感器和路由器实现的智能化管理系统。它主要包括智能病房、智能手术室、智能导航三部分。

智能病房对有特殊需要的患者建立远程监测关系，及时了解患者病情，并随时提供医疗帮助指示。在病房部署完全覆盖的传感器网络，用来监测呼吸、血压、心率等重要生理指标，在实时监测的同时还保证了患者适当的活动空间，减少了医院的人力资源成本；医院根据患者病情需要配置相应的智能诊疗设备，实时监测重症患者心率、血压、脉搏等情况；病房内使用智能药瓶，智能提醒输液患者输液进程，提醒患者用药同时提供用药常识。

智能手术室结合了机器人系统、人类工程学设计及先进的通信技术。机器人系统可根据医生的声音进行相应的操作并执行其指令。机器人内窥定位系统可以提供非常清晰和全面的手术视野，使医生可以精确进行手术。手术室还配备有 4 台电视监控器，可以随时与外界进行直接的交流。外科医生可以在荧光屏上看到病理切片的结果，病理学家也可以在手术室外逼真地观察到患者的器官组织情况。这种手术室系统最终将可使远距离或超国界操作手术成为现实。智慧医院信息化系统如图7-30所示。

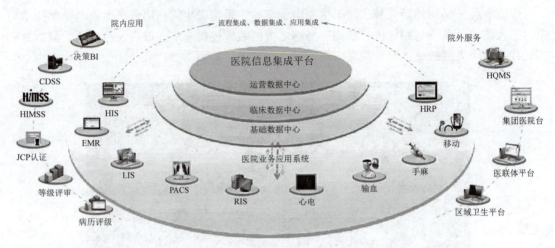

图7-30 智慧医院信息化系统

智能导航建立在动态监测的基础上，包括终端、基站、触发器、服务器和多媒体设备。终端实时上传并接收定位对象数据，基站接收终端上传的定位对象数据并传送，触发器发送采集到的对象数据，服务器接收、存储和处理定位对象数据及触发器采集的对象数据以实现定位，多媒体设备则用来将导航信息反馈到定位对象。

2. 区域卫生系统

区域卫生系统是一个收集、处理、传输人员活动密集区域的重要信息的卫生平台，主要由布置在公共区域的传感器节点和每个区域的分站点组成。传感器节点负责信息的采集，分站点负责信息的初步处理、发送、预警等功能。对于区域卫生系统来说，由于管理的距离相对较远，并且考虑到可拓展方面，所以选定树状拓扑结构作为区域传感器网络的结构。树状拓扑结构具有成本低、扩充方便灵活、寻找链路路径方便、易于网络维护等优点，特别适合大型区域传感网络的布置，主要应对一些人员密集的公共场所的突发状况的发生。

3. 家庭健康系统

智能远程健康监测系统主要是通过在患者家中部署传感器网络来覆盖患者的活动区域。患者根据病情状况和身体健康状况等佩戴可以提供必要生理指标（如心率、呼吸频率、血压等）监测的无线传感器节点，通过这些节点可以对患者的重要生理指标进行实时监测。随后，在本地简单地处理传感器节点所获取的数据，把整理的数据通过移动通信网络或互联网传送到为患者提供远程健康监测服务的医院，如图7-31所示。

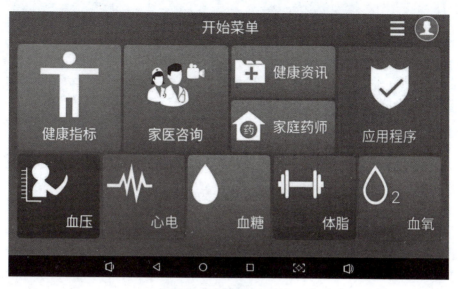

图 7-31　家庭健康系统

拓展阅读

素质拓展

思考与练习

1. AI+产品与服务中，无人系统工作方式有哪些？
2. 智能商务中有哪些和人们日常生活息息相关的应用案例，请简单说一说。
3. 智能物流的工作方式有哪些？各有什么特点？
4. 服务机器人的架构是什么？无人机和无人船的应用场景有哪些？
5. 一维码、二维码架构和原理是什么？
6. AGV 小车的编程特点是什么？重要的应用环境有哪些？
7. 日常生活中，在智慧医疗、智慧教育、智慧城市等领域都见过哪些人工智能的应用？

项目八

制造强国新赛道——工业互联网

✓ 学习目标

➤ 专业知识目标

1. 了解工业互联网概念形成的脉络、工业互联网的定义。
2. 了解工业互联网发展的工业技术背景、关键技术。
3. 了解工业互联网与智能制造的关系。
4. 了解工业互联网平台的定位、作用和技术架构。
5. 了解工业互联网边缘层核心技术。
6. 了解工业互联网平台 IaaS、PaaS、工业 APP（SaaS）层的核心技术。

➤ 职业技能目标

1. 能够正确开发工业互联网平台程序。
2. 能够正确使用标识解析体系。
3. 能够正确构建工业互联网开发环境标准。
4. 能够正确开发工业 APP 模块。
5. 能够正确建构工业网络数据采集系统。

➤ 职业素质目标

1. 学习态度端正，积极参与课前、课中、课后的学习讨论活动。
2. 培养技术钻研精神和爱国主义精神。
3. 培养专注、务实、创新的科创精神。
4. 培养团结合作精神。

➤ 职业能力图

根据学习目标，绘制本项目的职业能力图，如图 8-1 所示。

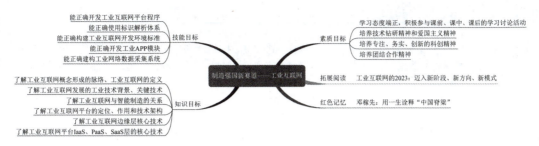

图 8-1　职业能力图

 知识链接

项目引入

重大技术应用发展的背后，都必然有其深厚的社会发展和技术发展背景。工业互联网（industrial internet）是新一代信息通信技术与工业经济深度融合的新型基础设施、应用模式和工业生态，通过对人、机、物、系统等的全面连接，构建起覆盖全产业链、全价值链的全新制造和服务体系，为工业乃至产业数字化、网络化、智能化发展提供了实现途径，是第四次工业革命的重要基石。工业互联网是互联网和新一代信息技术与工业系统全方位深度融合所形成的产业和应用生态，是工业智能化发展的关键综合信息基础设施。工业互联网概念的形成和发展也有其深刻的社会背景和技术的内在推动。本项目在分析工业互联网发展的社会背景与技术背景的基础上，对工业互联网的基本定义和关键技术进行了系统讨论，旨在帮助读者建立对工业互联网的初步认知，进一步提高对工业互联网技术的学习和开发兴趣。

项目描述

工业互联网不是互联网在工业的简单应用，而是具有更为丰富的内涵和外延。它以网络为基础、平台为中枢、数据为要素、安全为保障，既是工业数字化、网络化、智能化转型的基础设施，也是互联网、大数据、人工智能与实体经济深度融合的应用模式，同时也是一种新业态、新产业，将重塑企业形态、供应链和产业链。

当前，工业互联网融合应用向国民经济重点行业广泛拓展，形成平台化设计、智能化制造、网络化协同、个性化定制、服务化延伸、数字化管理六大新模式，赋能、赋智、赋值作用不断显现，有力地促进了实体经济提质、增效、降本、绿色、安全发展。

项目任务单

姓名		班级	
学号		授课形式	理实一体
学情分析			1. 工业互联网是指将机器、设备、人员和产品等通过网络连接起来，实现智能化生产和管理的一种新型网络。它是互联网技术与工业生产的深度融合，通过对工业数据的采集、传输、分析和应用，实现生产过程的优化、产品质量的提高、生产效率的提升和成本的降低。

学情分析	2. 工业互联网的架构可分为三层：感知层、网络层和应用层。感知层采集和感知工业生产现场的数据，包括传感器、仪器仪表、工业机器人等设备；网络层将感知层采集的数据传输到云端或其他设备，包括无线传感器网络、工业以太网、蓝牙等通信技术；应用层对采集的数据进行分析和处理，实现智能化生产和管理，包括工业软件、云计算、大数据分析等技术。 3. 课前安排学生通过手机、互联网等方式查阅工业互联网目前的发展现状、应用态势、结构特点、落地场景，查阅国家对工业互联网发展的规划和下一步的发展方向是什么，了解现阶段国内外工业互联网发展的形势。 4. 工业互联网的关键技术，如传感器技术、通信技术、数据分析技术、云计算技术、安全技术的工作原理和特点是什么。 5. 课后可根据实际情况撰写调研报告，结合所学调研工业互联网的应用领域。例如，制造业，通过工业互联网实现智能化生产和管理，提高生产效率和产品质量；能源行业，通过工业互联网实现能源的优化配置和管理，提高能源利用率；物流行业，通过工业互联网实现物流的智能化管理，提高物流效率和降低运营成本；医疗行业，通过工业互联网实现医疗设备的远程监控和维护，提高医疗服务的质量和效率等
学习目标	1. 了解工业互联网概念形成的脉络。 2. 了解工业互联网的定义。 3. 了解工业互联网发展的工业技术背景与互联网技术背景。 4. 了解工业互联网的关键技术。 5. 了解工业互联网与智能制造的关系。 6. 了解工业互联网平台的定位。 7. 了解工业互联网平台的作用。 8. 了解工业互联网平台的技术架构。 9. 了解工业互联网平台的边缘层核心技术。 10. 了解工业互联网平台 IaaS、PaaS、工业 APP（SaaS）层的核心技术。 11. 了解国内外主要工业互联网平台
实施准备	1. 发布课程导入资料。 2. 布置课前测试任务。 3. 完成课前任务分组。 4. 汇报用纸、笔等

实施步骤	现场教学	1. 工业互联网和智联网中心对行业应用案例理解。 2. 工业互联网的概念、内涵、特点、关键技术。 3. 工业互联网平台的特点和工作原理。 4. 工业互联网的标识解析体系
	自主学习	1. 学习相关知识。 2. 获取相关信息。 3. 在实训设备上搭建一套工业互联网系统。 4. 设计一个工业 APP
	小组讨论	以小组形式进行讨论，形成小组汇报成果
	小组汇报	汇报小组成果，展示效果

学习重点	1. 了解工业互联网的关键技术。 2. 掌握工业互联网平台层的工作原理。 3. 了解工业互联网架构特点。 4. 了解工业互联网标识解析体系
学习难点	1. IaaS、PaaS、工业 APP（SaaS）层的核心技术。 2. 工业 APP 开发。 3. 建构工业网络数据采集系统。 4. 标识解析的搭建
素质拓展	1. 工业互联网是中国抢占第四次工业革命制高点的历史机遇，是中国应对国际竞争的客观需要。党中央、国务院高度重视工业互联网的发展。2017 年 12 月，习近平总书记在中共中央政治局第二次集体学习时强调，要深入实施工业互联网创新发展战略，系统推进工业互联网基础设施和数据资源管理体系建设，发挥数据的基础资源作用和创新引擎作用，加快形成以创新为主要引领和支撑的数字经济。习近平总书记在第二届"一带一路"国际合作高峰论坛开幕式上指出，要顺应第四次工业革命发展趋势，共同把握数字化、网络化、智能化发展机遇，共同探索新技术、新业态、新模式，探寻新的增长动能和发展路径。 2. 自 2017 年习近平总书记提出深入实施工业互联网创新发展战略以来，中国工业互联网产业取得长足发展，网络、标识、平台、数据、安全五大功能体系建设逐步完善，融合应用走深向实，逐步从探索起步阶段迈向规模化应用和高质量发展新阶段。 3. 当前，世界百年变局加速发展，国际环境发生深刻变化，"数字化、智能化、绿色化"成为全球经济发展主旋律。工业互联网作为新一轮工业革命的重要基石，是数字技术和实体经济深度融合的关键支撑，是新型工业化的战略性基础设施和重要驱动力量。习近平总书记多次对工业互联网做出重要指示，强调要深入实施工业互联网创新发展战略，把建设制造强国同发展数字经济、产业信息化等有机结合，为中国式现代化构筑强大物质技术基础。 4. 工业互联网开启制造业智能化转型新篇章。例如，基于新华三工业互联网有限公司工业互联网解决方案建设的紫光股份智能制造工厂，实现了计划管理、质量管理、设备管理的智能化。通过对生产物料和供应商进行实时动态管理，急单满足率提升了 50%；通过智能质量检测，可减少 67% 的检测人员，复判的准确率提升了 50%；通过设备的异常主动预警、预防性维护等智能化应用，设备稼动率提升了 15%，智能化应用成效明显
自我反思	在专业能力、个人职业能力、职业生涯规划方面的收获和体会

任务 8.1　工业互联网建设与发展

8.1.1　工业互联网概念的提出

1. 互联网的形成与全球信息化的趋势

信息是人类认知世界万物的主要途径。从某种程度来说，人类文明的表征之一是信息的获取与传承，信息的获取与传输技术的不断发展也是人类文明提升的推动力和象征。30 万年前，语言的出现使人类获取了极为重要的交流手段，从而有了保留和传播人类文明成果的可能；大约 5 400 年前，楔形文字的出现标志着人类进入文明时代，文字使人类从生产中获取的经验知识得以继承、积累和传播；大约 1 900 年前，造纸术的改进是书写材料的一次革命，为人类的文化发展做出了巨大的贡献；19 世纪，无线电报的发明使人类获得了实时可靠的远距离通信方式，信息的获取和交换逐步突破时间和空间的限制。随着通信技术和电子计算机技术的发展，互联网应运而生，并在信息获取与传播的效率、靶向性、实时性、便捷性、互动联系、展现方式等方面产生了革命性的创新与发展，标志着人类正式进入信息化时代。

互联网的本质是计算机网络。计算机网络通过传输介质，把位于不同地理位置的计算机和其他网络设备（如交换机、网桥、路由器等）连接起来，实现资源共享、信息交互。更进一步，互联网是网络与网络之间连接起来的巨大网络，这些网络通过一组普遍适用的协议连接起来，在逻辑上形成单一且庞大的全球化网络。互联网最初起源于 1969 年美国国防部高级研究计划局组建的网络（Advanced Research Projects Agency network，ARPANET），又称阿帕网。阿帕网主要应用于军事指挥系统，它由多个分散的指挥站点构成，并确保当个别指挥站点被破坏后，其他指挥站点间的通信仍是正常的。20 世纪 80 年代中期，为了促进各高校的科学技术研究，以及确保政府机构顺利开展工作，美国国家科学基金会（National Science Foundation，NSF）在美国建立了 6 个超级计算机中心。1986 年 7 月，NSF 资助建立了一个主干网络 NSFNET，它是直接由 6 个超级计算机中心连接而成的网络，并且允许研究工作者对网络进行访问，从而能够检索资料并且共享研究成果。与此同时，其他国家的一些高校和科研机构也在建设能兼容 NSFNET 的广域网络，这些网络的建设共同奠定了互联网世界的基石。20 世纪 90 年代以来，随着这些网络逐渐连接到互联网，当今世界各国的互联互通的网络也在逐步构建。1993 年，美国的信息高速公路计划在世界范围内掀起了信息高速公路的建设热潮，这标志着互联网的发展进一步成熟与完善。

进入 20 世纪 90 年代，互联网的使用人数呈指数增长。1999 年 3 月，全球互联网用户数仅有 1.71 亿，而到 2021 年年底，全球互联网用户数达到 49 亿，全球有超过 1/2 的人口"触网"。1994 年，中国诞生了第一条互联网国际专线，真正意义上接入了互联网。截至 2022 年 12 月，中国网民规模达 10.67 亿，占全球网民数量的比例超过 1/5，互联网普及率达 75.6%，高于全球平均水平。中国网民数量超过了美国和印度的网民数量总和。毋庸置疑，中国已经成为互联网用户数量最多的国家。互联网就像一张永远在扩大的蜘蛛网，将世界各地的人们连接起来，信息的获取和流动跨越了时间、空间的界限。

互联网作为一种仍处于快速发展时期且潜力无穷的信息获取和信息交换的中心，造就了人类历史上最庞大的信息世界。根据国际数据公司（Internet Data Corporation，IDC）发布的《数据时代 2025》报告，全球每年产生的数据将从 2018 年的 33 ZB 增长到 2025 年的 175 ZB，相当于每天产生 491 EB 的数据。1 ZB 相当于 $1.1×10^{12}$ GB，如果把 175 ZB 全部存储在 DVD 中，DVD 叠加起来的高度将是地球与月球的距离的 23 倍，或者绕地球 222 圈。

随着互联网的飞速发展和广泛应用，全球信息化已成为当今时代的发展趋势。继农业时代和工业时代后，人类社会正大踏步走向信息时代。信息作为当今世界的第一生产要素，构成了信息时代的重要技术基础和物质基础。信息化给社会的产业结构、生产活动方式、全球经济格局、组织结构、管理决策等诸方面带来了深刻而长远的变化。

2. 物联网实现信息世界与物理世界的融合

在现实社会中，物理世界与网络虚拟世界是分离的，物理世界的基础设施与信息基础设施也是分开建设的。如图 8-2 所示，在 2005 年信息社会世界峰会上，国际电信联盟正式提出物联网的概念。随着物联网的产生和发展，越来越多来自设备和物理世界的数据变得可用。物联网通过感知信息、连接万物和智能应用，将信息世界和物理世界之间的界限打破，并进一步融合。

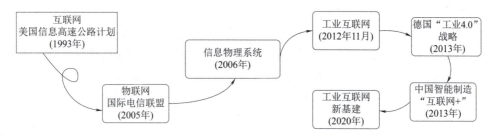

图 8-2　工业互联网概念的发展

物联网是指在物理世界中部署各种信息传感设备，这些设备具有一定的感知能力和计算能力，通过网络设施满足获取、传输与处理信息的需求，从而实现广域的人与各种物品之间、人与人之间甚至对象与对象之间的信息交换与互联。本质上，物联网是在互联网基础之上的延伸和扩展的与物相连的网络。

互联网的电子邮件、文件传输、搜索引擎、即时通信、网络音乐、网络视频、电子商务等，为人类构建了一个人与人之间进行信息交互与共享的信息世界。互联网中的信息是由人自己产生的，而物联网中的大量信息是通过 RFID 标签和传感器等自动产生的。通过网络通信系统的传输，由计算机使用特定的智能信息处理软件进行处理之后，生成智慧处理策略，再通过控制终端设备对物理世界中的对象进行控制。例如，在智能家居应用中，通过 RFID、红外感应器、全球定位系统（global positioning system，GPS）、地理信息系统（GIS）、音视频等信息传感设备，按照通用的传输协议把各个物品与网络相连接进行通信与信息交互，以实现智能化识别、定位、跟踪、监控和联动报警管理。2006 年，NSF 首次提出物联网应用的重要技术形态——信息物理系统（cyber-physical systems，CPS）。CPS 通过将物理设备与互联网相连接，让物理设备具有通信、计算、控制、远程协调和自动调节等智能功能，并将信息资源、系统、物体及人紧密联系在一起，从而创建万物互联的物联网及其相关服务。CPS 是综合计算、网络和物理环境的多维复杂系统，突出对物的实时、动态的信息控制与提供的信息服务。

推而广之，物联网借助无处不在的环境感知设备、网络通信设备和智能控制设备等，通过计算进程和物理进程彼此作用的反馈机制，实现深度融合和实时信息交换、传输来增加或扩展新的功能。各个物理实体受到不同系统工程的安全、可靠、高效和实时的检测或控制，从而使物理系统具有计算、通信、精确控制、远程协作和自治的功能。互联网的出现改变了人与人之间的交互方式，而物联网的出现将改变人与物理世界的交互方式。物联网将整个世界互联，通过构建"泛在感知、可靠传输、智能处理"的智能服务系统，最终实现信息世界与物理世界的融合。

3. 工业互联网实现信息传感设备与互联网的结合

工业互联网的概念由美国通用电气公司（General Electric Company，GE）在 2012 年 11 月发布的《工业互联网：突破智慧和机器的界限》白皮书中首次提出。该白皮书指出，工业互联网将整合两大革命性转变优势：其一是工业革命，伴随着工业革命的发展，出现了无数台机器、设备、机组和工作站；其二则是更为强大的网络革命，在其影响之下，机器、信息与通信系统应运而生，不断发展。

该白皮书认为，体现工业互联网精髓的三大元素分别是智能机器、高级分析和工作人员。智能机器是指以先进的科学技术将现实世界中的机器、设备、团队和网络，通过先进的传感器、控制器和软件应用程序连接起来。高级分析是使用基于物理的分析法、自动化和材料科学、预测算法、电气工程及其他相关学科的专业理论知识来理解机器与大型系统的运作方式。工作人员可以建立人员之间的连接，实现与不同场所的人员进行交流，以实现更加高效智能的设计、操控、维护及高质量的后台服务与安全保障。有效融合工业互联网的三大要素，将为企业与经济体提供新的发展机遇。例如，传统的统计方法采用历史数据采集技术，这种技术会将数据采集、分析结果和决策行为分离无法处理实时数据；而随着系统监控技术的发展和信息技术成本的下降，处理实时数据的能力大大提高，其工作规模也得以飞速壮大，高效的实时数据处理为整体系统的操作提供了更开阔的视野。

当今的工业互联网是通过物联网将各种信息传感设备与互联网结合起来而形成的巨大网络。工业互联网的概念不难理解，但其内涵十分丰富。工业互联网是工业智能化发展的重要综合信息基础设施，从产业视角来看，工业互联网是互联网和新一代先进信息技术与工业系统全面深度交融所形成的产业和应用生态。其本质是以原材料、机器、信息系统、控制系统、产品及人之间的互联互通为基础，通过对工业互联网数据的全面深度感知、实时动态输送与具体建模分析，形成智能决策方案与控制，促进智能制造业的发展，创建制造业智能化发展的核心。因此，工业互联网的本质特征是以网络互联为基础实现互联互通，以数据为核心创造商业价值，以云平台为载体实现要素资源的整合，实现智能化变革，具体描述如下。

1）以网络为基础

工业互联网依托的网络包括传统互联网、移动互联网、物联网、通信网络等各类泛在网络，平台互联、生态构建、数据互通均基于网络。工业互联网是由许多应用、平台、生态等基于各类网络构建而成的，具有较强的水平区域、垂直行业的属性，因此它的平台效应、马太效应、网络外部性能没有消费互联网那么强烈。同时，工业互联网是企业互联的一种形式，从信息层面实现对全产业链企业间的整合，形成信息对称和规模红利，具备互联网经济的利他特征，进而降低整个产业链企业的整体运营成本。

2）以数据为核心

信息经济、数字经济时代，数据取代物质资料成为核心资产，通过数据挖掘、应用，能够创造核心商业价值。数字化是网络化、智能化、虚拟化、个性化、去中心化和柔性化的基础，在产品整个生命周期、企业生产全流程中，现代设计、研发、仿真、制造、流程管理、营销服务、支付等均基于数字技术完成，这会沉淀海量的数据资产。数据是生产、交换、分配和消费各个环节中不可或缺的纽带，技术流、物质流、资金流、人才流、服务流和信息流等通过大数据整合、催生和赋能。工业互联网本质上也是数字化的生产力，它沉淀了以产业为版图的全息大数据池，是以大数据为基础的生产力的创新与升级。

3）以云平台为载体

工业互联网通过平台载体整合汇聚、协同共享、优化配置生产要素资源，实现商业模式的创新，并提供各类协同创新服务。无论是工业领域的工业云、云制造等工业互联网，还是物流互联网、金融互联网、知识产权服务平台等生产服务业领域的服务业互联网，都基于云平台实现资源汇聚、企业汇聚，通过平台实现研发模式、商业模式、应用模式、服务模式的创新，实现工业互联网的赋能作用。工业互联网的线上平台形式多样，既可以是生态类平台，又可以是基于专业分工的技术类平台、专业类平台，也可以是提供综合服务的综合平台，还可以是细分垂直服务业的专业平台。

工业互联网应用于企业生产，将带来以下 4 个方面的变革。第一个方面是智能化生产。基于海量数据的建模分析，形成智能决策和动态优化，显著提升生产效率，降低生产成本。第二个方面是网络化协同。借助网络整合分布于全球的设计、生产、供应链和销售资源，形成众包众创、协同制造等新模式，大幅降低开发成本，缩短产品上市周期。第三个方面是个性化定制。基于互联网用户个性化需求，通过灵活地组织设计、制造资源和生产流程，实现低成本、大规模定制。第四个方面是服务化延伸。通过对产品运行的实时监测，提供远程维护、故障预测、性能改进等一系列服务，实现工业企业服务化转型。

8.1.2　工业互联网的定义

工业互联网归类于泛互联网。工业互联网是全新的技术领域和产业形态，目前没有明确的定义。信息技术领域的在线词典 Techopedia 对工业互联网的解释是将智能机器或特定类型的设备与嵌入式技术和物联网相互联系，也有将工业互联网词条定向到工业物联网（industrial internet of things，IIoT），指与计算机的工业应用程序互联的传感器、仪器和其他设备，这种连通性允许进行数据收集、交换和分析，从而促进生产力和效率的提高。IIoT 基于分布式控制系统的发展，通过使用云计算来完善和优化过程控制，从而实现更高程度的自动化。

中国对工业互联网的阐述是：将互联网和新一代信息技术与工业系统全方位深度融合所形成的产业和应用生态，是工业智能化发展的关键综合信息基础设施。工业互联网的本质是以机器、原材料、控制系统、信息系统、产品及人的网络互联为基础，通过对工业数据的深度感知，实时传输、交换，快速计算处理及高级建模分析，实现智能控制、运营优化和生产组织方式的变革。

8.1.3　各国工业互联网产业发展规划

当前，工业互联网正成为世界各国关注的热点、发展的重点、竞争的焦点。工业互联网产业体系与工业体系的深度叠加，涵盖了工业数字化转型的各个方面，加速了工业数字化、网络化、智能化转型升级的历史进程，展现出难以估量的潜力空间。工业互联网日益成为第四次工业革命的基石。发展工业互联网是抢占这一轮工业革命制高点和主导权的必由之路。中国、德国、美国的工业互联网产业发展规划，如图 8-3 所示。

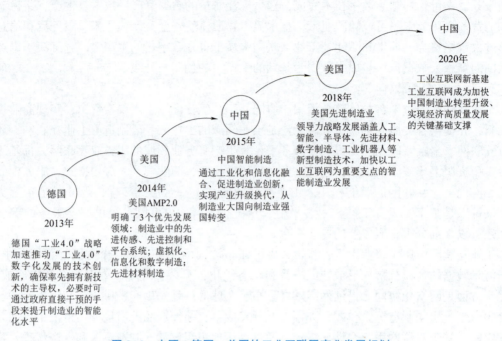

图 8-3 中国、德国、美国的工业互联网产业发展规划

1. 美国先进制造业

美国是互联网领域的大国，具备先进的互联网技术，在消费行业具有广泛的应用基础，其正在将大数据采集、分析、反馈及智能化生活的全系列应用经验引入工业领域。2011 年 7 月，以 GE 为代表的企业将工业互联网作为制造业升级的核心，提出了工业互联网的概念。在国家层面上，美国政府认为，推动国家未来经济发展的引擎要背靠以工业互联网为基础的智能化制造业，持续推出先进制造业战略行动，并充分发挥信息时代先进科学技术的优势，积极挖掘互联网与制造业等信息科学技术交融创新的发展路径，以工业互联网为抓手，强化创新驱动的前沿引领优势，确保全球领先地位。全球金融危机之后，美国政府重新关注制造业问题，于 2012 年提出先进制造伙伴（advanced manufacturing partnership，AMP）计划。在 2014 年发布的 AMP 2.0 报告《加速美国先进制造业》中，美国明确了 3 个优先发展领域：制造业中的先进传感、先进控制和平台系统；虚拟化、信息化和数字制造；先进材料制造。在基础科学和应用科学研究领域，工业互联网的核心使能技术——CPS 的研发连续 14 年得到 NSF 的资助。2018 年，美国国家科学技术委员会下属的先进制造技术委员会发布《美国先进制造业领导力战略》报告，提出发展和推广新的制造技术，教育、培训和匹配制造业劳动力，提升国内制造业供应链能力三大任务，确保美国国家安全和经济繁荣。

在 GE、亚马逊、IBM、谷歌、思科和微软等诸多领头企业的带领作用下，美国充分发挥人工智能、云计算、大数据等技术的强大支撑作用及企业对工业互联网强烈的应用需求的牵引作用，快速形成了多层次、多方位的产业群体，从而在工业互联网发展领域逐步占据了主导地位。

2. 德国"工业4.0"战略

相对于美国在互联网领域的领先优势，德国的竞争优势体现在制造业。在此背景下，结合传统的制造业优势，德国在2013年的汉诺威工业博览会上正式提出"工业4.0"战略。此外，德国陆续发布《新高科技战略（3.0）》《数字化战略2025》《德国工业战略2030》等，在标准规范、技术研发、数字化转型和"工业4.0"发展等方面进行了全面战略部署。《德国工业战略2030》指出，互联网与机器的相互连接技术在"工业4.0"时代中占据举足轻重的地位，互联网在工业领域的应用慢慢成为标配。德国明确提出，要加速推动"工业4.0"数字化发展的技术创新，确保率先拥有新技术的主导权，必要时可通过政府直接干预的手段来提升制造业的智能化水平，建立具有适应性、资源利用效率及基因工程学的智慧工厂，在商业流程及价值流程中整合客户及商业伙伴资源，保证在竞争中处于领先地位。其要点是建设CPS网络，并在智能生产、智能加工、智能物流、智能服务等方面实现全过程智能化集成应用，实现标准化架构、复杂管理系统、工业宽带、安全保障、组织设计、培训与再教育、运行监管监控、资源集约利用等8个领域推动工业4.0的融合发展。

"工业4.0"要实现产品和机器的互联及工厂、消费者、信息数据、产品的互联，最终实现万物互联互通，重新构造整个社会的生产方式。德国许多制造业工厂已经具备建设条件，但是在智慧连接方面还稍显欠缺。而这种虚拟和现实的互联可通过CPS实现，CPS为"工业4.0"的核心。从某种意义上说，"工业4.0"是德国针对自身特点推出的超越计划。德国不盲目跟随美国互联网的发展方向，而是根据自身在制造研发领域的特点，制定个性化方案，力图实现弯道超车。

虽然美国和德国针对智能制造业分别提出工业互联网和"工业4.0"两个不同的概念，但二者都是为了适应自身的不同需求和工厂批量化生产之间的矛盾提出的应对方案。美国侧重利用基础科学、信息技术、工业、互联网等领域的综合优势，构建全球性的生态体系组织，从大数据应用等软科技切入，带动制造业全流程、全环节竞争力的整体提升；德国是基于制造装备、工业软件、工业自动化等方面的行业领军地位，通过整个工业体系的协同运转，强化硬科技优势，同时提升软科技的能力。

3. 中国工业互联网产业发展规划

1）智能制造

新中国成立以来，尤其是改革开放以来，中国制造业持续快速发展，建成了门类齐全、独立完整的产业体系，有力地推动了工业化和现代化进程，显著增强了综合国力，保持了世界制造业大国的地位。然而，与世界先进水平相比，中国制造业仍然大而不强，在自主创新能力、资源利用效率、产业结构水平、信息化程度、质量效益等方面差距明显，转型升级和跨越发展的任务紧迫而艰巨。放眼世界各国，美国提出了先进制造业、"再工业化"和国家战略计划，德国提出了"工业4.0"战略，欧美发达国家的工业和制造业发展战略对中国工业造成了较大的影响，客观上要求中国提高整体制造业水平。中国也高度重视智能制造。

与"工业4.0"侧重于技术上的引领相比，智能制造更多是政策上的引导，是由上而下的顶层设计。智能制造在中国经济转型的过程中起着非常重要的推动作用，有利于促进制造业创新，实现产业升级换代，保持中国制造业的国际竞争力。

2）"互联网+"

"互联网+"是把互联网的创新成果与经济社会各领域深度融合，推动技术进步、效率提升和组织变革，提升实体经济的创新力和生产力，形成更广泛的以互联网为基础设施和创新要素的经济社会发展新形态。在全球新一轮科技革命和产业变革中，互联网与各领域的融合发展具有广阔前景和无限潜力。国务院在 2015 年 7 月正式发布的《国务院关于积极推进"互联网+"行动的指导意见》中明确提出，围绕"互联网+"，把互联网的创新成果与经济社会各领域深度融合，进一步促进社会发展。

积极发挥中国互联网已经形成的比较优势，对实现中国经济提质增效升级具有重要意义。2020 年，中国提出要加快 5G、数据中心和工业互联网等新型基础设施建设的进度。作为实现人、机、物全面互联的重要载体，工业互联网成为加快制造业转型升级、实现经济高质量发展的关键基础支撑。2021 年 1 月 13 日，工业和信息化部印发《工业互联网创新发展行动计划（2021—2023 年）》，提出在网络体系、标识解析、平台体系、数据汇聚、新型模式、融通应用、关键标准、技术能力、产业协同、安全保障和开放合作等重点方面采取措施，到 2023 年，工业互联网新型基础设施建设量质并进，新模式、新业态大范围推广，产业综合实力显著提升。

8.1.4　工业互联网兴起的技术背景

传统制造系统工业数据的获取、计算分析和决策优化是分离的，时间维度的不统一导致围绕历史数据的分析结果难以实时、精确地控制设备运行。传统仪表自动化系统仅能感知当前过程变量，信息维度低，不能反映制造过程的深层次动态特性，感知深度不足；传统互联模式与工厂外难以互联互通，导致互联广度不足；传统工业运行数据挖掘的深度有限，导致综合分析预见性不足。工业互联网的出现解决了传统工业制造数字化和智能化面临的上述问题。

互联网、计算机等信息技术的发展为人们的生活、生产方式带来了巨大的变化，一方面加速了传统产业结构的改革创新，另一方面构建了新的产业体系，并通过技术创新和模式创新逐渐融入和渗透到实体经济领域，为传统产业变革带来巨大机遇。伴随着制造业转型与数字经济浪潮的交叉相融，物联网、云计算、大数据等信息技术与制造技术的不断发展与创新，基于物联网技术全面、深入地感知制造的物理过程，基于互联网实现信息资源跨学科、跨领域的协同运作与开放共享，基于大数据技术准确地分析海量数据，工业互联网平台应运而生。

从技术角度来说，以互联网为代表的新一代信息技术与制造系统的深度交汇融合必然会催生工业互联网。工业互联网集成、应用了物联网、人工智能、云计算、大数据、移动通信、区块链等新一代信息技术，催生了新技术、新模式、新应用，显示了工业互联网蓬勃的生命力。2025 年全球物联网设备（包括蜂窝与非蜂窝）联网数量将进一步增加到 251 亿。在可预见的将来，所有智能设备与智能物体都将被接入互联网，形成一个物体与物体之间、物体与人之间、人与人之间全面互联的社会。

工业互联网技术的核心是通过物联网、云计算、大数据和区块链技术的发展，实现全面感知海量工业数据、端到端的深度数据分析与建模分析及智能化的指令控制和决策结果，同时解决数据信任和安全问题，从而进一步促进个性化定制、智能化生产、网络化协同、服务化延伸等新型制造模式的形成。

1. 物联网技术实现全面感知海量工业数据

物联网是在互联网的基础上再向外扩展和延伸的信息网络，根据相应的传输协议和规定，不同的信息传感设备与互联网和对应的智能物体进行连接、通信，进而实现不同信息在各个维度的交互。物联网最根本的特点就是对信息的全面感知、可靠性传输，然后进行智能处理。物联网采集工业制造过程中发生的物理事件和数据，包括各类物理量、音视频数据、标识等。物联网技术直接通过现有互联网、移动通信网、卫星通信网等基础网络设施，对来自感知层的信息进行接入和传输。

2. 云计算技术实现端到端的深度数据分析与建模分析

云计算是一种利用互联网实现随时随地、按需、便捷地访问共享资源池（如计算设施、存储设备、应用程序等）的计算模式。云计算中较为重要的表现形式是计算机资源服务化，它为用户屏蔽了数据中心管理、大规模数据处理、应用程序部署等问题。通过云计算，用户可以根据其业务负载快速申请或释放资源，并以按需支付的方式对所使用的资源付费，在提高服务质量的同时降低运维成本。云计算具有如下特点。

1）弹性服务

为了自适应业务承载量的动态变化，服务的规模可快速伸缩。将用户使用的资源和其业务需求统一化，可避免服务器性能过载或冗余导致的服务质量下降或资源浪费。

2）资源池化

用共享资源池的方式对资源进行统一管理。不同的用户通过虚拟化技术获取不同的资源，同时将资源的放置、管理与分配策略对用户透明。

3）按需服务

以服务的形式为用户提供基础设施、应用程序、数据存储等资源，并可以根据用户的需求差异化地对资源进行自动分配，而不需要系统管理员干预。

4）服务可计费

实时监控用户的资源使用量，并根据资源的使用情况对服务进行计费。

5）泛在接入

用户可以利用各种终端设备（如智能手机、笔记本计算机、台式计算机等）实时通过互联网使用云计算服务。

从云网端的角度来看，工业互联网平台以云计算为核心，通过网络的泛在连接，实现对海量终端、资源、数据和主体的汇聚集成与优化配置。

3. 大数据技术实现智能化的指令控制与决策结果

由于互联网迅速发展，数据库技术的日趋成熟和普及，各种优质的存储介质被应用，以及大内存、高性能的存储设备出现，人们在日常生活、学习、工作中产生的数据量呈指数级爆炸式增长，在这样的大背景下，"大数据问题"逐渐出现，如何收集、处理和分析数据成为网络信息研究的重点和难点。大数据既是挑战又是机遇，大数据之"大"，并不仅仅指容量大，更大的意义在于通过对海量数据的交换、整合和分析，发现新的知识，创造新的价值。

大数据处理的核心是分析处理数据，云计算是大数据处理的技术基础，也是大数据分析的支撑技术。分布式文件系统为整个大数据处理提供了底层的数据存储支撑架构，为了方便进行数据管理，人们在分布式文件系统的基础上建立了分布式数据库，提高数据的访问速度。人们在分布式数据库上利用各种大数据分析技术，对不同种类、不同需求的数据进行分析、整理，得出有价值的信息，最终利用各种可视化技术形象地呈现给用户，满足用户的各种需求。

工业互联网需要处理海量和异构的结构化数据、半结构化数据和非结构化数据，包括来自各种设备、产品、信息系统及在其生产过程中产生的工业大数据。利用大数据技术来存储、分析、展现这些数据，通过数据驱动，实现对产品、制造工艺和设备的监控、控制和优化等功能。

4. 区块链技术解决数据信任和安全问题

区块链是将分布式数据存储、点对点传输、共识机制和加密算法等计算机技术结合起来，形成的一种去中心化的数据存储系统。直观上理解，区块链是一种去中心化的数据库，它由一系列有链接的区块组成，每个区块都包含一个"时间戳"、一个与前一个区块的"链接"及交易数据。区块链具有去中心化、时序数据、集体维护、可编程和安全可信等特点。工业互联网和 5G 时代的物联网将更倾向于区块链、边缘计算、云计算和智能物联网的混合架构。在智能装备、智能制造等领域，区块链技术还可以解决工业设备注册管理、访问控制、监控状态、数据传输可信度及工业互联网平台的可控管理、生产质量追溯、供应链管理等问题，确保工业互联网下智能制造的安全和效率，推动制造业转型升级。

8.1.5 工业互联网发展的必然性

工业互联网是互联网和新一代信息技术与工业制造系统的全方位深度交汇相融所形成的产业和应用生态，是工业智能化发展的基础。其本质是以机器、原材料、信息系统、控制系统产品及人之间的网络互联为基础，通过全面感知海量数据和分析大数据进行合理决策，实现智能控制、优化生产组织方式与运营的变革，从而能更有效地发挥出不同机器协作运转的潜能，提高生产力。工业互联网最显著的特点是在大大提高生产效率的同时节省成本，推动设备技术的升级，提高效益。

1. 工业技术角度

从工业视角来看，工业互联网是工业智能化发展趋势的内在表现。主要表现为从生产过程到商业应用等一系列流程的智能化。生产系统通过采用互联网和通信技术，实现机器与机器之间、机器与系统之间、企业不同部门之间的实时连接与智能交互，从而实现工业体系各个层级的优化，如实时监测、泛在感知等业务的实现，进而带动商业活动的优化。

从出发点来看，工业互联网与"工业4.0"都是为了适应需求的个性化与工业生产的批量化，前者通过软件带动硬件的方式实现制造升级，后者通过设备的智能化与工业软件的结合，实现智能工厂，最终实现智能制造，提高生产力。与"工业4.0"相比，工业互联网的范畴相对要小，弱化了对设备智能化及智能设备数字化的描述。

2. 互联网技术角度

从互联网视角来看，工业互联网是万物互联发展趋势在工业领域中的体现。工业互联网是一个物品与互联网服务交叉相融的网络体系，是互联网发展的新阶段，适应了新时代的信息交互需求，即从人与人之间的交流延拓到人与物理空间的交流，从而形成信息技术支持信息社会发展的新手段。同时，它也是信息化和自动化深度交叉融合的突破口。在全面互联的基础上，通过数据流动和分析，形成智能化变革，同时形成全新的业务生态和新的业务模式。工业互联网的基础是互联，将工业系统的各种元素互联起来，包括人、机器和系统。与互联网不同的是，工业互联网更加注重各类元素的连接、数据的流动和集成及数据的分析和建模。值得一提的是，工业互联网并不等同于工业物联网，工业物联网指的是物联网在工业领域中的应用，工业互联网包含了工业物联网，但进一步延伸到其所涉及企业的人员、业务流程和信息系统。

综合来看，工业互联网是连接工业全系统、全价值链、全产业链，支撑工业向智能化发展的重要基础设施，是新一代信息技术与制造业深度交叉融合所形成的新业态与新模式。与传统意义上的互联网不同，工业互联网作为制造业网络化、数字化和智能化的重要承载体，使得工业系统的各种元素如机器、人或者系统交互连接，是工业系统与高级分析和计算、传感技术及互联网的高度融合。

8.1.6　工业互联网的关键技术

1. 智能数据采集技术

工业互联网的发展需要低成本、精确、高效且智能的数据采集技术，优良的数据采集技术能够为智能制造应用打下坚实的基础。未来，包括传感器技术等在内的智能数据采集技术将成为工业互联网技术的重点研究及发展方向，企业用户将可以通过较为智能的方式、以较低的成本采集到精确的数据，并将其传送至后端进行大数据分析，进而帮助其决策。

2. 设备兼容技术

企业往往会在现有设备配置与生产模式的基础上进行工业互联网系统的构建，但是如何使所应用的传感器与原有设备兼容成了技术难题。近年来，随着工业无线传感器网络的发展和应用日渐成熟、相关通信协议逐步标准化的趋势下，兼容性问题已被逐渐解决。利用协议解析、中间件等技术能够将 ModBus、CAN、Profibus 等各类工业通信协议和软件通信接口兼容，最终实现数据格式的转换和统一；同时利用超文本传输协议（hypertext transfer protocol，HTTP）、消息队列遥测传输（message queuing telemetry transport，MQTT）等方式将采集到的数据从边缘侧传输到云端，从而实现数据的远程接入。

3. 网络技术

网络技术为工业互联网的核心技术之一，在系统不同层面及区域间的各类数据都是通过网络进行传输的。通过工业以太网、工业光纤网络、工业总线、3G/4G、窄带物联网等各类有线和无线通信技术，将工业现场的设备接入平台边缘层。网络技术可分为有线网络技术和无线网络技术，有线网络技术常应用于数据处理中心的集群服务器、工厂内部区域网络及现场汇流排系统等，为其提供高速度、高带宽及高可靠度的网络传输通道；而无线网络技术如工业无线传感器网络，则利用无线技术对数据进行传输，以及连接相应的传感器，其较大程度上降低了传感器网络布线成本，有利于传感器在各类工业领域中的普及。

4. 数据处理技术

通过对智能化工厂生产线进行数据采集，并有效地对这些海量数据进行清洗、脱敏、分析、存储，将产生对企业及生产线具有建设性意义的回馈和应用，因此，数据处理技术也是工业互联网领域的核心技术之一，主要包括以下 6 个方面。

（1）边缘数据处理：在高性能计算芯片、实时操作系统、边缘分析算法等关键技术的支撑下，在靠近设备或数据源头的网络边缘侧对相关数据进行预处理、存储及智能分析应用，从而提升操作响应的灵敏度，消除网络堵塞，并与云端分析形成协同。

（2）数据处理框架：充分运用 Hadoop、Spark、Storm 等分布式处理架构，以满足海量数据的批处理和流处理计算需求。

（3）数据预处理：针对原始数据，运用数据冗余剔除、异常检测、归一化等方法对数据进行清洗，为后续存储、管理与分析等操作提供高质量的数据来源。

（4）数据存储与管理：充分运用分布式文件系统、NoSQL 数据库、关系数据库、时序数据库等不同的数据管理引擎对海量工业数据进行分区选择、存储、编目与索引等。

（5）数据分析算法：运用数学统计、机器学习及最新的人工智能算法实现面向历史数据、实时数据、时序数据的聚类、关联和预测分析。

（6）机理建模：利用机械、电子、物理、化学等领域的专业知识，结合工业生产的实践经验，基于已知的工业机理构建各类模型，实现分析应用。

5. 安全技术

为了确保工业互联网平台安全、稳定地运行，需要综合运用各种安全技术。利用工业互联网技术，用户可以对作业人员所处的作业环境中的危险因素进行实时监控，以保障作业人员的工作安全；信息安全技术则能够保障数据安全，避免数据被未经授权地使用、破坏、修改、查看及记录。此外，还可以利用工业防火墙技术、工业网闸技术、加密隧道传输技术等防止数据泄露、被侦听或被篡改，提高数据的安全性和准确性。为了进一步提高工业互联网平台的安全性，还可以利用人工智能技术对平台进行实时监控和预测分析，及时发现潜在的安全隐患，并提供有效的安全防护措施。

任务 8.2　工业互联网内涵与体系架构

8.2.1　工业互联网与相关概念的关联与区别

1. 工业互联网与消费互联网

工业互联网是互联网发展的新领域，是在互联网基础之上、面向实体经济应用的发展升级。通常所说的互联网一般是指消费互联网，与之相比，工业互联网有以下 3 个明显特点。

（1）连接对象不同。消费互联网主要连接人，应用场景相对简单，工业互联网实现人、机、物等工业经济生产要素和上下游业务流程更大范围的连接，连接种类、数量更多，场景更复杂。

（2）技术要求不同。消费互联网的技术特点突出体现为"尽力而为"的服务方式，对网络时延、可靠性等要求相对不是特别严格；但工业互联网既要支撑对网络服务质量要求很高的工业生产制造，也要支撑高覆盖高灵活要求的网络化服务与管理，因此在网络性能上要求时延更低、可靠性更强，同时由于直接涉及工业生产，工业互联网安全性要求更高。

（3）发展模式不同。消费互联网的应用门槛较低，发展模式可复制性强，完全由谷歌、脸书、亚马逊、阿里、腾讯等互联网企业主导驱动发展；而工业互联网涉及应用行业标准杂、专业化要求高，难以找到普适性的发展模式，因此，GE、西门子、航天科工等制造企业发挥着至关重要的作用。同时，消费互联网产业多属于轻资产，投资回收期短，对社会资本吸引大，而工业互联网产业相对重资产，资产专用性强，投资回报周期长，且还存在一些认知壁垒。

2. 工业互联网与两化融合

从世界科技和产业发展的历程看，人类经历了 3 次产业革命，而每次产业革命都是由科技革命引发并推动的。物联网、云计算、大数据等新一代信息技术正在加速与制造技术、新能源、新材料等其他工业技术及新的商业模式渗透融合，柔性制造、网络制造、智能制造、服务型制造等日益成为生产方式变革的重要方向。传统的行业界限正在逐步消失，制造业创造新价值的过程正在发生改变，随之而来的是各种新的活动领域和合作形式的涌现，产业链分工将被重组。发达国家政府和企业正在积极布局新兴产业战略计划，争抢新一轮产业革命的制高点。在德国《2020 高技术战略》行动计划中，德国为未来项目"工业 4.0"设立了雄心勃勃的目标：德国要成为现今工业生产技术（即网络物理融合式生产系统）的供应国和主导市场。在美国，制造业龙头企业 GE 正在积极推进工业互联网。中国一直大力推进信息化与工业化融合发展道路，2013 年 9 月，工业和信息化部发布《信息化和工业化深度融合专项行动计划（2013—2018 年）》，将促进实体经济实质性和持续发展的重任放在了"两化深度融合"上，提出了互联网与工业融合等创新行动。工业互联网的出现为"两化深度融合"提供了重要抓手，为进一步提高工业生产效率，促进生产力发展提供了新机遇。

3. 工业互联网与智能制造

当前，全球各主要工业国家纷纷投入到以工业互联网、智能制造为代表的新工业革命的竞争当中。总的来说，智能制造是发展目标和方法，工业互联网是实现目标的可行路径。工业互联网与智能制造从表面看各有侧重，一个侧重于工业服务，另一个侧重于工业制造，但究其本质都是实现智能制造与智能服务。工业互联网是实现智能制造的基础设施和路径，智能制造则是全球工业的终极目标，让全球的工厂都可以实现智能自动化。

工业互联网是支撑智能制造的关键综合信息基础设施，是将机器、人、控制系统与信息系统有效连接的网络信息系统。以网络连接与协同为支持，基于数据分析结果，在安全可信的前提下，工业互联网支撑实现单个机器到生产线、车间、工厂乃至整个工业体系的智能决策和动态优化。工业互联网集成了物联网、移动宽带、云计算、大数据等新一代信息技术最新创新成果，并与先进制造相关软硬件技术相结合，将信息连接对象由人扩大到有自我感知和执行能力的智能物体，体现了通信、互联网、信息技术等的集成优势，是互联网发展的新阶段，是信息通信技术支撑信息社会发展的新手段。

8.2.2　工业互联网体系架构

1. 工业互联网体系架构 1.0

2016 年，中国工业互联网产业联盟发布了《工业互联网体系架构（版本 1.0）》，将网络、数据和安全作为工业互联网体系架构的三大核心，使中国工业互联网多方面发展有了部署方法与指导方针。

"网络"是工业系统互联和工业数据传输交换的支撑基础，包括网络互联体系、标识解析体系和应用支撑体系，表现为通过泛在互联的网络基础设施、健全适用的标识解析体系、集中通用的应用支撑体系，实现信息数据在生产系统各单元之间、生产系统与商业系统各主体之间的无缝传递，从而构建新型的机器通信、设备有线与无线连接方式，支撑形成实时感知、协同交互的生产模式。

"数据"是工业智能化的核心驱动，包括产业数据采集交换，生产反馈控制，数据集成处理，产业建模、仿真与分析，车间/工厂/企业运营决策优化等功能模块，表现为通过海量数据的采集交换、异构数据的集成处理、机器数据的边缘计算、经验模型的固化迭代、基于云的大数据计算分析，实现对生产现场状况、协作企业信息、市场用户需求的精确计算和复杂分析，从而形成企业运营的管理决策及机器运转的控制指令，驱动从机器设备、运营管理到商业活动的智能和优化。

"安全"是网络与数据在工业中应用的安全保障，包括设备安全、网络安全、控制安全、数据安全、应用安全，表现为通过涵盖整个工业系统的安全管理体系，避免网络设施和系统软件受到内部和外部攻击，降低企业数据被未经授权访问的风险，确保数据传输与存储的安全性，实现对工业生产系统和商业系统的全方位保护。工业互联网体系架构1.0，如图8-4所示。

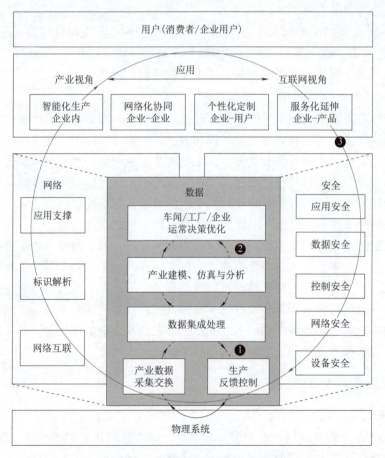

图8-4 工业互联网体系架构1.0

基于网络、数据与安全，工业互联网将构建面向工业智能化发展的三大优化闭环：一是面向机器设备运行优化的闭环，核心是基于对机器操作数据、生产环境数据的实时感知和边缘计算，实现机器设备的动态优化调整，构建智能机器和柔性生产线；二是面向生产运营优化的闭环，核心是基于信息系统数据、制造执行系统数据、控制系统数据的集成处理和大数据建模分析，实现生产运营管理的动态优化调整，形成各种场景下的智能生产模式；三是面向企业协同、用户交互与产品服务优化的闭环，核心是基于供应链数据、用户需求数据、产品服务数据的综合集成与分析，实现企业资源组织和商业活动的创新，形成网络化协同、个性化定制、服务化延伸等新模式。

2. 工业互联网体系架构2.0

新技术要素与实施落地需求不断推动着中国工业互联网体系的发展，丰富和多样化的企业实践和各类新技术的应用对工业互联网的体系架构提出了新的需求。随着实践应用，工业互联网体系架构1.0暴露出了一些短板：技术通用性较强但制造业特点不够突出，未结合制造业需求与生产工艺等特点；需要进一步结合人工智能、边缘计算、5G等新技术；技术要素等详细应用实践指导仍待落地等。据此，《工业互联网体系架构（版本2.0）》结合工业制造特点、软件和通信架构设计方面的不同方法论，融入网络、数据和安全新技术，并突出数字孪生基本功能，强化数据智能化闭环在技术解决方案开发与行业应用推广的实操指导性，以此支撑中国工业互联网下一阶段的发展。

工业互联网体系架构2.0是对工业互联网体系架构1.0的升级，强化了在技术解决方案开发与行业应用推广方面的实操性。工业互联网体系架构2.0仍突出数据作为核心要素，突出数据智能化闭环的核心驱动作用及其在生产管理优化与组织模式变革方面的提升作用。工业互联网体系架构2.0融入新技术原理以拓展垂直领域，丰富细化要素以指引各个领域的系统性布局，给出详细的指南以推动技术发展与落地实施部署，以及构建完整体系从而加强国际对接，形成更加系统的顶层设计和更详细的落地指导。

工业互联网体系架构2.0，如图8-5所示，它从业务视图、功能架构和实施框架3个角度进一步定义了工业互联网的参考架构，形成以商业目标和业务需求为牵引，进而明确系统功能定义与实施部署方式的设计思路。3个角度层层深入、自顶向下形成逐层映射，其目标在于从工业互联网促进产业发展的作用和路径出发，指引企业明确数字化转型的商业目标与业务需求。

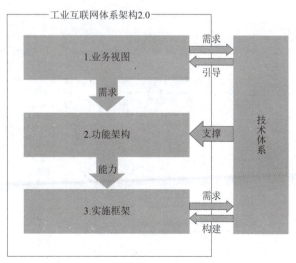

图8-5　工业互联网体系架构2.0

业务视图明确了企业应用工业互联网实现数字化转型的目标、方向、业务场景及相应的数字化能力。业务视图首先提出了工业互联网驱动的产业数字化转型的总体目标和方向及这一趋势下企业应用工业互联网构建数字化竞争力的愿景、路径和举措。这在企业内部将会进一步细化为若干具体业务的数字化转型策略及企业实现数字化转型所需的一系列关键能力。业务视图主要用于指导企业在商业层面明确工业互联网的定位和作用，提出的业务需求和数字化能力需求对于后续功能架构设计是重要指引。

功能架构明确企业支撑业务实现所需的核心功能、基本原理和关键要素。功能架构首先提出以数据为驱动的工业互联网功能原理总体视图，形成物理实体与数字空间的全面连接、精准映射与协同优化，并明确这一机理作用于从设备到产业等各层级，覆盖制造、医疗等多行业领域的智能分析与决策优化，进而细化分解为网络、平台、安全三大体系的子功能视图，描述构建三大体系所需的功能要素与关系。

功能架构主要用于指导企业构建工业互联网的支撑能力与核心功能，并为后续工业互联网实施框架的制定提供参考。实施框架描述各项功能在企业落地实施的层级结构、软硬件系统和部署方式。实施框架结合当前制造系统与未来发展趋势，由设备层、边缘层、企业层、产业层4层组成，明确了各层级的网络、标识、平台、安全的系统架构、部署方式及不同系统之间的关系。实施框架主要为企业提供工业互联网具体落地的统筹规划与建设方案，可用于进一步指导企业技术选型与系统搭建。

工业互联网的核心功能原理是基于数据驱动的物理系统与数字空间全面互联与深度协同及在此过程中的智能分析与决策优化。通过网络、平台、安全三大功能体系构建，工业互联网全面打通设备资产、生产系统、管理系统和供应链条，基于数据整合与分析实现信息技术与操作技术（operation technology，OT）的融合和三大体系的贯通。工业互联网以数据为核心，数据功能体系主要包含感知控制、数字模型、决策优化3个基本层次及一个由自下而上的信息流和自上而下的决策流构成的工业数字化应用优化闭环。工业互联网的核心功能原理，如图8-6所示。

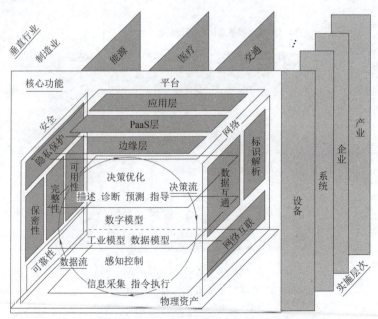

图8-6 工业互联网的核心功能原理

在工业数字化应用的优化闭环中，信息流是从数据感知出发，通过数据的集成和建模分析，将物理空间中的资产信息和状态向上传递到虚拟空间，为决策优化提供依据。决策流则是将虚拟空间中决策优化后形成的指令信息向下反馈到控制与执行环节，用于改进和提升物理空间中资产的功能和性能。优化闭环就是在信息流与决策流的双向作用下，连接底层资产与上层业务，以数据分析决策为核心，形成面向不同工业场景的智能化生产、网络化协同、个性化定制和服务化延伸等智能应用解决方案。

3. 实施框架总体视图

工业互联网实施框架是整个工业互联网体系架构 2.0 中的操作方案，解决"在哪做""做什么""怎么做"的问题。工业互联网实施框架，如图 8-7 所示，当前阶段工业互联网的实施以传统制造体系的层级划分为基础，适度考虑未来基于产业的协同组织，按设备、边缘、企业、产业 4 个层级开展系统建设，指导企业整体部署。设备层对应工业设备、产品的运行和维护功能，关注设备底层的监控优化、故障诊断等应用；边缘层对应车间或生产线的运行维护功能，关注工艺配置、物料调度、能效管理、质量管控等应用；企业层对应企业平台、网络等关键能力，关注订单计划、绩效优化等应用；产业层对应跨企业平台、网络和安全系统，关注供应链协同、资源配置等应用。

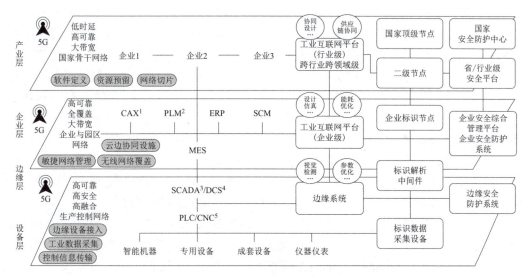

图 8-7　工业互联网实施框架

1—CAX 计算机辅助技术；2—PLM 产品生命周期管理；3—SCADA 监控与数据采集系统；
4—DCS 分散控制系统；5—CNC 计算机数控系统。

工业互联网的实施重点明确工业互联网核心功能在制造系统各层级的功能分布、系统设计与部署方式，通过网络、标识、平台、安全四大实施系统的建设，指导企业实现工业互联网的应用部署。其中，网络系统关注全要素、全系统、全产业链互联互通新型基础设施的构建；标识系统关注标识资源、解析系统等关键基础设施的构建；平台系统关注边缘系统、企业平台和产业平台交互协同的实现；安全系统关注安全管控、态势感知、防护能力等建设。

工业互联网的实施并不是孤立的行为，需要四大系统互相打通、深度集成，在不同层级形成兼具差异性、关联性的部署方式，通过要素联动优化实现全局部署和纵横联动。另外需要注意的是，工业互联网的实施离不开智能装备、工业软件等基础产业支撑，新一代信息技术的发展与传统制造产业的融合将为工业互联网的实施提供核心供给能力。

任务8.3 工业互联网平台

工业互联网平台是工业全要素链接的枢纽和工业资源配置的核心，也是工业智能化的"神经中枢系统"。工业互联网的三大要素是平台、网络和安全，其中，平台是核心。其特征包括对工业资源的泛在连接、弹性供给和高效配置，负责连接设备、软件、工厂、产品和人等工业要素，实现对工业产品的网络化制造，对海量工业数据进行采集、汇聚、分析，并提供服务。

8.3.1 工业互联网平台的架构

1. 工业互联网平台的定位

工业互联网平台是现代化产业体系建设的重要支撑之一，它是不同领域技术跨界融合和创新发展的结果，集智能传感、物联网、云计算、大数据、工业软件和工业技术等于一体。在新技术的推动下，正在构建以工业互联网平台为核心的现代化产业体系的新基础、新要素和新业态，以支撑现代化产业的高端化、智能化、绿色化和生态化。工业互联网平台的发展不仅促进了工业信息化水平的提升，也推动了产业结构的升级和转型。在未来的发展中，工业互联网平台将继续发挥重要作用，为现代化产业体系的建设提供更多的支持和保障。

工业互联网平台具有以下几个基本定位。首先，工业互联网平台是传统的工业云平台不断迭代和升级的结果。成本驱动导向、集成应用导向、能力交易导向、创新引领导向和生态构建导向是工业云平台向工业互联网平台发展的 5 个必经阶段，实现了工业知识生产、传播和利用效率的大幅提升，并形成了海量开放的 APP 与工业用户之间相互促进、双向迭代的生态体系。其次，工业互联网平台是新工业体系的"操作系统"，通过打破原有工业系统的封闭和壁垒，实现了高效的设备集成模块、强大的数据处理引擎、开放的开发环境工具、组件化的工业知识微服务。再次，工业互联网平台是资源集聚和共享的有效载体。各类工业企业、互联网企业、通信企业、第三方开发者等主体集聚于云端，推动主体、资源、知识的集聚和共享，形成了社会化的协同生产方式和组织模式。最后，工业互联网平台将提升制造企业的竞争优势。当前工业互联网平台的发展正处于规模化扩张阶段，各国的领军企业为了巩固和强化自己在制造业的地位，也在不断推动工业互联网平台的发展。综上所述，工业互联网平台在推动现代化产业体系建设方面具有重要的作用和意义。

2. 工业互联网平台的作用

工业互联网平台是一个能够对海量工业设备和系统数据进行高效集成的平台，能够实现资源和业务的智能化管理，从而促进知识和经验的积累和传承，并驱动应用和服务的开放创新。在传统的制造型企业向新型智能化企业转变的过程中，工业互联网平台发挥着重要的核心支撑作用，也是新型智能化制造企业的数字化"神经中枢"。工业互联网平台具有以下重要作用。

（1）实现企业的智能化生产和管理。通过对生产现场的各类数据的全面采集和智能分析，能够及时发现生产瓶颈和产品缺陷，并给出解决方案，从而不断提高企业的生产效率和产品质量。同时，综合分析企业的生产现场数据、计划资源和运营管理等数据，能够实现更精准的供应链管理和财务管理，降低企业的运营成本和风险。

（2）实现企业的生产方式和服务的创新。通过工业互联网平台可以实现产品售后使用环节的数据打通，提供设备健康管理、产品增值服务等新型业务模式，实现从传统的卖产品到新型的卖服务的转变，提升产品价值。通过工业互联网平台的交互功能，企业还可以与用户进行更加充分的交互，了解用户的个性化需求，并有效地组织生产资源，利用个性化实现产品的更高附加值。

（3）实现互联网新模式和新业态。不同企业基于工业互联网平台可以开展信息交互，实现跨企业、跨行业、跨区域的资源和业务的聚集，打造更高效的协同设计、协同制造和协同服务体系。未来，工业互联网平台可能催生更多新的产业体系，这将催生一系列互联网新模式和新业态，如同移动互联网平台创造了应用开发、应用分发、线上线下等一系列新的产业环节和价值。

（4）实现企业的智能化运转。平台向下链接海量设备，自身承载工业经验与知识的模型，向上对接企业工业优化应用，是工业全要素链接的枢纽和工业资源配置的核心，驱动先进制造体系的智能化运转。

实现以海量异构数据力驱动的网络化和智能化。平台依靠先进的网上大规模计算架构和高性能的云计算基础设施，实现对海量异构数据的集成、存储和计算，解决工业数据处理爆炸式增长与现有工业系统计算能力不匹配的问题，加快以数据为驱动的网络化、智能化发展进程。

8.3.2　工业互联网平台的技术架构

为了实现工业互联网平台的高效运转，需要解决一系列难题，包括多种异构工业设备网络的连接、多源数据的深度融合、海量数据的存储与治理、相关数据的建模与分析、工业应用的创新与集成及工业知识的积累与迭代等。为了解决这些问题，需要多种重要技术，包括数据集成和边缘计算技术、基础设施即服务（IaaS）技术、平台使能技术、数据治理技术、应用开发和微服务技术、工业数据建模与分析技术、信息安全技术及新一代信息技术。

1. 数据集成和边缘计算技术

数据集成和边缘计算技术在物联网系统中扮演着重要的角色。设备接入可分为3类：第1类是基于通用协议，如以太网和光纤；第2类是基于工业通信协议，如工业以太网和工业总线；第3类是基于无线协议，如4G/5G和NB-IoT。这些协议的使用确保了大量设备成功接入平台边缘层。同时，协议转换是一项关键技术，它通过协议解析、中间件等技术来提高各种工业通信协议（如Profibus，OPC，Modbus，CAN等）与软件通信接口的兼容性，以统一数据格式，并通过HTTP、MQTT等协议采集数据，然后将数据以边缘侧传输到云端，最终实现数据的远程接入。边缘计算技术通过边缘分析算法和高性能计算芯片等硬件技术，实现数据的预处理、存储、智能分析和应用，其可以在靠近设备或数据源头的网络边缘侧进行操作，并提升操作响应灵敏度，缓解网络拥塞。同时，边缘计算技术可以与云端分析协同工作，从而实现更加高效的数据分析和应用。数据集成和边缘计算技术的使用可以提高系统的性能和效率，并使得数据的处理和分析更加智能化。

2. IaaS 技术

通过利用虚拟化技术分配资源和分布式存储提供的缓存支持，计算机资源池化管理得以实现。并行计算、负载均衡等技术也为网络、计算和存储资源的池化管理提供了支持。这种资源池化管理使得计算机资源能够按需分配，并保障了资源使用的安全性和隔离性。因此，用户可以获得更完善的云基础设施服务。

3. 平台使能技术

资源调度通过监测技术和相应的调度算法，可实时分析从云端获取的应用业务量，为应用程序分配相应的底层资源，以实现云端应用自适应业务量变化的目标。资源调度技术可以使得应用程序能够动态地获取所需的资源，从而更好地满足用户需求。

多租户管理是通过虚拟化、数据库隔离和容器等技术，实现不同租户应用和服务的隔离，以保障租户隐私和安全，并能有效地区分不同租户的资源使用情况，从而避免资源冲突和安全问题的发生。通过多租户管理技术，云服务提供商可以更好地满足不同租户的需求，提供更高效、更安全的云服务。

4. 数据治理技术

数据治理技术包括数据处理框架、数据预处理、数据存储与管理等。其中，数据处理框架可以有效地处理大量数据，并提供高效的计算能力，以满足不同用户的需求；数据预处理技术可以有效地减少数据噪声和错误，提高数据的准确性和可靠性；数据存储和管理技术可以有效地管理和保护数据，并提供高效的数据查询和数据搜索能力，以满足不同用户的需求。

5. 应用开发和微服务技术

"多语言多工具"是指拥有操作方便、效率更高的集成开发环境，支持 PHP、Python、JavaScript、Ruby 和 Java 等多种计算机编程语言，并提供 Eclipse Integration、JBoss Developer Studio、Git 和 Jenkins 等各类开发工具，可以为不同类型的应用开发提供支持，从而提高开发效率和质量。

微服务架构通过集合服务注册、服务发现、服务通信和服务调用功能的管理机制和运行环境，为基于微服务单元集成的"松耦合"应用的开发和部署提供支撑，并能有效提高应用的可扩展性、可维护性和可重用性，从而提高应用的质量和效率。

图形化编程是指支持用户通过图形化编程工具，如 LabVIEW 等，实现对应用的创建、测试、扩展等操作的可视化，从而提高操作效率。图形化编程更直观，易用性更强，可提升用户的开发体验，从而提高应用的开发效率和质量。

6. 工业数据建模与分析技术

数据分析算法以数学的概率统计为基础，通过编写机器学习和深度学习等人工智能算法，实现对历史数据、实时数据、时序数据的分类、聚类、关联和预测等各种分析，以帮助用户更好地分析工业数据，从而提高数据的应用价值。

机理建模技术通过电子信息、机械自动化、物理等领域的专业知识与生产实践经验，在已知的工业机理上建立类型丰富的模型，实现数据分析的应用，以帮助用户更好地理解工业机理。

通过数据分析算法和机理建模技术，用户可以更好地分析工业数据和理解工业机理，从而提高生产效率和质量。

7. 信息安全技术

数据接入安全是指采用工业防火墙技术、工业网闸技术、加密隧道传输技术等信息安全技术，实现数据防泄露、防劫持和防破坏，保障数据源头安全及数据传输安全，从而有效保护数据源头和数据传输过程，从而保障数据的完整性和可靠性。

平台安全是通过平台入侵实时检测、网络安全防御系统、恶意代码防护、网站威胁防护、网页防篡改等技术，实现工业互联网平台的代码安全、应用安全、数据安全和网站安全，从而有效保护工业互联网平台，从而保障用户数据和应用的安全性。

访问安全是通过建立统一的访问机制，限制用户的访问权限和所能使用的计算资源和网络资源，实现对云平台重要资源的访问控制和管理，防止非法访问，从而有效保护云平台。

8. 新一代信息技术

1）人工智能技术

人工智能技术在各种领域中发挥着重要作用，包括计算机视觉、智能语音处理、自然语言理解、新型人机交互、生物特征识别、复杂环境识别和智能决策控制等方面。利用人工智能技术，关键制造设备可以实现自我感知、自我学习、自我适应和自我控制。结合行业特点和大数据分析技术，采用机器学习、知识发现与知识工程、跨媒体智能等方法，使产品质量改进、产品缺陷检测、产品生产工艺与生产过程优化、设备健康管理、故障预测与诊断等关键环节具备人工智能技术特征。目标产品采用智能感知、模式识别、智能语义理解、智能分析决策等核心技术，能够实现复杂环境感知、智能人机交互、灵活精准控制和群体实时协同等功能。

2）区块链技术

区块链技术是一种应用了分布式数据存储、点对点传输、共识机制、加密算法等计算机技术的新型技术。它包含4个主要的技术特征，分别为共享统一账本、灵活智能合约、达成机器共识及保护权限隐私。

共享统一账本是区块链技术的核心之一。通过链式结构完成数据存储，各个区块环环相扣，相邻区块相互串联，上一个区块的哈希是下一个区块的数据头，交易记录将被写入账本，交易发起方签名，由背书策略验证，并经过共识后写入。利用这种结构来存储交易资产状态，能够提高数据被泄露、破坏的难度。

灵活智能合约是区块链技术的另一个重要特征。灵活智能合约由内外部事件驱动执行，用于描述多方协作中的交易规则和流程，并以代码的形式部署在相关参与方的背书节点中。

在分布式网络中，所接收到的交易经过代码逻辑、业务顺序和灵活智能合约来执行，并在账本中形成一种依赖机器和算法的共识，确保交易记录和交易结果全网一致。机器共识能够适应大规模机器类通信的去中心化架构，促进形成一种去中介化的应用新模式和商业新生态。

只有经过联盟授权的人、机、物和机构才能加入区块链网络；只有拥有授权的人才可以访问账本，进行交易操作和查看交易记录。这种机制使得交易真实可验证、可溯源证，同时无法狡辩及伪造。

以上介绍的八大类技术正在快速发展，对工业互联网平台的构建和发展产生深远影响。在平台层，PaaS技术、新型集成技术和容器技术正在加速改变信息系统的构建方式和组织方式。在边缘层，边缘计算技术极大程度地拓展了平台收集数据和管理数据的范围和能力。在应用层，微服务等新型开发框架正在驱动工业软件开发方式的不断变革。同时，工业机理与数据科学的深度融合也正在引发工业应用的创新浪潮。

新一代信息技术如5G、人工智能和区块链将进一步释放数据的生产潜力，从生产方式、组织管理方式和商业模式等多方面改造、发展制造业。这些技术不断创新变革，为制造产业不断向高端化、智能化、绿色化、生态化的方向发展提供源源不断的动力。

8.3.3 工业互联网平台的核心技术

工业互联网平台的技术架构可分为 4 层，分别为边缘层、工业 IaaS 层、工业 PaaS 层和工业 APP 层。边缘层指与设备直接相连的物理网络层，主要包括工业现场设备、传感器、智能设备等，其通过数据采集、数据存储、数据处理等技术，将数据传输到工业 IaaS 层进行处理和管理；工业 IaaS 层主要提供云计算、大数据、云存储等基础服务，其通过数据分析、数据建模、数据存储等技术，对数据进行分析和处理，为工业 PaaS 层提供数据支持；工业 PaaS 层主要提供工业互联网平台的核心功能，如工业数据采集、数据分析、数据建模、数据可视化等，其通过云端计算、大数据分析、人工智能等技术，为工业 APP 层提供支持；工业 APP 层是指应用程序层，主要通过工业云平台、移动终端等技术，为用户提供工业应用和服务，如生产调度、设备管理、能源管理等。这 4 层构成了工业互联网平台的技术架构，通过各自的技术手段，实现了工业设备、数据、应用的互联互通，为工业转型升级提供了有力支撑。

1. 边缘层的核心技术

工业互联网边缘层是工业互联网平台的数据采集层，通过对大规模数据的深度采集，以及异构数据的协议转换与边缘处理，构建工业互联网平台的数据基础。边缘层的实质是实时、高效的数据采集和数据的云端汇聚，其中，数据对象是通过泛在感知技术所获得的设备、人、系统环境等各类信息，边缘层的体系架构，如图 8-8 所示。

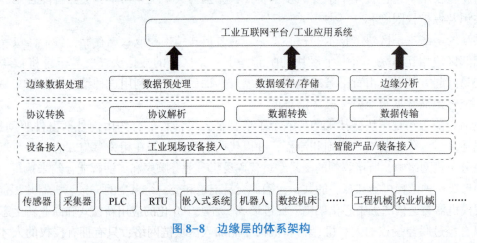

图 8-8　边缘层的体系架构

边缘层的发展受到多方面的限制，包括传感器部署工作不到位、设备智能化水平低、终端的数据采集不充分、数据深度和精度不够等问题，这些问题导致前期采集的数据无法满足后期数据的实时分析、智能决策和优化的需求。突破数据采集瓶颈的主要路径包括以下两个方面。

（1）通过协议兼容、协议转换实现多源、异构系统的数据可采集、可传输和可交互。这需要构建兼容多种协议的技术产品体系，如 GE 的 Predix Machine 和西门子的 MindConnect Nano，以实现不同协议的互联互通。

（2）通过边缘计算等技术在设备层进行数据预处理，提高数据的采集和传输效率，降低网络接入、存储和计算成本，提高现场反馈和控制的实时性。例如，SAP公司正在推动HANA平台底层部署应用边缘计算产品，而思科公司在工业交换机上应用边缘计算技术。数量庞大的边缘计算节点将有效缓解网络传输和云端存储、计算的压力。数据采集的显性化可以为制造资源的优化提供海量数据源，是实时分析、科学决策的起点，也是当前制造业数字化和网络化的难点，也是建设基于工业互联网平台制造业生态的基础。

边缘层的核心技术包括如下几种。

（1）传感器技术。传感器是一种元器件或装置，具有感受和检测被测对象信息的功能，能够将这些信息按照一定规律转换成可输出信号，是实现智能测试和自动控制的重要环节。智能系统需要数据来发挥智能作用，而传感器就负责对原始信息进行捕获和转换。没有传感器，即使计算机性能再强大，也无法实现可靠的智能测试和自动控制。数字孪生完成了物理设备向数字系统的映射，要求每个物理设备都有设备标识。对于高价值的设备，除传统标识外，还需要配备物理级别的嵌入式身份证书，该证书由国家级的设备身份认证中心颁发。这些设备在向云端传输数据时，需要加上自己的标识，以便云端进行设备身份验证。因此，传感器是获取数据的重要器件，是工业互联网的关键"感官"。

（2）协议转换技术。在工业互联网平台中，传感器种类繁多，数据联网的协议兼容问题越来越突出，已成为平台顺利运行的重要掣肘之一，因此，解决系统通信协议的转换和通信标准化问题具有重要意义。协议转换技术通过构建一个脱离具体硬件设备的接口通信服务平台，依据其开放的实时数据库，简化系统中异构协议转换和系统联网的过程。异构协议也可转换为标准协议并与其他系统联网，从而实现实时数据的采集和处理。该技术可实现串口、以太网、现场总线物理层的通信协议转换，数据链路层的通信协议相互转换，同时具备将非标准通信协议转化为标准通信协议的功能，具有开放性的标准化接口。这种技术的应用可以大大简化系统中的异构协议转换和系统联网的过程，为工业互联网平台提供更加高效、稳定和可靠的数据采集和处理服务。

（3）低功耗技术。在工业互联网平台的数据采集层，大量的嵌入式系统被广泛应用，这些系统一般借助电池来工作，因此，从系统整体上进行低功耗设计，降低传感器的功耗，有效延长电池供电时间，成为一个迫在眉睫的问题。微处理器是工业互联网处理数字信息的核心器件，如何降低芯片的功耗对整个边缘层系统来说非常关键。随着芯片集成度的进一步提高和算力的快速提升，芯片的功率密度在持续增加，芯片发热量的增加会导致芯片可靠性下降。在边缘层，很多情况下工业界会选择牺牲部分芯片的性能来追求更低的功耗。因此，降低芯片功耗是提高边缘层系统可靠性和延长电池供电时间的关键。

（4）能量获取技术。新型能量获取技术与传统供电方式不同，它利用环境中的免费能源，如环境热量（温差电堆）、振动或应变（压电体）、光线（光电）和运动（线圈）等，不受限于有线供电。这些能源经过转化后，可以用于系统中电池的充电或补充，甚至在一些特定领域中可以完全取代电池。随着低功耗物联网感知和能量获取与管理技术的快速发展，无源能量获取系统得到了更广泛应用。

（5）边缘计算技术。边缘计算技术作为物理世界和数字世界之间的连接桥梁，位于靠近物或数据源头的网络边缘侧。边缘计算平台是一个分布式开放平台，融合了网络、计算、存储和应用核心能力，就近提供边缘智能服务，以满足行业数字化在敏捷连接、实时业务、数据优化、智能应用、安全与隐私保护等方面的关键需求，因为它能够在边缘进行计算处理，从而提升网络服务的响应速度。在工业互联网平台中，边缘计算也扮演着重要的角色，特别是在信息技术系统和操作技术系统的融合方面。

2. 工业 IaaS 层的核心技术

工业 IaaS 层把信息技术基础设施作为服务通过网络对外提供。具体而言，工业 IaaS 层利用虚拟化、分布式存储、并行计算、负载调度等技术，来实现网络、计算、存储等资源的资源池管理。同时，工业 IaaS 层可以根据用户的需求适时调度资源，确保资源使用的安全性与隔离性，为客户提供云基础设施服务，其核心功能是将计算机资源虚拟化，形成一个资源池，以满足客户的需求。通过工业 IaaS 层，客户可以快速部署应用程序，享受灵活、高效、安全的云基础设施服务。工业 IaaS 层的核心技术包括以下几种。

1）海量数据的分布式存储技术

海量数据采用分布式存储，使用分布式缓存系统对访问接口及本地数据进行缓存，从而缓解网络压力。这种存储方式具有高可扩展性、高并发性、高可用性等特点。海量数据的分布式存储主要分为 3 种类型：第 1 种是直连式存储（direct attached storage，DAS），它与普通的个人计算机存储结构相同，将外部存储设备直接挂接在服务器内部总线上，数据存储设备是整个服务器结构的一部分；第 2 种是网络接入存储（network attached storage，NAS），它采用单独为网络数据存储而开发的一种文件服务器来连接存储设备，形成一个网络，数据存储不再是服务器的附属，而是作为独立网络节点存在于网络中，所有网络用户都可以共享；第 3 种是存储区域网络（storage area network，SAN），它顺应了计算机服务器体系架构的网络化趋势，最大的特点是将网络和设备的通信协议与传输物理介质相隔离，多种协议可在同一个物理连接上同时传输。这 3 种分布式存储方式，都可以满足海量数据的存储需求，具有各自的特点和适用场景。

2）海量数据的管理技术

云计算的一大特点是能够高效处理海量数据。为了保证数据的存储和访问，云计算需要特定的数据管理技术来对海量数据进行检索和分析，其中，HBase 和 BT 是两种比较典型的大规模数据管理技术。HBase 是 Apache 的 Hadoop 项目的子项目，定位于分布式、面向列的开源数据库。作为具有高可靠性的分布式存储系统，HBase 在性能和可伸缩方面都比较好的表现，可在廉价计算机服务器上搭建大规模结构化存储集群。BT 是一种 NoSQL 数据库，是一个分布式的、具有数据持久化存储功能的多维度排序 Map，其设计目的是进行 PB 级别的数据的可靠处理，并且能够部署到上千台机器上。

这两种技术都能够高效管理海量数据，提供高质量的数据服务。海量数据管理系统的一大优势是对外提供数据服务，该服务的实现方式包括 API 调用、订单服务和实时推送等。通常，大型海量数据存储管理系统会同时使用多种不同的数据服务模型，以达到更好的服务质量。系统会根据不同的业务情况，具体分析使用何种数据服务模型。

3）虚拟化技术

虚拟化技术为云计算服务提供基础架构层面的支撑，也是云计算最重要的核心技术之一。利用虚拟化技术可以对计算机的各种物理资源（包括服务器、网络、内存和存储等）进行抽象、转换再呈现出来，打破实体结构间不可分割的障碍。这种资源管理技术可以让用户以比原本组态更好的方式来应用这些物理资源，同时，这些物理资源的新虚拟部分（通常包括计算能力和数据存储），可以不受现有资源的架设方式、地域或物理组态的限制。从技术上来说，虚拟化是一种在软件中仿真计算机硬件，以虚拟资源为用户提供服务的计算形式，不仅能够提高计算机资源的利用率，还能够提高服务质量。虚拟化技术的优点包括尽量避免出现过度提供服务器的情况，提高设备的利用率，减少信息技术的总体投资，提高信息技术环境的灵活性，甚至可以资源共享。虚拟化技术有两种形式，一种是将单个资源划分成多个虚拟资源的裂分模式，另一种是将多个资源整合成一个虚拟资源的聚合模式。从实现层次来进行分类，虚拟化技术可以划分为硬件虚拟化、操作系统虚拟化和应用程序虚拟化等；从应用领域来进行分类，虚拟化技术可以划分为服务器虚拟化、存储虚拟化、网络虚拟化、桌面虚拟化、CPU 虚拟化和文件虚拟化等。

4）云计算平台管理技术

在工业 IaaS 层，服务器的资源规模庞大、覆盖面广，同时也承载了上百种应用程序，因此高效管理这些服务器，确保整个系统可以高效、稳定地持续工作成为一大难题。云计算平台管理技术可以帮助用户方便地使用所有资源，包括处理、存储、网络和其他基本的计算资源。用户可以部署和运行任意软件，包括操作系统和应用程序，而不必管理或控制任何云计算基础设施。用户可以选择操作系统、存储空间、部署的应用，也有可能获得有限制的网络组件（如防火墙、负载均衡器等）的控制。这种方便地部署和开通新业务的方式，也使得系统故障的发现和系统的恢复更加迅速。通过自动化、智能化的手段实现大规模系统的可靠运营，是云计算平台管理技术的关键。

3. 工业 PaaS 层的核心技术

工业 PaaS 层为企业提供必要的云服务中间件，分层的动态扩展机制及开发和运维等支撑能力，帮助企业快速构建面向工业行业的社会级服务，并与开发者、合作伙伴一起打造良性生态圈。数字化模型是工业 PaaS 的核心，而工业互联网平台必须将人、流程、数据和事物结合在一起，才能实现数字化模型的构建。因此，操作者必须具备足够的工业知识和经验，并将这些知识以数字化模型的形式沉淀到工业互联网平台，将工业行业的技术原理、行业知识、基础工艺和模型工具规则化、软件化和模块化，并封装为可重复使用的组件。工业 PaaS 层的架构，如图 8-9 所示，其核心技术包括以下几种。

1）数据建模与分析技术

数据建模与分析技术是一种用于定义和分析数据要求及其需要相应支持信息系统的过程，通过数学统计、机器学习和最新的人工智能算法，实现面向历史数据、实时数据和时序数据的聚类、关联和预测分析。数据分析能够提供论断建议或决策支持，是大数据价值链的重要阶段，是大数据价值的重要体现。

2）工业建模技术

工业建模技术主要包括机理建模技术和测试法建模技术。机理建模技术是在电子信息、机械自动化、物理等领域的专业知识和生产实践经验的基础上，结合已知的工业机理，建立类型丰富的模型，实现分析和应用。机理建模技术能够根据工业生产流程中的变化机理，建立相关的平衡方程，包括质量平衡方程、能量平衡方程、动量平衡方程，也包括反映流体流动、传热、传质和化学反应等基本规律的运动方程和物理参数方程及某些设备的特性方程，并从中获得所需的数学模型。机理建模技术要求生产过程的机理必须为人们所充分掌握，可以通过特定数学模型表达，同时要求数学模型尽量简单，以保证精度达标；而当某些参数不

图 8-9　工业 PaaS 层架构

确定或机理建模较为复杂时，可以改用测试法建模技术。测试法建模技术根据工业过程的输入/输出实测数据进行数学处理后得到数学模型。测试法建模技术只要求从外部特性上测试和描述它的动态性质，相当于把被研究的工业过程看作一个黑匣子，忽略内部相关的机理。为了获得动态性质，必须向这个黑匣子施加激励，如一个阶跃扰动或脉冲扰动等。相对于机理建模技术，测试法建模技术更为简单、省力。因此，在两种方式都能达到目的的情况下，工业上会优先选择测试法建模技术。

3）容器技术

传统软件架构的特点是单体应用，开发周期长，整个应用开发代码类型单一，调用众多公共库，各个组件紧耦合且版本复杂，部署需要人工操作且操作困难，时间管理成本居高不下。例如，以 Java 应用为代表的三层架构的部署模式，即使在虚拟机环境下，也需要先建立相应的操作系统和应用服务器，才能运行虚拟应用程序。

Docker（开源的应用容器引擎）是容器的代表性产品，它的出现是一个标志性节点。Docker 首次提出了 Build-Ship-Run 的概念，使用镜像方式将应用程序和其依赖的操作系统、类库及运行环境整体打包，统一交付，消除了传统应用程序对不同操作系统、生产厂商不同的应用服务器，甚至对于环境变量、基础函数库 API 调用的深度依赖。因此，容器可以在 Windows、Linux 等主流操作系统上运行，与底层所使用的平台无关，本质上是一种操作系统级别的虚拟化，一旦应用架构转换为容器并且迁移部署之后，就可以在任何云平台之间实现无缝迁移。因此，使用容器能够利用镜像方式快速部署运行服务，实现业务的快速交付，缩短业务的上线周期，极大地方便运维人员的上线部署工作。

与传统虚拟化相比，容器具有更细粒度的资源使用，可允许在一台设备上运行数百个容器服务，大幅提升了服务器硬件资源的利用率。在流量较高的环境中，容器的加持，可以有效地实现对业务负载的弹性扩容；反之，当流量降低时，容器平台可以自动缩容，适时腾出空间资源。

4）微服务架构技术

微服务架构技术是一种在云环境中部署应用和服务的技术。许多大型公司，如亚马逊、eBay、Netflix 等，已经采用了微服务架构范式来解决问题。微服务是一组协作的架构约束，一个大型的应用程序可以由多个微服务组成，每个微服务都是一个独立的程序，可以通过轻量级设备和基于 HTTP 的 API 进行通信，每个微服务都专注于自身并高质量地完成一项任务，各微服务之间是松耦合的。微服务架构的目标是将复杂的应用程序拆分为不同的、功能指向性强的、互相关联的小型服务。每个微服务都是一个微型应用程序，可以实现某个特定的功能，具有自己的六边形架构、商业逻辑和各种接口。有些微服务通过开放 API 供其他微服务或应用客户端调用，而有些微服务则通过网页 UI（用户界面）实现复用。

5）动态调度技术

动态调度技术可以采用多种方式对计算单元进行动态创建、分配，并将计算单元挂接到路由和均衡模块上。这些方式包括应用的 CPU 和内存的负荷、时间段和应用系统的优先级等。调度策略是一系列调度规则的集合，包括全局调度规则和应用系统级别的调度规则。调度策略根据运行数据和调度规则进行动态计算和调度，因此需要一个偏实时的动态计算过程，动态计算的输入实时从各个计算单元中获得。

6）平台安全技术

平台安全技术是一种用于阻止非授权实体的识别、跟踪和访问的技术，提供非集中式的认证和信任模型，能够高效地实现数据加密和数据保护，保护异构设备间的隐私。平台安全主要包括工业设备控制、网络安全和数据安全。采用工业防火墙技术、工业网闸技术和加密隧道传输技术，实现数据的防泄露、防劫持和防破坏，保障数据源头的安全性及数据传输的安全性。通过平台入侵实时检测、网络安全防御系统、恶意代码防护、网络威胁防护和网页防篡改等技术，实现工业互联网平台的代码安全、应用安全、数据安全和网站安全，从而实现工业互联网平台安全。通过建立统一的访问机制，限制用户的访问权限和所能使用的计算资源及网络资源，实现对云平台重要资源的访问控制和管理，防止被非法访问，从而实现安全访问。

8. 3. 4　工业 APP 层的核心技术

工业互联网平台为工业 APP 提供了必要的接口、存储计算、开发组件和工具资源等环境支持。工业 APP 是工业互联网的价值所在，是工业互联网智能化应用的支撑。用户可以通过调用工业 APP，在不同的应用场景中实现对特定制造资源的优化配置，激发全社会资源，推动工业技术、经验、知识和最佳实践的模型化、软件化，再进行封装。然而，工业APP 面临着一系列问题，比如，传统的生产管理软件云化速度慢，专业工业 APP 应用不足，工业 APP 开发者数量不足，商业模式不成熟等。

工业 APP 的总体发展思路是：一方面，加快对传统的 CAX（多元化计算机辅助技术集成）、ERP、MES 等研发设计工具和运营管理软件的云化改造，基于工业 PaaS 层实现云端部署、集成与应用，以满足企业分布式管理和远程协作的需求；另一方面，围绕多行业、多领域和多应用场景的云应用需求，通过对工业 PaaS 层微服务的调用、组合、封装和二次开发，开发出面向特定行业、特定应用场景的工业 APP。工业 APP 多采用 MVC 模式，即模型（model）封装工业 APP 数据，并定义操作和处理数据的逻辑规则；视图（view）将应用模型对象中的数据显示出来，并允许用户编辑数据，控制（controller）负责用户视图和业务逻辑的协调控制。目前的工业 APP 架构模型，如图 8-10 所示，从工业维、技术维和软件维3 个维度描述了工业 APP。

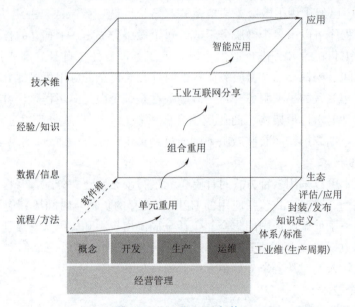

图 8-10 工业 APP 架构

工业维和技术维是将工业 APP 划分为不同的工业活动和层级结构的依据。工业维是根据工业产品及相关设施的完整生命周期来对工业 APP 进行划分，将工业 APP 分为研发设计、生产制造、运维服务和经营管理四大类工业活动。技术维则是根据开发各类工业产品需要不同层次的工业技术，映射形成工业 APP 的 3 个层级结构。这 3 个层级结构的工业 APP 包括基础共性 APP（由物理、电子和化学等原理性基础工业技术形成）、行业通用 APP（由航空、汽车和家电等各行业的通用工业技术形成）和工程专用 APP（由企业和科研院所的具体产品等特有的工业技术形成）。软件维则是按照工业技术转换为工业 APP 的开发过程，以及参考软件生命周期，将工业 APP 分为体系规划、技术建模、开发测评和应用改进 4 个阶段的软件活动，每个软件活动可以细分为更具体的软件活动。

工业 APP 的实现包含图形化编程技术、多租户技术（multi-tenancy technology，MTT）、应用系统集成技术和新型工业区块链应用技术等。

1. 图形化编程技术

图形化编程技术能够简化开发流程，帮助那些对代码不熟悉的领域专家通过图形化编程工具快速生成应用程序。使用图形化编程工具，可以通过拖拽方式进行应用程序的创建、测试和扩展等应用程序的快速研发，同时能够自动生成指定计算机编程语言的应用程序代码，使得开发人员可以轻松地完成烦琐的编码工作，不仅降低了开发难度，还提高了研发效率。因此，图形化编程工具成为现代软件开发的重要工具之一。

2. 多租户技术

多租户技术是一种软件架构技术，它能够在多用户的环境下，让用户共用相同的系统和程序组件，同时保证用户的使用独立性。多租户技术能够降低环境配置成本，这对供应方来说意义重大。类似共享经济，多租户技术能够让多个租户共同承担硬件成本、操作系统与相关软件的授权成本。多租户技术还能够为不同的数据提供不同的隔离方式，从而帮助供应商节省维护成本。供应商可以在合理的授权范围内，对获取的数据进行分析并用来提高服务质量。多租户技术还能够大幅降低程序发布成本，当软件升级后再重新发布时，只发布一次就能够同时对所有用户生效。因此，多租户技术已成为现代软件开发中不可或缺的一项技术。

3. 应用系统集成技术

应用系统集成是一种高度集成的系统，它根据客户的具体需求，给出相应的应用系统模式及详细的技术解决方案和运营方案。应用系统集成已经深入用户某一项业务和特定的应用层面，通常称为行业信息化解决方案集成，是系统集成的高级阶段。应用系统集成需要深入理解用户的业务需求，为用户提供定制化的解决方案。因此，应用系统集成需要具备高度专业化的技术和经验，能够为用户提供全方位、一站式的服务，帮助用户实现数字化转型和业务优化。

4. 新型工业区块链应用技术

工业互联网的分布式账本，除了具备防篡改、访问限制、智能合约等功能，还要具备针对工业数据特点的账本快速读写功能和针对资产转移状态图迁移的快速读写功能，以便能够快速溯源。在图形化编程技术的加持下，区块链联盟成员可以轻松进行权限管理，并且能够实现智能合约的自动转化和部署，同时生成协同工作的 APP。基于可信数据，相关参与方的数据、数据处理过程和规则通过智能合约入链后，会直接和相关参与者的数据链形成共享体系。数据跨链共享实现了相关参与方的价值交换，是相关参与方互利共赢的关键。同时，监管机构以区块链节点的身份参与基于产业联盟区块链的工业互联网基础设施，合规科技监管机制以智能合约的软件程序形式介入产业联盟的区块链系统，负责获取企业的可信生产和交易数据，并进行合规性审查，利用大数据分析技术进行分析，以把握整体工业的行业动态。因此，工业互联网的分布式账本是一个功能强大、安全可靠的工具，能够为工业企业提供全方位的数据管理和监管服务，助力企业实现数字化转型和业务创新。

任务 8.4　工业互联网标识解析

工业互联网标识解析是一种根据工业互联网标识编码查询目标对象网络位置或者相关信息，并将查询到的结果提供给标识解析请求方的网络功能。其中，工业互联网标识编码是指能够唯一识别机器、产品等物理资源及算法、工序等虚拟资源的身份符号。工业互联网标识解析能够对机器/物品的信息进行定位和查询，是实现全球供应链系统和企业生产系统的精准对接、产品全生命周期管理和智能化服务等新型工业互联网应用的前提和基础。

实现工业互联网标识解析功能和流程的软件、承载这些软件的硬件及连接工业互联网标识解析软硬件的网络设施等构成了工业互联网标识解析系统。工业互联网标识解析系统是工业互联网重要的组成部分，既是支撑工业互联网应用互联互通的基础设施，也是实现工业互联网数据共享共用的关键核心。

目前很多企业利用二维码、电子标签、智能卡等存储标识编码，实现对物料、产品、生产的管理；但这些编码以企业自有编码为主，且不统一，在物料、配件、产品等流通过程中，往往需要再次编码，重新赋码贴标，既降低了工作效率，又难以实现信息的准确关联和自动获取。

工业互联网的发展使企业上下游协作越来越紧密，对采用全局唯一的工业互联网标识实现信息自动关联获取的需求越来越强烈，相应地，工业互联网标识解析体系建设的需求也越来越急迫。

8.4.1 工业互联网标识解析体系的功能

工业互联网标识解析体系中的标识对象包括机器、产品、算法、工艺等，应当对其进行唯一编码的分配和赋码，通过标识注册、解析服务查询网络位置，实现通信寻址并获取对象的相关信息，提供标识数据的管理和应用服务。工业互联网标识解析体系功能架构分为4层，自下而上分别为标识编码层、标识解析层、标识数据层和标识应用层，工业互联网标识解析体系功能架构，如图 8-11 所示。

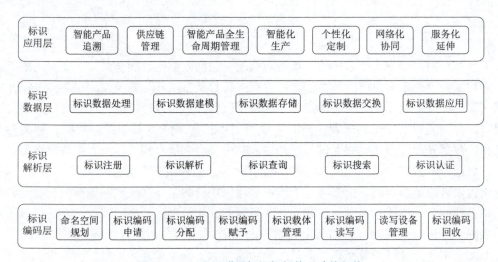

图 8-11 工业互联网标识解析体系功能架构

（1）标识编码层：定义了工业制造中各类对象进行数字化标识的技术手段和相关管理规范，为每一个对象赋予一个唯一的身份标识，包括命名空间规划、标识编码申请、标识编码分配、标识编码赋予、标识载体管理、标识编码读写、读写设备管理、标识编码回收。

（2）标识解析层：定义了根据标识编码查询对象网络位置或者相关信息的服务，实现标识对象精准、安全的寻址、定位及查询，包括标识注册、标识解析、标识查询、标识搜索和标识认证。

（3）标识数据层：定义了标识数据的识读、处理及在单元（组织、企业、工厂）内部与单元之间的信息传递及交互机制，包括标识数据处理、标识数据建模、标识数据存储、标识数据交换、标识数据应用。

（4）标识应用层：定义了标识服务的具体应用场景，包括智能产品追溯、供应链管理、智能产品全生命周期管理、智能化生产、个性化定制、网络协同和服务化延伸。例如，面向产品全生命周期，在生产领域协同供应链管理，在流通领域提供追溯服务及面向产业链、价值链协同的个性化定制、网络化协同和服务化延伸。

1. 标识编码

标识编码是标识解析体系的核心基础资源。工业互联网标识编码规范的制定既需要考虑现有标识编码，也需要考虑中国工业互联网发展的新需求。自 2017 年开始，中国开始制定符合中国工业互联网发展的标识编码规范及管理体系。工业互联网标识编码包括 ZID 标识、GS1 标识、Handle 标识、OID 标识、Ecode 标识 5 种类型，行业或企业可根据应用需求选择其中的一种编码类型，遵循该编码规则，制定本行业或企业的对象编码。

ZID 标识编码是由中国通信标准化协会针对我国工业互联网发展情况指定的，GS1 标识、OID 标识、Ecode 标识等为已有的国际标识编码。

ZID 标识编码由标识前缀和标识后缀两个部分组成，前缀与后缀之间以 UTF-8 字符"/"分隔；其中标识前缀由国家代码、行业代码、企业代码组成，用于唯一标识企业主体；标识后缀由标识对象的唯一代码和安全代码组成，安全代码为可选，ZID 标识编码结构，如图 8-12 所示。

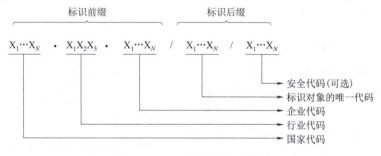

图 8-12　ZID 标识编码结构

2. 标识解析系统

标识解析是指根据标识编码查询目标对象网络位置或者相关信息的过程，标识解析系统包括分层模型、通信协议、数据格式、安全机制。

标识解析系统主要包括域名系统（domain name system，DNS）、对象名系统（object name system，ONS）、OID 解析系统（object identifier resolution system，ORS）、Handle 标识解析系统和基于区块链的分布式解析系统。其中 DNS、ONS 和 ORS 均为树形结构，解析技术较为成熟，Handle 和基于区块链为分布式架构，具备更高的安全可靠性和更优的网络管理效率。

当前国内外面向实体对象的标识解析服务主要依赖基于 DNS 的网络架构，但均存在单点故障、域名欺骗等问题。工业互联网标识解析服务需要加强与 5G、人工智能、区块链等新技术的融合，构建满足复杂工业场景下人、机、物的全面互联、平等共治、自主可控的融合型解析架构，并制定相应的通信协议、安全认证等技术规范。

3. 标识载体

标识载体就是指承载标识编码资源的标签。根据标识载体是否能够主动与标识数据读写设备、标识解析服务节点、标识数据应用平台等发生通信交互，可以将标识载体分为主动标识载体和被动标识载体两类。

主动标识载体一般可以嵌入工业设备的内部，承载工业互联网标识编码及其必要的安全证书、算法和密钥，具备联网通信功能，能够主动向标识解析服务节点或标识数据应用平台等发起连接，不需要借助标识读写设备来触发。通用集成电路卡（universal integrated circuit，UICC）、通信模组、安全芯片等都是主动标识载体的例子。

被动标识载体一般附着在工业设备或者产品的表面以方便读卡器读取。在工业互联网中，被动标识载体一般只承载工业互联网标识编码，缺乏远程网络连接能力（某些被动标识载体，如 RFID）、近场通信（near field communication，NFC）设备，只具备短距离网络连接能力），需要依赖标识读写器才能向标识解析服务器发起标识解析请求。

4. 标识注册

工业互联网标识的注册按照编码的分层结构采用分级注册管理机制，工业互联网标识注册与管理服务提供者分为标识注册管理机构和二级节点服务机构两类。

标识注册管理机构面向二级节点提供工业互联网标识编码中的行业代码注册服务，负责受理标识注册申请并维护注册数据库，其注册系统应实时向工业互联网标识解析国家顶级节点数据库同步注册数据。

二级节点服务机构面向企业用户或个人用户提供工业互联网标识编码中的企业代码注册服务，负责受理标识注册申请并维护标识数据库，其注册系统应实时向工业互联网标识解析国家顶级节点数据库同步注册数据。工业互联网标识注册管理框架，如图 8-13 所示。

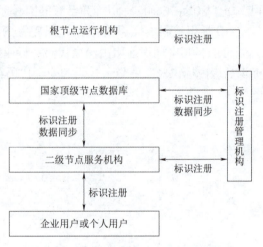

图 8-13　工业互联网标识注册管理框架

5. 标识解析

标识解析的流程，如图 8-14 所示。标识解析服务的查询触发（如图 8-14 中箭头标号 1 所示），可以是来自企业信息系统、工业互联网平台、工业 APP 等多种不同客户端，当收到客户端的标识解析请求时，递归节点会首先查看本地缓存是否有查询结果。如果递归节点中有缓存，则将查询结果直接返回触发标识解析的客户端。如果递归节点中无缓存，则递归节点会将递归查询指向国家顶级节点，如图 8-14 中箭头标号 2 所示。国家顶级节点向递归节点返回二级节点站点信息，如图 8-14 中箭头标号 3 所示。递归节点向该二级节点发出标识解析请求，如图 8-14 中箭头标号 4 所示。二级节点向递归节点返回相应的企业节点站点信息，如图 8-14 中箭头标号 5 所示。递归节点向该企业节点发出标识解析请求，如图 8-14 中箭头标号 6 所示。企业节点向递归节点返回标识所对应的详细信息，如图 8-14 中箭头标号 7 所示。递归节点将获得标识对应的详细信息返回给触发标识解析的客户端，如图 8-14 中箭头标号 8 所示。

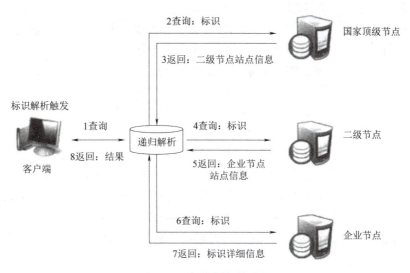

图 8-14　标识解析的流程

8.4.2　工业互联网标识解析体系的部署架构

当前，全球存在多种工业互联网标识解析架构，以 EPCglobal 架构、OID 架构、数字对象架构（digital object architecture，DOA）架构等为主，其中 EPCglobal 由国际物品编码协会组织推进，OID 由国际标准化组织/国际电工委员会（ISO/IEC）和国际电信联盟电信标准局（ITU-T）推进，DOA 的主要实现系统 Handle 由 DONA 基金会组织运行。Handle 系统采用扁平化的两阶段命名机制，设计自有的 Handle 解析系统和数据交换协议，实现了数字对象标识互操作。EPCglobal 和 OID 均采用层级化的编码格式，设计基于域名系统、对象名系统、OID 解析系统和相应的数据交互协议，实现了标识对象全生命周期管理。

中国的工业互联网标识解析体系架构采用分层、分级的部署模式，由国际根节点、国家顶级节点、二级节点、企业节点、递归节点组成，工业互联网标识解析部署架构，如图 8-15 所示。

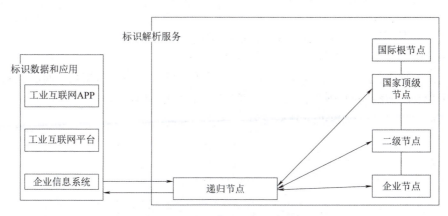

图 8-15　工业互联网标识解析体系的部署架构

（1）国际根节点：是工业互联网标识体系的最高层级服务节点，提供面向全球范围的公共根层级的标识服务，并不限于特定国家或地区。

（2）国家顶级节点：是国家或地区内部顶级的标识服务节点，能够面向全国/地区范围提供顶级标识解析服务及标识备案、标识认证等管理能力。

目前，中国国家顶级节点部署于北京、上海、广州、武汉、重庆5个城市。国家顶级节点之间数据互为备份，就近提供标识解析服务，以保障标识解析效率。

（3）二级节点：是面向特定行业或者多个行业提供标识服务的公共节点。二级节点既要向上与国家顶级节点对接，又要向下为工业企业分配标识编码及提供标识注册、标识解析、标识数据服务等，同时还须满足安全性、稳定性和扩展性等方面的要求。

中国二级节点和企业节点主要分布在东部、中部等工业发展程度相对较高的省市。

（4）企业节点：是企业内部的标识服务节点，能够面向特定企业提供标识注册、标识解析服务、标识数据服务等，既可以独立部署，也可以作为企业信息系统的组成要素。

（5）递归节点：是标识解析体系的关键性入口设施，能够通过缓存等技术手段提升整体服务性能。

此外，标识解析服务的请求方，可以来自企业信息系统、工业互联网平台、工业互联网APP等。

拓展阅读　　　　**素质拓展**

思考与练习

1. 工业互联网的概念和内涵是什么？主要的关键技术有哪些？

2. 工业互联网平台层的工作原理和平台架构是什么？国内外主要的工业互联网平台有哪些？

3. 工业互联网架构的特点及相互之间的联系是什么？

4. 简单说明一下工业互联网标识解析体系。

5. 简述 IaaS、PaaS、工业 APP（SaaS）层的核心技术，并说明相互之间的关系。

6. 工业 APP 开发的原理是什么？试着搭建一个工业 APP 平台。

7. 如何建构工业网络数据采集系统？

参 考 文 献

[1] 谷建阳. AI 人工智能：发展简史+技术案例+商业应用［M］. 北京：清华大学出版社，2018.

[2] 路彦熊. 文本上的算法：深入浅出自然语言处理［M］. 北京：人民邮电出版社，2018.

[3] 冯志伟. 机器翻译研究［M］. 北京：中国对外翻译出版社，2004.

[4] 冯志伟. 自然语言处理的形式模型［M］. 北京：中国科学技术大学出版社，2010.

[5] 韩家炜. 数据挖掘：概念与技术［M］. 北京：机械工业出版社，2012.

[6] 林子雨. 大数据技术原理与应用（第 2 版）［M］. 北京：人民邮电出版社，2017.

[7] 清华大学，北京未来芯片技术高精尖创新中心. 人工智能芯片技术白皮书［R］. 2018.

[8] 腾讯金融科技智库. 智慧金融白皮书［R］. 2018.

[9] 中国人工智能学会. 中国人工智能系列白皮书—智能农业［R］. 2016.

[10] 中国电子技术标准化研究院. 人工智能标准化白皮书［R］. 2018.

[11] 李开复，王咏刚. 人工智能［M］. 北京：文化发展出版社，2017.

[12] 郭宪，方勇纯. 深入浅出强化学习［M］. 北京：电子工业出版社，2018.

[13] 谢幸，等. 个性化推荐系统，必须关注的五大研究热点［EB/OL］. 微软亚洲研究院，2018.11.

[14] 李德毅. 人工智能导论［M］. 北京：中国科学技术出版社，2018.

[15] 吴启迪，康琦，汪镭，等. 自然计算导论［M］. 上海：上海科学技术出版社，2011.

[16] 埃伯哈特，史玉回. 计算智能：从概念到实现（英文版）［M］. 北京：人民邮电出版社，2009.

[17] 雷秀娟. 群智能优化算法及其应用［M］. 北京：科学出版社，2012.

[18] 周志华. 机器学习［M］. 北京：清华大学出版社，2016.

[19] 尹朝庆. 人工智能与专家系统（第 2 版）［M］. 北京：中国水利水电出版社，2009.

[20] 郭福春. 人工智能概论［M］. 北京：高等教育出版社，2019.

[21] 何琼，楼桦，周彦兵. 人工智能技术应用［M］. 北京：高等教育出版社，2020.

[22] 肖正兴，聂哲. 人工智能应用基础［M］. 北京：高等教育出版社，2019.

[23] 刘知远，韩旭，孙茂松. 知识图谱与深度学习［M］. 北京：清华大学出版社，2020.

[24] 周勇. 计算思维与人工智能基础［M］. 北京：人民邮电出版社，2019.

[25] 汤玉珠，姜舒平. 人工智能概论［M］. 青岛：中国石油大学出版社，2021.

[26] 马月坤，陈昊. 人工智能导论［M］. 北京：清华大学出版社，2021.

[27] 金军委，张自豪，高山，等. 人工智能导论［M］. 北京：北京大学出版社，2022.

[28] 中国工业互联网研究院. 工业互联网基础［M］. 北京：人民邮电出版社，2023.

[29] 曾衍瀚，顾钊铨，曹忠，等. 工业互联网导论［M］. 北京：人民邮电出版社，2023.

[30] 孙益辉，吕志明，胡江学，等. 人工智能导论［M］. 长沙：中南大学出版社，2022.